唐律、高丽律比较研究

张春海 著

法律出版社
LAW PRESS · CHINA

目　录

序

唐王朝是一个十分开放的时代,对外交流极为活跃是其时代特征之一。鉴于唐王朝当时的国际地位和影响,唐朝的律令制度作为唐文化的重要组成部分,对当时的东亚各国产生了巨大的影响,并形成了以唐律为母法,以日本、高丽、越南等国法为子法的中华法系。然而,由于各种原因和客观条件的限制,目前对中华法系的研究多以唐代律令和古代日本法律的关系为中心,对唐律和其他子法关系的研究很少,而得出的结论就难免有以偏概全之嫌。其中,朝鲜半岛作为受中华文化影响最早、最深的地区之一,其法律文化和中国文化存在十分密切而又复杂的关系。然而,不可否认的是,现在学界对古代中国和朝鲜半岛法制关系的研究存在显著的薄弱环节。

对古代中国和朝鲜半岛法制关系的研究需要有多学科的知识背景、较好的外语功底和对学术动态的良好把握。张春海同志本科在中国人民大学法律系学习,毕业后曾经在韩国学习两年,之后进入北京大学东方学系学习,获文学硕士学位,接着进入北京大学历史系,主攻隋唐史,获历史学博士学位,由于机缘的关系正好具备了这些条件。《唐律、高丽律比较研究》即是根据他的博士学位论文修改而成的。

第一流的研究需要对第一手资料的熟悉和掌握。

作者秉承北大史学扎实、严谨、求实的良好学风，不仅熟悉《唐书》《唐六典》《唐律疏议》等中国古籍，而且阅读了《三国史记》《高丽史》《朝鲜王朝实录》等韩国古籍，同时还充分利用了韩文文献和研究成果，这在国内是不多见的。作者搜集资料的范围十分广泛，在此基础上，对《高丽律》进行了辑佚和复原，考证精详。特别应该提及的是，这项工作正是前人没有留意的。《高丽史・刑法志》是高丽近500年法制史料的汇集，然而不论是杨鸿烈还是现有韩国和日本学者的一些研究成果，都简单地将《高丽史・刑法志》当成了《高丽律》本身，从而使仅有的这些研究存在不小的偏差和误区。故而本书的这项研究实有填补空白的作用，为进一步对唐律和高丽律两大律典进行更为深入的比较研究奠定了基础。

本书作者还对唐律与高丽律的法条进行了较为详细的比较研究，指出了两者在律条、量刑标准及基本特征等方面的总体差异，其中的论述不乏新颖之处。本书还从法律适用的视角对两大法典的关系进行观照，指出高丽律的适用较之唐律有以下四大明显的不同：高丽律的适用轻而唐律重、高丽律的适用标准松而唐律严、高丽律的适用对唐律多变通且与本国之固有刑罚同时适用、高丽律的适用有一套律外的耻辱刑。本书亦从传统、体制、社会结构和权力格局等方面探讨了造成这些差异的原因，具有积极的方法论意义。

最后，本书对高丽法律移植的道路和过程进行了综合探讨，力图揭示文化、社会结构、权力构造以及利益集团等因素在其中所起的作用。从这个角度来看，本书可看作对法律移植现象的一个较为完整的个案分析，对我们今天的法制建设也有一定的启发意义。

是为序。

蒲　坚

北京大学法学院

2007年11月16日

绪　论

一、问题的提出

19世纪以来的比较法研究表明，在世界主要文明体系之中，存在几个具有各自鲜明特点的法系，中华法系就是其中之一。一般认为，由于唐王朝国力强盛、文化繁荣、对外交流活跃，在文化上具有巨大的辐射性和包容力，在当时，一种以唐文化为主流文化的国际社会在东亚世界开始形成。唐律则是唐文化的重要一脉，在古代法律学上取得了重大的成就。在它被制定、颁行之后，就对当时的东亚各国产生了巨大的影响，并形成了以唐律为母法，以日本、高丽、安南、琉球等国法为子法的中华法系。

从20世纪30年代开始，法制史学者已开始就中华法系的形成、发展、演变、特点以及作为母法的唐律与它的各个子法之间的关系等问题展开了讨论，取得了不小的成就。在唐律和它各个子法关系的问题上，对唐律和古代日本法律关系的研究取得的成果最为丰硕。相反，对唐律和高丽、安南、琉球等国法制关系的研究则相对迟滞不进；直到现在为止，基本上还没有摆脱杨鸿烈先生于70年前出版的《中国法律对东亚诸国之影响》一书的影响，该书的很多观点和提法一直被沿用至今。

与此同时，目前关于中华法系的种种论断实际上基本上都是在研究唐律和古代日本法律关系成果的基础上得出的。这样就出现了一个问题:唐律和古代日本法律的关系毕竟只是古代中华法系的一个侧面而已,以此侧面的研究得出全体的结论,是否有以偏概全之嫌?古代日本的法律,特别是《养老律》对唐律的吸收基本上是一种全盘吸收的模式,这种模式究竟是一种特例,还是一种普遍性的现象?如果是前者,目前关于中华法系的种种论断是否还能成立就成了问题,因而就有必要对这些论断重新进行检视和质疑,而这样做的前提就是对唐律和其各子法之间的关系进行更为深刻、细致的实证性研究。本书对唐律和高丽律的比较研究就是其中的一环。

二、研究的意义

迄今为止,学界对唐律与高丽律关系的研究,不仅成果甚少,而且研究面狭窄,研究水平浅显,研究方法又无创新,因而不能准确把握唐律和高丽律之间的复杂关系,更不能据此正确地了解中华法系内部各法律之间以及中华法系本身形成过程与道路的多样性与复杂性。本书就是尝试对唐律和高丽律进行较为全面的比较研究,试图对现有研究存在的缺陷有所弥补。

这一研究不仅有学术上的意义,同时也有现实的价值。在积极探求创建政治文明与法治文明之路的今天,暂时回顾一下历史,回顾一下古代东亚社会所曾走过的一条法制文明"国际化"历程中的一段路程,可以促使我们对某些必须面对的现实问题——特别是对外来法制文明的吸收、借鉴乃至移植的道路、途径、方式、特点以及隐藏于其后的更为深刻的社会结构、支配势力、传统习俗、意识形态等问题——进行进一步的思考,而这些思考应该对我国现代法制文明的建设有所帮助,有所推动。

三、研究的可行性

高丽王朝建国于918年,而在11年前唐王朝就灭亡了。这两个并不处于同一时代王朝的法制是否具有可比性呢?答案是肯定的。首先,文化具有超越时间的性质。在文化与制度的比较研究中,与比较对象所处的历史时期相比,比较对象所赖以存在的社会的发育程度、文化状况、历史背景等因素更为重要。高丽王朝虽然在历史时段上较唐朝为晚，然而就社会发育程度、文化水准等方面而言，则不仅没有超过唐朝当时的水平，可能反而还要滞后。从现存历史文献来看，高丽一代的各种制度确实受到了唐代制度的巨大影响。因此我们认为对唐与高丽王朝的法制进行比较研究是可行的。

其次，由于唐王朝所创造的制度文明在中国历史上占据的重要地位，再加上它对当时东亚各国产生的深刻影响以及高丽王朝建国时东亚政局的特殊性，①高丽王朝在吸收中原文化时，除了借鉴和吸收当时的宋文化、辽金文化以外，更重要的却是积极地吸收和借鉴唐文化。朝鲜王朝中期的柳梦寅（1559—1623）在其《送冬至使尹佥知（存中）敬立序》中讲到这样一件事："去年余见华儒吕英命，（英命）道：'尝见中原有蓄古器、古服者，今尔国器服皆唐制，古朴可观，其用唐朝文物也可征。'"②柳梦寅因此感叹道："我东于中原地相迩，故习相近，矧今服圣化，每事效盛制乎？"③"每事效盛制"一语可谓道出了半岛王朝吸收中国文化的最大特点，此"盛制"在高丽的前中期主要就是唐制。举例而言，在历法上，《高丽史》卷五十《历志》序云："高丽不别治历，承用唐《宣明历》，自长庆壬寅，下距太祖开国殆逾百年，其术已差。前此唐已改历矣，自是历凡二十二改，而高丽犹驯用之，至忠宣王改用元《授时历》。"④《资治通鉴》卷二百四十二穆宗长庆二年（822）十一月条："是岁，初行《宣明历》。"⑤这是高丽受唐文化影响至为明显的一例。在制度层面上尤其如此，比如高丽兵制是模仿唐前期兵制的"府兵制"；⑥其官制是模仿唐制的三省六部制；⑦其田制也

---

① 这种特殊性在于在高丽王朝成立时，唐王朝刚刚灭亡不久，宋王朝还没有建立；之后，中国大陆在300多年间又呈宋、辽、金、夏鼎立之势，正统的中原汉人王朝失去了主导地位，高丽和正统中原王朝——宋朝之间被强大的少数民族政权辽、金阻隔，并且长期以来一直都是辽、金的附属国。

② ［朝鲜］柳梦寅：《於于集》卷三《送冬至使尹佥知（存中）敬立序》，民族文化推进会本。

③ 同上。

④ ［朝鲜］郑麟趾：《高丽史·历志》，［韩］亚细亚文化社1990年版，中册，第833页。

⑤ （宋）司马光编著、（元）胡三省音注：《资治通鉴》，中华书局1995年版，第7823页。

⑥ 《高丽史·兵志》序言说："高丽太祖统一三韩，始置六卫，卫有三十八领，领各千人。上下相维，体统相属，庶几乎唐府卫之制矣。"中册，第775页。李基白认为高丽实行的并非府兵制，而是"军班氏族"制，但其证据并不充分。关于李基白的观点，可参考氏著《高丽 軍班制下의 軍人》《高丽府兵制說의 批判》等文章，均收入氏著《高丽兵制史研究》，一潮閣1968年版。

⑦ 《高丽史·百官志》序云："（太祖）二年立三省、六尚书、九寺、六卫，略仿唐制。成宗大新制作，定内外之官：内有省、部、台、院、寺、司、馆、局；外有牧、府、州、县。官有常守，位有定员，于是一代之制始大备。"中册，第656页。

借鉴了唐代的均田制；[①]其礼制，如《朝鲜王朝实录·世宗实录》所言："高丽《详定礼》，出于唐制"；[②]至于法制，《高丽史·刑法志》序云："高丽一代之制，大抵皆仿乎唐；至于刑法，亦采唐律，斟酌时宜而用之。"[③]因此，唐律和高丽律之间母法与子法的关系是确定无疑的，对它们进行比较研究是可行的。

最后，就现存史料而言，唐律以《唐律疏议》的形式完整地保存了下来。就唐令，有日本学者仁井田升和池田温整理出版的《唐令拾遗》和《唐令拾遗补》以及新整理出版的《天圣令》。[④] 同时，《唐六典》也较为完整地保存了下来。另外，在两《唐书》《唐会要》《通典》《全唐文》《册府元龟》以及现存敦煌吐鲁番文书中都保存了大量有关唐代法制的史料。就高丽律而言，虽然法典形式的高丽律早已失传，但是在《高丽史·刑法志》中却保存了大量以条文形式存在的"律条"以及各种判文和教令。另外，在《高丽史》的世家、列传、各志以及高丽人文集、宋代的各种史料中都保存了不少关于高丽法制的材料。因此，对两律进行比较研究的条件是具备的。

四、研究概况与不足

唐律一直是我国法学界和史学界的一个研究重点，涌现出了许多重要的研究成果。[⑤] 然而具体到关于唐律和高丽律关系的研究，成果却非常有限，其中较早的是杨鸿烈于1937年出版的《中国法律对东亚诸国之影响》一书。在该书导言之后，他首先论证的就是"中国法律在朝鲜之影响"，第一节即为"自传说之箕子八条至高丽王建一代"，分别对高丽王朝的司法制度、诉讼手续和法条来源进行了探讨。关于司法制度，他认为高

---

① 《高丽史·食货志》："高丽田制大抵仿唐制，括垦田数，分膏脊，自文武百官至府兵、闲人，莫不科授。"中册，第705页。

② 《朝鲜王朝实录·世宗实录》卷十五四年(1422)正月甲子条，汉城大学奎章阁本。

③ 《高丽史·刑法志》(中册)，第833页。

④ 天一阁博物馆、中国社会科学院历史研究所天圣令整理课题组校证：《天一阁藏明钞本天圣令校证》，中华书局2006年版。

⑤ 关于此，可参见周东平：《律令格式与律令制度、律令国家——二十世纪中日学者唐代法制史总体研究一瞥》，载《法制与社会发展》2002年第2期。

丽的典狱署乃仿唐之大理寺所设，是高丽的最高审判机关；司宪府（御史台）乃仿唐御史台而设的总检察机关；刑曹乃仿唐刑部而设的司法行政机关。[①] 关于法条，他就《高丽史·刑法志》中出现的重要法条分门别类地举出了与其相同或相似的唐代法条，证明它们来源于中国法。由于杨先生的重点在于论证中华法系的存在及其在世界上的地位，因此在论述高丽一代法制时，主要指出其受中国法（唐律）的影响之处，往往点到为止，缺乏深入系统的分析。

杨昭全的《中国—朝鲜·韩国文化交流史》一书的"古代篇"中专门设有"中朝法律文化交流"一章。他认为高丽律主要受唐律影响，也吸收了宋代法律的内容；并认为高丽律在吸取和借鉴唐律上，主要表现在司法制度、法律条文、审判制度和执法制度四个方面。就司法制度，他的主张和杨鸿烈基本相同。就法律条文，他认为高丽律对唐律的吸收主要表现在基本精神一致、依服定罪、体例相仿和律文精简等方面；然后就这几个方面和唐律的相关内容进行了简单的比较。就审判制度和执法制度，他认为高丽律吸收唐律的内容颇多，并指出了它和唐律的相近和不同之处。同时他也注意到了高丽律对宋代法制的吸收，认为主要表现在严禁越级上告、回避制度和折杖法三个方面。不过该项研究的多数论断基本上都是以唐制为中心，把高丽制度和唐制进行简单比附得出的研究欠深入，同时也没有注意到法律制度在吸收或移植过程中的复杂性。

魏殿金的《高丽与唐宋法律制度的比较》一文[②]认为高丽王朝在法律制度上采用的是唐宋之制，但与其他中国学者微有不同的是，他认为《高丽史·刑法志》序言中所说的"唐制"并非专指唐代的法律制度，还包括宋代的法律制度，根据有二：其一，宋承唐制，《宋刑统》几乎就是《唐律》的翻版；其二，在现在还能看到的高丽律法条中，其中的一些制度明显来源于宋，如折杖法。因此，他下结论说："唐宋律是高丽律的蓝本，高丽律是唐宋律的精简。"[③]他认为唐宋律和高丽律的关系主要表现在以下三个

① 杨鸿烈：《中国法律对东亚诸国之影响》，中国政法大学出版社 1999 年版，第 36～39 页。
② 收于杨渭生《宋丽关系史研究》"专论"部分，杭州大学出版社 1997 年版，第 459～473 页。
③ 杨渭生：《宋丽关系史研究》"专论"部分，杭州大学出版社 1997 年版，第 460 页。

方面:(1)体例相仿;(2)(高丽律比唐宋律)律文精简;(3)基本精神一致。在司法体制上,他的看法和杨鸿烈、杨昭全相同。在诉讼与审判以及刑罚的执行方面也认为高丽主要是模仿唐宋制度,只是略有改变而已。

另外,徐道邻的《唐律通论》中有"唐律之与东亚诸国法"一节,同时他还发表了名为《唐律在中国法制史上及东亚诸国之价值》的论文。杨廷福《唐律初探》也收录了名为《唐律对亚洲古代各国封建法典的影响》的文章。这些文章都提纲挈领地论述了唐律对朝鲜、日本、越南等国的影响,多为宏观、概括性的论述。由于史料上的原因,这些论述实际多以唐律和古代日本法律的关系为中心,对唐律和高丽律关系的探讨很少。

在韩国国内,将高丽律和唐律进行比较研究的成果也较为少见。宋斗用的《高丽律之研究》以《唐律疏议》为参照,对《高丽史·刑法志》中出现的法条类内容做了详细的解说,同时还和唐律的相关内容进行了一定程度的比较,指出了高丽律各律条的来源以及它们和唐律相应条文的异同之处。通过较为详尽的比较分析,他认为高丽律主要是吸收和借鉴唐律的产物,同时也受到了宋代法制的某些影响。作为一种先行研究,该成果也存在一定的不足。比如文章的主体部分基本上局限于对法条的解说和比较,对法律的具体适用缺乏应有的关照。

韩容根的《高丽律》一书的第三章为"高丽律和唐律之比较",由于他过于强调高丽律的"自主性",在对高丽律和唐律进行比较研究时,没有对高丽律的律条和国王的教、判进行区分,没有把法律条文的规定和它们在司法实践中的具体适用相区分,没有注意到高丽一代法制前后的重大变化,往往以国王的教判、法律的具体适用、高丽后期甚至是末期的情况来否定高丽律和唐律的关系,以证明高丽律并非对唐律的模仿,而是对《新罗律》的继承,是在中国法(而非唐律)影响下的自主性创造。另外,他只是把《高丽史·刑法志》中记载的一些较为主要的高丽法制和相关的唐代法制进行了比较,而没有逐条逐项地对两大法典的律条及其适用情况进行全面的比较分析。同时,他对史料还有不少"独特"的理解,如认为"诛"是韩国古代特有的一种刑罚手段、《高丽史·刑法志》中的"唐律"是对中国古代法律的泛指等。

另外,辛虎雄的《高丽法制史研究》对《高丽史·刑法志》中所载法条性内容进行了详细的归类、整理和分析,并在此基础上对高丽律的刑罚体系、行刑体系、犯罪构成要件、连坐制度、赦免制度等问题进行了较为详细的探讨,在此过程中对高丽律和唐律之间的异同多有涉及。不过,一个较大的缺陷是,他和宋斗用、韩容根等韩国学者一样,同样把《高丽史·刑法志》中所载的法条性内容等同于高丽律本身。

日本学者对东亚法制素有研究,对高丽王朝的法制也有一定的探讨,其中比较重要的著作有浅见伦太郎在1922年出版的《朝鲜法制史稿》、花村美树的长篇论文《高丽律》以及浜中昇的《高丽における唐律の繼受と归乡刑·充常戶刑》、武田幸男的《朝鲜の律令制》、北村秀人的《高丽時代归乡刑·充常戶刑について》以及仁井田陞的《唐宋の法と高丽律》等文章。日本学者关注的问题主要集中在两个方面:一为高丽律存在与否的问题,二为对高丽王朝某些特殊法律制度的探讨。就第一个方面,花村美树、浜中升、北村秀人和仁井田升等人基本上都对高丽律的存在持否定态度,认为高丽一朝所使用的刑律就是《唐律》。其中比较有代表性的是花村美树的观点,在其长篇论文《高丽律》中,他认为法典形式的高丽律并不存在,高丽一代适用的刑律就是唐律,《高丽史·刑法志》中出现的与唐律内容相近但又不完全相同的法条不过是高丽的司法官员为了翻检、查阅的方便抄录唐律而成的私撰书而已。[①] 浅见伦太郎和武田幸男则对高丽律的存在持肯定态度。就第二个方面,他们主要集中讨论了“归乡刑”和“充常户刑”等高丽王朝特有的一些法律制度。日本学者的这些成果不是专门针对某些具体问题进行讨论,就是泛泛的介绍和说明,基本上都没有对唐律和高丽律进行全面、深入的比较分析。

五、研究方法

本书采用的最主要的研究方法是比较的方法。具体而言,本书在对高丽律进行辑佚和复原的基础上,首先对两律的律条进行比较,然后对适

---

① [日]花村美树:《高丽律》,载《朝鲜社会法制史研究》,岩波书店1936年版,第124~125页。

用此两律的机关、两律的具体适用进行了比较分析;与此同时,还对唐、高丽两朝的社会结构、权力格局、文化传统等方面进行了一定的比较分析。本书是一项涉及历史学、法学、韩国学等多门学科的跨学科研究,笔者在本科、硕士研究生和博士研究生阶段曾分别在中国人民大学法律系、北京大学东方学系、北京大学历史系,对法学、韩国古代史和中国古代史等专业进行过较为系统的学习,因此在研究中也试图积极借鉴和融会这几个学科的研究方法。比如,本书就借鉴了法学研究中案例分析的方法,通过对案例的分析来分析史料、解读史料。与此同时,本书还采取了个案研究和综合分析相结合的方法,在对高丽律进行辑佚和复原之后,先做个案分析,对两律的法条、执行机构和刑罚适用分别进行了比较研究,然后综合讨论了高丽的法律移植之路及与其相关的诸问题,努力使微观分析与宏观把握相结合。

六、本书成果

通过研究,本书取得了以下成果:

1. 提出了后周世宗、高丽光宗为了实现各自的目的,促成双冀东渡高丽,开启了高丽光宗以打击贵族勋旧势力为目的、以引进中华之制为号召的改革运动的观点,揭示了归化中国士人在高丽典章制度建设上所起的重大作用。

2. 对高丽律进行了辑佚和复原工作,为唐律和高丽律两大律典的比较研究奠定了较为扎实的基础,创造了可靠的前提。

3. 通过对两律律条的详细比较,发现高丽律自身存在一个发展变化的过程,提出并论证了第二阶段之文宗时期是高丽对外来文化的态度及高丽国内制度发生转变的关键时期,宋代法制主要就是在这一时期传入高丽的观点;同时还提出并论证了第三阶段之武人执政时期是高丽法典内容发生重要变动的时期,本书所复原的高丽律是武人执政时期经过大规模修改后的一部法典的观点。

4. 对两律适用的机关及刑罚的适用进行了较为系统的比较分析,在实践的层面对两律关系的复杂性及其原因进行了阐述,同时还提出并论证了高丽地方司法权限小、归乡刑和充常户刑为适用于所有人的耻辱刑的观点。

5. 对高丽法律移植的道路和过程进行了综合探讨，揭示了文化传统、社会结构、权力构造和利益集团四大因素在其中所起的作用。

七、本书内容

在绪论之后，第一章主要讨论了从汉四郡到统一新罗时期的中韩法制关系，以使读者对高丽移植唐律时所面临的基本制度环境有一个基本的了解。

第二章主要讨论了关于唐律和高丽律关系的一些先决性问题。由于高丽律本身已经失传，学界对这样一部法典是否存在意见分歧。因此，在简述了高丽王朝的历史，给普通读者提供了一个认识问题的基本历史背景之后，本章首先对学界现存的几种关于高丽律是否存在及其与唐律关系的代表性观点进行了辨析，并在前人研究成果的基础上，补充了一些关键性的证据，论证了高丽律的存在。

文化之间发生影响还取决于文化传播的途径、方式及其所处的历史时期，究明唐律文本传入高丽的时期和途径，对两律之间关系的研究至为重要。本章通过实证性的研究，指出尽管在新罗和唐的交往过程中，唐律文本可能已被传入朝鲜半岛，但是文化的传播不是一次性完成的，唐律传入高丽更为重要的历史时期是五代，尤其是在五代的后周时期。在这之后的宋代，由于北宋朝廷严禁"刑法之书"输出国境，从而导致了在高丽前期宋代法制对高丽影响不大、唐律在高丽的影响居于支配的地位的局面。南宋以后，图书之禁逐渐放松，从前的禁书可以由从事海外贸易的商人贩入高丽，因此宋代法制对高丽产生了一定的影响，从而使现存的高丽法制史料呈现出了斑杂的形态，杂糅了唐、宋、元以及高丽固有的法制材料，因此在本书第三章对高丽律进行了辑佚和复原，以期为唐律和高丽律的比较研究奠定一个真实、坚固的基础，而这一工作正是前人没有留意，也没有做过的。

第四章对唐律和高丽律的法条进行了详细的比较分析，发现高丽律自身存在一个发展变化的过程。通过分析发现,高丽统治集团在"移植"唐律的过程中对唐律进行了大量的改动,使高丽律和唐律呈现出了迥然不同的面貌,而这些改动是和高丽特有的社会结构和政治现实密切相关的。

仅就法律而论法律还不能究明一个时代法制状况的全貌,不能明了法律文化传播与互动的复杂性。因此在第五章又对两律的适用进行了比较研究。首先,对两律适用的机关进行了比较分析,发现两律适用的机关并非一一对应的关系,有的名同实异,有的同中有异,呈现出比较复杂的样态。之所以会出现这种现象,除了物质和体制上的原因以外,更重要的则是因为不同的社会结构和权力格局。其次,又对两律刑罚的适用进行了比较分析,发现和唐律相比,高丽律的适用有四大特点:高丽律的适用轻而唐律重、高丽律的适用标准松而唐律严、高丽律的适用对唐律多变通且与本国的固有刑罚同时适用、高丽律的适用有一套律外的耻辱刑。而这"轻""松""变""耻"四大特点无一不和高丽的国情有关。

高丽对中国法制的移植并非一帆风顺,而是经历了不少曲折,呈现出了较为明显的阶段性,第六章便以"华化"与"土俗"[①]间的张力为线索,对高丽与中国法制关系的大势进行了一个简略的探索。第七章则以奴婢法制为中心,探讨了高丽移植唐代法制时存在的"后发劣势"问题,以及这一问题和在高丽执政的贵族集团之间的关系。

需要指出的是,本书虽然名为《唐律、高丽律比较研究》,但是在内容的安排上比重并不相同,即采取了以高丽律为主、唐律为辅,以高丽律带动唐律的写作方式。之所以如此,主要是出于以下两点考虑:

首先,学界对于唐律及其相关问题的研究,成果已经相当丰富,而对高丽律的研究则乏善可陈,因此在书中有必要突出重点,而不是面面俱到。

---

① 本书用"华化"来表示中国文化对朝鲜的影响方式,用"华制"来代表中国制度。朴秉濠使用了"中国化"一词,认为朝鲜初期有制度上的"中国化"运动,其含义和我们所说的"华化"相似,只是并未进一步论证而已。([韩]朴秉濠:《韩国法制史考——近世의 法과 社会》,法文社 1974 年版,第 334 页)本书用朝鲜人常讲的"土俗"一词来表示半岛的固有制度、传统、习惯等文化形态。

其次,本书是以笔者的博士学位论文为基础修改而成的。笔者博士学位论文的初稿本来是以同样的比重来探讨唐律和高丽律的有关问题,并将它们进行比较分析。但是,这样做的结果是文章的份量过大,几近45万余字,使重点不甚突出,所以在师友的建议下,对探讨唐代法制的部分进行了大幅度的删减,只剩下了足以和高丽法制相对照的基干部分。对于那些被删落的探讨唐代法制的文字,尽管自认为不无可取之处,但是暂时还是应做冷藏处理,希望在继续深入研究的基础上,对这些内容加以整理和提高,将来能以适当的方式刊出,以就正于大方之家。

第一章　高丽移植唐代法制前史：从汉四郡到统一新罗时代的中韩法制关系

在高丽王朝(918～1392)之前，我国和朝鲜半岛已有频繁的文化交流，法制交流即是其中之一。对此，学界已取得了一定的研究成果，但主要集中在对古朝鲜"犯禁八条"的探讨上，对从汉四郡到统一新罗这一历史时期的中韩法制关系鲜有完整而深入的分析。① 对于高丽王朝移植唐律之前的这一段历史，我们有必要重新梳理，以明了高丽移植唐律时所面临的基本制度环境。

第一节　汉四郡：古朝鲜地区的习惯法与中原王朝法

从现有史料来看，中国传统法制对古代朝鲜最早发生确切影响的时期是汉四郡时期(前108～314)。《汉

---

① 当然，也有一些相关的论文，比如有韩国学者卢重国的《高句丽律令에 关한一试论》(《东方学志》1979年第21期)，金正权的硕士学位论文《高句丽法制史研究》(韩国光州大学经商大学院1996年硕士学位论文)，田凤德的《新罗의 律令考》(《论文集》11，서울대학교，1956年)，但中韩之间的法律关系并非其重点，也缺乏贯通性的研究。另外，即使是这些具体的研究，由于涉及争端最多且资料最少的韩国上古史问题，也存在不少问题，特别是有些论文，受民族主义尤其是极端民族主义的影响，已大大偏离了学术的轨道，比如金正权的《高句丽法制史研究》一文即将伪书《檀君世纪》《檀纪古事》等作为信史的同时，将正史中的记录斥为虚妄、偏见(否认汉四郡的存在即是其中明显的一例)，并将一些正常的学术观点贴上"事大意识""慕华笔法""日本史观"的标签。

书·地理志》:“殷道衰,箕子去之朝鲜,教其民以礼义,田蚕织作。乐浪朝鲜民犯禁八条:相杀以当时偿杀;相伤以谷偿;相盗者男没入为其家奴,女子为婢,欲自赎者,人五十万。虽免为民,欲犹羞之,嫁取无所雠,是以其民终不相盗,无门户之闭,妇人贞信不淫辟。其田民饮食以笾豆,都邑颇放效吏及内郡贾人,往往以杯器食。郡初取吏于辽东,吏见民无闭臧,及贾人往者,夜则为盗,俗稍益薄。今于犯禁浸多,至六十余条。”[①]“乐浪朝鲜民犯禁八条”乃是当地的习惯法。汉王朝攻灭卫满朝鲜(前194~前109)后,在其旧地设立了乐浪、玄菟、真番、临屯四郡,并承认以“犯禁八条”为主要内容的当地习惯法继续有效,[②]这是中国历史上惯用的因俗而治的做法在当时的一种具体实践。[③]

然而,随着以商人、官吏为主之内地人的涌入,四郡地区受中国文化的影响日深,社会关系也日趋复杂,原有的简单习惯法已不足以应对新的形势,故而当地官府开始在“犯禁八条”的基础上因时因事地陆续发布了一些单行的成文法令,最后积累到了六十余条的规模。从《汉书·地理志》“犯禁”的表述来看,这些法律应以禁止性的刑事法律为主。从制定这些法律的基本背景乃是内地人盗窃行为的增多而古朝鲜本来就特别重视“盗”法的情况来看,惩治盗窃犯罪的法律应该在这些法条中有较大的比重并占重要的地位。

既然在“犯禁八条”中已有制盗之法,为什么还要另立新法呢?其一,这些新法针对的主要是以汉人为主的内郡人。对作为统治族群的汉人而言,当然不能因为盗窃了土著人的财物就被依据土著人的法律没为奴隶,必须制定一套新的规则。其二,由内郡而来的吏和商人在当地人心目中的形象并非总是负面的。由于他们带来了先进的文化,所以他们本身也就成为中国文化的化身,成了土著人特别是居住在都邑中的精英阶层效

① (汉)班固:《汉书》卷二十八下《地理志第八下》,中华书局1964年版,第1658页。

② 杨军认为:“从《后汉书·东夷传》的记载来看,‘八条之教’一直延用到‘内属以后’,也就是汉武帝灭卫氏朝鲜设立四郡以后,是箕氏朝鲜最重要的‘八法’。”(杨军:《中国与朝鲜半岛关系史论》,社会科学文献出版社2006年版,第7页)其实,单从《汉书·地理志》这一最初的文献来看,这一点已非常明显。

③ 如《左传·定公四年》,周公“分唐叔以大路、密须之鼓,阙巩、沽洗,怀姓九宗,职官五正。命以《唐诰》而封于夏墟,启以夏政,疆以戎索”。

仿的对象。商人主要是前来贸易的，盗窃不过是其中个别人的“副业”。外来的汉人和土著人会因贸易发生各种复杂的关系，①这就需要有一套为双方都能接受的规则。由于这些规则涉及具有不同文化与法律背景的人群，所以不能再简单适用任何一方的法律：首先，当地简单而又与中国文化不合的习惯法不能适应这种新的需求；其次，复杂的汉法又非当地人所能理解和接受。因此，须能将两者较好地结合起来，制定新的规则。在当时，显然只有当地的官府才具有这样的权威。因此，我们推断这六十余条禁法乃当地官府根据当地的习俗，并结合汉代的法律制定而成。

当地官府之所以能制定这样的规则，除了其强大的政治力之外，还与其本身的多元文化背景有关。根据学者的研究，当地官府最初虽然主要由内地而来的汉人组成，可是之后，除郡守与县令是由中央直接派遣外，属吏多起用古朝鲜以来的本地汉人豪族和土著豪族。② 也就是说，当地的统治人群本身就具有文化融合的特性。因此，当地官府就容易顺应这种要求，来制定这种新的规则，而不会遇到太大的阻力。总之，这六十余条法律不是由于当地社会的发育而从其习惯法体系中自然衍生出来的，而是在外来文明的刺激下，通过政治力主导被人为创制出来的。

从这六十余条法律发生的背景来看，关于债权与债务的法律也应是其中重要的组成部分之一，而关于债的问题恰好也是古朝鲜“犯禁八条”的重点关注对象。这就进一步说明，这六十余条禁法的主要目的之一就是要解决法律的冲突问题，是在不同的法律文化之间的折冲。因此，这六十余条法律应主要适用于内郡人与土著人之间发生的法律关系，在性质上类似于古代罗马的万民法。③ 对于盗窃和债务问题，我们推测这些新的法规应当不再是简单地将对方没为债务奴隶，而是有了更为精细化的符

① 现有考古发现也证明了这一点。在乐浪郡治所的现平壤地区，就出土了2个半两钱和3个半两钱范，以及以苎绳串数十个五铢钱的五緡。参见梅原末治、藤田亮策：《朝鲜古文化综感》（第2册），养德社1947年版，第31页、第43～47页。

② 关于此，可参见［日］三上次男：《古代东北アジア史研究》之第一编第二、第二编第一、第三；吉川弘文馆1966年版。

③ 韩国学者尹在硕也认为盗律是这60余条法律中最重要的法律，但却认为此盗律就是犯禁八条中的第三条。让人不能苟同。［韩］尹在硕：《古代韩中法制交流浅析——以“犯禁八条”为中心》，载《中国文化研究》2002年冬之卷，第124页。

合商人利益与习惯的处理方式。因此，我们可以说这六十余条禁法的出现是由外来文化影响而发生的法律上的进步。

当然，在当地土著人之间，特别是在官府势力难以触及的地域与族群，“犯禁八条”等当地的习惯法仍是最为主要的法律规范。在玄菟郡难以控制的高句丽，情况即是如此。《北史·高丽传》：“汉武帝元封四年，灭朝鲜，置玄菟郡，以高句丽为县以属之。汉时赐衣帻朝服鼓吹，常从玄菟郡受之。后稍骄，不复诣郡，但于东界筑小城受之，遂名此城为帻沟溇。”①汉四郡的政治力根本无法触及高句丽，其法律当然也难以被适用。因此，其时高句丽的法律如后文分析的那样，完全以当地的习惯法为主。

正因如此，之后汉四郡势力的不断消弱，势必带来来自中国的商人等逐利人群的大幅退潮，从而使汉四郡时期制定的成文法律的适用范围不断缩小，影响力也日趋削减。汉四郡灭亡后，当地的各种习惯法就又成了占主导地位的法律规范，这六十余条成文法便堙没不闻了。法制上的这种变化与当时的整个文化趋势是一致的。根据现有考古学的成果，从金属器及墓制着来看，在乐浪郡设置后，西北朝鲜差不多已经中国化了，可是到了乐浪郡晚期，却又逐渐呈现出了地方化的趋势，②“土俗”压倒了“华化”。③

第二节　高句丽、百济：夫余系法律与中原王朝法

一、高句丽

313年，乐浪郡为高句丽所灭。314年，由乐浪郡分出的带方郡也被高句丽攻占，在半岛北部存续了四百余年之久的汉四郡最终从历史舞台上消失，代之而起的是强大的高句丽帝国。高句丽于公元前后兴起，在建

---

① 《北史·高丽传》，中华书局1974年版，第3111页。

② 关于此，可参见[日]三上次男：《古代东北アジア史研究》之第一编第二、第二编第一、第三；吉川弘文馆1966年版。

③ 我们用后代之高丽王朝(918～1392)的精英阶层经常使用的“土俗”一词指称半岛国家或族群的固有制度和文化。与此同时，我们用“华化”是指称半岛国家或族群积极要求引进中国制度和文化的倾向。

国后的近三百余年间,一直没有成文法。《三国志·乌丸鲜卑东夷传》:“其国有王,其官有相加、对卢……尊卑各有等级。东夷旧语以为夫余别种,言语诸事,多与夫余同……无牢狱,有罪诸加评议,便杀之,没入妻子为奴婢。”[①]其时高句丽尚处于早期国家阶段,[②]社会已经分化,基本的政治结构也已确立。然而,在法制上却处于相当原始的阶段,既无成文法,又无专门的司法机构。遇有犯罪事件发生,就要临时召开诸加会议,由他们评议并做出裁断。适用的习惯法也相当简单,主要是斩杀及将罪人的妻子儿女没为奴婢。如后文分析所显示的那样,这是夫余系法律的一个重要特征。[③]

这一时期高句丽的习惯法和古朝鲜的“犯禁八条”有相似之处。韩国学者尹在硕推测夫余、高句丽的妻子收孥之刑是受战国或秦汉时期实行的家族连坐法所制定,但也承认根本找不出任何证据。[④] 实际上,从高句丽当时在社会、文化诸方面的发育程度及与中国文化的接触情况来看,还不具备有选择性地从已相当发达的中国法制文化中进行借鉴的能力。我们不能一看到两项制度有某些相似之处,就认定它们之间有文化上的联系。其实,由于高句丽文化的后进,其习俗与制度和相邻之夫余的不同之处也甚多。比如高丽“其俗好淫,男女多相奔诱。已嫁娶,便稍作送终之衣”。[⑤] 而夫余则有禁淫之法。

占领汉四郡以后,高句丽与中国文明的接触增多,加之在文化上采取积极开放的政策,中国文化的影响开始加大。《北史·高丽传》:“高句丽,其先出夫余……书有《五经》《三史》《三国志》《晋阳秋》。兵器与中国略同……税,布五疋、谷五石……租,户一石,次七斗,下五斗。其刑法,叛及谋逆者,缚之柱,爇而斩之,籍没其家;盗则偿十倍,若贫不能偿者乐及公私债负,皆听评其子女为奴婢以偿之。用刑既峻,罕有犯者。”[⑥]到了南

① 《三国志·乌丸鲜卑东夷传》,第843~844页。《后汉书·东夷传》所载略同。

② 关于早期国家的理论,可参见沈长云、张渭莲著:《中国古代国家起源与形成研究》第四章《早期国家理论》,人民出版社2009年版。

③ 我们称夫余及受夫余影响的高句丽、百济等夫余系族群的法律为夫余系法律。

④ [韩]尹在硕:《古代韩中法制交流浅析——以“犯禁八条”为中心》,载《中国文化研究》2002年冬之卷。

⑤ (唐)姚思廉:《梁书》卷五十四《东夷传》,中华书局1973年版,第802页。

⑥ (唐)李延寿:《北史·高丽传》,中华书局1974年版,第3110~3116页。

北朝时期,高句丽在文化上已取得了长足的进步。第一,儒学已经兴起,从中国输入了大量的典籍,并且具备了一定的教育制度。《三国史记·高句丽本纪第六》:“(小兽林王)二年(372),夏六月,秦王苻坚遣使及浮屠顺道送佛像、经文。王遣使回谢,以贡方物。立太学,教育子弟。”[①]第二,军事、赋税制度已建立起来。第三,成文法律制度已初步确立。

《北史》在记述高句丽法制时使用的是“刑法”一词,当是指其成文法典而言。《三国史记·高句丽本纪第六》:小兽林王“三年(373),始颁律令”。[②] 这部法典含有多种文化的因子:首先是固有习惯法的成文化,比如,对于叛及谋逆的处罚方法即为当时中国及周边各国各族所未有,应是由其习惯法发展而来。至于评罪制度,更是其古老的法律传统。其次,大量吸收了为其所灭之夫余国的法律制度。关于夫余的法律制度,《三国志·乌丸鲜卑东夷传》:“用刑严急,杀人者死,没其家人为奴婢。窃盗一责十二。男女淫,妇人妒,皆杀之。尤憎妒,已杀,尸之国南山上,至腐烂。女家欲得,输牛马乃与之。”[③]高句丽的“盗则偿十倍”之法即是继承夫余的“倍偿”之法而来。[④] 由于高句丽和夫余地域相连,种族相近,[⑤]在习惯法上本来就多有相似之处,[⑥]如均具有严刑峻法的特点,均有没入杀人者的妻子儿女为奴婢的法律,故而在高丽占领夫余之后在文化上反为被征服之夫余所影响。最后,借鉴、吸收了其统治区域内其他现存的各种法律资源,如债务奴隶制就和古朝鲜的“犯禁八条”有渊源关系。据此,我们推测前文所述之以六十余条禁法为主的汉四郡时期遗留下来的一些中国法

---

① [高丽]金富轼撰:《三国史记·高句丽本纪第六》,吉林文史出版社 2003 年版,第 221 页。

② 同上书,第 221 页。

③ 《三国志·乌丸鲜卑东夷传》,中华书局 1963 年版,第 841 页。

④ 关于这一问题的详细论述,可参见张春海:《试论古夫余族的“倍偿”之法及对古代东亚法制之影响》,载《中央民族大学学报》(社会科学版)2006 年第 5 期。韩国学者金基兴推测高句丽国初即有倍偿制度,显然忽视了文化应有的发展过程。[韩]金基兴:《사회구조》,《한국사》5《삼국의 정치와 사회1 – 고구려》,국사편찬위원회 1998 年版,第 216 页。

⑤ 大多数学者都主张高句丽出自夫余或貊。关于高句丽族源研究成果的综述,可参见孙进己:《高句丽的起源及前高句丽文化的研究》,载《社会科学战线》2002 年第 2 期。关于高句丽与夫余的文化关系,则可参见张碧波:《高句丽文化渊源考》一文的有关论述,吉林省社科院高句丽研究中心等编:《全国首届高句丽学术研讨会论文集》,吉林省社会科学院高句丽研究中心、通化师范学院高句丽研究所 1999 年版,第 27 ~ 48 页。

⑥ 韩国学者金基兴也推测:“因高句丽和夫余的住民无论在血统还是在文化上都非常相近,所以可以推测这两个社会的习惯法也应该非常相似。”([韩]金基兴:《사회구조》,《한국사》5《삼국의 정치와 사회1 – 고구려》,국사편찬위원회,1998 年,第 215 页。)但估计失之过高。

的因子作为既有的法律资源之一,也对高句丽法制产生了一定的影响。证据有二:其一,在高句丽法制中出现了"谋逆""叛"等中国法色彩非常浓厚的词语;其二,高句丽对此类犯罪特加以格外严酷的处罚,这是之前没有的现象。这些都是受中国法律影响所致。① 当然,这种影响仍处于粗浅的层次,主要是因使用汉字、汉语作为书面语的原因而在法典中借用了一些中国法的名词和术语,②并依据这些术语所代表之制度的原理对固有法进行了一定程度的改造,至于法典的主体,则仍以本国固有法为主。

那么,高句丽法典有没有直接受到中原王朝成文法典的影响呢?在小兽林王颁布律令的前一年,前秦皇帝符坚派使节来到了高句丽,高句丽有可能通过此次机会接触并了解到一些当时中国法制的情况。③ 然而,成文法典的创制必须有周密的准备和完备的参照文本,而 372 年的这次交往主要是以佛教交流为主,并非是制定成文法典准备工作的一环。顺道作为一名僧侣对律学并不精通,至于名字失载的前秦使节,从之后高句丽正式设立太学的举动来看,他很可能是一位儒学之士,符坚派遣他前往高句丽,乃是要在高句丽振起儒学。④ 因此,我们认为高句丽法制中的中国因素主要是通过汉四郡的遗产获得,而非直接从中原王朝移植所致。⑤ 日本学者武田幸男推测小兽林王颁布的律令乃是以西晋的《泰始律令》为蓝本,⑥韩国学者卢重国亦持此说。⑦ 金基兴则认为从这一时期开始,高句丽不仅接受了中国的成文法体制,具备了自己的律令体制,而且还持续地

---

① 金基兴也注意到这一时期的高句丽法律特别强调对国家的忠诚,和之前的情况非常不同,并将之称为"国家优先主义",归因于对中国成文法体制的接受。[韩]金基兴:《사회구조》,《한국사》5《삼국의 정치와 사회1 - 고구려》,第 217 页。

② 高明士即指出:"高句丽在四世纪后半叶,贵族阶层已能熟练地运用汉字,所以能进行编纂史书。"(高明士:《东亚教育圈形成史论》,上海古籍出版社 2003 年版,第 156 页)在制定成文法时,运用中国法律的术语也是自然之事。

③ 关于这一问题的讨论,可参见张春海:《试析从古朝鲜至高句丽时代的韩国古代法》,载《解放军外国语学院学报》2002 年第 5 期。

④ 这和他在国内广修学宫、招聘学者、振兴儒风的做法一致。关于此,可参见《晋书》卷百十三《载记·符坚上》。

⑤ 日本学者堀敏一认为:"高句丽曾于 336 年和 343 年到东晋朝贡,其使者有可能将此律令带了回来,并在小兽林王初期危机四伏的时刻颁布。但是,当时中国和高句丽的国家体制相差甚远,且不论将中国法典原封不动地颁布,即使做些修正,也很难取得实效。"[日]堀敏一著:《隋唐帝国与东亚》,韩昇编,韩昇、刘建英译,云南人民出版社 2002 年版,第 133 页。

⑥ [日]武田幸男:《朝鲜の律令制》,载《岩波讲座·世界历史》(6),岩波书店 1971 年版,第 67 页。

⑦ 详见[韩]卢重国:《高句丽律令에 关한一试论》,载《东方学志》1979 年第 21 期。

进行了改正和补充的工作。[①] 高明士还进一步推测此律令中当含有学令的篇目,太学乃依学令而设。为了解释学令的实施早于律令颁布这样的矛盾,他又提出了佛教刺激说。[②] 他们的根据均为高句丽和前秦的关系,但并无具体的证据。笔者认为,从当时高句丽的政治体制[③]和法律制度主要以"土俗"为主的情况来看,其"华化"程度不可能达到这样的程度。

唐王朝建立后,李唐皇室自称是老子后裔,规定道教为三教之首,且在立国后不久即遣使前往高句丽以振起道教。《新唐书·东夷传》:"武德初……后三年……命道士以像法往,为讲《老子》。建武大悦,率国人共听之,日数千人。"[④]贞观十七年(高句丽宝藏王二年,643年),高句丽的实际掌权者泉盖苏文向国王建议:"三教譬如鼎足,阙一不可。今儒释并兴,而道教未盛,非所谓备天下之道术者也。伏请遣使于唐,求道教以训国人。"结果"大王深然之,奉表陈请。太宗遣道士叔达等八人,兼赐老子道德经。王喜,取僧寺馆之"。[⑤] 泉盖苏文所述本国"儒释并兴"的情况乃南北朝以来的历史事实,与当时中国的文化潮流一致,而此时之积极兴起道教也是对中国文化潮流的及时呼应与跟进。为了汲取唐文化,高句丽还向唐派遣了留学生。《新唐书·选举志上》:"自天下初定,增筑学舍至千二百区……四夷若高丽、百济、新罗、高昌、吐蕃,相继遣子弟入学,遂至八千余人。"[⑥]中国文化的主干儒学通过这些留学生继续对高句丽发挥着重要影响。

总之,从表面上看,在这一时期,高句丽对唐文化有亦步亦趋之势。据此,刘子敏认为这一时期在高句丽的文化体系中中原文化已占据了主导地位,出现了"普遍中原化"的现象。[⑦] 对这样的估计,我们认为失之过高。尽管"华化"在当时有加速的趋势,但我们必须看到在制度、习俗等更

---

① [韩]金基兴:《사회구조》,《한국사》5《삼국의 정치와 사회1 - 고구려》,第217页。

② 高明士:《东亚教育圈形成史论》,上海古籍出版社2003年版,第156~159页。

③ 《北史·高丽、百济、新罗等传》:"官有大对卢、太大兄、大兄、小兄、竟侯奢、乌拙、太大使者、大使者、小使者、褥奢、翳属、仙人,凡十二等,分掌内外事。其大对卢则以强弱相陵夺而自为之,不由王署置。复有内评、五部褥萨。"中华书局1974年版,第3111页。

④ 欧阳修、宋祁等撰:《新唐书》卷二百二十《东夷传》,中华书局1975年版,第6185~6186页。

⑤ [高丽]金富轼撰:《三国史记·高句丽本纪第九》,第254~255页。

⑥ 《新唐书》卷四十四《选举志上》,第1163页。

⑦ 刘子敏:《高句丽历史研究》,延边大学出版社1996年版,第245页。

深的层次仍以“土俗”为主的事实。以政治制度而论，《新唐书·东夷传》载其官制云：“官凡十二级：曰大对庐，或曰吐捽；曰郁折，主图簿者；曰太大使者；曰帛衣头大兄，所谓帛衣者，先人也，秉国政，三岁一易，善职则否，凡代日，有不服则相攻，王为闭宫守，胜者听为之。”①以“土俗”为主的事实甚为明显。

法制同样如此。《新唐书·东夷传》：“其治，峭法以绳下，故少犯。叛者丛炬灼体，乃斩之，籍入其家。降、败、杀人及剽劫者斩，盗者十倍取偿，杀牛马者没为奴婢，故道不掇遗。”②和《北史》的记载相比照，可知两者的内容基本相同，不同之处在于增加了“降、败、杀人及剽劫者斩”及“杀牛马者没为奴婢”两条。第一条乃维持正常社会秩序所必需，比如古朝鲜“犯禁八条”的第一条是“相杀以当时偿杀”，临近的濊国（公元前4世纪～前128年）也有“杀人者偿死”③的习惯法，所以此条应该就是372年所颁律令中的内容，而非新设的法条。第二条则为之前所无。在这一时期，之所以将杀牛马作为一项重罪立法，和其生产的发展有一定的关系。在高句丽兴起之初，其经济状况是“无良田，虽力佃作，不足以实口腹”，④可是到了南北朝时期，人们需交纳大量的租税，农产品已有了相当的剩余，⑤而这又和牛耕等先进农业技术的普及有关。故而，牛马在社会生活中的重要性提升，⑥针对牛马的犯罪也相应增加，成了和“降、败、杀人及剽劫”等并列的重大社会问题，需要制定相应的法律加以调整。对此，隋唐律典是有相应律条的。《唐律疏议·厩库律》故杀官私马牛条：“诸

① 《新唐书》卷二百二十《东夷传》，第6186页。

② 同上书，第6185～6186页。

③ （晋）陈寿：《三国志》卷三十《魏书三十·乌丸鲜卑东夷传》，中华书局1964年版，第849页。

④ 陈寿：《三国志》卷三十《魏书三十·乌丸鲜卑东夷传》，第843～844页。《后汉书·东夷传》所载略同。

⑤ 关于此，可参考李宇峰：《略述东北少数民族的农牧与渔猎经济》，载《古今农业》1990年第2期。

⑥ 通过考古发掘，已出土了不少高句丽时期的铁农具，其中“形体硕大的铁犁桦适于牛挽。根据集安高句丽壁画中牛卧草棚，牛挽车的情况推断，高句丽建国后不久就开始出现牛耕。铁铲、三爪器及各种铁镰用于农业生产，说明高句丽人农业生产技术的提高，无论是开垦、犁耕、管哩、收获，各个环节所使用的工具都发生了质的变化。生产工具的改革，技术的进步使粮食产量有较大的提高。”（耿铁华：《集安高句丽农业考古概述》，载《农业考古》1989年第1期）而马具则是出土的“高句丽金属器具中常见的器物”。（魏存成：《高句丽考古》，吉林大学出版社1994年版，第108页）学者指出：“在朝阳袁台子晋墓壁画中，绘有牛耕图：前面画二牛拉犁，一牛为黄色，一牛为捕色；后面扶犁者，一手扶犁，一手扬鞭，头戴黑债，身穿短衣；最前面有两人，头戴黑幢，身穿青色短衣，象似在洒种。铁器和牛耕的使用，大大提高了耕地的产量，为高句丽的经济发展创造了必要条件。”（刘子敏：《高句丽历史研究》，第84页）《三国史记·温达传》：“（公主）乃卖金钏，买得田宅、奴婢、牛马、器物，资用完具”（第523页），可见在当时的高句丽，牛马在重要性上已是和田宅、奴婢并列的财物。

故杀官私马牛者,徒一年半。赃重及杀余畜产,若伤者,计减价,准盗论,各偿所减价;价不减者,笞三十。其误杀伤者,不坐,但偿其减价。主自杀马牛者,徒一年。"[①]高句丽显然并没有借鉴这一律条,而是从本土的债务奴隶法制中发展出了新的律条。由此可见,在制度的层面,高句丽始终以"土俗"为主,中国文化的影响不大。

二、百济

百济上层统治集团乃古夫余族的一支,后来逐渐迁徙到汉江流域,建立了百济王国。[②] 夫余人很早就发展出了程度较高的文明及有自身持色的法律,并将之带到了半岛。[③] 当然,随着统治地域与人群的变化,这些制度在新的环境中又发生了一定的变化。《三国史记·百济本纪第二》:"(古尔王)二十七年(260),春正月,置内臣佐平,掌宣纳事;内头佐平,掌库藏事;内法佐平,掌礼仪事;卫士佐平,掌宿卫兵事;朝廷佐平,掌刑狱事;兵官佐平,掌外兵马事。……克虞十六品。二月,下令六品已上服紫……十六品已上服青。"[④]在3世纪,百济即已具备了整齐严密的官阶、官等及相应的服色制度,官僚制已经确立。这样一套复杂的制度需要以相应的法律制度为支撑。因此,在不久之后百济便有制定并颁布成文法的举措。《三国史记·百济本纪第二》:"(古尔王)二十九年春正月,下令:凡官人受财及盗者,三倍征赃,禁锢终身。"[⑤]针对的主要就是官僚群体。与官僚制浓厚的本土色彩一样,这一法令基本上是古夫余倍偿之法的变形,只不过适用的对象和范围发生了一定的变化,并增加了禁锢终身的附加刑而已。赃吏禁锢之法来自汉律,[⑥]说明早在3世纪,百济法律已受到了中国

---

① 刘俊文:《唐律疏议笺解》,中华书局1996年版,第1107~1108页。

② 《三国史记·百济本纪第一》载其事云:"朱蒙嗣位。生二子,长曰沸流,次曰温祚。及朱蒙在北扶余所生子来为太子,沸流、温祚恐为太子所不容,遂与乌干、马黎等十臣南行,百姓从之者多。遂至汉山,登负岳,望可居之地。……温祚都河南慰礼城,以十臣为辅翼,国号十济,是前汉成帝鸿嘉三年也。……改号百济,其世系与高句丽同出扶余,故以扶余为氏。"《三国史记·百济本纪第一》,第274~275页。

③ 参见张春海:《试论古夫余族的"倍偿"之法及对古代东亚法制之影响》,载《中央民族大学学报》(社会科学版)2006年第5期。

④ 《三国史记·百济本纪第二》,第290~291页。

⑤ 同上书,第291页。

⑥ 汉文帝时已有"吏坐赃者,皆禁锢,不得为吏"(《汉书·贡禹传》)的规定,东汉和帝永元年间(公元89~104年),"解赃吏三世禁锢"。参见(唐)房玄龄:《晋书》卷三十《刑法志》,中华书局1974年版,第920页。

法律的影响。百济人之所以对汉代的法律较为熟悉，应该与夫余国与汉代较为密切的文化交流关系有关。[①] 但关于其具体的途径与形态，由于史料的缺略，已不得而知。

南北朝时期，百济与中原王朝特别是南朝的交往十分频繁，据学者统计，百济同南朝交往的记载多达 28 次，[②]其中以与梁的关系最为密切。[③]《梁书 · 百济传》："中大通六年，大同七年，累遣使献方物；并请涅盘等经义、毛诗博士，并工匠、画师等，敕并给之。"[④]梁对于百济文化上的需要有求必应，这更加激发了百济人文化上的求知欲及对中国文化的认同感。[⑤]太清三年（549），百济使节来到健康，正值侯景之乱，"见城邑丘墟，于端门外号泣，行路见者莫不洒泪"。[⑥] 1971 年在韩国忠清南道公州宋山里发掘的武宁王陵，其墓制便深受南朝的影响，[⑦]有学者甚至认为武宁王陵可称作典型的"建康模式"。[⑧] 这种状况在文献上也有反映。《周书 · 异域传》："百济者……王姓夫余氏……俗重骑射，兼爱坟史。其秀异者，颇解属文。又解阴阳五行。用宋元嘉历，以建寅月为岁首。亦解医药卜筮占相之术。僧尼寺塔甚多，而无道士。赋税以布绢丝麻及米等，量岁丰俭，差等输之。其刑罚：反叛、退军及杀人者，斩；盗者，流，其赃两倍征之；妇人犯奸者，没入夫家为婢。婚娶之礼，略同华俗。父母及夫死者，三年治服；余亲，则葬讫除之。土田下湿，气候温暖。五谷杂果菜蔬及酒醴肴馔药品之属，多同于内地。"[⑨]

---

① 《后汉书 · 夫余传》："（建武）二十五年（49），夫余王遣使奉贡，光武厚答报之，于是使命岁通。……永宁元年（120），乃遣嗣子尉仇台印（诣）阙贡献，天子赐尉仇台印绶金彩。顺帝永和元年（136），其王来朝京师，帝作黄门鼓吹、角抵戏以遣之。桓帝延熹四年（161），遣使朝贺贡献。……至灵帝熹平三年（161），复奉章贡献。夫余本属玄菟，献帝时，其王求属辽东云。"

② 韩国磐：《南北朝隋唐与百济新罗的往来》，载《历史研究》1994 年第 2 期。

③ 杨通方即指出："百济与中国南朝之间的文化交流涉及的方面是颇为广泛的。"陈玉龙、杨通方等：《汉文化论纲——兼述中朝中日中越文化交流》，北京大学出版社 1993 年版，第 205 页。

④ 《梁书》卷五十四《百济传》，第 805 页。

⑤ 对百济之所以与南朝的往来多与北朝往来少的原因，韩国磐已有详细的分析，可参见韩国磐：《南北朝隋唐与百济新罗的往来》，载《历史研究》1994 年第 2 期。

⑥ 《梁书》卷五十六《侯景传》，第 853 页。

⑦ 关于此，参见杨泓：《吴、东晋、南朝文化及其对海东的影响》，载《考古》1984 年第 6 期；王仲殊：《东晋南北朝时代中国与海东诸国的关系》，载《考古》1989 年第 11 期。

⑧ 王志高：《韩国公州宋山里 & 号坟几个问题的探讨》，载《东南文化》2008 年第 4 期。

⑨ 《周书 · 异域传》，第 886 ~ 887 页。《北史》卷 94《高丽、百济、新罗等传》所载略同："其刑罚，反叛、退军及杀人者，斩；盗者，流，其赃两倍征之；妇犯奸，没入夫家为婢。"（第 3120 页）

除儒、佛二教的影响外，百济还使用中国历法，且在守孝三年及婚娶之礼等方面都与中国接近，说明中国文化已经开始深入了百济习俗的层面，这是文化影响深层化的表现。不过，这种趋势在法制上的表现却不明显，在百济法律中虽然出现了反、叛等明显具有中国色彩的法律词汇，但主体仍是本国的固有法。首先，百济对“反叛、退军及杀人者”一概处以斩刑，乃对夫余系法律“用刑严急，杀人者死”特点的继承。① 其次，对于盗，也是按照古夫余法的倍偿之法征赃，但有所变化：其一，刑罚变成了复合刑，由流和倍偿两种刑罚构成；其二，征赃的数额减少，变成了两倍征赃。最后，对于淫逸行为的处罚，由古夫余的“男女淫，皆杀之”②变为“妇人犯奸者，没入夫家为婢”。③ 即由之前的对男女双方均处极刑变为了对女方的单方处罚，刑罚烈度也大幅降低，不再适用死刑，说明社会的发展已使百济人更加重视人的生命，但这种进展是根基于本土法律的，是其固有之债务奴隶法制的一种衍生。

隋唐时期，百济与中国的交流继续发展，其法律制度也有一定的变化。对此《旧唐书·东夷传》《新唐书·东夷传》《唐会要》卷九十五《百济》均有记载，内容基本相同。《新唐书·东夷传》：“其法：反逆者诛，籍其家；杀人者，输奴婢三赎罪；吏受赇及盗，三倍偿，锢终身。俗与高丽同。……有文籍，纪时月如华人。”④和之前相比，反、叛、逆、杀人之类的重罪在罪名与刑罚上都进一步分化了，有向中国法接近的趋势。特别是对于杀人罪，在古夫余为“杀人者死，没其家人为奴婢”，⑤到了这一时期则变成了“输奴婢三赎罪”，并不一定要以家人充作债务奴隶，而是可以自己的奴婢代充，且在数量上也有了限制，在刑罚程度上有所减轻，法律进一步文明化了。⑥

通过以上分析，我们看到，尽管从魏晋南北朝到隋唐这一漫长的历史

---

① 韩国学者权兑远也指出百济刑罚的严酷和夫余、高句丽具有类似性。[韩]权兑远：《사회구조》，《한국사》6《삼국의 정치와 사회2－백제》，국사편찬위원회 1998 年版，第 238 页。

② 《后汉书·东夷传》，中华书局 1965 年版，第 2811 页。

③ 《周书·异域传》，第 886～887 页。《北史》卷 94《高丽、百济、新罗等传》所载略同：“其刑罚，反叛、退军及杀人者，斩；盗者，流，其赃两倍征之；妇犯奸，没入夫家为婢。”（第 3120 页）

④ 《新唐书·东夷传》，第 5199 页。

⑤ 《三国志·乌丸鲜卑东夷传》，中华书局 1963 年版，第 841 页。

⑥ 有学者认为，百济的赎刑是以隋唐的五刑为基础的（[韩]权兑远：《사회구조》，《한국사》6《삼국의 정치와 사회2－백제》，第 239 页），但并无具体的根据，完全忽视了夫余法的渊源。

时期，百济文化受到了中国文化强烈而深刻的影响，但在法制层面表现的却不明显，法律仍以固有法为主，所以《唐会要》卷九十五《百济》称"其用法……与高丽同"。[①] 即仍以"土俗"为主。[②]

第三节 新罗：三韩系法律与中原王朝法

一、新罗法制的渊源

新罗位于半岛东南一隅，在族属上属三韩系，系由三韩中辰韩的一部发展而来，[③]在三国之中最为后进，颁布成文法的时间也最晚。《三国史记·新罗本纪第四》："（法兴王）七年（520），春正月，颁示律令，始制百官公服，朱紫之秩。"[④]对此，新罗人看得极重，甚至赋予了区分时代的意义，"《凤岩寺智证大师寂照塔碑铭》：'自我法兴王制律条八载'，亦即以法兴王颁布律令为纪年的基准"。[⑤]

新罗律令已湮灭不传，我们只能通过散见于《三国史记》中的一些只言片语窥其一斑。现存新罗法制史料以关于刑罚的记载最多，并透露出了新罗刑罚极为残酷的特点，有夷九族、夷三族、连坐、支解、车裂等多种酷刑。真平王五十三年（631），"夏五月，伊餐柒宿与伊餐石品谋叛。王觉之，捕捉柒宿，斩之东市，并夷九族"。[⑥] 景文王十四年（874）"五月，伊餐近宗谋逆犯阙，出禁军击破之。近宗与其党夜出城，追获之，车裂"。[⑦]

从表面上看，新罗刑罚带有不少"华化"的色彩，夷三族、连坐、支解、车裂等均为中国历史上曾经出现过的制度，且主要出现在秦代。[⑧] 新罗的

① （宋）王溥撰：《唐会要》卷九十五《百济》，中华书局1998年版，第1710页。

② 有学者认为百济法律"从刑名到处罚，都与魏晋律相近。"[陈尚胜：《论唐朝与新罗的文化交流》，载《山东大学学报》（哲学社会科学版）1995年第4期]显然是夸大了中国文化对百济法律的影响，无确切的依据。

③ 韩国磐：《南北朝隋唐与百济新罗的往来》，载《历史研究》1994年第2期。

④ 《三国史记·新罗本纪第四》，第50页。

⑤ [日]堀敏一著：《隋唐帝国与东亚》，韩昇编，韩昇、刘建英译，第133页。

⑥ [高丽]金富轼撰：《三国史记·新罗本纪第四》，吉林文史出版社2003年版，第63页。

⑦ 《三国史记·新罗本纪第十一》，第156页。

⑧ 根据沈家本的考证，秦代的刑罚包括夷三族、士伍、斩、迁、戮尸、枭首、车裂、鬼薪、夺爵迁、籍其门、弃市、族、磔、支解、黥、劓、收孥、相收司连坐、城旦、具五刑、腰斩等20多种。沈家本：《历代刑法考》，中华书局2006年版，第15～17页。

各种刑罚大都可以从秦制中找到原型。在秦之后,这些苛法的适用呈大幅缩减之势,以夷三族为例,在吕后时已被明令废止,之后虽偶有使用,但曹魏制定《新律》时,已将之排除在法典之外;西晋永嘉元年(290),正式下令除三族刑。[①] 然而,当处于文明门槛阶段的拓跋鲜卑人入主中原建立北魏王朝后,这一刑罚轻减化的趋势出现了顿挫,鲜卑人部落时期的许多酷法被继承了下来,有族诛、门诛、孥戮、辕、腰斩、枭首、斩、绞、沉诸渊等多种酷刑。[②] 新罗刑罚与之也有相似之处。

然而,这种相似性并不能说明新罗曾经吸收或借鉴了秦或北魏的制度。首先,在新罗颁布律令之前的漫长历史时期,与中国的交往甚少,根据现存史料的记载,直到381年,新罗的奈勿王才开始遣使随高句丽使节与前秦通交。之后中断了近一个半世纪,到521年,法兴王才又遣使随百济使节与南朝的梁通交,而无和北朝交往的记载。[③] 这些交往均有间接性的特点,且次数稀少,时间短暂,故而新罗不可能对中国文化有深入的了解。其次,直到新罗公布成文法时,其文化依然相当落后。《梁史·新罗传》:"其国小,不能自通使聘。普通二年……始使使随百济奉献方物。……无文字,刻木为信。语言待百济而后通焉。"[④]其时,新罗既无本国文字,对中国的语言文字也不了解,只能通过百济人才能达成交流。在这种状况下,根本不可能对中国的法制文化有深入的体察,更不具备跨越时代从历代的中国法典中大规模移植相应法律制度的能力。

新罗法制在刑罚层面与秦及北魏的相似乃历史的偶然——秦是一个深受法家重刑主义思想影响的国家,北魏早期则同新罗一样处于文化演进的浅层阶段,刑罚残酷几乎是这一阶段国家的一个普遍现象。新罗刑罚中之所以出现了夷三族、车裂等中国因素,主要是因为新罗无本国文字,书写必须使用汉字所致,是用汉语词汇表述其固有制度的结果。因此,本国习惯法才是其律令的主要渊源。《三国史记·杂志第二》

---

① 关于这一问题的具体讨论,参见沈家本:《历代刑法考·刑法分考一》"夷三族"条,第71~78页。

② 韩国磐:《中国古代法制史研究》,人民出版社1993年版,第273~274页。

③ 关于这一问题的详细讨论,参见杨通方:《中韩古代关系史论》,中国社会科学出版社1996年版,第35页。

④ 《梁史》卷五十四《新罗传》,第806页。

"色服"条序即云:"至第二十三叶法兴王,始定六部人服色尊卑之制,犹是夷俗。"[①]服制如此,法制也不例外。

当然,成文法的制定是一项复杂的系统工程,需要有必要的参照文本。此文本既非中国法典,那就只能是高句丽或百济的成文法典了,其中以高句丽法典的可能性最大。[②] 在新罗制定律令前后,与高句丽的交往最为频繁。新罗还有向高句丽派送质子的制度,数位国王均有长期在高句丽充当质子的经历。这些深受高句丽文化影响的王子回国成为君主后,在制定法律、创立制度时,便会在有意无意之中将高句丽的因素带入其中。

再从文化交流的具体事实来看,当时的高句丽正处于文化的鼎盛期,对新罗的影响巨大,佛教就是从高句丽传入新罗的,法制也不应例外。《北史·新罗传》:"新罗者……其文字、甲兵,同于中国……风俗、刑政、衣服略与高丽、百济同。"[③]中国与高句丽两国的文化对新罗均有影响,但它们发生的领域和程度并不相同。中国文化对新罗的影响主要表现在文字和甲兵等器物的层面,高句丽文化对新罗的影响则发生在风俗、刑政、衣服等制度、社会与心理的层面。即是说,中国文化的影响流于浅层,而高句丽文化则发生了深层次的影响,法制就是其中的一端。

二、新罗法制与隋唐律令的关系

一些学者认为,新罗统一半岛后,法律制度发生了由以固有法为主到以吸收和借鉴隋唐律令为主的重大转变。[④] 这种主张的主要依据是《三国史记》中的以下几条史料:(1)太宗武烈王元年(654)五月"命理方府令良首等,详酌律令。修定理方府格六十余条"。[⑤] (2)文武王二十一年(681)

---

① [高丽]金富轼撰:《三国史记·新罗本纪》,孙文范等勘校,第412页。

② 韩国学者田凤德推测新罗律令的母法就是高句丽律令。参见[韩]田凤德:《新罗의律令考》,《论文集》11,서울대학교,1956年版,第313页。

③ 《北史》卷九十四《新罗传》,第3123页。

④ 李基白认为在新罗统一朝鲜半岛以后,很可能改进和完善了其律令制度。参见李基白:《韩国史新论》,一潮阁1996年版,第109页。田凤德则进一步认为新罗在520年制定成文法之后,可能有过数次的修改,特别是进入7世纪中叶以后,由于和唐王朝的密切关系及遣唐使的派遣,在金春秋(武烈王:654~661)即位以后,开始脱离了高句丽式的律令,开始了直接模仿唐朝律令格式体系进行法制建设的时代。参见[韩]田凤德:《新罗의律令考》,第314~315页。

⑤ 《三国史记·新罗本纪》,第73页。

七月,“王薨……遗诏曰:‘……律令格式,有不便者,即便改张。布告远近,令知此意,主者施行’”。[①] (3)哀庄王六年(805)“秋八月,颁示公式二十余条。”[②](4)在《三国史记·杂志第八·职官中》有“律令典,博士六人”[③]的记载。这几条史料显示新罗具备了律令格式的法律体系,而这种体系是隋唐时期确立的,所以有学者就说:“所谓‘律令’,是指唐朝律令。”[④]然而他们却忽略了中国一侧的记载:“武德四年,遣使朝贡……自此朝贡不绝。其风俗、刑法、衣服,与高丽、百济略同,而朝服尚白。”[⑤]根据唐人的观察,新罗法律与唐律并无相似之处,相反却和夫余系的高句丽、百济法律相似。从唐与新罗频繁、直接的交往来看,[⑥]唐人对新罗的情况是比较熟悉的,对其法制的认识也是可信的。况且,在现存史料中并无关于新罗在颁布律令后又进行过修订的记录。从新罗对律令的重视程度来看,如果有这样的事件发生,应当不会漏记。另外,在现存史料中,也没有发现绞、徒、流、笞这些最具唐代特色的法律词汇。

更为重要的是,《三国史记》中关于新罗的不少记载在真实性上存在问题,法制方面的史料尤其如此。比如,《三国史记·新罗本纪》中有不少关于赦的记载,其中最早的一条为婆娑尼师今二年(81)三月的赦文,其文云“虑狱囚,非二罪悉原之”。[⑦] 之后还有不少类似的记载,奈解尼师今十五年(210),“发使录郡邑狱囚,除二死,余悉原之”。[⑧] 在5世纪以前,新罗还处在“刻木为信”的阶段,对中国文字掌握的程度不高,不大可能在公元前后就有颁布赦令的举措。另外,“二罪”“二死”在中国法制上是两个有特定含义的词汇,指“绞”“斩”两种死罪或犯了这两种死罪的人,在隋文帝开皇定律以后才出现,不可能频繁出现在从1世纪到6世纪的新罗。显然,《三国史记》中关于新罗“赦”的记载乃修史人依据自己所处时代的

① 《三国史记·新罗本纪》,第103页。
② 同上书,第138页。
③ 《三国史记·杂志第八》,第466页。
④ 陈尚胜:《论唐朝与新罗的文化交流》,载《山东大学学报》(哲学社会科学版)1995年第4期。
⑤ 《旧唐书·东夷传·新罗》。
⑥ 据杨昭全统计,从621年到906年的286年间,新罗向唐朝派遣使节达126次,唐朝向新罗遣使达34次。(杨昭全:《唐与新罗之关系》,载《中朝关系史论文集》,世界知识出版社1988年版,第10页)
⑦ 《三国史记·新罗本纪》,第10页。
⑧ 同上书,第23页。

法律语言和法律意识所做的追记,新罗赦令根本就没有保存下来。同理,上列四条史料很可能也是金富轼等人用自己熟知的一套话语对统一新罗法制所做的描述。由于《高丽律》乃模仿和借鉴唐律制定而成,①所以金富轼等人所使用的法律语言就是唐代律令格式体系的话语,故而就由书写导致了在文本上新罗法制具有唐代律令制特征的结果,而实际的情况很可能并非如此。以文武王遗诏而言,就和隋文帝遗诏极为相似。② 我们有理由认为文武王遗诏早已亡佚,所以金富轼等人将隋文帝之遗诏略做改动,使之摇身一变成了新罗文武王的遗诏。③ 实际上,金富轼编撰《三国史记》的主要方法之一就是大量摘抄中国史书中的有关记载和说法,徐居正(1420~1488)早就看到了这一点:"金富轼法陈寿《三国志》,撰《三国史》,患其文籍残缺,本末无稽,则采摭中国诸书,或补或证之,已非实录矣。"④杨通方先生也指出:"朝鲜《三国史记》关于中朝关系的记述,多与《通鉴》雷同。"⑤

作为统一后之新罗律受隋唐律影响的具体事例,田凤德认为新罗存在一种特有的罪名——"五逆"。《三国史记·新罗本纪第六》:"(文武王九年:669)二月二十一日,大王会群臣下教:'……可赦国内……犯五逆罪死已下……悉皆放出……所司奉行!'"⑥五逆是佛教用语,指五种将招致堕入无间地狱报应的恶业大罪。《阿阇世王问五逆经》:"有五逆罪……谓杀父,杀母、害阿罗汉、斗乱众僧、起恶意于如来所。"⑦田凤德认为作为大赦用语,"五逆"的内容发生了变化,指谋反、谋大逆、谋叛、恶逆及不道,并认为唐律中的"十恶"在新罗演为了"五逆",在日本又转为了"八虐"。⑧这种看法值得商榷。首先,"五逆"在《三国史记》中仅出现了一次,属孤

---

① 《高丽史·刑法志》序云:"高丽一代之制,大抵皆仿乎唐;至于刑法,亦采唐律,斟酌时宜而用之。"参见[朝鲜]郑麟趾:《高丽史·刑法志》(中册),亚细亚文化社1990年版,第833页。

② 文帝遗诏曰:"律令格式,或有不便于事者,宜依前敕修改,务当政要。"魏征、令狐德棻撰:《隋书·高祖纪》,中华书局2000年版,第53页。

③ 张春海:《高丽律、唐律关系研究评述》,载《韩国学论文集》第十七辑,辽宁民族出版社2008年版,第60页。

④ [朝鲜]徐居正:《四佳文集》卷四《三国史节要序》,民族文化推进会本。

⑤ 杨通方:《中韩古代关系史论》,中国社会科学出版社1996年版,第210页。

⑥ 《三国史记·新罗本纪第六》,第87页。

⑦ 罗竹风主编:《汉语大词典》第一卷"五逆罪"条,汉语大词典出版社1986年版,第342页。

⑧ [韩]田凤德:《新罗의律令考》,《论文集》11,서울대학교1956年版,第327~328页。

例。其次，“五逆”在唐代赦令中也十分常见，薛允升即云：“唐时赦文，每云十恶五逆……并不再原赦之限。”[①]比如，《去上元年号大赦文》：“可大赦天下……其十恶五逆，及造伪头首，官典犯赃，法实难容，刑故无小，并不在免限。”[②]《太和改元赦文》：“可大赦天下……惟十恶五逆及故杀人，官典犯入已赃，不在于免限。”[③]在这些赦令中，“十恶”[④]与“五逆”均是佛教用语，泛指重罪，和法制的发展、借鉴无关。

不少学者还从官僚制的角度论证隋唐律令对新罗的影响，[⑤]有学者甚至认为：“新罗统一三国后，又全面地模仿唐朝制度而进行改革……从而完备了中央集权体制。”[⑥]实际情况并非如此。第一，唐代实行三省六部制，在六部之上有尚书、中书、门下三省，分别为国家的最高行政及决策机构，新罗则否。李宗勋认为“新罗的执事部集中唐中书、门下、尚书三省的职能，由他一个部门执行。……新罗中央统治体制的建立，是参照了唐三省制的模式”。[⑦] 其根据主要是执事部的长官为“中侍”，和三省制下门下省的长官名相近，同时又将执事部主掌“机密事务”理解为“总揽国政”。然而，如他已经认识到的那样，“中侍”在新罗的官阶体系中地位很低，执事部的地位也十分低下，[⑧]根本不可能成为三省那样的宰相机关。因此，申滢植就驳斥了李基白关于执事部为新罗最高行政机关的说法，提出了新罗的权力构造是以兵部令为主之宰相制的主张。[⑨]

第二，不少学者主张由部和府所组成的作为新罗中央政府的 14 官府[⑩]

---

① (清)薛允升：《唐明律合编》，法律出版社 1999 年版，第 58 页。

② 《全唐文》卷四十五。

③ 《全唐文》卷七十五。

④ 此处的“十恶”并非隋唐律典中规定的十恶罪，而是佛教中的“十恶”。佛教以杀生、偷盗、邪淫、妄语、两舌、恶口、绮语、贪欲、瞋恚、邪见为十恶。《南齐书·高逸传论》：“今则十恶所坠，及五无间，刀树剑山，焦汤猛火，造受自贻，罔或差贰。”《敦煌变文集·目连救母变文》：“阿娘生时不修福，十恶十慜皆具足。”参见《汉语大词典》一恶条，第一卷，第 826 页。

⑤ [日]池田温：《律令官制形成の形成》，《岩波讲座·世界历史》5，岩波书店 1970 年版，第 313 页。转引自[韩]申滢植：《중앙통치조직의 정비》，《한국사》22《토일신라》，국사편찬위원회1995 年版，第 115 页。

⑥ 陈尚胜：《论唐朝与新罗的文化交流》，载《山东大学学报》(哲学社会科学版)1995 年第 4 期。

⑦ 李宗勋：《唐·新罗·日本政治制度比较研究》，延边大学出版社 1998 年版，第 87 页。

⑧ 同上书，第 90～91 页。

⑨ 申滢植：《중앙통치조직의 정비》，《한국사》22《토일신라》，국사편찬위원회1995 年版，第 116 页。

⑩ 新罗的 14 官府指兵部、司正台、位和府、调府、乘府、礼部、领客府、执事部、仓部、左理方府、右理方府、船府、工匠府、例作府。关于其执掌和官员数，可参见[韩]申滢植：《중앙통치조직의 정비》，《한국사》22《토일신라》，국사편찬위원회1995 年版，第 114 页。

"受唐六部的影响较深"。① 然而,他们却忽略了新罗"部"的出现早于隋唐的事实。新罗兵部出现在516年,而在此时的中国,六部制尚未形成,也未曾出现"兵部"的名称。② 在金富轼等人修史时,关于新罗官制的材料已非常稀少,《三国史记》卷三十三《杂志第二》:"新罗年代绵远,文史缺落,其制不可偻数,但粗记其可见云尔。"③更为重要的是,他们甚至已不了解这些仅余材料的含义,《三国史记》卷三十八《职官上》序:"新罗官号,因时沿革,不同其名言。唐、夷相杂。……曰伊伐餐、伊餐等者,皆夷言,不知所以言之之意。……世久文记缺落,不可得核考而周详。"④所以他们常会根据自己的理解与想象填补这些缺失的环节,而其赖以填补的工具又是汉字,且其所处之高丽王朝的官制为借鉴了唐制而来的三省制,结果就由书写造成了文本上相似、实质却不同的状况。"部"的情况可能就是如此。⑤

当然,我们并不否认唐代法制对新罗产生了一定的影响,⑥但我们却不能对新罗的"华化"程度估计过高。如上文分析的那样,新罗的中央官制与唐是异远多于同,主要以"土俗"为主。日本学者堀敏一即云:"与渤海不同的是固有色彩浓厚的新罗……要成为这些官府的上级官吏者,将受新罗传统的骨品制的制约。"⑦他还说:"新罗的地方行政组织,虽然具有中国式的州、郡、县等名称,但实际上主要由同族集团构成。"⑧韩国学者申滢植也认为:"新罗官制是长期、渐进地发展起来的,因此在统一以后,固然部分地借鉴了唐的六典体制,但新罗固有的传统始终是固守了下来。"⑨其实,高丽人李詹(1345~1405)就云:"新罗在三国时,文献可考,

---

① 李宗勋:《唐·新罗·日本政治制度比较研究》,延边大学出版社1998年版,第85页。

② 在隋唐之前的南北朝时期,"并无专门的表示'部'的机构名称,而仅以'某某尚书'代之"。雷闻:《隋与唐前期的尚书省》,载吴宗国主编:《盛唐政治制度研究》,上海辞书出版社2003年版,第74页。

③ [高丽]金富轼撰:《三国史记·新罗本纪》,孙文范等勘校,吉林文史出版社2003年版,第412~413页。

④ 同上书,第453页。

⑤ 另外,在新罗,除了14官府以外,还有19典、6署等,合计共44个;与此同时,还有内廷官府115个,僧职官府9个,共计170多个。内廷官府数量过多,显示其官僚机构的发育尚处于早期阶段,家国不分的色彩明显,与隋唐制度存在重大差异。

⑥ 比如,根据日本正仓院发现的新罗古文书,新罗可能基本采纳了唐代的"记账"制和"九等户"制。关于此,参见[韩]田凤德:《新罗의律令考》,《论文集》11,서울대학교1956年版,第317~320页。

⑦ [日]堀敏一著:《隋唐帝国与东亚》,韩昇编,韩昇、刘建英译,第137页。

⑧ 同上书,第138页。

⑨ [韩]申滢植:《중앙통치조직의 정비》,《한국사》22《토일신라》,국사편찬위원회1995年版,第109~110页。

然当初立国,政令制度,不循文宪,其后虽慕华风,仅得一二可观者。”①

由以上的分析我们可以得出这样一个结论:从汉四郡到统一新罗时代,古代韩国对中国法律文化的吸收经过了一个相当缓慢的过程。

汉四郡时期是中国传统法制对半岛法制发生确切影响的最早的时期。由于以商人、官吏为主之内地人的涌入,社会关系日趋复杂,原有的简单习惯法已不足以应对新的形势,于是当地官府陆续发布了一些单行的成文法令,最后积累到了六十余条的规模。这六十余条法律是融合了汉法与当地习惯法的地方性法规,主要是要解决法律的冲突问题的。在汉四郡灭亡后,当地的各种习惯法就又成了占主导地位的法律规范,“土俗”压倒了“华化”。

高句丽在建国初期,尚处于早期国家阶段,无成文法。占领汉四郡以后,吸收了一些汉四郡时期遗留下来的中国法的因子,并在一定程度上反映到了其成文法典之中。其成文法典含有多种文化的因子,其中最主要的还是其固有习惯法的成文化,另外也大量吸收了不少夫余国的法律制度。到了隋唐时期,尽管“华化”有加速的趋势,但在法制的层面,仍以“土俗”为主,中国文化的影响不大。

百济上层统治集团乃古夫余族的一支,在3世纪就确立了官僚制并颁布了成文法,并受到了中国汉代法律的影响,而这又和夫余国与汉代较为密切的文化交流关系有关。从南北朝时期到隋唐时期,百济与中原王朝的交往十分频繁,中国文化的影响已深入了其习俗的层面,然而这种趋势在法制上的表现却不明显,虽然有向中国法接近的趋势,但其主体仍是本国的固有法。

新罗在三国之中最为后进,颁布成文法的时间也最晚,其成文法主要是本国习惯法的成文化,中国法律基本上没有产生什么影响,而是受高句丽法制的影响较大。统一新罗时期,唐代法制虽然对其法制产生了一定的影响,但新罗的“华化”程度不高,仍以“土俗”为主。

总之,在汉四郡之前的时期,中韩两国的法律文化基本上是各自发展

---

① [高丽]李詹:《双梅堂先生箧藏文集》卷二十二《置国学》,民族文化推进会本。

的。从半岛的三国时期开始,中国法律文化对朝鲜半岛的影响开始逐步扩大,但这时两国的法律文化基本上还是两种异质的文化,“土俗”远远超越于“华化”。

第二章　唐律文本传入高丽的途径及高丽法制与宋代法制的关系

第一节　高丽王朝简史

韩国是我国一衣带水的邻邦,有着较为悠久的历史和文化。公元前1世纪左右,在朝鲜半岛先后崛起了高句丽(前37~668)、百济(前18~660)和新罗(前57~935)三个国家,它们在积极发展自身经济和文化的同时,为争夺霸权和优势,相互之间纵横捭阖,征伐不已,这就是韩国历史上的三国时期。

在公元7世纪前半叶,位于半岛东南一隅的新罗受到了来自高句丽和百济的联合压力,数次请求唐王朝施以援手。在谕解无效的情况下,660年,唐高宗派遣苏定方率领大军渡海,在白江口大败百济、日本联军,并与新罗军队汇合,消灭了百济王国。在668年,唐军和新罗军队又消灭了高句丽王国,朝鲜半岛统一,半岛进入了韩国历史上的统一新罗时代(668~935)。

统一新罗是一个以骨品制为中心的具有严格等级身份限制的贵族社会,王位由出身圣骨和真骨的金氏一族世袭,朝廷的重要的职位也依据骨品的高低在一些家族内部进行分配。在统一新罗时代后期,地方豪族势力崛起,削弱了中央朝廷对广大农村地区的控制,而中央贵族却依然过着奢华的生活,从而造成了财政上的严重危机。889 年,中央朝廷开始向州、郡督促租税,加重了农民的负担,引发了农民起义。其中由甄宣和弓裔领导的两支武装势力日渐强大,并分别建立了后百济和后高句丽政权,半岛进入了“后三国”纷争的时期。

918 年,豪族出身的后高句丽大将王建在其他豪族出身将领们的支持下发动政变,推翻了弓裔的统治,登上了王位,建立了高丽王朝(918 ~ 1392)。935 年,新罗国王正式向高丽王朝投降。936 年,王建消灭后百济,重新统一了朝鲜半岛。

由于地方豪族势力的强大,统一之后,高丽太祖王建采取了与地方豪族势力妥协并结盟的政策,地方豪族势力不仅维持着半独立的状态,还拥有强大的私兵武装。王建在尊重地方豪族势力既有利益和地位的同时,还与其中的 20 多个大的地方豪族家庭保持着通婚关系。

943 年,太祖去世,其子惠宗继位,地位极不稳固,并于 945 年在忧惧中去世,大将王规准备乘机发动叛乱,太祖的另外一子王尧在地方实力派人物王式廉的支持下,平定了叛乱,登上了王位,是为定宗。定宗在位仅 4 年,之后光宗继位,开始了加强王权的努力。为了打击贵族势力,光宗大规模任用以双冀为首的归化中国士人,积极引进中国制度,其中最主要的就是采用了中国的科举制度和学校制度。光宗的改革遭到了贵族勋旧势力的强烈抵制和反对,为此光宗实行了血腥的恐怖统治,对贵族勋旧势力进行了大规模的肃清。

光宗去世之后,景宗继位,贵族势力卷土重来,光宗政策的追随者们惨遭屠戮,甚至连王室宗亲都没能幸免。景宗去世之后,成宗继位,他吸收了前朝治乱得失的经验教训,在和贵族势力达成必要妥协的同时,继承了光宗加强中央集权、引进中国制度的政策,创法立制,奠定了高丽王朝各项制度的基础。他借鉴唐代的制度在中央实行了三省六部制,在地方实行了郡县制,同时还借鉴唐制实行了田柴科制度、府兵制度等一系列制度,唐代的法律制度主要也是在这一时期被引入高丽的。与此同时,贵族的地位和既得利益也得到了维持和发展,形成了以近畿地区的豪族和旧新罗六头品贵族为首的新贵族势力。他们世代垄断着高丽朝廷许多重要的职位，对王权形成了强有力的牵制。

成宗之后，穆宗、显宗、德宗、靖宗相继继位，期间曾和北方的辽国爆发过几次大的战争。尽管高丽不得不对辽称臣，但是其经济、文化仍在不断发展，并在文宗时期(1047～1082)达到了鼎盛阶段。

成宗之后，历代高丽国王基本上都遵循成宗以来稳健的“华化”政策不变，并以文宗、睿宗最为典型。与此同时，贵族势力也在不断发展，到了仁宗时期(1122～1146)，贵族势力的发展达到了顶峰。出身高丽最著名大族——庆源李氏的宰相李资谦将自己的女儿嫁给睿宗为后，在睿宗去世后，拥立他的外甥继位，是为仁宗。之后，为了巩固自己的权势，他又把自己的另外两个女儿嫁给仁宗为后。李资谦深信“十八子”为王的图谶之说，最后试图废黜仁宗，自己称王。仁宗得知这一图谋以后，试图将李资谦清除，结果走漏消息，不仅本人被软禁，而且还有不少亲信和大臣被杀。之后，李资谦试图发动叛乱，杀害仁宗，但被其亲信大将拓俊京反戈一击，终被流放。李资谦之乱以后不久，得仁宗宠信的僧人妙清又在西京平壤发动了叛乱，虽然最终被金富轼平定，但是高丽王朝的统治基础已被动摇。

高丽王朝的贵族政治实行的是“文治主义”[①]原则，不仅在社会地位上文尊武卑，在经济上武人也处于明显的劣势。到了毅宗时期，这种倾向更为明显，从而引发了武人的严重不满。毅宗二十四年(1170)，郑仲夫、李义方、李高等武人将领发动叛乱，大杀文臣，并将毅宗废黜，拥立其弟继位，是为明宗。高丽王朝进入了长达百年的武人统治时期。在武人统治初期，武臣之间为争夺最高统治权，进行了数次较大规模的相互残杀。明宗元年(1171)，李义方杀李高，以“重房”为中心，掌握了高丽的最高统治权。明宗四年，郑仲夫杀李义方，出任门下侍中，成为高丽实际的最高统治者。明宗九年，郑仲夫又被其部将庆大升所杀。后庆大升病死，李义旼成为武人的首领。明宗二十六年(1196)，崔忠献杀李义旼，最终结束了长达25年之久的武人之间的政权争夺战，使武人政权进入了一个稳定发展

① [韩]李基白:《韓國史新论》，一潮閣1996年版，第193页。

的时期。[①] 崔氏武人政权先后共维持了四代,约60年,期间对高丽王朝的许多制度均有重大改动,法律制度就是其中之一。

从高丽崔氏武人政权第二代首领崔怡执政的时期开始,高丽王朝不得不面对来自蒙古的强大压力。高宗十八年(1231),蒙古军队大举入侵高丽。之后,高丽迁都江华岛,以避蒙古铁骑之锋。在之后的30多年间,蒙古又对高丽发动了5次大规模的攻击。坚持武力抗蒙是崔氏武人政权的一贯政策,但是蒙古骑兵对半岛持续多年的蹂躏,严重削弱了崔氏政权维持其统治的经济基础。在这种情况下,在高丽朝廷内部主和派势力抬头,从而造成了武人集团内部的分裂。高宗四十五年(1258),崔氏武人政权的最后一个统治者崔竩被大将金俊等杀害,高丽朝廷决定对蒙古讲和。元宗十一年(1270),高丽武人政权的最后一个统治者林惟茂被杀,高丽的武人政治正式终结。同年,高丽朝廷还都开京,对蒙古彻底屈服。

从此,高丽王朝沦为蒙古的附庸国达近百年之久,整个社会、文化及各项制度深受元王朝的影响。在恭愍王时期(1351～1374)高丽王朝开始逐渐摆脱元王朝的控制,在恭愍王五年(1356)正式宣布脱离元廷的控制,实行事大亲明的政策。高丽辛禑王十四年(1388),在风闻明王朝决定设立铁岭卫,以统治从前元朝双城总管府所管地域(今朝鲜半岛东北部的大部分地区——引者)的消息以后,高丽朝廷一片哗然,并在大将崔莹的主持下决定和明朝断绝关系,结交蒙古残余势力,北伐辽东。然而在北进途中,反对出兵的大将李成桂在其他将领的支持下,自威化岛倒戈回师,进军首都开京,发动政变,废黜了辛禑王,另立恭让王。1392年,李成桂又废恭让王自立,高丽王朝灭亡,朝鲜王朝建立(1392～1905)。

① [韩]朴龍雲:《高丽時代史》,一志社1996年版,第415页。

第二节　关于高丽律是否存在及其与唐律关系的几种观点辨析

关于高丽律存在与否至今仍有争论，主要有以下三种观点：[1]第一种观点认为高丽律并不存在，《高丽史·刑法志》中所载的律条不过是高丽司法官员为了翻检、查阅方便，抄录唐律而成的私撰书，[2]高丽一朝适用的刑律就是唐律。这一观点由日本学者花村美树发其端，之后仁井田升、[3]北村秀人[4]以及韩国学者朴秉濠[5]等继持此说。他们否定高丽律存在的主要根据是：在《高丽史》中没有任何关于刑律被制定或修改的记载。

第二种观点认为高丽律确实存在，是成宗初年在借鉴和吸收唐律基础上制定而成的。这一观点最早由日本学者浅见伦太郎提出，[6]之后得到了武田幸男[7]等个别日本学者以及绝大多数中韩学者[8]的支持。他们的根据主要有三：首先，《高丽史·刑法志》序言明确指出："高丽一代之制，大抵皆仿乎唐；至于刑法，亦采唐律，斟酌时宜而用之。"[9]其次，《高丽史·刑法志》中没有年月标记的法条大概有100条左右，其中大部分显然来自唐律，这和《高丽史·刑法志》序言中高丽律包括两条"狱官令"在内"总七十一条"[10]的说法大致相符。最后，成宗时期依据唐制制定了大量的制度，刑律也应当在这一时期被制定。

---

① 关于这一问题的具体讨论参见［韩］辛虎雄：《高丽法制史研究》第一章第一节"高丽律의 制定问题"，國学资料院1995年版；韓容根：《高丽律》序论部分，書景文化社1999年版。

② ［日］花村美树：《高丽律》，载《朝鲜社会法制史研究》，第124～125页。

③ ［日］仁井田陞：《唐末の法と高丽律》，载《東方學》30，1965年。

④ ［日］北村秀人：《高丽時代歸鄉刑·充常戶刑について》，载《朝鲜学报》81，朝鲜学会1976年版。

⑤ ［韩］朴秉濠：《韓國法制史》，载《韓國文化史新論》，中央大出版社1975年版。

⑥ ［日］浅见伦太郎：《朝鲜法制史稿》，岩松堂1922年版。

⑦ ［日］武田幸男：《朝鲜の律令制》，载《岩波讲座 世界历史》6，岩波书店1971年版。

⑧ 这些学者包括宋門用［《韓國法制史考》進步明文化出社1992年版（下同）］、李熙反（《韓國法制史》载《韓國文化大系》2，高大民族文化研究所1965年版）、田凤德（《韓國法의 構造와 性格》）、延正悦（《韓國法制史》學文社1984年版）、辛虎雄（《高丽法制史研究》），李贞熏（《고려시대 支配體制지배체제의 변화와 中國律의 수용》载《한국사론》33，국사편찬위원회2002年版）。

⑨ 《高丽史·刑法志》（中册），第833页。

⑩ 同上。

在这一派学者中，我国学者魏殿金的看法略有不同，他认为《高丽史·刑法志》序言中所说的“唐制”并非专指唐代法律制度而言，同时还包括宋代的法律制度。因而“唐宋律是高丽律的蓝本，高丽律是唐宋律的精简。”[①]从总体和广义的角度来看，这种说法有一定的道理，但是就法典意义上的高丽律而言，在其最初被制定时是否已经吸收或借鉴了宋代法制，则颇为可疑。

第三种观点由韩国学者韩容根提出，认为参照唐律制定的高丽律并不存在，《高丽史·刑法志》中所说的高丽一代的“刑法”乃是继承半岛固有的法典——《新罗律》而来，所谓高丽律实际上就是《新罗律》。其论据有二：第一，朝鲜半岛在新罗时期就已经进入了律令制时代，有参照中国律令制定的自己独有的律令格式等法律、法典，这些法典在新罗灭亡、高丽建立以后当然会被继承下来。第二，《高丽史·刑法志》序言中“高丽一代之制，大抵皆仿乎唐；至于刑法，亦采唐律”中的“唐”并非特指唐王朝，而是泛指“中国”，因此所谓“皆仿乎唐”“亦采唐律”不能被理解为高丽王朝借鉴和模仿唐朝制度和法律的意思，而应该被理解为模仿和采用“中国”的制度和法律，而这种借鉴和模仿早在新罗时期就在“自主性”的基础上完成了。因此高丽律不过是《新罗律》的自然延续，并非借鉴和吸收唐律的产物。[②]

第一种观点令人难以信服的地方在于它无法合理解释《高丽史·刑法志》序言的说法以及在《高丽史·刑法志》中存在大量与唐律律条大同小异的条文这一事实，同时也没有提供支持其观点的有力证据。韩国学者对此已进行了详细的反驳，[③]可不赘言。

第三种观点由于是最近新出，还没有见到学界的回应。我们认为这一理论赖以存在的两个论据都难以成立。首先，在唐代以后固然有以“唐”指称中国的情况存在，但是只要是研究中国史的人都应该知道，“唐制”“唐律”在古代文献中基本上是两个专有名词，尤其是“唐律”一词就

---

① 杨渭生：《宋丽关系史研究》，第460页。

② ［韩］韓容根：《高丽律》第二章“高丽律의 成立과 實體”。

③ ［韩］辛虎雄《高丽法制史研究》和韓容根《高丽律》两书中的有关章节。

是专指唐代的刑律——《唐律》,不存在以“唐律”泛指中国古代法律的情况。尽管《高丽史·刑法志》是在15世纪由朝鲜王朝的学者们集体编纂,但他们所属的知识体系和知识来源同中国古代的学者并无不同,不存在话语上的差别。同时,在《高丽史》中泛指中国和中国制度的主要是“华”(或直接就叫“中国”)和“华制”两词,这一事实翻检《高丽史》就可得知。另外,在《高丽史》其他各志中“唐”显然均指“唐王朝”,而非泛指中国,并且“唐制”也均指“唐王朝”的制度。如《高丽史·百官志》:“高丽太祖开国之初,参用新罗、泰封之制……二年立三省、六尚书、九寺、六卫,略仿唐制。”[①]这里的“唐制”显然是指唐王朝的三省六部制。《高丽史·食货志》:“高丽田制大抵仿唐制,括垦田数分膏脊,自文武百官至府兵、闲人,莫不科授。……”[②]这是说高丽的田制近似于唐的均田制。《高丽史·兵志》:“高丽太祖统一三韩,始置六卫,卫有三十八领,领各千人。上下相维,体统相属,庶几乎唐府卫之制矣。”[③]这是高丽兵制类似于唐朝府兵制的意思。因此,没有理由说只有《高丽史·刑法志》中的“唐”和“唐律”不是指称“唐王朝”和唐王朝的“刑律”。将《高丽史·刑法志》序言中所说的“唐”和“唐律”解释为“中国”和“中国法律”的泛称是没有说服力的,这种解释史料的方法也是不可取的。

其次,关于新罗时期的法制,现存史料极为有限,只在《三国史记》中保存了一些非常零星的史料,凭借这些史料不可能搞清楚新罗时期法制的具体情况,更难以断言新罗已经较为系统地吸收了唐代法制,具有了律令格式的法律体系,成为了“律令制国家”,并由此得出《高丽史·刑法志》中记载的律条就是来自《新罗律》的结论。除了史料的不足之外,即使是这些零星的史料,其真实性也常有疑问。《三国史记》除了大量借鉴和直接使用《资治通鉴》等中国史籍中的材料以外,[④]主要来源于各种“古记”以及一些当时还能看到的为数不多的行录、文集和碑文一类的材料,

① 《高丽史·百官志》(中册),第656页。
② 《高丽史·食货志》(中册),第705页。
③ 《高丽史·兵志》(中册),第776页。
④ 杨通方先生就指出:“朝鲜《三国史记》关于中朝关系的记述,多与《通鉴》雷同。”参见氏著:《中韩古代关系史论》,中国社会科学出版社1996年版,第210页。

其中“古记”是这部书最重要的史源之一，然而金富轼对“古记”的评价是“文字芜拙，事迹阙亡”，[①]其可信性是有限的。其他如行录、文集和碑文一类的材料也充满了神话色彩，比如占列传近三分之一内容的《金庾信传》就是根据新罗执事郎长青所做的10卷行录写成，《三国史记》的撰者对此行录的评价是“颇多酿词，故删落之，取其可书者为之传”。[②] 即便如此，在该传中还是存在大量令人难以置信的神话色彩极浓的内容。再就占《三国史记》最大比重的本纪部分而言，许多记载多有月无日，显然并非都是来自一手的材料。朝鲜前期学者徐居正（1420—1488）在评论三国时期的史料时就说：“独惜乎当时无良史，后世不善守，史籍之存，仅百中之一二，虽使迁、固复生，亦难于著述矣，况其下者乎？金富轼法陈寿《三国志》，撰《三国史》，患其文籍残缺，本末无稽，则采摭中国诸书，或补或证之，已非实录矣。”[③]因此，《三国史记》中的许多内容明显为修史人用自己当时所熟知的一套话语所做的追记。我们知道，在20世纪以前，朝鲜民族使用的语言和文字是相互脱离的——口语使用本民族固有的语言，书面语则使用汉字。尽管半岛的精英阶层对汉字文化非常熟悉，但是对他们来说汉字毕竟还是一种主要是用来进行书面交流的外来文字。在新罗和高丽前期，文化还不太发达，精英阶层中的大多数人很少有来华进行系统学习的经历。在这种情况下，用汉字表述的制度和实际情况是否一致，是有疑问的。后代史官依据这些材料纂修史书时，又会发生一定的偏差。在现存的新罗法制史料中就存在这样的问题，以下对此略做探讨。

在《三国史记·新罗本纪》中有不少关于赦的记载，其中最早的一条为婆娑尼师今二年（81）三月的赦文，其文云“虑狱囚，非二罪悉原之”。[④]之后还有一些类似的记载，在奈解尼师今十五年（210）“发使录郡邑狱囚，除二死，余悉原之”。[⑤] 照知麻立干十年（448）三月“至自一善，所历州郡

---

① ［高丽］金富轼：《进三国史记表》，载《三国史记》，吉林文史出版社2003年版。
② 《三国史记·金庾信传》，第503页。
③ ［朝鲜］徐居正：《四佳文集》卷四《三国史节要序》，民族文化推进会本。
④ 《三国史记·新罗本纪》，第10页。
⑤ 同上书，第23页。

狱囚,除二死悉原之。”[①]众所周知,“二罪”“二死”是法制史中的两个固定用语,是指“绞”“斩”两种死罪或犯了这两种死罪的人,在隋文帝开皇定律时确立了“新五刑”体系以后才出现,也就是说这两个名词绝不可能出现在581年之前。《三国史记》关于新罗“赦”的记载显然是修史人对古事的追记,根据何在大有疑问。由此我们基本上可以断定,新罗的赦令并没有保存下来,高丽时代的人已经搞不清楚新罗时代“赦”的情况,所以才出现了这种将后代制度附会于前代的情况。赦令如此,新罗时代其他官方文件的保存情况也不会有多少例外。

现在主张新罗已经在“自主”的基础上系统地引入了唐代的律令格式体系,进入了律令制时代,成为律令制国家的根据是《三国史记》中的以下几条记载:

1. 法兴王七年(520)“春正月,颁示律令,始制百官公服朱紫之制。”[②]

2. 太宗武烈王元年(654)五月“命理方府令良首等,详酌律令,修定理方府格六十余条”。[③]

3. 文武王二十一年(681)七月,“王薨……遗诏曰:‘……律令格式,有不便者,即便改张’”。[④]

4. 哀庄王六年(805)“秋八月,颁示公式二十余条”。[⑤]

5. 在《三国史记·杂志第八·职官中》有“律令典,博士六人”[⑥]的记载。

不过,鉴于该书对“赦”大量不正确的记载,我们也有理由怀疑,在以上几条史料中,有相当部分不过是主持修史的金富轼等人用自己当时使用的一套话语对统一新罗法制的描述而已,实际情况可能并非如此。就其中的文武王遗诏而言,内容和隋文帝遗诏极为相似。文帝遗诏曰:“律令格式,或有不便于事者,宜依前敕修改,务当政要。”[⑦]两相比较,再结合

① 《三国史记·新罗本纪》,第45页。
② 同上书,第50页。
③ 同上书,第73页。
④ 同上书,第103页。
⑤ 同上书,第138页。
⑥ 《三国史记·杂志第八》,第466页。
⑦ (唐)魏征、令狐德棻撰:《隋书·高祖纪》,中华书局2000年版,第53页。

《三国史记》编纂上的一些特点,不能排除金富轼等人修纂该书时,文武王遗诏早已亡佚,而金富轼等人又读过《隋书》,所以可能在有意无意之中将文帝遗诏中的内容用到了新罗文武王遗诏中。

即使我们承认《三国史记》中关于法制的记载全部都是历史事实,那么在新罗法兴王七年(520)"颁示律令"以后,并没有再次修律的记载。因此,《新罗律》是否属于唐律系统还大有疑问。再退一步讲,即使我们承认唐代的律令格式等法典的文本大量传入了新罗,但新罗吸收的程度如何,仍然是个问题。从新罗的官制、兵制等其他各项制度来看,尽管有一些唐制的内容,但就总体而言还是异大于同,法制情况也应如此。杨廷福在谈到唐律对朝鲜古代法典的影响时指出"三国时代的法制,文献不足征,较难考信"①(统一新罗的文献资料和三国时代的文献资料基本相同),这应该是较为实事求是的态度。总之,仅根据上面有限的几条史料,就得出新罗已经系统地引入唐代的律令格式体系,进入了律令制时代的结论是草率的。

再次,我们还必须注意这样一个事实:现存史料中并没有新罗王朝的典籍遭受毁灭性打击的记载。后来,新罗主动归附了高丽,所有典籍文物自然归高丽王朝所有。如果高丽律乃是直承《新罗律》而来,《高丽史·刑法志》何以称"高丽一代之制,大抵皆仿乎唐;至于刑法,亦采唐律,斟酌时宜而用之"②呢?

又次,高丽统治集团对唐代的制度和各种故事十分熟悉,从成宗时期开始,在制定制度、处理政务时动辄引以为据,《高丽史》中载有很多这样的例子。③ 高丽王朝依照唐律制定自己的刑律应无太大的障碍。

最后,还有更直接的证据可以证明高丽律来自唐律。《高丽史·刑法志》大恶条的第一句话就是这样一个律文:"谋杀周亲尊长、外祖父母、夫妇之父母,虽未伤,斩;道士、女冠、僧尼谋杀师主,同叔伯父母。"④在该条

① 杨廷福:《唐律初探》,天津人民出版社 1982 年版,第 183 ~ 184 页。

② 《高丽史·刑法志》(中册),第 833 页。

③ 如《高丽史·成宗世家》:"(成宗八年〔989〕)冬十二月丙寅,教曰:'昔唐太宗每于皇考妣忌月禁屠杀,敕天下僧寺限五日,焚修转念,以为例程。……仍于是月禁屠杀,断肉膳。'"上册,第 73 页。

④ 《高丽史·刑法志》(中册),第 854 页。

中“道士、女冠”居于“僧尼”之前，显然与高丽的国情不合，更与新罗的国情不合。无论是新罗还是高丽，佛教都是居于绝对统治地位的国教。在统一新罗时期，道教作为一个有组织的宗教基本上不存在。古代韩国的第一所道观直到高丽睿宗（1105～1122年在位）时期才建立起来，[①]且影响极为微弱。而李唐王朝尊崇道教，视老子为始祖，并将其封为玄元皇帝的事实则是众所周知的。“道士、女冠、僧尼谋杀师主，同叔伯父母”这一规定显然是高丽王朝制律时直接采自唐律的结果。作为一个反证，因8世纪的日本是一个佛教国家，其《养老律》就对涉及道士、女冠的条款进行了更改，删除了唐律中给予道士、女冠犯罪者诸多减轻处罚的照顾性规定。[②]

因此我们大致同意第二种观点，既然《高丽史·刑法志》在其序言中指出“高丽一代之制，大抵皆仿乎唐；至于刑法，亦采唐律，斟酌时宜而用之”，[③]并详细列出了高丽律的篇目和各篇的具体条文数，编纂者如此言之凿凿，说明他们在修史时见到了高丽律的完整文本，或有其他确切可信的依据。也正因如此，朝鲜时期的学者洪汝河（1621—1678）才说：“高丽刑法，大抵皆本于唐焉。唐之刑书有四，曰律令格式……律之为书十有二……高丽悉仿之，增狱官令二条，总七十一条。”[④]

不过还有两个问题：其一，在《高丽史》中为什么没有任何关于高丽律被制定以及被修定、修改的记录呢？其二，既然《高丽史》中没有这样的记录，又凭什么认定高丽律是在成宗初年被制定的呢？对于第一个问题，辛虎雄列举了高丽显宗时期“契丹兵陷京城，烧宫阙，书籍尽为煨尽”[⑤]等史料证明现存高丽史料中之所以没有高丽律被制定和修改的记录，是由于高丽王朝遭受了多次侵略和兵乱，京城数次陷落，从而致使各种文书严重散失所致。[⑥] 对于第二个问题，他举出高丽成宗初期“新定五服给暇式”

---

① [韩]金得榥：《韩国宗教史》，社会科学文献出版社1992年版，第44页。

② 刘俊文、池田温主编：《中日文化交流史大系 法制卷》，浙江人民出版社1996年版，第11页。

③ 《高丽史·刑法志》（中册），第833页。

④ [朝鲜]洪汝河：《木斋文集》卷十《刑法志》，民族文化推进会本。

⑤ 《高丽史·黄周亮传》（下册），第126页。

⑥ 对这一观点的详细讨论见[韩]韓容根：《高丽律》，第88～91页。

"详定中外奏状及行移公文式"等创法立制的举措推定高丽律当在成宗初年被制定。①

对此,我们还打算再补充几条证据。

第一,在成宗四年(左右),大兴制作,仿照唐朝的三省六部制初步建立起了自己的一套政治制度。在成宗五年三月,"始以诏称教",②说明高丽王朝已经比较自觉地将自身融入了以中原王朝为中心的政治、礼仪秩序之中,到此其制度上的制作应该已经告一段落,法律制度也不应例外。

第二,通读《高丽史》,我们发现从显宗时期开始,"依律断罪""依律科罪""律有正条""依律文"等用语开始较为频繁地出现,③在显宗之前则不存在这种情况。因此我们认为,至迟在显宗时期已经出现了法典形式的"律"。显宗是成宗之后的第二代王,距成宗之世仅 12 年,考虑到《高丽史·百官志》序中"成宗大兴制作,定内外之官:内有省、部、台、院、寺、司、馆、局;外有牧、府、州、县。官有常守,位有定员,于是一代之制始大备"④的说法,我们有理由认为高丽律应该出现在成宗初年立法定制的时期。

第三,《高丽史·刑法志》恤刑条:"显宗九年闰四月,门下侍中刘瑨等奏:'……又按《狱官令》,从立春至秋分,不得奏决死刑。若犯恶逆,不拘此令。然恐法吏未尽审详,伏请令后内外所司皆依《月令》施行!'从之。"⑤由此可知在显宗九年之前高丽已有《狱官令》存在,这和《高丽史·刑法志》序言中"高丽一代之制,大抵皆仿乎唐;……曰《狱官令》二条……总七十一条"⑥的说法相契合。

第四,在高丽末期的恭让王四年(1392)二月,"守侍中郑梦周进所撰

① [韩]辛虎雄:《高丽法制史研究》,第 38~43 页。

② 《高丽史·成宗世家》(上册),第 70 页。不过在成宗之后,由于国际、国内的各种原因,一些高丽国王(如睿宗、肃宗、靖宗、宣宗、文宗、明宗等)有时也将发布的文书称为"制",但这些情况并不能否认成宗"改诏为教"的意义。

③ 如《高丽史·显宗世家》:"(显宗十八年〔1027〕六月)癸未,杨州奏:'庄义、三川、青渊等寺僧犯禁酿酒共米三百六十余石,请依律断罪。'从之。"上册,第 109~110 页。

④ 《高丽史·百官志》(中册),第 656 页。

⑤ 《高丽史·刑法志》(中册),第 871 页。

⑥ 同上书,第 833 页。

《新定律》,王命知申事李詹进讲,凡六日,屡叹其美……”[①]郑梦周所撰《新定律》只用六天时间即为恭让王讲解完毕,可见此《新定律》的内容不会太多,以每天进讲10条计,总共也只有60多条,如每天进讲20条,[②]也不过120多条而已,即《新定律》大概只有100条左右,这与《高丽史·刑法志》高丽律共有71条的说法大致相符。郑梦周《圃隐集·圃隐先生本传》说:“(恭让王)四年,梦周取《大明律》《至正条格》、本朝法令,不酌删定,撰《新律》以进。”[③]《新律》即《新定律》。《本传》的说法不知何据,但是还是有一定的参考价值的,它明确指出了《新定律》的三个来源,“本朝法令”为其一。如果其说法可信,考虑到当时元朝已亡、和明朝的关系又不顺畅等情况,《新定律》的制定恐怕还是要以本朝法令作为主要的参考文本。因此,我们基本上可以断定《新定律》就是参照相对简单的高丽律拟定的,而不是照搬《唐律》或《大明律》。

第五,成石璘(1338—1423)在其《哭唐府尹(诚)》一诗中称赞唐诚:“学兼文吏两精强,有益东方孰可方。都统律文先后语,一生难报死难忘。”唐诚在《高丽史》中无传,但是成石璘在这首诗的注释中记述了唐诚的一则逸事:“公于戊午年,罹谗在缧绁。唐公荷西平府评事,都统使崔莹使评事照律,唐公考案,核实从轻。崔公大怒,使之改照律。唐公投《律》于前曰:‘以罪案律,律既如此,今乃改律,律先于公欤,公先于律欤?’遂不从。”[④]唐诚“案律”之时已是高丽末期,从他“投《律》于前”的举动以及“以罪案律,律既如此,今乃改律,律先于公欤,公先于律欤”的话来看,当时显然存在一部完整的刑律,这部刑律应该就是郑梦周《新定律》所参照的高丽律。

所有这些都表明,直到高丽王朝末期,高丽律的文本仍然可见。据《朝鲜王朝实录·太祖实录》太祖四年(1395)正月庚申条记载,在这一

---

① 《高丽史·恭让王世家》(上册),第903页。

② 作为参照,朱元璋在洪武元年(1368)八月,“命儒臣四人同刑官讲《唐律》。日写二十条进取,止择其可者从之。”(《明太祖实录》卷三十四)以朱元璋的旺盛精力,每日只读20条而已,李詹给恭让王进讲《新定律》恐怕不会超过这一进度。

③ [高丽]郑梦周:《圃隐集·附录·圃隐先生本传》,载《韩国文集丛刊》[5],景仁文化社1996年版,第629页。

④ [朝鲜]成石璘:《独谷先生集》卷下《哭唐府尹》,民族文化促进会本。

天，“判三司事郑道传、政堂文学郑摠等撰前朝《高丽史》自太祖至恭让君三十七卷以进”。① 当时距高丽灭亡不过四年，郑道传又曾是高丽朝廷的重臣，对高丽一代之律的情况应该非常了解，多少会把高丽律的情况写入这部《高丽史》中。《朝鲜王朝实录·太宗实录》太宗四年（1404）十二月丙戌条：“命领春秋馆事河仑、知馆事权近，考前朝官制于《高丽史》。”②显然郑道传所撰的这部《高丽史》多有关于制度的记载，刑法当为其中之一。之后，郑麟趾等人撰着《高丽史》时，或者当时高丽律尚存，或者参考了郑道传这部《高丽史》的内容。

高丽史臣李齐贤评论成宗时说：“成宗立宗庙、定社稷、赡学以养士，覆试以求贤。励守令，恤其民，赉孝节，美其俗。每下手札，词旨恳恻，而以移风易俗为务。”③李齐贤虽然没有直接提到成宗时代曾经制定过刑律，但是从成宗“以移风易俗为务”的作风来看，应该有这种可能。

第三节 唐律文本传入高丽的途径

一、通过新罗与唐朝的交往传入

从时代的远近来看，《唐律》文本传入朝鲜半岛大致有两条途径。远的途经是指在新罗与唐朝频繁交往的过程中，《唐律》文本可能已被传入朝鲜半岛，成为高丽王朝模仿唐律制定本朝刑律的参考文本。

据杨昭全统计，从 621 年到 906 年的 286 年间，新罗向唐朝派遣使节达 126 次，唐朝向新罗遣使达 34 次。④ 这种频繁的使节来往，常伴随典籍文化的交流。《旧唐书·新罗传》：

（贞观）二十二年（648），真德遣其弟国相、伊赞子金春秋及其子文正来朝。……春秋请诣国学观释奠及讲论，太宗因赐以所制《温汤》及《晋

① 《朝鲜王朝实录·太祖实录》太祖四年正月庚申条。
② 《朝鲜王朝实录·太宗实录》太宗四年十二月丙戌条。
③ 《高丽史·成宗世家》（上册），第 81 页。
④ 杨昭全：《唐与新罗之关系》，载《中朝关系史论文集》，世界知识出版社 1988 年版，第 10 页。

祠碑》并新撰《晋书》。[①]

又

垂拱二年(686),政明遣使来朝,因上表请唐礼一部并杂文章,则天令所司写《吉凶要礼》,并于《文馆词林》采其词涉规诫者,勒成五十卷以赐之。[②]

同时,新罗还多次派遣人员到唐朝学习、宿卫。据严耕望估计:"自太宗贞观十四年新罗派遣留唐学生起至五代中叶,三百年间,新罗所派遣之留唐学生数量最保守估计当有两千人。此一数字可谓相当庞大,四裔中其他诸国留唐学生之数量,远不能比。"[③]另据杨昭全统计,这些留学生在史料中能确切查到姓名的就有52人。[④] 这些入唐留学生回到新罗以后都得到了一定程度的任用,有些甚至还在后三国的混乱时期直接投身高丽,在高丽典章制度的建设中发挥了重要作用,因而有可能把包括《唐律》文本在内的唐代法制文明传入高丽。其中比较有代表性的人物就是崔彦撝。《高丽史·崔彦撝传》:

崔彦撝……新罗末年,一八游学入唐,礼部侍郎薛廷圭下及第。……年四十二始还,新罗拜执事省侍郎、瑞书院学士。及太祖开国,挈家而来,命为太子师傅,委以文翰之任,宫院额号皆所撰定,一时贵游皆师事之。官至大相、元凤大学士、翰林院令、平章事。……子光胤、行归、光远、行宗。光胤尝以宾贡进士游学入晋,为契丹所虏,以才见用,……行归亦游吴越国,其王授秘书郎,后还本国,事光宗,为幸臣,坐死。[⑤]

除此之外,还有大量的新罗商人、僧侣等来往于唐和新罗之间,[⑥]在这一过程中,唐人的文章、典籍流入新罗甚多。《新唐书·张荐传》:

(张)鷟属文下笔辄成,浮艳少理致,其论着率诋诮芜猥,然大行一时,

---

① (后晋)刘昫等撰:《旧唐书·新罗传》,中华书局1975年版,第5335~5336页。

② 同上书,第5336页。

③ 严耕望:《新罗留学生与僧徒》,载《唐史研究丛稿》,新亚研究所1969年版,第425~481页。

④ 杨昭全:《中国—朝鲜·韩国文化交流史》,第180页。

⑤ 《高丽史·崔彦撝传》(下册),第71页。

⑥ 关于唐和新罗的关系,参见吴葆棠、文川:《唐与新罗关系研究》,载《烟台大学学报》1990年第3期;陈尚胜:《唐朝的对外开放政策与唐罗关系》,载《韩国学论文集》(第3辑),东方出版社1994年版;韩国磐:《南北朝隋唐与百济新罗的往来》,载《历史研究》1994年第2期;王小甫:《唐朝与新罗关系史论——兼论统一新罗在东亚世界中的地位》,载《盛唐的东北亚政局》,上海辞书出版社2003年版。

晚进莫不传记。……新罗、日本使至,必出金宝购其文。[①]

又《新唐书·白居易传》:

居易于文章精切,然最工诗……当时士人争传。鸡林行贾售其国相,率篇易一金,甚伪者,相辄能辩之。[②]

《唐律》的文本也可能通过这些途经传入朝鲜半岛。日本在隋唐时期就曾经大量输入中国典籍,“据藤原佐世《本朝见在书目录》,9 世纪后期日本国家藏书中有汉籍 1568 种,16725 卷。《隋书·经籍志》与《旧唐书·经籍志》所著录的文献,分别为 3127 种、3060 种,如以此为标准,则日本拥有的汉籍与中国相比,相当于隋代的 50.1%,唐代的 51.2%。这些文献都是由遣唐学生传入日本的”。[③] 在此基础上,当时的日本积极吸收了唐代的法制文化,“701 年由留唐学生伊古博德等参与编纂的日本历史上划时代的法典《大宝律》6 卷和《大宝令》11 卷,学界认为其参考文本是唐《永徽律疏》和《永徽令》;……718 年由藤原、不比等主持修订的日本历史上最完备的法典《养老律》10 卷和《养老令》10 卷,学界认为其编纂参酌了唐《开元律令》。……这些法典就其形式而言,完全沿袭唐制……《大宝律令》和《养老律令》之佚文,与唐律令条文相比,令的不同略多,律的不同甚少”。[④] 既然日本留唐学生可以大量从中国输入包括律令在内的汉文典籍,新罗的留学生、商人、僧侣等也不应例外。如上文提到的那样,在 618 年以后,《三国史记》中曾有数次提到“律令格式”“格”和“式”这些词汇,如非后人追记,新罗确实曾在某种程度上借鉴和参考了唐代法制的话,那么必有可以参照的文本,《唐律》则是其中最为重要的。

众所周知,在后三国鼎立纷争的时期,高丽是通过和平手段将新罗合并的。这样,为新罗所保有的文化典籍就基本上完整地被高丽接收了下来,从而为其依照唐制创立各项制度准备了文本基础。

---

① (宋)欧阳修、宋祁等撰:《新唐书·张荐传》,中华书局 1975 年版,第 4979~4980 页。

② 《新唐书·白居易传》,第 4304 页。

③ 刘俊文、池田温主编:《中日文化交流史大系 法制卷》,第 16 页。

④ 同上书,第 3~4 页。

二、通过和五代的交往传入

近的途经是指在五代十国时期,高丽通过和当时中原各王朝的交往将《唐律》文本输入了朝鲜半岛。当中国历史进入唐末五代的混乱时期以后,朝鲜半岛也出现了后三国相互攻伐的纷乱局面。尽管如此,朝鲜半岛和中原的交往还是非常活跃的。就高丽和五代各王朝的交往而言,仅有明确记载的使节来往,高丽出使五代就有26次,五代出使高丽也有10次(见表2-1)。除此之外,还有不少高丽人来中国留学、[①]侍卫、[②]甚至做官。[③]从高丽王朝往往能够比较及时地得知中原王朝更替的情况来看,[④]高丽与五代各王朝的官方和民间交往远远要比史料中记载的情况更为活跃。像新罗人一样,高丽人从中国带回半岛最重要的物品之一就是中国的典籍。五代史料缺略,但从后来宋与高丽典籍交流的情况来看,[⑤]高丽人从五代输入中国典籍应该没有问题,因而《唐律》文本有可能在这一时期传入高丽。

在高丽和五代的交往中,需要引起我们注意的是高丽和后周的往来。在高丽与五代的使节来往中,和后周相互派遣使节达次13之多,位居第一(见表2-1)。更为重要的是,高丽和后周的交往已经大大超越了以往朝贡和册命的狭窄范围,扩大到了大规模的官方贸易、人才交流这一层次。一个引人注目的事实是,此时高丽和后周分别在两个有为之君——高丽光宗、后周世宗的统治之下,高丽和后周的关系之所以如此紧密,应该是两人各有所需的结果。首先,双方都有一个共同的强敌——辽。周世宗的目的在于在夺取南唐江淮之间的土地以后北伐辽朝,夺取燕云十六州,然后南下统一中国,其中对辽之战尤为关键,因此多少希望一直对

---

① 如上文所引《高丽史·崔彦撝传》就提到了崔彦撝之子"光胤尝以宾贡进士游学入晋"。

② (宋)王溥:《五代会要》卷三十:"晋天福三年(《高丽史》为"五年")八月,清州奏:'高丽国宿卫质子三仁翟乞放归乡里。'从之。"中华书局1998年版,第360页。

③ (宋)薛居正:《旧五代史·后周恭帝记》:"尚辇奉御金彦英,本东夷人也,奉使高丽,称臣于夷王,故及于罪。"(此处的东夷指的应该就是高丽——引者),中华书局2000年版,第1592页。

④ 参见[韩]金渭显:《高丽史中中韩关系史料汇编》,食货出版社1983年版,第9~13页。

⑤ 参见杨渭生:《宋与高丽的典籍交流》,载《浙江学刊》2002年第4期。

辽持敌视态度的高丽能对之形成一定的牵制；[①]同时，高丽还拥有后周进行统一事业所需的经济资源——铜。高丽光宗则有另外一种急迫的需求，这就是借天子之威、中华之制、中国之人改革高丽固有的社会、政治结构，打击贵族勋臣势力，加强专制王权。也就是说后周借助高丽的目的在于外交，而高丽借助后周的目的在于内政。

五代时期还出现了一个前所未有的现象：不少中国士人开始东渡高丽寻求出路。其中最早的例子是酋彦规和朴岩，《高丽史·太祖世家》："（太祖二年）九月癸未，吴越国文士酋彦规来投。"[②]又"（太祖六年六月）癸巳，吴越国文士朴岩来投"。[③] 两年以后朴岩就以副使、春部少卿的资格出使后唐。[④] 可见中国士人在高丽建国之初就已颇受重视，不过这时他们主要还是担任一些翻译和文案工作，并没有进入权力的核心。到了光宗统治时期(950～975)，情况则为之一变。光宗在推进打击贵族勋臣势力、加强专制王权的"改革"过程中，在国内没有其他政治势力可以借用，所以就开始大力奖拔"归化"中国士人，使他们一举进入了高丽政治权力的核心。这样高丽的"归化"中国士人及其追随者在光宗的支持下在高丽朝廷形成了一股庞大的势力，其代表人物就是后周官人双冀[⑤]。《高丽史·光宗世家》：

（光宗）七年(956)，周遣将作监薛文遇来……仍令百官衣冠从华制。前大理评使双冀从文遇来。……九年夏五月，始置科举，命翰林学士双冀取进士。[⑥]

在这条史料中"仍令百官衣冠从华制"一语引人注目，这不仅是以前类似册书中没有的内容，而且如果联想到在后周册封使到达之前的954～

---

① 黄约瑟也肯定了这种可能性，见《仕高丽朝的后周官人双冀》，载《黄约瑟隋唐史论文集》，中华书局1997年版，第145页。

② 《高丽史·太祖世家》(上册)，第41页。

③ 同上书，第42页。

④ 《五代会要》卷三十："后唐同光三年(925)十一月，(高丽)遣使广评侍郎、上柱国韩申一，副使春部少卿朴岩来贡方物。"第359页。

⑤ 关于双冀本人的情况，《高丽史·双冀传》："双冀，后周人，仕周为武胜军节度巡官、将仕郎、试大理评事。光宗七年，从封册使薛文遇来，以病留。及愈，引对称旨，光宗爱其才，表请为僚属，遂擢用，骤迁元甫翰林学士。未逾岁。授以文柄。时议以为过重。九年，始建议设科，遂知贡举，以诗、赋、颂、策取进士甲科崔暹等二人，明经三人，卜业二人。自后屡典贡举，奖劝后学。文风始兴。……此后史逸。"参见《高丽史·双冀传》(下册)，第89页。

⑥ 《高丽史·光宗世家》(上册)，第61页。

956年间高丽曾三次遣使后周的事实,我们有理由认为此次"令百官衣冠从华制"之举是高丽光宗为了在国内拉开"改革"序幕和后周朝廷秘密交涉的结果。

双冀在后周使团中的身份隐讳不明,中国方面的史料对此次出使全无记载,从前后种种不同寻常的迹象来看,我们有理由相信他是经光宗本人请求,由后周派往高丽去帮助光宗进行"改革"的,所以就借故得病,留在高丽,然后以天子使节的身份顺利升上了高位。事实也确实如此。双冀到达高丽仅仅两年,光宗就重用他和以他为首的归化中国人势力在国内开始了大规模的改革运动。改革的关键内容有二:一是参照中华之制,改革高丽因袭新罗而来的旧有制度;二是铲除高丽太祖以来的贵族勋臣,积极登用新人。在参照中华之制改革高丽旧制方面,最主要的成果之一就是科举制度的实施。《高丽史·选举志》:"三国以前,未有科举之法,高丽太祖首建学校,而科举取士未遑焉。光宗用双冀言,以科举选士,自此文风始兴。大抵其法颇用唐制。……东方文物之盛,拟诸中华。"[①]在铲除贵族勋旧势力、培养新的统治力量方面,从现存的零星史料还可以看出当时归化中国人势力在高丽的巨大影响,以及他们和贵族勋旧势力之间的尖锐对立与激烈冲突。《高丽史·徐弼传》:

时光宗厚待投化汉人,择取臣僚第宅及女与之。一日,弼奏曰:"臣居第稍宽,愿以献焉。"光宗问其故,对曰:"今投化人择官而仕,择屋而处。世臣故家,反多失所。臣愚诚为子孙计,宰相居第,非其有也。及臣之存,请取之。臣以禄俸之余,更营小第,庶无后悔。"光宗怒,然卒感悟,不复夺臣僚第宅。[②]

《高丽史·崔承老传》载其《时务策》云:

(光宗)不阿亲贵,而常抑豪强。无弃疏贱,而惠鲜鳏寡。自即位之年至于八载,政教清平,刑赏不滥。及双冀见用以来,崇重文士,恩礼过丰。由是非才滥进,不次骤迁。未浃岁时,便为卿相。或连宵引见,或继日延

① 《高丽史·选举志》(中册),第589页。
② 《高丽史·徐弼传》(下册),第78页。

容。……于是南北庸人竞愿依投,不论其有智、有才,皆接以殊恩殊礼。所以后生争进,旧德渐衰。虽重华风,不取华之令典;虽礼华士,不得华之贤才。……况自庚申至乙亥十六年间,奸凶竞进,谗毁大兴。君子无所容,小人得其志。……上下离心,君臣解体。旧臣宿将,相次诛夷。……及其(景宗)嗣位,焚积年谗毁之书,放累岁无辜之狱。冤愤悉除。朝野称庆。但以不谙政体,专任权豪,害及宗亲,咎征先见。后虽觉悟,责无所归。①

被崔承老称为"南北庸人"的那些光宗与双冀改革政策的追随者们应多是深受中国文化影响的高丽士人,在上文所引《高丽史·崔彦撝传》中,崔彦撝之子崔行归"亦游吴越国,其王授秘书郎,后还本国,事光宗,为幸臣,坐死"。② 由崔行归的事例可以看出,光宗的改革运动既是两种政治势力的斗争,也是两种文化倾向的冲突。李齐贤就看到了这一点,指出:"(光宗)有用文化俗之意,而(双)冀亦将顺以成其美。"③

从高丽光宗七年双冀入高丽,光宗开始实行改革政策,到975年光宗去世,大约20年间,光宗、双冀君臣间的关系一直比较相得,除科举制度外,光宗君臣当有一套包括制定律令在内的全面的制度改革方案,④否则崔承老在其《时务策》中所说之"华夏之制不可不遵,然四方习俗,各随土性,似难尽变。其礼乐诗书之教、君臣父子之道,宜法中华,以革卑陋。其余车马、衣服、制度可因土风,使奢俭得中,不必苟同"⑤的话就显得突兀而不可解。《高丽史·舆服志》也讲:

东国自三韩,仪章服饰循习土风。至新罗太宗王请袭唐仪,是后冠服之制稍拟中华。高丽太祖开国,事多草创,因用罗旧。光宗始定百官公

---

① 《高丽史·崔承老传》(下册),第81~82页。

② 《高丽史·崔彦撝传》(下册),第71页。

③ [高丽]李齐贤:《益斋乱稿》卷第九下《史赞·光王》,载《韩国文集丛刊》[2],景仁文化社1996年版,第592页。

④ 在此尤其值得注意的是双冀曾任后周"试大理评事"这一事实。黄约瑟已经指出:"大理寺评事是大理寺的最低职位,双冀要担任事务性工作……因为他需要凡事亲力亲为,加上周太祖和世宗(953~959在位)均注意整顿法令,他对当时法律和行政事务应有广泛甚至深入的了解。"他还说:"他肯定没有参加《大周刑统》的编纂,因为世宗下令审定法律作为该书的材料时,双冀已经到了高丽。"(见《黄约瑟隋唐史论文集》,第142页)这或许可以为解答高丽一朝所制定的刑律为什么是参照了唐律,并使用了唐律体系这一问题提供一点启示。

⑤ 《高丽史·崔承老传》(下册),第85页。

服，于是尊卑上下，等威以明。①

因此有理由认为，光宗君臣改革高丽旧制绝非仅限于科举一端，只是由于激烈的政治冲突和贵族勋旧势力的反弹，其他措施的实施被延缓了下来而已。

景宗继位，一反光宗之政。不过景宗在位只有六年（975～981），之后成宗（981～997）继位，他吸取了光宗、景宗两朝治乱得失的经验教训，在和贵族势力达成一定妥协并做出让步的同时，对光宗借鉴唐制、利用中国士人推行集权政治的政策多有继承。正因如此，才有“时成宗乐慕华风，国人不喜”②的说法。只有明乎此，才能明白为什么不是在高丽建国之初，而是到了高丽建国已有60多年后的成宗时期，才“一代之制始大备”，③且此“一代之制”又对唐制多有改动。

无论是《高丽史·崔承老传》所说的“但以创业之初，致平日浅，宗庙、社稷且未光崇，礼乐文物犹多阙乏。凡百官司之品式及诸内外之规仪未及修定，忽遗弓剑……”④还是《高丽史·百官志》所说的“高丽太祖开国之初，参用新罗、泰封之制，设官分职，以谐庶务。然其官号或杂方言，盖草创未暇革也”，⑤都是后人以自己时代的眼光审视、评论前代的结果，以高丽初期人们的眼光来看，他们未必会认为当时的制度是所谓的“草创”，而会认为是对新罗之制的自然继承。⑥ 今人多喜欢谈论唐文化对新罗的影响，其实从现存史料来看，新罗和唐不仅在社会结构方面大不相同，就是今人喜欢用来证明唐对新罗影响的各种政治制度也是异远多于同。在吸收和借鉴中国制度和文化方面，从光宗到成宗时期才是一个巨大的转折，而推动这一转折并使之得以完成的有两大因

① 《高丽史·舆服志》（中册），第561页。

② 《高丽史·徐熙传》（下册），第97页。

③ 《高丽史·百官志》（中册），第656页。

④ 《高丽史·崔承老传》（下册），第80页。

⑤ 《高丽史·百官志》（中册），第656页。

⑥ 高丽后期的崔瀣（1287—1340）就说：“以逮神圣开国，三韩归一，衣冠典礼，寔袭新罗之旧。”［高丽］崔瀣：《拙稿千百》卷二《东人之文序》，载《韩国文集丛刊》［3］，景人文化社1996年版，第27页。

李穑（1328—1396）亦云：“我始祖以宏材远略，起于唐季，遂并三国而王其地，自五代以迄于今，盖将五百年矣。俗习既异，语言不通，固中国之所不齿也。然诗书礼乐之风，尚犹不泯，知尊中国。”［高丽］李穑：《牧隐文稿》卷九《送偰符宝使还诗序》，载《韩国文集丛刊》［5］，景人文化社1996年版，第75页。

素:一是归化中国士人的奋斗与牺牲,[①]二是高丽王权与贵族集团的斗争和妥协。考察成宗以后高丽实行的各项制度,我们发现恰恰是在光宗时期开始实行的科举制和学校制度与唐制最为接近,而在成宗以后开始实行的官制、兵制、田制、刑法等制度都对唐制做了不小的改动,有的甚至到了面目全非、徒有其形的地步。其中的原因固然很多,贵族勋旧势力的强烈反对以及王权对贵族势力的让步当是其中比较重要的一个方面。

由于高丽王权和贵族权的矛盾、制衡关系,成宗以后的历代国王基本上都遵循光宗、成宗的"华化"[②]政策不变,其中尤以文宗和睿宗对"华化"政策的推动最力。加之随着文化水准的提高而带来的对先进文化的渴望,以及本国人才不足的现实,使在整个高丽前期,归化中国人势力始终存在于高丽朝廷之内。虽然再没有出现光宗时期那种独揽大权的局面,但他们在高丽政坛时隐时现,有些人甚至升到了高位。[③]

从文宗(1083—1094)时期开始,高丽朝廷又开始大量任用归化中国士人,但这一时期的归化中国士人已经有意韬光养晦,避免结党的嫌疑,刘载就是很好的一例。[④] 因为他们个人的才华以及处世的谨慎,故而取得了高丽统治集团的信任,《文献通考》卷三百二十五《四裔考二·高句丽》:"王城有华人数百,多闽人因贾舶至者,密试其能,诱以禄仕,或强留之终身,朝廷使至,有陈牒来诉者,则取以归。"[⑤]由此可见当时中国士人在高丽受欢迎的程度。

高丽睿宗也是"华化"政策的有力推动者。《高丽史·金仁存传》:"王(睿宗:1105~1122在位)宴亲王、两府于清晏阁,命仁存记其事,其文曰:'王以聪明渊懿笃实辉光之德,崇尚儒术,乐慕华风'。……(王)乃从容谓曰:

---

① 双冀的结局不知所终,很可能在景宗继位以后被清除乃至杀害了。关于双冀及其在高丽的活动、地位和评价等问题,可参见黄约瑟《仕高丽朝的后周官人双冀》一文,载《黄约瑟隋唐史论文集》,第139~164页。

② 这里的"华化"一词仅指在文物制度方面高丽不断向中国文化接近的趋势。

③ 《高丽史·周伫传》:"周伫,宋温州人。穆宗时,随商舶来,学士蔡忠顺知其有才,密奏留之。初授礼宾省注(主)簿,不数月,除拾遗,遂掌制诰。显宗避契丹南幸,伫扈从有功,由是大显,骤迁礼部侍郎、中枢院直学士,……寻进礼部尚书,十五年卒。性谦恭,工文翰,交聘辞命多出其手,恩遇无比。"下册,第111页。

④ 《高丽史·刘载传》:"刘载,宋泉州人,……睿宗朝历左散骑常侍,吏、礼部尚书。……虽借商人来,自立朝,不复相亲,时议多之。"下册,第162页。

⑤ (元)马端临:《文献通考》卷三百二十五《四裔考二·高句丽》,商务印书馆1936年版,第2560页。

'予顾德不类，赖天降康，庙社储祉。金革偃于三边，文轨同乎中夏。凡立政造事，大小云为，罔不资禀……遵宣和之制也。'"①郑道传(?~1398)评论说："(睿宗)深沈有度量，雅好文学。……歆慕华风，信用胡宗朝(旦?)，颇惑其言。"②

高丽是否是通过辽(契丹)间接地借鉴和吸收了以唐律为代表的法制文化呢？通过以上讨论，我们知道唐律文化从中原王朝直接传来的可能性更大。同时我们还可以考虑以下几个因素：(1)辽代法制和唐代法制差别很大，而这些与唐制不同的因素在高丽一代法制中没有体现。③ (2)高丽王朝有一条家法就是严禁学习和效仿任何辽朝的东西，高丽太祖王建留给子孙的《十训要》的第四条云："……契丹是禽兽之国，风俗不同，言语亦异。衣冠制度，慎勿效焉。"④之后这一政策基本上为其子孙遵循不替。⑤ (3)高丽律制定于成宗初年，而高丽是在成宗末期(994)才因为战败开始实行辽的年号，之前两国的关系一直非常冷淡。在此之后，高丽和辽之间又相继爆发了两次大的战争，⑥在这种情况下，高丽不太可能有意愿去学习和借鉴辽的制度。

---

① 《高丽史·金仁存传》(下册)，第138~139页。

② [高丽]郑道传：《三峰集》卷十二《经济文鉴别集·君道》，载《韩国文集丛刊》[5]，景仁文化社1996年版，第507页。

③ 关于辽代的法制，《辽史·刑法志》云："然其制刑之凡有四：曰死，曰流，曰徒，曰杖。死刑有绞、斩、凌迟之属，又有籍没之法。流量刑罪轻重，置之边城部族之地，远则投诸境外，又远则罚使绝域。徒刑一曰终身，二曰五年，三曰一年半；终身者决五百，其次递减百；又有黥刺之法。杖刑自五十至三百，凡杖五十以上者，以沙袋决之；又有木剑、大棒、铁骨朵之法。木剑、大棒之数三，自十五至三十；铁骨朵之数，或五，或七。有重罪者，将决以沙袋，先于骨之上及四周击之。拷讯之具，有粗、细杖及鞭、烙法。粗杖之数二十；细杖之数三，自三十至于六十。鞭、烙之数，凡烙三十者鞭三百，烙五十者鞭五百。被告诸事应伏而不服者，以此讯之。品官公事误犯，民年七十以上、十五以下犯罪者，听以赎论。赎铜之数，杖一百者，输钱千。亦有八议、八纵之法"。(中华书局1974年版，第936页)与唐律、高丽律差别很大。

④ 《高丽史·太祖世家》(上册)，第55页。

⑤ 如《高丽史·食货志》载："(睿宗元年[1105])七月诏曰：'不意群臣托太祖遗训，禁用唐、丹狄风之说，以排使钱……'"中册，第737页。

⑥ 关于高丽和辽的关系，参见[韩]金渭显《高丽与契丹关系述论》一文，载《韩中关系史研究论丛》，香港社会科学出版社2004年版。

表2－1 五代与高丽互使表①

	高丽出使五代	五代出使高丽
913	干化三年十月……高丽国遣使韦伸贡方物。《册府元龟》卷九百六十八《外臣部·朝贡第一》	
923	福府卿尹质使梁还,献五百罗汉画像,命置于海州嵩山寺。《高丽史·太祖世家》	
925	后唐同光三年十一月,遣使广评侍郎、上柱国韩申一,副使春部少卿朴岩来贡方物。《五代会要》卷三十	
926	是岁遣张彬如唐。《高丽史·太祖世家》	
929	天成四年八月己未,高丽王建使张彬来。《新五代史·后唐明宗记》	
932	长兴三年二月,复遣使大相王儒来朝。《五代会要》卷三十	明宗长兴三年五月,制:“权知高丽国事王建可特进检校太保、使持节、玄菟州都督、上柱国、封高丽国王,充大义军使。”《册府元龟》卷九百六十三《外臣部·封册》
933		十六年春三月辛巳,唐遣王琼、杨昭业来册王。《高丽史·太祖世家》
934	清泰元年八月,青州言:“高丽入贡使金吉船至岸。”《册府元龟》卷九百六十八《外臣部·朝贡第一》	
934	高丽国王王建遣使入朝贡方物。《册府元龟》卷九百六十八《外臣部·朝贡第一》	
934	十二月,高丽遣使礼宾卿邢顺等来朝贡。《册府元龟》卷九百六十八《外臣部·朝贡第一》	

① 本表系综合《册府元龟》《旧五代史》《新五代史》《通鉴》《五代会要》和《高丽史》中的相关记载制成,内容基本相同的只取其中一种。

续表

	高丽出使五代	五代出使高丽
936	清泰三年十二月,遣使礼宾卿邢顺等来朝贡。《五代会要》卷三十	
936	其年,又遣使王子大相王规等来贡方物。《五代会要》卷三十	
937		遣王规、邢顺如晋贺登极。《高丽史·太祖世家》
939	(天福)四年九月,复遣广评侍郎邢顺等七十二人来贡方物。《五代会要》卷三十	
941	六年八月,其国王复遣广评侍郎。《五代会要》卷三十	六年(《高丽史》载为天福四年)八月,其国王复遣广评侍郎。其国王建为开府仪同三司、检校太师、使持节、元菟州都督、充大义军使、高丽国王。命国子博士射攀持节就册之。《五代会要》卷三十
941	遣大相王申一如晋献方物。《高丽史·太祖世家》	
943	(天福八年十一月)辛丑,高丽使其广评侍郎金仁逢来。《新五代史·后晋出帝记》	
943	八年复遣王子大相王申等来。《五代会要》卷三十《新五代史·后晋出帝记》:"(天福八年十二月)甲寅,高丽使太相来。"	
945	(开运)二年冬十月丁丑,高丽使其广评侍郎韩玄珪、礼宾卿金廉等来。《新五代史·后晋出帝记》《高丽史》载为:"(惠宗)元年(944),遣广评侍郎韩玄圭、礼宾卿金廉如晋告嗣位,遂贺破契丹。"	十二月,以权知高丽国事王武为特进、检校太保、使持节、元菟州都督、充大义军使、兼御史大夫、高丽国王。仍命光禄卿范光政、太子洗马张李凝就行册命。《五代会要》卷三十。《高丽史》载为:"(惠宗)二年(945),晋遣范匡政、张季凝来册王。"

续表

	高丽出使五代	五代出使高丽
945（晋）	（开运）二年冬十月戊子，高丽使其兵部侍郎刘崇珪、内军卿朴艺言来。十一月戊戌，封王武为高丽国王。《新五代史·后晋出帝记》	
951（周）	周广顺元年正月（《册府元龟》《旧五代史》《新五代史》均为广顺二年），遣广评侍郎徐逢等九十七人来朝贡。《五代会要》卷三十	二月，以权知高丽国事王昭为特进、检校太保、使持节、元菟州都督、充大义军使、兼御史大夫、高丽国王。仍命卫尉卿刘皞、通事舍人顾彦浦持节册之。刘皞寻卒于路，顾彦浦溺海而死。（未成）《五代会要》卷三十
952	（高丽光宗）三年，遣广评侍郎徐逢如周献方物。《高丽史·光宗世家》	二年九月，复以太仆少卿王演借卫尉卿充高丽国册礼使、右卫率府吕继赟借将作少监充副使。《五代会要》卷三十
954	世宗显德元年十月，高丽国遣王子大相王融来贡方物。《册府元龟》卷九百六十八《外臣部·朝贡第一》《新五代史·后周世宗记》略同	
955	二年十一月（《旧五代史》为十月），高丽复遣本国广评侍郎荀质来贡方物称贺登极。《册府元龟》卷九百六十八《外臣部·朝贡第一》	
956	显德三年十月，复遣使王子大相王融来贡方物，又遣广评侍郎荀质来贺登极。《五代会要》卷三十	七年，周遣将作监薛文遇来，加册王为开府仪同三司、检校大师，仍令百官衣冠从华制。前大理评使双冀从文遇来。《高丽史·光宗世家》
958		五年六月，命尚书水部员外郎韩彦卿、尚辇奉御金彦英使于高丽，因命赍帛数千疋就彼市铜以备铸钱之用。《五代会要》卷三十
959	六年正月，又遣其臣王子佐丞王兢、佐伊皇甫魏光等贡名马、织成衣袄、弓剑等。《五代会要》卷三十	恭帝以显德六年即位，加高丽国王王昭检校太师食邑三千户。《册府元龟》卷九百六十三《外臣部·封册》

续表

	高丽出使五代	五代出使高丽
959	其年八月,遣使进《别序孝经》一卷、《越王孝经新义》八卷、《皇灵孝经》一卷、《孝经雌图》三卷。《五代会要》卷三十	周遣左骁卫大将军戴交来。《高丽史·光宗世家》;《新五代史·后周世宗记》:"九月丙寅,左骁卫大将军戴交使于高丽。"
959	十一月,高丽复遣使贡铜五万斤白水精各二千颗。《册府元龟》卷九百六十八《外臣部·朝贡第一》	

第四节　高丽法制与宋代法制的关系——从钑面与黥刑说起

高丽法制也受到了宋代法制的影响,本节将通过钑面刑与黥刑的关系切入这一问题,对之略做探讨。

高丽有许多不同于中原王朝而为其所固有的刑罚手段,"钑面"就是其中之一。史料中关于"钑面"的最早记载是在显宗四年(1013),《高丽史·刑法志》:"显宗四年判:'还贱奴婢更诉良者,杖之,钑面还主。'"①其他有年月可考的记载都出现在文宗(1047～1082在位)即位以后,如《高丽史·刑法志》:"(仁宗)十四年(1136)五月,诏曰:'今法官论杀牛者,准杀人之罪,钑面配岛。此非律文本意,自今以本罪罪之。'"②"钑面"一词为中国所无,是高丽人的独创,《汉语大词典》和《辞源》中均不收该词。检索《四库全书》,只有在朝鲜王朝时期所著《朝鲜史略》卷六中有一处提到了"钑面",其文云:"金皇统四年(1144)……诏曰:'……今法官论杀牛准杀人之罪,钑面配岛,此非律文本意,自今以本罪罪之。'"基本上是照抄仁宗十四年五月的诏书而来,但两条史料在时间上却有8年的差距,疑《朝鲜史略》有误。"钑面"刑的适用有两大特点:其一,主要适用于杀人、

① 《高丽史·刑法志》(中册),第877页。
② 同上书,第872页。

强盗一类的重罪,因此常和流刑、充常户刑并科;其二,适用不分良贱。

在高丽一朝还有与“钑面”刑相近的“黥”刑,但在史料中出现的时间较晚。《续资治通鉴长编》卷八十五真宗大中祥符八年(高丽显宗六年)十一月癸酉条:“高丽进奉告奏使、御事民官侍郎郭元与东女真首领何阿庐太来贡……郭元自言:‘本国城无垣墙。府曰开城……军民杂处,隶军者不黥面。’”①从时间上来看,郭元所说的黥刑实际上就是“钑面”刑,即他是用“黥面”这个在宋朝通用、能为宋人理解的词来表达“钑面”的意思。郭元本人显然注意到了高丽“钑面”刑与宋黥刑的区别,所以才特别强调“隶军者不黥面”。② 韩国学者김난옥认为黥刑是在人的脸上刻字后“入墨”,而钑面则是在脸上刻画故意留下伤痕,并不入墨。③ 这种说法并非全无道理。④ 如果此说不误,那么钑面显然是高丽特有的一种刑罚手段,而黥刑则是由中国传入的。

在现存高丽史料中,有关“黥”刑的记录最早出现在仁宗时期(1122~1146),当时金富轼平定了妙清在西京发动的叛乱,他对普通叛军人员的处置为:“其勇悍抗拒者黥‘西京逆贼’四字,流海岛;其次黥‘西京’二字,分配乡部曲。”⑤之后还有一些关于“黥”刑的记录,除一条是在毅宗(1146~1170)早期以外,其他均发生在武人执政(1170~1270)的明宗时期(1170~1197)。分析史料,我们注意到这样两个问题:首先,从仁宗时期开始,“钑面”和“黥配”开始同时出现,但“黥配”一词显然有取代“钑面”的趋势,出现的频率大大超过“钑面”。在明宗以后,“黥配”一词消失,忠烈王(1274~1308)以后“钑面”一词也不载于史册。其次,“黥配”刑的适用和此前“钑面”刑的适用略有不同,“黥配”刑适用的范围更广,而且大规模地适用于

---

① 杨渭生主编:《十至十四世纪中韩关系史料汇编》(上),学苑出版社1999年版,第174页。

② 根据郭东旭的研究,宋代的黥面刑主要适用于三种情况:盗贼徒以上罪、军士犯罪、杂犯重罪。参见氏著《宋代法制研究》,河北大学出版社2000年版,第241~243页。

③ [韩]김난옥:《고려후기의 流配刑》,载《國史館論叢》第104輯,第175页。在文中他表明是引韓容根的成果,查韩先生原文,只是简单地对黥刑有所提及,并没有涉及钑面(参见[韩]韓容根:《高丽時代拷訊에 관한 연구》,载《慶熙史學—朴性鳳教授回甲紀念論叢》,경희대 출판구 1987年版,第324页),因此此说应该是金先生本人根据字面意思进行的推仑。

④ 汉字在公元前后已传入朝鲜半岛,高丽人对“黥面”或“墨刑”的含义应该非常清楚,但他们不用这两个为人熟知、习用的词,而是将有“刻”之含义的“钑”字和“面”字另外组成一个新词来为一种刑罚命名,可见这种刑罚手段很可能只有“刻”的含义而无“入墨”的意思。

⑤ 《高丽史·金富轼传》(下册),第179页。

谋反、谋叛等事件的从犯身上。

另外，高丽还有"脊杖"之刑，《高丽史·刑法志》盗贼条："应犯窃盗，满五贯处死，不满五贯，脊杖二十，配三年；不满三贯，脊杖二十，配二年……"[①]又《高丽史·刑法志》职制条："犯斩罪免死者，脊杖五十；绞罪，脊杖四十；刑决付处。"[②]这两条无年月可考。其他有年月可考的关于"脊杖"刑的记载均发生在文宗即位以后。显然脊杖与钑面刑、黥刑出现的历史时期一致，把它们结合起来就是宋代的"刺配法"。[③]不过从现存史料来看，在高丽，脊杖和黥面是分开适用的，不像宋朝那样同时适用，这应该是高丽对宋代法制的一种变形。

关于"钑面"和黥刑的关系，从内容上看，两者并无大异，但是出现的时间却有早晚之别。除显宗四年《续资治通鉴长编》中那条关于钑面刑的史料以外，其他所有有年月可考的关于钑面刑的记载都在文宗即位以后。如果该条史料有误，那么钑面、黥刑和脊杖三个刑种就可以统一起来，和宋的刺配法相对应。如果该条史料并非误记，就说明在很早的时候高丽就有自己独特的黥刑——"钑面"刑，但此刑不常用，只是到了文宗以后，高丽法制渐受宋制的影响，钑面刑的适用标准和方法才开始向宋的"黥刑"靠拢，在日常使用上也是两词并用，但实际上却是一回事。无论哪种情况，都说明了一个问题，即宋代的刺配法是在高丽文宗以后才在高丽发生影响的。由此我们可以提出一个大胆的假说：以明记于《高丽史·刑法志》名例条中的"折杖法"为首的宋代法制，它们传入高丽的时期是在文宗即位以后，之前则是唐代法制居主导地位的时期。尽管史料缺乏，但也并非没有蛛丝马迹可寻。

《高丽史·韩彦恭传》："成宗(981～997)时再转刑、兵二官侍郎，如宋谢恩。……还，…… 彦恭奏：'宋枢密院即我朝直宿员吏之职，请置其官。'于是始设中枢院。"[④]《高丽史·百官志》密直司条："(密直司)掌出

---

① 《高丽史·刑法志》(中册)，第869页。

② 同上书，第841页。

③ 关于宋代的刺配法，可参见郭东旭：《宋代刺配法述论》，载邓广铭、漆侠等主编：《宋史研究论文集 一九八七年年会编刊》，河北教育出版社1989年版，第369～386页。

④ 《高丽史·韩彦恭传》(下册)，第89～90页。

纳、宿卫、军机之政。成宗十年(991),兵官侍郎韩彦恭使宋还,奏宋枢密院即我朝直宿员吏之职,于是始置中枢院。"①在成宗时期,高丽对宋朝制度还知之甚少,在成宗十年韩彦恭使宋返回以后,才对宋朝的枢密院有所了解,但是这种了解并不正确,错误地把它当成了一个"宿卫"机构。高丽模仿宋朝枢密院建立的中枢院,和宋枢密院本来的职掌也大不相同。在这种情况下,很难想象当时的高丽人对宋代的法制能有多少了解。

与设立某个机构不同,制定法律必须要有一个可以参考的可靠文本,在北宋时期(高丽仁宗五年之前),宋代刑书是否已经传到高丽大为可疑。今人多谈宋与高丽的典籍交流,②但对两个重大问题却有所忽略。首先,高丽一朝对宋朝典籍的输入前后有所不同,在高丽文宗之前,从中国输入的主要是佛经、阴阳书、医书和儒家经典一类的书籍。③ 其次,至少在北宋时期,宋对图书的输出是严格管制的。宋真宗景德三年(1006)就规定:"民以书籍赴沿边榷场博易者,自非九经书疏,悉禁之,违者案罪,其书没官。"④此条虽为边境贸易而设,主要针对的是辽国,但是高丽是辽的"与国",宋朝君臣对其始终存有疑虑,对高丽的图书贸易也应有类似的管制措施。苏轼在《论高丽买书利害札子三首(之二)》中就提到:"检会《元佑编敕》,诸以熟铁及文字禁物与外国使人交易,罪轻者徒二年。"⑤

从哲宗时期(1068~1101)开始,高丽试图输入一些政治、法律方面的书籍,《宋史·高丽传》:"哲宗立,遣使金上琦奉慰,林暨致贺,请市刑法

---

① 《高丽史·百官志》(中册),第660页。

② 关于古代中韩之间的典籍交流,可参考黄建国《古代中韩典籍交流概说》一文,载包伟民主编:《史学文存》,上海古籍出版社2001年版,第457~477页。

③ 参见杨渭生:《宋丽关系史研究》第四章所附《宋与高丽:贡赐物品一览表》,杭州大学出版社1997年版,第246~279页。

④ 《宋会要辑稿·食货》三八之二八,中华书局1957年版,第5480页。另外周彦文著有《宋代以来中国书籍的外传与禁令》一文,对此问题有所论及,正确地指出:"在通俗的概念中,中国与韩国、日本自古以来就有极大量的文化交流活动,不但使节往来不断,文物与书籍更是流通频繁。尤其是书籍的相互流传,在文化的传播上更是不可或缺的重要因素。这样的观念在五代以前或许可以说是正确的,但是到了宋代以后就大不相同了。……在这样的国际局势和敌对氛围之下,宋廷岂肯轻易将书籍皆应高丽之请,悉数给予?所以目前在文献资料上呈现的赠予书籍,委实不多,而且皆集中在北宋时期。……宋廷赠予高丽的,只要是其内容和当时的国防、军事有关的书籍、论及国家朝政得失的臣僚奏议等,一律在禁止之列;而会涉及朝廷治道的所有史书,除了少数正史以外,几乎所有的别史或是杂史、野史,都在禁止的范围之内。其他能赠给高丽的书,只剩下在教化上有助益的经书、理学书,和佛经、医书而已了。"(北京大学韩国学研究中心:《韩国学论文集 第三辑》,东方出版社1994年版,第142~144页)不过其不足之处在于略显宏观,有失详细。

⑤ (宋)苏轼:《苏东坡全集》,中国书店出版社1986年版,第558页。

之书、《太平御览》《开宝通礼》《文苑英华》。诏惟赐《文苑英华》一书,以名马锦绮金帛报其礼"。[①] 尽管当时图书贸易已经成为宋、丽间国际贸易的一部分,但是"刑法之书"、《太平御览》《文苑英华》等书却不在贸易的范围之内。在紧接其后的宋哲宗元佑七年(1092),高丽朝廷又"遣黄宗悫来献《黄帝针经》,请市书甚众。礼部尚书苏轼言高丽入贡无丝发利,而有五害。今请诸书与收买金箔,皆宜勿许。诏许买金箔,然卒市《册府元龟》以归"。[②] 高丽的买书行动在宋廷内部还引发了一场激烈的争论,苏轼就曾三上札子"论高丽买书利害",极力反对将史书、政书、刑律一类的书籍出售给高丽。《苏东坡全集》卷六十三《论高丽买书利害札子三首》及《续资治通鉴长编》卷四百八十一、卷四百八十二、卷四百八十四、卷五百六等卷有关条目对此事所载甚详,[③]不再赘论。

当时宋朝还有"私贩新罗法",严禁宋、丽之间的走私贸易,[④]《续资治通鉴长编》卷二百八十九神宗元丰元年(1078)五月甲申条:"上批:闻福建、两浙有旧贩高丽海商,知朝廷遣使,争谋以轻舟驰报,规求重赂。其下逐路监司觉察之,依《编勅》'私贩新罗法',许人告捕,送五百里编管。"[⑤]又《续资治通鉴长编》卷四百四十九哲宗元佑五年十月癸丑条:"诏:自今同文馆高丽人出外置到物,并检察,有违碍者,即婉顺留纳,以杂支钱给还价直。若系时政论议及言边机等文字,即问元买处,开封府检奉敕条晓示。……"[⑥]因此,比较重要的书籍传入高丽殊为不易。《高丽史·吴延宠传》:"肃宗五年(1100),(吴延宠)与尚书王嘏如宋贺登极,以朝旨购大(太)平御览,宋人秘不许。延宠上表恳请,乃得。及还,王曰:'此书文考尝求之不得,今朕得之,使者之能也。'"[⑦]到了南宋时期,情况才有所改变,从前的禁书也能够由商人贩卖到高丽了,《高丽史·明宗世家》:

---

① 《宋史·高丽传》,中华书局1977年版,第14048页。
② 同上。
③ 杨渭生主编:《十至十四世纪中韩关系史料汇编》(上),第204~209页。
④ 关于宋代的外贸立法,参见郭东旭:《宋代法制研究》第五章第五节"外贸立法",河北大学出版社2000年版。
⑤ 杨渭生主编:《十至十四世纪中韩关系史料汇编》(上),第186页。
⑥ 同上书,第200~201页。
⑦ 《高丽史·吴延宠传》(下册),第155页。

“(〔明宗〕二十二年(1192)八月)癸亥,宋商来献《太平御览》,赐白金六十斤,仍命崔诜校雠讹谬。”①

当然法律的规定是一回事,实际执行可能就是另外一回事了。但是从高丽君臣求之若渴的《太平御览》直到南宋时才由宋商贩往高丽,在此之前必须上表恳请才能得到的事实来看,在北宋时期,除佛经、阴阳地理书、医书和儒家经典等类书籍以外,其他重要的书籍是很难传入高丽的,这就使高丽在借鉴宋代法制时缺少了文本上的依据,难以在较大的规模上吸收和借鉴宋代法制,而只能迈小步,以当是所知之宋代法制部分地“增损”旧制。

而高丽文宗是一代好文之英主,②对宋文化极为钦慕,甚至试图不顾和辽朝的关系,“欲于耽罗及灵岩伐材造大船,将通于宋”。③ 他在制度上也对本国旧制有所改进,《高丽史·百官志》序:“成宗大兴制作……于是一代之制始大备。文宗、睿宗虽少加增损,大抵皆袭成宗之旧,子孙有所遵守”。④ 我们认为文宗、睿宗的所谓“少加增损”主要就是以当时的部分宋制“增损”成宗时期引入的唐制。这种情形在史料中多有反映,仅以历法而论,《高丽史·天文志》月五星凌犯及星变条:“(显宗二十一年〔1030〕)四月乙酉,教曰:‘上年十二月,宋历以谓大尽,而我国太史所进历以为小尽。’”⑤说明直到此时,高丽还没有采用宋朝的历法。《高丽史·文宗世家》:“(文宗三十五年〔1081〕十二月)癸亥,知太史局事梁冠公奏:‘奉宣勘进来壬戌年历日,并无疑误,惟腊日自己未年(文宗三十三年)以来,依大宋历法,用戌日。臣未详可否。臣按阴阳书云:‘近大寒前后先得辰为腊’。我国用此日久矣……不宜擅变其法,请委有司详定,然后施行。’制可。”⑥即从文宗三十三年开始,高丽才开始使用宋朝的历法,

① 《高丽史·明宗世家》(上册),第416页。

② 《高丽史·文宗世家》李齐贤赞曰:“而文宗躬勤节俭,进用贤才,爱民恤刑,崇学敬老,名器不假于匪人,威权不移于近昵,虽戚里之亲,无功不赏。左右之爱,有罪必罚。宦官给使不过十数辈,内侍必选有功能者充之,亦不过二十余人。冗官省而事简,费用节而国富。大仓之粟,陈陈相因,家给人足,时号大平。宋朝每锡褒赏之命,辽氏岁讲庆寿之礼。东倭浮海而献琛,北貊扣关而受廛。故林完以为我朝贤圣之君也。”上册,第199页。

③ 《高丽史·文宗世家》(上册),第167页。

④ 《高丽史·百官志》(中册),第656页。

⑤ 《高丽史·天文志》(中册),第12页。

⑥ 同上书,第179页。

但是仍然是阻力重重。

由以上分析可知，文宗时期是高丽对外来文化的态度及其国内制度发生转变的关键时期。就制度而言，开始以部分宋制“增损”成宗以来所采用的唐制，在法律制度上也应如此。文宗元年六月下制：“今所行律令，或多讹舛，良用轸怀。其令侍中崔冲集诸律官重加详校，务从允当。”[1]折杖法应该就是在这次修律活动中被引入高丽律的。如上文所说，由于没有系统的宋代法律文本可资参考，这次用宋制“增损”唐制的修律活动当只限于局部的范围，在律典上体现出来的只有“折杖法”一项，其他如黥面、脊杖之法只是在实践中摸索使用而已。

高丽之所以在历法、礼仪制度等方面能够进行较大规模的更张，在法制方面却只能迈小步，一个很重要的原因就在于关于历法、礼仪制度的书籍可以由中国较为方便地传入高丽，如《高丽史·肃宗世家》就载：“（肃宗三年十二月）丙申，赐礼部宋朝《开宝正礼》一部。”[2]而刑律则不能。由于宋代法律文本的不易取得以及高丽与宋之间文化水准的差异，我们有理由相信，文宗元年的这次修律活动以及之后在实践中对宋代的一些法律制度适用的推动，起重要作用的是高丽朝廷任用的归化中国士人，[3]崔冲只是负总责而已。在参考文本缺乏的情况下，宋代法制之所以还能对高丽产生一定的影响和他们所起的中介作用是分不开的。在相当大的程度上，可以说正是由他们将部分宋代法制介绍到了高丽，并推高丽动朝廷予以借鉴和吸收。我们注意到，在光宗（949～975）朝开始大规模任用归化中国士人推动本国的制度变革并遭到挫折之后，正是在文宗朝高丽朝廷继才开始又大规模地任用归化中国士人，仅在文宗十四年九月到十五年十二月间就起用了多名中国士人，《高丽史·文宗世家》：“（十四年九月）癸卯，以宋进士卢寅有文才，授秘书省校书郎。……（十五年六月）丁巳，以宋进士陈渭为秘书校书郎，萧鼎、萧迁为阁门承旨，叶盛为殿前丞

① 《高丽史·文宗世家》（上册），第143页。
② 《高丽史·肃宗世家》（上册），第228页。
③ 关于归化中国士人在高丽一代的作用，参见张春海：《唐律、高丽律比较研究——以法典及其适用为中心》第一章之第二节《唐律文本传入高丽的途径》，北京大学历史系2006年博士学位论文。

旨。……(十二月)丙午,以宋人萧宗明权知阁门祗候。"[①]

上文曾提到在高丽文宗引入宋朝制度时,仍然需要克服重重阻力,但因"华化"政策乃是高丽王权一以贯之的基本方略,[②]引入宋代制度乃是"华化"政策的一环,所以在文宗之后,宣宗、睿宗、仁宗等王因袭文宗逐步采纳宋制的政策不变。《高丽史·宣宗世家》:"(二年〔1085〕春二月)乙亥,始令驾幸时奉《仁王般若经》前导,遵宋制也。"[③]《高丽史·礼志》馈享条:"宣宗八年九月,庚戌,礼部奏:'国学壁上图画七十二贤,其位次依宋国子监,所赞名目次第,其章服皆仿十哲。'从之。"[④]《高丽史·礼志》王太子节日受宫官贺并会仪条:"宣宗十年八月丁巳制曰:'我国旧制:……其余并不就班。近闻宋朝仪制:凡放贺之日,其礼与坐殿日不殊,自今一依宋朝仪式。'"[⑤]《高丽史·韩安仁传》:"仁宗即位,奏曰:'睿宗在位十七年,事业宜载史册,贻厥后世。请依宋朝故事,置实录编修官。'从之。"[⑥]《高丽史·刑法志》:"仁宗十八年(1140)判:无亲子祖父母忌,依宋制,给暇一日两宵。"[⑦]

在文宗之后,对归化中国士人的任用与高丽王权逐步采纳宋制的政策也是基本同步的。在文宗朝之后入仕高丽并享有盛名的归化中国士人就有刘载、胡宗旦、慎修、慎安之、林完等人。《高丽史·刘载传》:"刘载,宋泉州人,宣宗时随商舶来,试以诗赋,授千牛卫录事参军。睿宗朝历左散骑常侍,吏、礼部尚书。……载能文,性朴素,不事生产,虽偕商人来,自立朝,不复相亲,时议多之。"[⑧]同传:"胡宗旦,亦宋福州人……睿宗宠顾优厚,补左右卫录事,寻权直翰林院,骤迁宝文阁待制。……慎安之,字符老,亦宋开封府人,父修,文宗朝随海舶来,有学识,且精医术。登第,官至守司徒、左仆射、参知政事。……(慎安之)累迁兵部尚书、三司使、判阁门

① 《高丽史·文宗世家》(上册),第169~170页。
② 关于高丽王室推行"华化"政策的问题,参见笔者待刊稿《高丽王朝的"华化"与"土俗"之争》。
③ 《高丽史·宣宗世家》(上册),第203页。
④ 《高丽史·礼志》(中册),第401页。
⑤ 同上书,第481页。
⑥ 《高丽史·韩安仁传》(下册),第164页。
⑦ 《高丽史·刑法志》(中册),第836页。
⑧ 《高丽史·刘载传》(下册),第162页。

事……晓汉语，凡移南北朝文牒多出其手。”[①]《高丽史·林完传》：“林完，本宋人，登第，累迁礼部员外郎。仁宗置书籍所于寿昌宫侧，完与金富辙等诸儒臣更直备顾问，转国子司业、知制诰。”[②]因此，《文献通考》卷三百二十五《四裔考二·高句丽》云：“王城有华人数百，多闽人因贾舶至者，密试其能，诱以禄仕，或强留之终身，朝廷使至，有陈牒来诉者，则取以归。”[③]当时中国士人在高丽受欢迎的程度可见一斑。在武人执政以后，当时实际上的最高统治者崔怡仍然上奏说：“本朝文物礼乐请一遵华制，其自宋来投者许于台省政曹随材擢用。”[④]崔怡所说的“华制”就是宋制，而推行宋制又必须擢用宋人，两者之间的关系显而易见。

总之，宋代法制对高丽发生影响的历史时期应该是在高丽文宗及其以后的时期，在文宗之世，北宋对刑法之书输出的管制甚严，因此其时高丽借鉴宋代法制的主要途径当是通过入仕高丽的归化中国士人。由于没有系统的宋代法律文本可资参考，当时对宋代法制的引入只限于局部的范围，在律典上体现出来的只有“折杖法”一项，其他如黥面、脊杖之法只是在实践中摸索使用而已。从现存史料可以看出，从文宗到仁宗这一历史时期，高丽的司法实践和法律规定之间出现了较大的距离。其中重要的原因之一就是制度上的变迁，是在司法实践中已经开始采用部分宋代法制的同时，而旧有之法典还没有对之做充分反映的结果。最明显的一例就是《高丽史·刑法志》盗贼条关于“窃盗”的条文：“应犯窃盗，满五贯处死，不满五贯，脊杖二十，配三年；不满三贯，脊杖二十，配二年；不满二贯，脊杖十八，配一年；一贯以下，量罪科决；女免配。窃盗一匹，杖六十；二匹，八十；三匹，九十；四匹，一百；五匹，徒一年；十匹，一年半；十五匹，二年；二十匹，二年半；二十五匹，三年；三十匹，流二千里；三十五匹，二千五百里；四十匹，三千里。同居卑幼将人盗己家财，以私辄用财物论，加二等。凡人减常盗一等，盗缌麻小功亲，减一等；大功亲，减二等；周亲，减三

① 《高丽史·刘载附胡宗旦传》（下册），第162～163页。
② 《高丽史·林完传》（下册），第187页。
③ （元）马端临：《文献通考》卷三百二十五《四裔考二·高句丽》，商务印书馆1936年版，第2560页。
④ 《高丽史·崔忠献附崔怡传》（下册），第804页。

等。"[①]该条前半部分之"应犯窃盗,满五贯处死……一贯以下,量罪科决;女免配"是来源于宋制的新条例,是用国王教、判的形式对新的司法实践进行的认定;而后半部分之"窃盗一匹,杖六十;……大功亲,减二等;周亲,减三等"却是成宗制法时采用、改造唐律而立的旧律文,一直因袭未改,和新的司法实践并存。

到了仁宗以后的时期,南宋对图书出口的管制有所放松,以前的禁书也可以由商人贩卖到高丽了,因而在这一时期,宋、高丽之间的图书贸易成了宋代法制影响高丽的主要途径之一,刑法典籍的输入使法制的借鉴有了可靠的文本依据。然而在毅宗末年(1170)发生了武人之乱,之后武人之间进行了近30年的权力争夺战,国家制度的建设和发展进程被打乱。直到武人首领崔忠献(1196~1219执政)掌握政权以后,政局才开始稳定下来,高丽从此开始了崔氏一族四世六十余年的统治。其时因为政局初安,在制度上仍然没有大的改动。在崔氏政权的第二代首领崔怡(1219~1249执政)执政时,虽然曾上奏:"本朝文物礼乐请一遵华制"。[②]然而由于其所处的特殊地位、面临的特殊问题,所以开始大力实行王权政治家族化的政策,表现在法律制度上就是大肆修改刑律,将从前高丽律中强调君臣之间"忠"之关系的条文基本上都被删除了,与此同时还增加了大量关于家庭犯罪的规定,即在贬低君臣之间"忠"之关系的同时,着意强调家族内部"孝"的关系,[③]而对系统吸收宋代法制却未遑顾及。从高宗十八年(1231)开始,高丽又受到了蒙古的持续侵袭,崔怡主持迁都江华岛,开始了长期的抗蒙斗争,国家转入军事体制,一切以军事斗争为中心,对外来制度的引入更是无暇顾及。至此,宋代法制对高丽发生影响的时期基本结束,之后就进入了蒙古及元朝制度对高丽产生影响的时期了。

---

① 《高丽史·刑法志》盗贼条(中册),第869页。

② 《高丽史·崔忠献附崔怡传》(下册),第804页。

③ 张春海:《唐律、高丽律比较研究——以法典及其适用为中心》第三章《唐律、高丽律法条比较》,北京大学历史系2006年博士学位论文。

第三章　高丽律辑佚与复原及其所反映之时代

第一节　《高丽史·刑法志》内容分析

一、无年月标志的法条

《高丽史·刑法志》不仅是现存高丽时代最重要的法制史料，而且内容丰富、复杂，编纂方式独特，有必要首先加以研究。《高丽史·刑法志》共分两卷，由序言和名例、公式、职制、奸非、户婚、大恶、杀伤、禁令、盗贼、军律、恤刑、诉讼、奴婢十四个部分组成。除序言外，其他十三个部分，内容多寡不均：内容少者如“军律”，只有一段，不足500字；内容多者，如职制、杀伤、禁令等条，各有几十段，近万字，最能代表《高丽史·刑法志》的编纂体例。现在学界基本认为《高丽史·刑法志》是模仿《元史·刑法志》的体例编纂而成，[①]对此我们基本认同，不过需要补充的是《高丽史·刑法志》的编纂应当还参考了《大明律》的体例，这在其“公式”条中有所体现（参见表3－1、表3－2）。

---

① ［韩］辛虎雄：《『高丽史』刑法志의 検討》，载《素轩南都泳博士花甲紀念史學論叢》，太学社1983年版。

表 3-1 《高丽史·刑法志》与《元史·刑法志》条目比较表

《元史·刑法志》条目		《高丽史·刑法志》条目	
名例	五刑	名例	五刑
	五服		刑杖式
	十恶		辜限
	八议		禁刑
	赎刑附		
卫禁		公式	相避
			官吏给暇
			避马式
			公式相通式
职制		职制	
祭令		奸非	
学规		户婚	
军律		大恶	
户婚		杀伤	
食货		禁令	
大恶		盗贼	
奸非		军律	
盗贼		恤刑	
诈伪		诉讼	
诉讼		奴婢	
斗殴			
杀伤			
禁令			
杂犯			
捕亡			
恤刑			
平反			

表3－2 《高丽史·刑法志》与《大明律》条目比较表①

<table>
<tr><th colspan="2">《大明律》条目</th><th colspan="2">《高丽史·刑法志》条目</th></tr>
<tr><td rowspan="5">名例</td><td>五刑</td><td rowspan="4">名例</td><td>五刑</td></tr>
<tr><td>十恶</td><td>刑杖式</td></tr>
<tr><td>八议</td><td>辜限</td></tr>
<tr><td>应议者犯罪</td><td>禁刑</td></tr>
<tr><td>职官有犯</td><td>大恶</td><td></td></tr>
<tr><td rowspan="3"></td><td>军官有犯</td><td rowspan="3"></td><td rowspan="3"></td></tr>
<tr><td>文武官犯公罪</td></tr>
<tr><td>文武官犯私罪(以下略)</td></tr>
<tr><td rowspan="5">吏律</td><td>职制</td><td rowspan="4">公式</td><td>相避</td></tr>
<tr><td rowspan="4">公式</td><td>官吏给暇</td></tr>
<tr><td>避马式</td></tr>
<tr><td>公式相通式</td></tr>
<tr><td>职制</td><td></td></tr>
<tr><td rowspan="7">户律</td><td>户役</td><td rowspan="7">户婚</td><td rowspan="7"></td></tr>
<tr><td>田宅</td></tr>
<tr><td>婚姻</td></tr>
<tr><td>仓库</td></tr>
<tr><td>课程</td></tr>
<tr><td>钱债</td></tr>
<tr><td>市廛</td></tr>
<tr><td rowspan="2">礼律</td><td>祭祀</td><td rowspan="2"></td><td rowspan="2"></td></tr>
<tr><td>仪制</td></tr>
</table>

① 为了尽量让《高丽史·刑法志》的条目和《大明律》的条目相对应，本表对《高丽史·刑法志》条目的顺序做了一定的调整。

续表

《大明律》条目		《高丽史·刑法志》条目	
兵律	宫卫	军律	
	军政		
	关津		
	厩牧		
	邮驿		
刑律	贼盗	盗贼	
	人命	杀伤	
	斗殴		
	骂詈		
	诉讼	诉讼	
	受赃		
	诈伪		
	犯奸	奸非	
	杂犯	禁令	
	捕亡		
	断狱		
工律	营造		
	河防		
		恤刑	
		奴婢	

除序言外《高丽史·刑法志》的内容大致可分为两大类：首先是没有年月标志的法条（韩国学者称为“科条的记事”）；其次是有年月标志的国王的教令、判旨和大臣们的奏疏、议论以及部分典型案例（韩国学者称之为“编年的记事”①），它们基本上以年代顺序排列，先列国王的教令，后列大臣们的奏疏和议论。

① 关于“科条的记事”和“编年的记事”较为详细的论述，可参见［韩］辛虎雄：《高丽史刑法志의 無編年·科條的記事에 對한檢討》（载《關東大論文集》1984 年第 12 期）及氏著《高丽法制史研究》中的有关内容。

没有年月标志的法条共计101条，比照唐代的律令格式，我们可以看出它们实际上就是高丽王朝曾经适用的律令格式以及国王的教、判，其中以律文最多，从中可以辨认出68条，[1]令、格、式、教、判等次之，共计34条。就律条而言，不仅总条数和《高丽史·刑法志》序言所说的高丽律总条数（不包括《狱官令》）基本相同，而且这些律条的结构都较为完整，构成了一个相对完整的体系。这68条中的一些通例性规定常常会为其他律条所援引，如《高丽史·刑法志》职制条中有关于“坐赃”的通例性条文，[2]在这68个律条中至少有3条对该条有所援引。[3] 在这68条中没有出现而在唐律中有的通例性规定，则一般不会被其他条文援引，而是根据这些通例的原理将其展开。同时，在《高丽史·刑法志》的编排结构中，这些律条又都排在了国王的教、判之前。据此，我们认为它们都来自同一部刑律，此书在郑麟趾等人编纂《高丽史》时还能为人所见，只是出于体例上的考虑，才将它们打散并分配到了《高丽史·刑法志》的各个条目之下。

但是这部刑律并非高丽成宗时所定，而是在武人执政以后经过修改的一部刑律，因此将这些律条按照唐律十二篇的体系重新组合以后，我们发现结果和《高丽史·刑法志》序言提示的情况不合。可见《高丽史·刑法志》序言根据的并非这部刑律，而是另有所据。郑麟趾等人对他们见到的那部刑律并非成宗定制时的刑律这一事实非常清楚，所以在作序时才没有按照这部刑律的情况总述高丽一代的法制。对此将在第四章第一节进行讨论，此处从略。

二、有年月标志的内容

有年月标志的内容主要由三类材料组成。第一类，也就是占最大比重的部分是高丽历代国王的教、判，它们又可以被分为三个部分：其一为

---

① 其中有两条是和其他“没有年月标志的法条”混在一起的，具体辨析可见后文《高丽律复原》的有关内容。

② 其文云：“坐赃：一尺，笞二十；……五十匹，三年；与者减五等。”[《高丽史·刑法志》（中册），第840页]

③ 如《高丽史·刑法志》禁令条就载有这样一条律文：“用秤（秤）斗尺度出入官物不平入己者：一尺，杖六十；……三十五匹，加役流；有增减者，坐赃论。”中册，第857页。

国王直接颁布的新法令,[1]其二为对刑律的补充或修改,[2]其三为对具体案件的判决。第二类为大臣们关于法律事项的奏疏,第三类为一些具体的案例。这三类内容并非截然分开,而是混编在了一起,并以年代为序进行排列,其中涉及的制度和理念同律条的规定多有不合,因此反映的基本上就是高丽一朝的司法实践。

第二节 高丽律辑佚

本节的主要任务是比照现存的《唐律疏议》,参照散见于《高丽史》各部分的法制材料对那些没有明载于《高丽史·刑法志》,但又确有根据是高丽律律条的内容进行辑佚。因为高丽律在借鉴和吸收《唐律》时基本上都对《唐律》律条进行了或大或小的改动,因此不可能对这些已经失载的条文进行完整的再现,只能列出这些律文的条目,并在后面括号中略引相应的《唐律》条文,以资参照,在此之后则列举辑佚的根据。

1. 十恶

《高丽史·刑法志》中有"殴妻父母,准十恶不睦论"之语。《高丽史·成宗世家》载有成宗九年(990)十月的一道教令:"……扈从臣僚及西京等诸州郡见禁囚徒,十恶外,绞罪以下并令出狱。"[3]另外,"谋叛""恶逆"等语多见于《高丽史》各处,如《高丽史·刑法志》:"显宗九年闰四月,门下侍中刘瑨等奏:'……又按《狱官令》:从立春至秋分,不得奏决死刑。若犯恶逆,不拘此令。'……"[4]《高丽史·朴升中传》:"有司论以谋叛,长流东鄙。"[5]因此高丽律中当有"十恶"之条。

---

① 如《高丽史·刑法志》公式条所载之"成宗元年(982)判:两亲忌,给暇一日两宵,祖父母远忌无亲子者亦依此例。四年新定五服给暇式:斩衰、齐衰三年,给百日……"(中册,第835页)等内容就属于此类。

② 如《高丽史·刑法志》奸非条之"仁宗五年判:凡诸寺院僧奸女色,有无职勿论,依律处决,充常户"(中册,第852页)的内容即属此类。

③ 《高丽史·刑法志》,第75页。

④ 《高丽史·刑法志》(中册),第871页。

⑤ 《高丽史·朴升中传》(下册),第709页。

2. 老小及疾有犯

（诸年七十以上、十五以下及废疾，犯流罪以下，收赎。……至配所，免居作。八十以上、十岁以下及笃疾，犯反、逆、杀人应死者，上请；九十以上，七岁以下，虽有死罪，不加刑；……）①

《高丽史·刑法志》："（文宗）三十三年，江阴县有一盲，谋奸人妻，因杀人当死，依律文八十以上、十岁以下及笃疾例，论减死配岛。"②所谓"依律文八十以上、十岁以下及笃疾例"，即《唐律》的老小及疾有犯条，因此高丽律中当有此条。

3. 官当

（诸犯私罪，以官当徒者，五品以上，一官当徒二年；九品以上，一官当徒一年。若犯公罪者，各加一年当。以官当流者，三流同比徒四年。……）③

《高丽史》中有多处提到"公罪"与"私罪"，如《高丽史·显宗世家》："（显宗二十二年五月）戊午，赦公罪徒以下。"④比照现存《唐律疏议》可知其根据当出自"官当"条。又《高丽史·刑法志》职制条："枉法赃：一尺，杖一百；……十五匹，绞。有官品人犯者，官当收赎；一匹以上除名；……二十匹，绞。不枉法赃：一尺，杖九十；……三十匹，加役流。有官品人犯者，令官当收赎；四匹以上免官……"⑤因此高丽律中有官当之条。

4. 除名

（诸犯十恶、故杀人、反逆缘坐，狱成者，虽会赦，犹除名，即监临主守，于所监守内犯奸、盗、略人，若受财而枉法者，亦除名；狱成会赦者，免所居官。其杂犯死罪，即在禁身死，若免死别配及背死逃亡者，并除名；会降者，听从当、赎法。）⑥

上文所引《高丽史·刑法志》职制条关于枉法赃的规定提到"有官品

① 《唐律·名例律》，参见刘俊文《唐律疏议笺解》，第298～301页。本书所引《唐律》条文的名称均以刘俊文所注《唐律疏议笺解》中定的名称为准，但对条文的标点则以刘俊文点校，中华书局出版的《唐律疏议》为准，本书所引唐律条文除标点外均以《唐律疏议笺解》为准，以后不再一一注明书名和作者（必要时仅标为《笺解》），仅标注页码。

② 《高丽史·刑法志》（中册），第871～872页。

③ 《笺解》，第182～185页。

④ 《高丽史·显宗世家》（上册），第90页。

⑤ 《高丽史·刑法志》（中册），第840页。

⑥ 《笺解》，第194～197页。

人犯者，官当收赎；一匹以上除名”，可见高丽律中也应有“除名”的制度。同时《高丽史》中有许多关于除名的记载，如“（显宗二年七月）甲申，刑部奏：‘郎中白行邻当南幸之际，留在京城，自称御史中丞，与李因礼、巨贞等召募徒奴为军，见敌不战而溃，请除名。’从之。”[①]因此高丽律中当有除名之条。

5. 免官

（诸犯奸、盗、略人及受财而不枉法；若犯流、徒，狱成逃走；祖父母、父母犯死罪，被囚禁，而作乐及婚娶者：免官。）[②]

《高丽史》中多有关于免官的记载，上文所引《高丽史・刑法志》职制条关于不枉法赃的规定中就提到“有官品人犯者，令官当收赎；四匹以上免官”。又《高丽史・显宗世家》：“（显宗二十二年十一月）癸酉，御史杂端崔延寿劾奏参知政事李作仁诈称太祖功臣后荫其子，免官。”[③]因此高丽律中当有免官之条。

6. 平赃及平功庸

（诸平赃者，皆据犯处当时物价及上绢估。平功、庸者，计一人一日为绢三尺，牛马驼骡驴车亦同；其船及碾硙、邸店之类，亦依犯时赁直。庸、赁虽多，各不得过其本价。）[④]

《高丽史・刑法志》：“（成宗）五年七月教：凡占人逃奴婢者，依律文一日绡三尺例，日征布三十尺给本主，日数虽多，毋过元直。……”[⑤]可见高丽律应有“平赃及平功庸”之条。

7. 化外人相犯

（诸化外人，同类自相犯者，各依本俗法；异类相犯者，以法律论。）[⑥]

《高丽史・刑法志》载有一案：“靖宗四年五月，东界兵马使报：‘威鸡州住女真仇屯、高刀化二人与其都领将军开老争财，乘开老醉，殴杀之。’……

---

① 《高丽史・显宗世家》（上册），第90页。
② 《笺解》，第211～212页。
③ 《高丽史・显宗世家》（上册），第114页。
④ 《笺解》，第337～339页。
⑤ 《高丽史・刑法志》（中册），第877页。
⑥ 《笺解》，第478页。

内史侍郎黄周亮等议曰:‘……且律文云:诸化外人同类自相犯者,各依本俗法。况其邻里老长已依本俗法出犯人二家财物输开老家,以赎其罪,何更论断?’王从周亮等议。”[①]可知高丽律中有“化外人相犯”条。

8. 阑入宫殿门及上合

(诸阑入宫门,徒二年。殿门,徒二年半。持仗者,各加二等。入上合内者,绞;若持仗及至御在所者,斩。即应入上合内,但仗不入而持寸刃入者,亦以阑入论;仗虽入,不应带横刀而带入者,减二等。即阑入御膳所者,流三千里。入禁苑者,徒一年。)[②]

《高丽史·文宗世家》:“(文宗九年)十一月乙丑,幸东池,检校卫尉少卿崔成节无故入至帐殿前,王惊,命下狱。法司奏:‘阑入御所者斩。’王曰:‘虽律有正条,以此加刑,是为苛政。又文笔有用,可原之。’门下省驳奏,不纳。”[③]可见高丽律中当有与《唐律》阑入宫殿门及上合条类似的条文。

9. 被制书施行有违

(诸被制书,有所施行而违者,徒二年。失错者,杖一百。)[④]

《高丽史·仁宗世家》:“(仁宗十年〔1132〕十一月)庚辰,御明仁殿,下制曰:‘……自今以后,若有敢言此事者,以违制论。’”[⑤]此“以违制论”的法律依据应该就是《唐律·职制律》中的被制书施行有违条,因此高丽律中当有此条。

10. 同居卑幼私辄用财

(诸同居卑幼,私辄用财者,十匹笞十,十匹加一等,罪止杖一百。即同居应分,不均平者,计所侵,坐赃论减三等。)[⑥]

《高丽史·刑法志》盗贼条有“同居卑幼将人盗己家财,以私辄用财物论,加二等”之语,因此高丽律中当有同居卑幼私辄用财之条。

---

① 《高丽史·刑法志》(中册),第855页。
② 《笺解》,第544~546页。
③ 《高丽史·文宗世家》(上册),第158~159页。
④ 《笺解》,第775页。
⑤ 《高丽史·仁宗世家》(上册),第331~332页。
⑥ 《笺解》,第960页。

11. 故杀官私马牛

（诸故杀官私马牛者，徒一年半。赃重及杀余畜产，若伤者，计减价，准盗论，各偿所减价；价不减者，笞三十。若伤重五日内致死者，从杀罪。）①

《高丽史·刑法志》恤刑条："（仁宗）十四年五月，诏曰：'今法官论杀牛者，准杀人之罪，钑面配岛。此非律文本意，自今以本罪罪之。'"②从法官在此之前准杀人罪断案的情况来看，诏书中提到的"本罪"应该就是《唐律·厩库律》的故杀官私马牛条。

12. 擅发兵

（诸擅发兵，十人以上徒一年，百人徒一年半，百人加一等，千人绞；给与者，随所给人数，减擅发一等。其寇贼卒来，欲有攻袭，即城屯反叛，若贼有内应，急须兵者，得便调发。虽非所属，比部官司亦得调发给与，并即言上。若不即调发及不即给与者，准所须人数，并与擅发罪同；其不即言上者，亦准所发人数，减罪一等。若有逃亡盗贼，权差人夫，足以追捕者，不用此律。）

《高丽史·显宗世家》："（显宗十六年春正月）丁酉，赦皮渭宗等六人，复其爵。初，渭宗以兵部郎中巡行徼外，见契丹将军耶律撒割游猎，与礼宾注（主？）簿郑民义等五人驰出斩之而归，以邀功赏。所司以擅兵出塞流远方，至是放还。"③所谓"擅兵出塞"即"擅发兵"之谓，高丽律中当有此条。

13. 以物置人耳鼻孔窍中

（诸以物置人耳、鼻及孔窍中，有所妨者，杖八十。其故屏去人服用、饮食之物，以故杀伤人者，各以斗杀伤论。若恐迫人，使畏惧致死伤者，各随其状，以故斗、戏杀伤论。）④

《高丽史·刑法志》："文宗二十年七月制：'诸官人归乡者，充常户；

① 《笺解》，第1107～1108页。
② 《高丽史·刑法志》（中册），第872页。
③ 《高丽史·显宗世家》（上册），第107～108页。
④ 《笺解》，第1295～1296页。

诸因畏惧致死者，以绞论；有乖于义，皆除之。'"[①]可见高丽律有与《唐律》以物置人耳鼻孔窍中条相近的一条，且此条对《唐律》本条有所改动，即改"各随其状，以故斗、戏杀伤论"为"以绞论"。

《高丽史·王宠之传》载一案例：

开城监牧直李启以事私遣旗头李仁、驱史加达捕府军金祚，祚投河死。尚书刑部奏："启罪应律畏惧致死，宜以斗杀论。准今制旨，杖脊配有人岛。仁及加达以从，流三千里。"李子渊议，亦与刑部同宠之等以为："畏惧致死者，谓如临水履险，因恐迫致死也。今祚自溺，与此不同，当以仁为首，减绞罪半；加达为从，启以事理重论。"（文宗）制曰："以畏惧致死论启，恐非正条，可除名收田，余依所奏。"[②]

王宠之卒于文宗二十一年，文中有"启罪应律畏惧致死，宜以斗杀论。准今制旨，杖脊配有人岛"之语，所谓"制旨"，指的应该就是文宗二十年七月的制书，所以高丽律以物置人耳鼻孔窍中条中的一段实际上已被修改为"诸因畏惧致死者，杖脊配有人岛"。由此可知该案当发生在文宗二十年七月以后，二十一年以前。就具体案情而言，尚书刑部上奏云："启罪应律畏惧致死，宜以斗杀论。……"以斗杀论当被处以绞刑，和文宗二十年七月制书所反映的情况契合，即在文宗二十年七月之前高丽王朝对"因畏惧致死"的情况，一直是"以绞论"的，比《唐律》之区分情况"以故斗（"故斗"即"斗故"）、戏杀伤论"显得粗糙。由此也可以看出那种主张高丽律不存在，高丽一朝适用的法律就是《唐律》的说法是有问题的。

14. 强盗

（诸强盗不得财徒二年；一尺徒三年，二匹加一等；十匹及伤人者，绞；杀人者，斩。杀伤奴婢亦同。虽非财主，但因盗杀伤，皆是。其持仗者，虽不得财，流三千里；五匹，绞；伤人者，斩。[③]）

《高丽史·刑法志》："德宗三年（1034）七月教曰：'……其殴家主及谋杀人、强盗者，杖流无人岛。纵犯强盗伤人，持杖以下罪，窜有人岛。'于

① 《高丽史·刑法志》（中册），第871页。

② 《高丽史·王宠之传》（下册），第127页。

③ 《笺解》，第1377～1378页。

是京城减死六十九人。”[①]可见高丽律中有强盗之条。

15. 监临主守自盗

(“诸监临主守自盗及盗所监临财物者,加凡盗二等,三十疋绞。”)[②]

《高丽史·刑法志》职制条:“官吏临监自盗及临监内受财枉法者,徒杖勿论,收职田归乡。”[③]可见高丽律中当有监临主守自盗之条。又《高丽史·毅宗世家》:“(毅宗三年〔1149〕十二月月)甲子,检校少府少监高元仁盗所守官绢百八匹,罪当绞,以犯在赦前,杖脊,配远岛。”[④]在本案中高元仁所犯为监临主守盗所监临财物之罪,从本案的结果来看,显然适用的是与《唐律·贼盗律》监临主守自盗条非常接近的一个条文,而《高丽史·刑法志》职制条中所载关于“临监自盗及临监内受财枉法者”的内容是高丽国王以教令对律文所做的敕改,且此敕改发生在毅宗三年十二月以后。由此我们也可以推知:在毅宗三年十二月之前,高丽律中当有与《唐律·贼盗律》监临主守自盗条非常接近的一个条文。

16. 以私财奴婢贸易官物

(诸以私财物、奴婢、畜产之类,贸易官物者,计其等准盗论,官物贱,亦如之。计所利以盗论。其贸易奴婢,计赃重于和诱者,同和诱法。)[⑤]

《高丽史·刑法志》职制条:“官吏临监自盗及临监内受财枉法者,徒杖勿论,收职田归乡。……贸易官物者,除归乡,依律科罪。”[⑥]显然高丽律中当有贸易官物之条。

17. 斗故杀人

(诸斗殴杀人者,绞。以刃及故杀人者,斩。虽因斗,而用兵刃杀者,与故杀同。)[⑦]

《高丽史·刑法志》杀伤条:“明宗十五年八月,有南原郡人与郡吏有隙,至其家缚吏于柱,遂火其家而烧杀之。群臣议以斗杀论。制云:‘原其

① 《高丽史·刑法志》(中册),第871页。
② 《笺解》,第1387~1388页。
③ 《高丽史·刑法志》(中册),第840页。
④ 《高丽史·毅宗世家》(上册),第358页。
⑤ 《笺解》,第1414~1415页。
⑥ 《高丽史·刑法志》(中册),第840页。
⑦ 《笺解》,第1478~1479页。

罪状,宜钑面充常户。'又有陵城人以鞭击负儿女,女惊怖,投水死。群臣亦以斗杀论。制曰:'使母子一时俱死,其以劫杀论。'"[①]所谓"斗杀"的罪名规定在《唐律·斗讼律》的斗故杀人条中,因此高丽律中当有斗故杀人之条。另外,"以劫杀论"中的"劫杀"一词并非唐律用语,应当是高丽人的发明。

18. 投匿名书告人罪

(诸投匿名书告人罪者,流二千里。得书者,皆即焚之,若将送官司者,徒一年。官司受而为理者,加二等。被告者,不坐。辄上闻者,徒三年。)[②]

《高丽史·刑法志》禁令条有"凡决后诬以为误决,淹延其事者,参以下直囚,四品以下申闻科罪,以投匿名书论"[③]之语。同时在《高丽史》中多见"投匿名书"一词,因此高丽律中当有投匿名书告人罪之条。

19. 诈为官私文书求财

(诸诈为官私文书及增减,欺妄以求财赏及避没入、备偿者,准盗论;赃轻者,从诈为官文书法。若私文书,止从所欺妄为坐。)[④]

《高丽史·显宗世家》:"(显宗十六年十二月)教:'凡犯罪收职田者,蒙赦除真盗及伪造公私文书、受财枉法、监临自盗、谄曲奸邪所犯外并听还给。'"[⑤]"伪造公私文书"的罪名来自《唐律·诈伪律》诈为官私文书求财条,因此高丽律中当有此条。

20. 妄认良人为奴婢部曲

(诸妄认良人为奴婢、部曲、妻妾、子孙者,以略人论减一等。妄认部曲者,又减一等。妄认奴婢及财物者,准盗论减一等。)[⑥]

《高丽史·刑法志》禁令条:"妄认公私田并盗贸卖者……妄认未得,准妄认财物未得论。"[⑦]显然高丽律中有"妄认财物"的罪名,而这一罪名

① 《高丽史·刑法志》(中册),第856页。
② 《笺解》,第1644~1645页。
③ 《高丽史·刑法志》(中册),第857页。
④ 《笺解》,第1728页。
⑤ 《高丽史·显宗世家》(上册),第108页。
⑥ 《笺解》,第1731~1732页。
⑦ 《高丽史·刑法志》(中册),第857页。

规定在《唐律·诈伪律》妄认良人为奴婢部曲条中,可知高丽律中当有此条。

21.不应得为

(诸不应得为而为之者,笞四十;事理重者,杖八十。)[①]

在上文所引《高丽史·王宠之传》载金祚被逼投河一案中,王宠之等提到:"畏惧致死者,谓如临水履险,因恐迫致死也。今祚自溺,与此不同,当以仁为首,减绞罪半;加达为从,启以事理重论。"此"以事理重论"所依据的律文应该就是《唐律·杂律》的不应得为条,可知高丽律中当有此条。

第三节 高丽律复原

一、复原

前文已经提到《高丽史·刑法志》无年月标志的条文是一个相对完整的整体,都来自编纂《高丽史》时还可以见到的一部刑律。为了尽可能客观、完整地保持这部律典的原貌,除非有确切的证据,本节不拟在这些条文之外妄加增减,所以上一节的辑佚条文将不包含在本节复原的律典之内。本节是在《刑法志》一百多条没有年月标志的条文中,把不属于刑律律文性质的内容(令、格、式、教、判等)剔除,然后将剩余的律条按照《刑法志》序言提示的结构(为了比较的方便,同时剔除《唐律》所无的《狱官令》部分),比照现存的《唐律疏议》进行复原。复原后的内容列于正文,复原的根据参见第三章所附唐律、高丽律各篇条目对照表。

(一)名例律:刑法志说有十二条,实际复原五条

《高丽史·刑法志》称高丽律的《名例律》共十二条,比照《唐律疏议》及《高丽史》其他各部分散见的法制材料复原如下:

---

① 《笺解》,第1945~1946页。

1. 笞刑五

○一十，折杖七，赎铜一斤；

○二十，折杖七，赎铜二斤；

○三十，折杖八，赎铜三斤；

○四十，折杖九，赎铜四斤；

○五十，折杖十，赎铜五斤。

2. 杖刑五

○六十，折杖十三，赎铜六斤；

○七十，折杖十五，赎铜七斤；

○八十，折杖十七，赎铜八斤；

○九十，折杖十八，赎铜九斤；

○一百，折杖二十，赎铜十斤。

3. 徒刑五

○一年，折杖十三，赎铜二十斤；

○一年半，折杖十五，赎铜三十斤；

○二年，折杖十七，赎铜四十斤；

○二年半，折杖十八，赎铜五十斤；

○三年，折杖二十，赎铜六十斤。

4. 流刑三

○二千里，折杖十七，配役一年，赎铜八十斤；

○二千五百里，折杖十八，配役一年，赎铜九十斤；

○三千里，折杖二十，配役一年，赎铜一百斤。

5. 死刑二

○绞，赎铜一百二十斤；

○斩[赎铜上同]。①

---

① 《高丽史·刑法志》名例条(中册)，第833～834页。

(二)卫禁律:刑法志说有四条,实际复原一条

越县城,杖九十;州镇,徒一年;未越者,减一等;从沟渎出入与越同。①

(三)职制律:刑法志说有十四条,实际复原五条

1. 监临赃一尺,笞四十;一匹,五十;二匹,杖六十;三匹,七十;四匹,八十;五匹,九十;六匹,一百;八匹,徒一年;十六匹,一年半;二十四匹,二年;三十二匹,二年半;四十匹,三年;五十匹,流一千里。与者减五等,罪止杖一百。如监临官于部内乞取者,加一等;若以威力强乞取者,准枉法赃论。②

2. 枉法赃:一尺,杖一百;一匹,徒一年;二匹,一年半;三匹,二年;四匹,二年半;五匹,三年;六匹,流二千里;七匹,二千五百里;八匹,三千里;十五匹,绞。有官品人犯者,官当收赎;一匹以上除名;无禄减一等,二十匹,绞。

3. 不枉法赃:一尺,杖九十;二匹,一百;四匹,徒一年;六匹,一年半;八匹,二年;十匹,二年半;十二匹,三年;十四匹,流二千里;三十匹,加役流。有官品人犯者,令官当收赎;四匹以上免官;无禄者减一等;四十匹,加役流。③

4. 因官挟势乞百姓财物,一匹,笞二十;二匹,三十;三匹,四十;四匹,五十;五匹,杖六十;六匹,七十;七匹,八十;八匹,九十;十匹,一百;二十匹,徒一年;三十匹,一年半;四十匹,二年;五十匹,二年半;与人物者减一等。若亲故与者,勿论。④

---

① 《高丽史·刑法志》禁令条(中册),第859页。复原的根据(所依据的《唐律》律文)参见第三章所附唐律、高丽律各篇条目对照表,以后不再一一注明。

② 《高丽史·刑法志》职制条(中册),第840页。

③ 同上。

④ 《高丽史·刑法志》职制条:"官吏临监自盗及临监内受财枉法者,徒杖勿论,收职田归乡。……贸易官物者,除归乡,依律科罪。……因官挟势乞百姓财物,一匹,笞二十;二匹,三十;三匹,四十;四匹,五十;五匹,杖六十;六匹,七十;七匹,八十;八匹,九十;十匹,一百;二十匹,徒一年;三十匹,一年半;四十匹,二年;五十匹,二年半;与人物者减一等。若亲故与者,勿论。贸易官物,除归乡,依律科罪。"(中册,第840~841页)复原之条系取中间一段律文而来。

5. 闻父母丧、若夫丧，忘哀作乐、杂戏，徒一年；释服从吉，徒三年；匿不举哀，流二千里；诈称祖父母、父母死以求暇及有所避，徒三年。①

（四）户婚律：刑法志说有四条，实际复原十三条

1. 家长漏口及增减年壮（状），免课役者，一口徒一年，二口一年半，五口二年，七口二年半，九口三年，若增减非免课役，四口为一口，罪止徒一年半。②

2. 里正不觉漏脱增减、出入课役，一口笞四十，四口五十，七口杖六十，十口七十，十三口八十，十六口九十，二十口一百，三十口徒一年，四十口一年半，五十口二年，六十口二年半；若知情，同家长法科之。③

3. 养异姓男，与者笞五十，养徒一年；无子而舍去者，二年；养女不坐；其遗弃小儿，三岁以下异姓听养。④

4. 祖父母、父母在，子孙别籍异财，供养有阙，徒二年；服内别籍，徒一年。⑤

5. 妻擅去，徒二年；改嫁，流二千里。妾擅去，徒一年半；改嫁，二年半；娶者同罪，不知有夫不坐。⑥

6. 在官侵夺私田，一亩，杖六十；三亩，七十；七亩，八十；十亩，九十；十五亩，一百；二十亩，徒一年；二十五亩，一年半；三十亩，二年；三十五亩，二年半；园圃加一等。⑦

7. 祖父母、父母被囚而嫁娶者：徒罪，杖一百；死罪，徒一年；祖父母、父母命者，勿论；妾减三等。⑧

8. 盗耕公私田：一亩，笞三十；五亩，四十；十亩，五十；十五亩，杖六十；二十亩，七十；二十五亩，八十；三十亩，九十；三十五亩，一百；四十亩，

---

① 《高丽史·刑法志》禁令条（中册），第857页。
② 《高丽史·刑法志》户婚条（中册），第852页。
③ 同上。
④ 同上。
⑤ 同上。
⑥ 同上书，第853页。另刑法志此条后有“郡县人与津驿部曲人交嫁，所生皆属津驿部曲；津驿部由与杂尺人交嫁，所产中分之，剩数从母”的内容疑为判、教之内容。
⑦ 《高丽史·刑法志》职制条（中册），第840～841页。
⑧ 《高丽史·刑法志》禁令条（中册），第857页。

徒一年;五十亩,一年半;荒田,减一等;强,加一等。①

9. 妄认公私田并盗贸卖者:一亩,笞五十;五亩,杖六十;十亩,七十;十五亩,八十;二十亩,九十;二十五亩,一百;三十亩,徒一年;三十五亩,一年半;四十亩,二年;五十亩,二年半;妄认未得,准妄认财物未得论。②

10. 盗葬他人田,笞五十;墓田,杖六十;告里正移埋,不告而移,笞三十;盗耕人墓田,杖一百;伤坟者,徒一年。③

11. 应分财物不平者:二匹,笞二十;三匹,三十;四匹,四十;五匹,五十;六匹,杖六十;七匹,七十;八匹,八十;十匹,九十;二十匹,一百;三十匹,徒一年;四十匹,一年半;五十匹,二年。④

12. 枉征租税入己:一尺,杖一百;一匹,徒一年;二匹,一年半;三匹,二年;四匹,二年半;五匹,三年;六匹,流二千里;七匹,二千五百里;八匹,三千里;有禄者,三十匹加役流;无禄者,二十五匹加役流。⑤

13. 奴娶良女,主知情,杖一百;女家徒一年。奴自娶,一年半;诈称良人,二年。⑥

(五)厩库律:刑法志说有三条,实际复原一条

故放畜产损食人田苗者,一尺笞二十,一匹三十,二匹四十,三匹五十,四匹杖六十,五匹七十,六匹八十,七匹九十,八匹一百,十匹徒一年,二十匹一年半,三十匹二年,四十匹二年半,五十匹三年;若因走失者,减二等,并勒偿所损。⑦

(六)擅兴律:刑法志说有三条,实际复原一条

被差充丁夫杂匠,稽留不赴,一日,笞四十;二日,五十;七日,杖六十;十日,七十;十三日,八十;十六日,九十;十九日,一百;二十三日,徒一年,

---

① 《高丽史·刑法志》禁令条(中册),第857页。
② 同上。
③ 同上。
④ 同上书,第858页。
⑤ 同上。
⑥ 同上书,第877页。
⑦ 同上书,第859页。

将领主司各加一等。①

(七)盗贼律:刑法志说有六条,实际复原十条

1. 谋杀周亲尊长、外祖父母、夫妇之父母,虽未伤,斩;道士、女冠、僧尼谋杀师主,同叔伯父母。谋杀周亲卑幼,徒二年半;已伤,三年;已杀,流三千里;有所规求,谋杀加一等。谋杀大功尊长,流二千里;已伤,绞;已杀,斩。谋杀小功、缌麻尊长者,亦同。谋杀大功以下,缌麻以上卑幼,徒三年;已伤,流三千里;已杀,绞;有所规求,加一等。②

2. 恐吓取人财物者:一尺,杖七十;一匹,八十;二匹,九十;三匹,一百;四匹,徒一年;五匹,一年半;十匹,二年;十五匹,二年半;二十匹,三年;二十五匹,流二千里;三十匹,二千五百里;三十五匹,三千里;满四十匹,首处死。③

3. 窃盗一匹,杖六十;二匹,八十;三匹,九十;四匹,一百;五匹,徒一年;十匹,一年半;十五匹,二年;二十匹,二年半;二十五匹,三年;三十匹,流二千里;三十五匹,二千五百里;四十匹,三千里。同居卑幼将人盗已家财,以私辄用财物论,加二等。凡人减常盗一等,盗缌麻小功亲,减一等;大功亲,减二等;周亲,减三等。④

4. 斫伐他人墓茔内树木者:一尺,杖六十;一匹,七十;二匹,九十;四匹,一百;五匹,徒一年;十匹,一年半;十五匹,二年;二十匹,二年半;二十五匹,三年;三十匹,流二千里;三十五匹,二千五百里;四十匹,三千里;伐亲属墓内树者,亦同。⑤

5. 知盗诈之赃而故买者:一匹,笞二十;二匹,三十;四匹,五十;五匹,杖六十;六匹,徒一年;三十匹,一年半;四十匹,二年;五十匹,二年半;知而为藏者,减一等。⑥

---

① 《高丽史·刑法志》户婚条(中册),第842页。
② 《高丽史·刑法志》大恶条(中册),第854页。
③ 《高丽史·刑法志》禁令条(中册),第857~858页。
④ 《高丽史·刑法志》盗贼条(中册),第869页。
⑤ 《高丽史·刑法志》禁令条(中册),第858页。
⑥ 同上。

6. 盗缌麻小功亲，减一等；大功亲，减二等；周亲，减三等。①

7. 同居卑幼将人盗已家财，以私辄用财物论，加二等。凡人减常盗一等。②

8. 和卖子孙为奴婢，徒一年；略卖，一年半；和而故卖者，加一等。③

9. 和卖亲弟、侄、外孙为奴婢，徒二年半；略卖，徒三年；未售，减一等；和而故卖者，加一等。④

10. 和卖堂弟、堂兄弟之子孙为奴婢，流二千里；略卖，流三千里；不售，减一等；知而故卖者，亦减一等，余亲同凡人。⑤

(八)斗讼律：刑法志说有七条，实际复原十六条

1. 辜限：手足殴伤人者，限十日；以他物殴伤人者，限二十日；以刃及汤火殴伤人者，限四十日。折跌支体及碎骨，限五十日。[被伤日晚则当至限日之晚便满]⑥

2. 詈亲兄姊者，杖一百；殴，徒二年半；伤，三年；折伤，流二千里；折支，绞；至死，斩。过失伤各减本伤罪二等。⑦

3. 殴祖父母、父母，斩；告詈，绞；误伤、过失詈，徒三年；过失殴，流三千里。⑧

4. 詈伯叔父母、外祖父母，徒一年；殴，三年；伤，流二千里；折伤，绞；至死，斩。过失伤，各减本伤罪二等。⑨

5. 殴麻兄姊，杖一百；折一齿以上，徒一年半；二齿以上，二年；折筋以上，二年半；折支以上，流二千里；二事以上，流三千里；至死，绞；尊属又加一等，至死斩。⑩

---

① 《高丽史·刑法志》盗贼条(中册)，第869页。
② 同上。
③ 《高丽史·刑法志》户婚条(中册)，第852页。
④ 同上书，第852~853页。
⑤ 同上书，第853页。
⑥ 《高丽史·刑法志》辜限条(中册)，第834页。
⑦ 《高丽史·刑法志》大恶条(中册)，第854页。
⑧ 同上。
⑨ 同上。
⑩ 同上。

6. 殴小功兄姊，徒一年；折齿以上，徒二年；折二齿以上，二年半；折筋以上，三年；二事以上，流三千里；至死，斩；尊属又加一等。[1]

7. 殴堂兄姊者，徒一年半；折齿以上，徒三年；折筋以上，流二千里；二事以上，绞。误伤者，减本伤罪二等。[2]

8. 殴兄之妻及夫之弟妹，手足，杖七十；拔发以上，九十；他物伤，徒一年；折一齿以上，一年半；二齿以上，二年；损筋以上，二年半；折支以上，流二千里；二事以上，流三千里；至死绞；不伤，笞五十；妾犯者加一等。[3]

9. 妻妾詈夫之祖父母、父母，徒二年；殴，绞；伤，斩；过失伤，徒二年半；过失杀，三年。[4]

10. 夫殴伤妻，他物伤，杖八十；折一齿以上，九十；二齿以上，一百；折筋以上，徒一年；折支以上，二年；二事以上，三年；至死，绞；故杀，斩；拔发以上，杖六十；过失杀，勿论。以妻殴妾同。[5]

11. 殴杀弟、妹及兄弟之子孙与外孙，徒三年；故杀，流二千里；误杀、过失杀，勿论。[5]

12. 殴杀堂弟妹、堂侄孙，流二千里；故杀，绞；殴妻父母，准十恶不睦论。[7]

13. 告周亲尊长、外祖父母、夫妇之祖父母，虽得实，徒二年；流罪，徒三年；死罪，流三千里；诬告加所诬罪二等。告周亲卑幼罪，杖六十。[8]

14. 告大功尊长，罪虽得实，徒一年半；流罪，二年半；死罪，三年；诬告，加所诬罪二等。[9]

15. 告小功、缌麻尊长，虽得实，徒一年；流罪，二年；死罪，二年半。[10]

16. 同五保内徒罪不纠，杖六十；流罪不纠，一百；死罪不纠，徒一年；

---

① 《高丽史·刑法志》大恶条（中册），第854页。
② 同上。
③ 同上。
④ 同上。
⑤ 同上书，第854～855页。
⑥ 同上书，第854页。
⑦ 同上书，第855页。
⑧ 同上。
⑨ 同上。
⑩ 同上。

徒以下罪不纠不坐。①

(九)诈伪律:刑法志说有二条,实际复原二条

1. 知人诈欺得物而从乞取者:一尺,笞二十;一匹,三十;二匹,四十;三匹,五十;四匹,杖六十;五匹,七十;六匹,八十;七匹,九十;八匹,一百;十匹,徒一年;二十匹,一年半;三十匹,二年;四十匹,二年半;五十匹,三年;知而买者减为藏者二等。②

2. 违方诈疗病,因取财物者:一尺,杖六十;一匹,七十;二匹,八十;三匹,九十;四匹,一百;五匹,徒一年;七匹,一年半;十五匹,二年;二十匹,二年半;二十五匹,三年;三十匹,二千里;三十五匹,加役流;不在收赎之例。③

(十)杂律:刑法志说有二条,实际复原十二条

1. 坐赃:一尺,笞二十;一匹,三十;二匹,四十;三匹,五十;四匹,杖六十;五匹,七十;六匹,八十;七匹,九十;八匹,一百;十匹,徒一年;二十匹,一年半;三十匹,二年;四十匹,二年半;五十匹,三年;与者减五等。④

2. 私作秤斗,在市执用,有增减者:一尺,杖六十;一匹,七十;二匹,八十;三匹,九十;四匹,一百;五匹,徒一年;十匹,一年半;十五匹,二年;二十匹,二年半;二十五匹,三年;三十匹,流二千里;三十五匹,二千五百里;四十匹,三千里。⑤

3. 用秤斗尺度出入官物不平入己者:一尺,杖六十;一匹,七十;二匹,八十;三匹,九十;四匹,一百;五匹,徒一年;十匹,一年半;十五匹,二年;二十匹,二年半;二十五匹,三年;三十匹,流二千里;三十五匹,加役流;有增减者,坐赃论。⑥

---

① 《高丽史·刑法志》户婚条(中册),第852页。
② 《高丽史·刑法志》禁令条(中册),第858页。
③ 同上。
④ 《高丽史·刑法志》职制条(中册),第840页。
⑤ 《高丽史·刑法志》禁令条(中册),第857页。
⑥ 同上。

4. 于他人田园辄将瓜菓而去者：一尺，杖六十；一匹，七十；二匹，八十；三匹，九十；四匹，一百；五匹，徒一年；十匹，一年半；十五匹，二年；二十匹，二年半；二十五匹，三年；三十匹，流二千里；三十五匹，二千五百里；四十匹，三千里；强将去者，以盗论；辄食者，坐赃论。①

5. 负债不告官司，强牵财物过本者：一尺，笞二十；一匹，三十；二匹，四十；三匹，五十；四匹，杖六十；五匹，七十；六匹，八十；七匹，九十；八匹，一百；十匹，徒一年；二十匹，一年半；三十匹，二年；四十匹，二年半；五十匹，三年；仍勒依元契还主。②

6. 弃毁制书及官文书者，一尺杖六十，一匹七十，二匹八十，三匹九十，四匹一百，五匹徒一年，十匹一年半，十五匹二年，二十匹二年半，二十五匹三年，三十匹流二千里，三十五匹二千五百里，四十匹三千里；诈伪官文书有增减者，同亡失及误毁者减二等。③

7. 诸失火者，二月一日已后十月三日已前烧野田者，笞五十；延烧人宅舍财物，杖八十；赃重者，坐赃论减三等；故烧官府、庙社及私家含宅财物，无问屋舍大小、财物多寡，徒三年；赃满五匹，流二千里；十匹绞。杀伤人者，以故杀伤论。④

8. 以博戏赌钱物者，各杖一百，其停止主人及出凡和合令戏者，亦杖一百；赌饮食弓射习武艺者，虽赌钱物，无罪。⑤

9. 监临主守于监守内犯奸：和，徒二年；有夫，二年半；强，三年；和奸，妇女减一等。⑥

10. 部曲人及奴奸主及主之周亲尊长：和，绞；强，斩；和者，妇女减一等；奸主缌麻以上亲，减一等。⑦

11. 奸父祖妾、伯叔母姑姊妹、子孙之妇、兄弟女：和，绞；奸父祖幸婢，

---

① 《高丽史·刑法志》禁令条（中册），第858页。
② 同上书，第858～859页。
③ 同上书，第859页。
④ 同上。
⑤ 同上。
⑥ 《高丽史·刑法志》奸非条（中册），第851页。
⑦ 同上书，第851～852页。

减二等。①

12. 凡人奸尼女冠:和,徒一年半;强,徒二年;尼、女冠与和,徒二年半;强,不坐。②

(十一)捕亡律:刑法志说有八条,实际复原一条

邻里被强盗,闻而不救,杖八十;告而不救,九十;官司不救,一百;窃盗减二等。③

(十二)断狱律:刑法志说有四条,实际复原一条

禁刑

○国忌

○十直[初一日、初八日、十四日、十五日、十八日、二十三日、二十四日、二十八日、二十九日、三十日]

○俗节[元正、上元、寒食、上巳、端午、重九、冬至、八关、秋夕]

○慎日[岁首、子午日、二月初一日]④

二、不属于高丽律的条文

(一)以下一些没有编年的条文属《狱官令》

《高丽史·刑法志》说高丽律中含有《狱官令》2 条,实际复原 7 条,比照唐律的体系,暂不列入高丽律中。

1. 诸察狱之官,先备五听,又验诸证,事状疑似,不首实,然后拷掠,每讯相去二十日。若讯未毕,更移他司,仍须鞫者,连写本案移送,即通前讯,以充三度。若无疑似,不须满三度。若因讯致死者,皆具状申牒当处

① 《高丽史·刑法志》奸非条(中册),第 852 页。
② 同上。
③ 《高丽史·刑法志》户婚条(中册),第 852 页。
④ 《高丽史·刑法志》名例条(中册),第 834 页。

长官，与纠弹官对验。①

2. 犯杀人罪，初段坚问九端，隔三七日；二段坚问十二端，隔四七日；三段坚问十五端。②

3. 从立春至秋分，不得奏决死刑。若犯恶逆，不拘此令。③

4. 诸流移人未达前所，而祖父母、父母在乡丧者，给暇七日发哀，周丧承重亦同。

5. 诸妇人在禁临产月者，责保听出，死罪产后满二十日，流罪以下满三十日。

6. 诸犯死罪在禁，非恶逆以上，遭父母丧、夫丧、祖父母丧，承重者，给暇七日发哀；流徒罪三十日责保乃出。

7. 诸流移囚在途有妇人产者，并家口给暇二十日，家女及婢给暇七日；若身及家口遇患或逢贼、津济水涨，不得行者，随近官每日验行，堪进即遣；若祖父母、父母丧者，给暇十五日；家口有死者，七日。年七十以上、父母无守护，其子犯罪应配岛者，存留孝养。④

（二）属于《公式令》的一条

凡官吏决讼，小事五日，中事十日，大事二十日；徒罪以上狱，按三十

---

① 《高丽史·刑法志》职制条（中册），第841页。《唐律·断狱律》讯囚察辞理条的疏议曰："依《狱官令》：'察狱之官，先备五听，又验诸证信，事状疑似，犹不首实者，然后拷掠。'"（第2036页）

又《唐律·断狱律》拷囚不得过三度疏议曰："依《狱官令》：拷囚'每讯相去二十日。若讯未毕，更移他司，仍须拷鞫，即通计前讯以充三度。'"（第2039页）

② 《高丽史·刑法志》职制条（中册），第841页。《唐律疏议》及《唐令拾遗》中均无类似之条。从内容来看，乃是对犯杀人罪者之审讯办法，和上条"三度考囚"的内容有一致性，当属于《狱官令》，或者是高丽根据唐之《狱官令》加以改造而成。

③ 《高丽史·刑法志》恤刑条（中册），第871页。唐【开元七年】及【开元二十五年】《狱官令》云："诸决大辟罪，官爵五品以上，在京者，大理正监决；在外者，上佐监决，余并判官监决 从立春至秋分，不得奏决死刑. 若犯恶逆以上及奴婢、部曲杀主者，不拘此令。其大祭祀及致斋、朔望、上下弦、二十四气、雨未晴、夜未明、断屠月日及假日，并不得奏决死刑。在京决死囚，皆令御史、金吾监决。若囚有冤枉灼然者，停决奏闻。"（参见仁井田陞：《唐令拾遗》，长春出版社1989年版，第698页）又《高丽史·刘瑨传》载："显宗即位……与同列奏：'……按《狱官令》，从立春至秋分，不得奏决死刑。若犯恶逆，不拘此令。然恐法吏未尽审详，伏请令后内外所司皆依《月令》施行。'从之。"（下册，第99～100页）显然《高丽史·刑法志》所载不虚，高丽确有此《狱官令》一条。

④ 第4～7条均见于《高丽史·刑法志》恤刑条（中册），第871页。之所以认定它们属于《狱官令》，系通过和日本《养老令》之《狱官令》的近似内容比照得出的结论，参见辛虎雄：《高丽法制史研究》，第149～151页。

日;已有定限,其令内外所司申明举行。①

(三)其他不属于高丽律的条文

1. 故烧人屋舍、蚕箔、五谷积聚者,首处死,从者脊杖二十。②

2. 郡县人与津驿部曲人交嫁,所生皆属津驿部曲;津驿部曲与杂尺人交嫁,所产中分之,剩数从母。③

3. 应犯窃盗,满五贯处死,不满五贯,脊杖二十,配三年;不满三贯,脊杖二十,配二年;不满二贯,脊杖十八,配一年;一贯以下,量罪科决;女免配。④

4. 犯盗,配所逃亡者,刑决钑面,配远陆州县。⑤

5. 诸投化人犯盗,配南界水路不通州县。⑥

6. 公贱,年满六十,放役。⑦

7. 凡公私奴婢,引诱逃亡,放卖他人者,一度归乡,再度充常户。⑧

8. 刑杖式[尺用金尺]⑨

脊杖:长五尺,大头围九分,小头围七分;

臀杖:长五尺,大头围七分,小头围五分;

笞杖,长五尺,大头围五分,小头围三分。

---

① 《高丽史·刑法志》职制条云:"肃宗元年教曰:'旧制:凡官吏决讼,小事五日,中事十日,大事二十日;徒罪以上狱,按三十日;已有定限,其令内外所司申明举行。'"(中册,第842页)该条来自唐《公式令》,《唐六典》卷一左右司郎中员外郎条云:"凡内外百司所受之事,皆印其发日为之程限。一日受,二日报。【注:其事速及送囚徒,随至即付】小事五日【注:谓不须检覆者】,中事十日【注:谓须检覆前案及有所勘问者】,大事二十日【注:谓计算大簿帐及须咨询者】,狱案三十日【注:谓徒已上辨定,须断结者】。其急务者不与焉。"(中华书局1992年版,第11页)

② 《高丽史·刑法志》禁令条(中册),第859页。如辛虎雄指出的那样,该条来自《宋刑统》(《高丽法制史研究》,第186页)《宋刑统》卷二十七杂律失火门云:"臣等参详:今后有故烧人屋舍、蚕簇及五谷财物积聚者,首处死;随从者,决脊杖二十。"此条附于唐元和三年(810)五月月四日的敕文。(法律出版社1999年版,第496页)

③ 《高丽史·刑法志》户婚条(中册),第853页。辛虎雄认为该条非律之正条,而是高丽特有的律文。(参见《高丽法制史研究》,第120页)

④ 《高丽史·刑法志》盗贼条(中册),第869页。如辛虎雄指出的那样,该条和《宋刑统》建隆三年二月二十一日的敕文一致。

⑤ 《高丽史·刑法志》盗贼条(中册),第869页。

⑥ 同上。

⑦ 《高丽史·刑法志》奴婢条(中册),第877页。

⑧ 同上。以上4~7条,从其内容、形式以及行文口气来看,主要来自高丽国王的教、判。

⑨ 《高丽史·刑法志》名例条(中册),第834页。此既名为"式",显非我们所要探讨的"律"的内容。从其"尺用金尺"的注释来看,显然是受到了金朝的影响。

9. 官吏临监自盗及临监内受财枉法者，徒杖勿论，收职田归乡。僧人盗寺院米谷，归乡充编户。贸易官物者，除归乡，依律科罪。①

第四节　辑佚与复原条文所反映之时代

通过对复原后之高丽律与辑佚条文进行比较分析，我们认为郑麟趾等人编纂《高丽史》时还能见到的这部律典为武人执政时期（1170～1270）所定，而辑佚的21条律文则和《刑法志》序言所依据的刑律一样出自高丽前期的一部法典。

从历史时期上看，《刑法志》职制条载有肃宗二年（1096）的一道判文，“被差充丁夫杂匠，稽留不赴，一日，笞四十；四日，五十；七日，杖六十；十日，八十；十三日，九十；十九日，一百；二十三日，徒一年；将领主司各加一等”②，属于韩国学者所说的“编年的记事”。而《刑法志》户婚条又有“被差充丁夫杂匠，稽留不赴，一日，笞四十；二日，五十；七日，杖六十；十日，七十；十三日，八十；十六日，九十；十九日，一百；二十三日，徒一年，将领主司各加一等”③这样一条没有年月标志的律文。尽管上下两个条文稍有不同，但是户婚条的律文来自肃宗二年的判文当无疑问。显然在肃宗（1095～1105）之后的某个时期，高丽王朝曾经有过一次修改刑律的活动。又《刑法志》名例条有“刑杖式”，注云“尺用金尺”，④表明《刑法志》中这些没有年月标记的律文出现在高丽对金称臣之后。高丽是于1126年对金称臣的，考虑到高丽人对从前本为自己藩属之女真政权的轻视与抵触，

① 《高丽史·刑法志》职制条（中册），第840页。本条从其内容、形式以及行文口气来看，应来自国王的“教”。在复原的高丽律中有一条为：“1. 监临赃一尺，笞四十；一匹，五十；二匹，杖六十；三匹，七十；四匹，八十；五匹，九十；六匹，一百；八匹，徒一年；十六匹，一年半；二十四匹，二年；三十二匹，二年半；四十匹，三年；五十匹，流二千里。与者减五等，罪止杖一百。如监临官于部内乞取者，加一等；若以威力强乞取者，准枉法赃论。”本条显然是对所引高丽律该条的修改。

② 《高丽史·刑法志》（中册），第842页。

③ 《高丽史·刑法志》户婚条（中册），第852页。现存《唐律疏议》第246条为“诸被差充丁夫、杂匠，而稽留不赴者，一日笞三十，三日加一等，罪止杖一百；将领主司加一等。防人稽留者，各加三等。即由将领者，将领者独坐。”

④ 《高丽史·刑法志》（中册），第834页。

高丽对金朝制度的引进当远在其对金称臣之后，而高丽武人执政始于1170年，两者在历史时期上基本契合。

在21条辑佚律文中，除“斗故杀人”一条是依据明宗十五年(1185)的一个案例完成辑佚的以外，其他20条律文辑佚的根据，有年代可考的都在仁宗十四年(1136)以前，这正是金富轼积极活动的年代。在《高丽史》中时常会出现“史臣崔冲赞曰”“史臣金富轼赞曰”“史臣金良镜赞曰”“李齐贤赞曰”一类的话，显示《高丽史》是以前人所修之史为依据，重新编辑整理而成。在这些前人所修之史中就有活动于高丽前期的崔冲、金富轼纂修的史书，其中金富轼的事迹尤其值得注意。仁宗十三年，他以主帅身份率军平定妙清之乱，还朝后任门下侍中判尚书吏部事监修国史。在仁宗二十三年，“上所撰《新罗高句丽百济三国史》”。① 从“金富轼赞曰”为评论仁宗一代政治的史实来看，他当于《三国史记》之外另撰有一部包含仁宗一朝在内的高丽国史，在这部国史中当有关于高丽前期刑律及司法状况的记载，从而成为《刑法志》序言的根据。

这部高丽前期的刑律，通说认为是成宗(981～997)初年，在借鉴和吸收唐律基础上制定而成。关于此，除了既有的论据之外，②我们还打算再补充以下几条证据：(1)在成宗四年(985)，大兴制作，仿照唐朝的三省六部制初步建立起了自己的一套政治制度。在成宗五年三月，“始以诏称教”，③说明高丽王朝已经比较自觉地将自身融入了以中原王朝为中心的政治、礼仪秩序之中，至此，其制度上的制作应该已经告一段落，法律制度也不应例外。(2)通读《高丽史》，我们发现，从显宗时期开始，“依律断罪”“依律科罪”“律有正条”“依律文”等用语开始较为频繁地出现，④在显宗之前则不存在这种情况。因此我们认为，至迟在显宗时期已经出现

---

① 《高丽史·金富轼传》(下册)，第171～181页。

② 关于此，可参看韩国学者关辛虎雄《高丽法制史研究》第一章第一节“高丽律의 制定问题”(國学资料院，1995年)和李贞熏《고려시대支配體制지배체제의 변화와 中國律의 수용》(载《한국사론》33，국사편찬위원회，2002年)的有关论述。

③ 《高丽史·成宗世家》(上册)，第70页。不过在成宗之后，由于国际、国内的各种原因，一些高丽国王(如睿宗、肃宗、靖宗、宣宗、文宗、明宗等)有时也将发布的文书称为“制”，但这些情况并不能否认成宗“改诏为教”的意义。

④ 如《高丽史·显宗世家》：“(显宗十八年〔1027〕六月)癸未，杨州奏：‘庄义、三川、青渊等寺僧犯禁酿酒共米三百六十余石，请依律断罪。’从之。”上册，第109～110页。

了法典形式的"律"。显宗是成宗之后的第二代王,距成宗之世仅12年,考虑到《百官志》序中"成宗大兴制作,定内外之官:内有省、部、台、院、寺、司、馆、局;外有牧、府、州、县。官有常守,位有定员,于是一代之制始大备"①的说法,我们有理由认为高丽律应该出现在成宗初年立法定制的时期。(3)《刑法志》恤刑条:"显宗九年闰四月,门下侍中刘瑨等奏:'……又按《狱官令》:从立春至秋分,不得奏决死刑。若犯恶逆,不拘此令。……'"②可知在显宗九年之前高丽已有《狱官令》存在,这和《刑法志》序言中"高丽一代之制,大抵皆仿乎唐;……曰《狱官令》二条……总七十一条"③的说法相契合。

但是这部成宗初年制定的刑律在郑麟趾等人编纂《高丽史》时已经亡佚,所以他们在序言中照抄原书的同时,在具体的各个条目之下只好散入当时还能见到的那部刑律的律文,于是就出现了《刑法志》序言与内容不合的情况。如果将复原前《刑法志》序言所载高丽律的构成情况与复原后高丽律律条的内容及构成进行比较,我们发现:

1. 除《诈伪律》以外,复原后各篇的律条数及构成情况和序言所说的情况大相径庭。比如,序言说高丽律户婚律有4条,实际复原13条;斗讼律有7条,实际复原16条;捕亡律有8条,实际复原仅1条;但总条数却基本相同。这种总条数基本相同,具体构成情况又大相径庭的现象是对高丽律在制成之后曾进行过大规模修改的一个有力证明。

表3-3 《高丽史·刑法志》序言中所记条目(在表中标为"复原前")与复原后条目比较表

	名例	卫禁	职制	户婚	厩库	擅兴	盗贼	斗讼	诈伪	杂律	捕亡	断狱	总计
复原前	12	4	14	4	3	3	6	7	2	2	8	4	69
复原后	5	1	5	13	1	1	10	16	2	12	1	1	68

2. 尽管复原后高丽律律条的总条数和《刑法志》序言所载的总条数基

① 《高丽史·百官志》(中册),第656页。
② 《高丽史·刑法志》(中册),第871页。
③ 同上书,第833页。

本一致,但是条文分布的比例却出现了明显变化。从表1可以看出,序言所载法典的构成以《名例律》和《职制律》为主,这是符合常理的。因为高丽律本身极为简单,所以通则性的规定尤为重要。同时成宗继位于光宗大力加强王权、景宗时期又出现反复的背景下,本人又有继承光宗之志,在和贵族势力妥协的同时,创制立宪多以加强专制王权为目的。[①] 就刑律而言,加强王权、规制官僚权力的规定主要集中在《名例律》和《职制律》中,最初的高丽律以这两篇为主实属必然。而复原后高丽律的情况正好相反,《名例律》和《职制律》中的条文被大量删减,同时被大规模删减的还有以规定程序为主的捕亡、断狱两篇。相反,以规定普通犯罪为主的户婚、盗贼、斗讼、杂律等篇的律文数却大幅增加,和复原前刑律的取旨、倾向大不相同,应该有重大的政治变动为背景。

如果对辑佚与复原律条细加比较,我们还会发现:

(1)在《名例律》中,辑佚的律文有十恶、除名、免官等条文,十恶的主要作用在于保护君主专制权及其赖以存在的宗法等级制度,而除名、免官等项则为调控官僚队伍而设,从中我们可以看出高丽前期律典着意加强君主专制权力与规制官僚权力的努力,而在复原的条文中它们却消失了。

(2)《卫禁律》仅辑佚1条、复原1条,但它们表现出来的倾向完全相反:辑佚之条为"阑入宫殿门及上阁"条,属于以保卫国王人身安全为重点的"警卫之法";而复原之条为"越州镇戍等城垣"条,属于"关津之禁约",相比之下无足轻重。

(3)《职制律》辑佚之条为"被制书施行有违"条,与《名例律》《卫禁律》中辑佚条文反映的加强王权、规制官员权力的倾向一致。而复原的5个律文却主要集中在对官员贪赃行为的处罚上,和对王权的尊重与保障无涉。

(4)《擅兴律》实际辑佚1条、复原1条。辑佚之条为"擅发兵"条,属于规制官员公务行为的"擅律";而复原之条为"丁夫杂匠稽留"条,属于"言兴造之事"的"兴律"。两条一属此、一属彼,恐非偶然。

---

① 关于此,参见张春海:《高丽王朝的"华化"与"土俗"之争》,载《安徽史学》2008年第1期。

(5)《贼盗律》有10个复原的律文，但其中只有1条属于打击倡乱、杀人等具有严重社会危害性行为的“贼律”，其他9个律文均属于打击普通犯罪行为的“盗律”。同时，在这10个律文中，尽管有4个律文专为“十恶”而设，但只涉及了强调家族伦理的——“恶逆”和“不睦”两恶，对于强调君臣关系的“谋反”“谋大逆”“谋叛”则只字未提，其着意强调家族内部的伦理关系而刻意回避君臣之间“忠”之关系的倾向显而易见。

(6)尽管高丽和唐的田制大不相同，但复原后高丽律的户婚律中对唐律的有关律文采用的不少，这些律文一般都和特定的制度（如均田制）无关、具有一定的普遍适用性，如“盗耕公私田”“妄认盗卖公私田”“在官侵夺私田”“盗耕人墓田”4个律文即是如此，它们指向的目标都是一个：非法侵害土地所有权的行为。这应该是对武臣执政时期日益严重的土地兼并现象的反映。而按照《刑法志》序言的说法，高丽前期的户婚律总共才有4条，不应都用来做这方面的规定。

总之，复原后高丽律的特点之一就是对保护王权至关重要的条文几乎一条都没有出现，防止擅用权力的内容基本全部消失。从对律文辑佚的情况来看，这样的律文是曾经存在过的，只是在以后的历史时期被故意删除了而已，其中比较典型的就是“十恶”制度。在对高丽律的辑佚中，有“十恶”之条，但一个非常奇怪的现象是，《高丽史》关于十恶的记载基本上都出现在武人执政以前的历史时期。作为唐律的一项重要制度，“十恶”不载于《高丽史·刑法志》名例条，这是非常反常的。对于有《元史·刑法志》和《大明律》作为参考的修史人来说，这很难说是由于他们修史时的疏忽。比较合理的解释就是，他们当时所见到的那部刑律根本就没有这样一条。《高丽史·朴暄传》：“为崔怡家臣……尝为史馆修撰，虚夸怡功业，编至五六卷，献于怡。”[①]既然武人政权幕府中的文人可以大肆篡改历史，删改刑律也并非不能。崔氏武人政权对修史之事极为重视，史称：“崔怡擅政，自为监修国史。”[②]当时主持修史的人多为武臣党羽，对涉

① 《高丽史·朴暄传》（下册），第710～711页。
② 《高丽史·洪福源传》（下册），第820页。

及的"不顺"之事,往往缺略不记。《高丽史·崔世辅传》:"有人诉重房曰:'修国史文克谦直书毅宗被弑事,弑君天下之大恶,宜令武官兼之,使不得直书。'……乃授世辅同修国事。世辅擅改事为史,由是毅宗实录脱略多不实。"[①]在武人统治结束后,修史者也多为崔氏一族的党羽,在修史时,或缺略不记,或故意为之"隐恶"。《高丽史·俞千遇传》:"尚书金敞器之,荐于晋阳公崔怡,怡曰:'貌虽不扬,诚可人也。'置之政房,遂为门客。……尝为史官,不修史稿,曰:'当时国家事皆晋阳公所为,吾蒙恩厚,何敢传其恶于后世?'"[②]《高丽史·元傅传》:"与柳璥、金丘同修高宗实录,得前枢密副使任睦史稿,开视,乃空纸也。"[③]俞千遇作为史官,为给崔怡"隐恶",公然不修史稿。任睦所修史稿竟为空纸,与俞千遇之所为如出一辙。因此刑律虽被修改,却没有留下记录。

上文在对现存高丽史料进行排比、分析的基础上,对高丽律进行了辑佚与复原,共辑佚律文21条,复原律文68条。通过对辑佚与复原条文进行分析,我们发现它们所反映的时代并不一致。辑佚律文反映的是成宗制律之后、武人执政之前律典的情况,是高丽律发展的前期。而复原律文反映的是武人执政以后修改过的律典的情况,故而与《刑法志》序言提示的结构不合,为高丽律发展的中期。在这一时期,武人对法典内容做了重大改动,其中《名例律》和《职制律》中的条文被大量删减,同时被大规模删减的还有以规定程序为主的捕亡、断狱两篇。相反,以规定普通犯罪为主的户婚、盗贼、斗讼、杂律等篇的律文数却大幅增加,和复原前刑律的取旨、倾向大不相同。不过,我们也应该看到,高丽中期的这部法典对前代法制仍有相当强的继承性,史籍论云:"国家朝章,绵绵不绝,故累岁而未能削。"[④]这是我们在具体的研究中需要加以留意的。

---

① 《高丽史·崔世辅传》(下册),第225页。
② 《高丽史·俞千遇传》(下册),第326页。
③ 《高丽史·元傅传》(下册),第355页。
④ 《高丽史·明宗世家》(上册),第406页。

第四章　唐律、高丽律法条比较

如同后文所要分析的那样，前章辑佚和复原的律文分别属于高丽前后两个不同时期的律典：辑佚律文主要来自高丽成宗定律之后、武人执政以前的某部律典，而复原律文当来自武人执政以后经过大规模修改后的一部法典。因此，本章在对唐律、高丽律的法条进行比较时，尽可能地将唐律的有关律文和高丽律的辑佚条文与复原律文进行分别和综合的比较分析，避免将它们混为一谈。

第一节　名例律

通说认为《唐律》的《名例律》"主要规定全律通用的刑名和法例……是为总则部分。"①这是历史学者的观点。法制史学者如钱大群则说："'律'是指刑律。……其性质基本属于刑法范畴……唐律的12篇……第一篇相当于刑法的总则。"②日本学者八重洋津平认为"律是量定犯罪和刑罚的刑法典"，③王立民甚至认为唐代的

① 《笺解》序论，第30页。

② 钱大群：《唐律研究》，法律出版社2000年版，第16～17页。

③ ［日］八重洋津平：《故唐律疏议研究》，载何勤华主编：《律学考》，商务印书馆2004年版，第173页。

律、令、格、式都是刑法,[①]在他们心目中《名例律》为此"刑法"的总则当无疑问。由于中华法系已经中断了百余年,其间多有沧桑巨变:比如我们的话语体系发生了重大的转变,我们适用的法律体系已主要是从西方移植而来的大陆法系的舶来品……这样就使中华法系的许多制度和用语都变成了历史词汇,难以准确地将它们翻译为相应的现代词汇。在这种情况下,如何去描述已有上千年传统的古代中华法律确实是一件非常困难的事。如果完全使用现代法学的术语进行表述,难免会导致表达不准确。但如果完全使用当时语境下的词汇,则不仅研究者的能力有所不逮,同时还会造成大多数读者对之无法体会与了解的窘境。因此适当借用现代法学的语言还是必要的。即便如此,简单地把《唐律》比拟为现代社会的刑法,把《名例律》比拟为刑法总则的说法也是不太准确的。在隋唐时代,尽管法律的形式有多种,[②]但"律"的地位最为重要。《新唐书·刑法志》就说:"唐之刑律有四,曰:律、令、格、式。令者,尊卑贵贱之等数,国家之制度也;格者,百官有司之所常行之事也;式者,其所常守之法也。凡邦国之政,必从事于此三者。其有所违及人之为恶而入于罪戾者,一断以律。"[③]令、格、式可以经常变动,随时增删,而"律"一经制定就会在较长的时间内保持相对的稳定。就《唐律·名例律》而言,更非刑法总则一词可以涵盖。它在"五刑"之后依次规定了"十恶""八议""议、请、减、赎""官当、除名、免官、免所居官"等一系列重要的制度,加之在以后各篇中涉及的"良贱""婚姻"等制度,实际上是对唐王朝一些最基本的政治制度以及各阶层在王朝中的地位作出了规定。打一个不太恰当的比喻,其中的不少内容近似于现代法学所称的"宪法性条款"。试简单申论之。

《唐律》继承隋《开皇律》的体例首列"十恶",如高明士指出的那样:"先秦及秦汉以来的王权天命论,到唐而法制化。这是自古以来,有关王权论的重大结论。此后千年间的天命王权,不但有理论,而且有法制依

---

① 王立民:《唐律新探》,上海社会科学院出版社2001年版,第43~45页。

② 《唐六典》卷六刑部郎中员外郎条云:"凡文法之名有四:一曰律,二曰令,三曰格,四曰式。……凡律以正刑定罪,令以设范立制,格以禁违正邪,式以轨物程事。"第180页。另关于"律令格式"较好的解释和说明参见陈仲安:《律令格式》,载《魏晋南北朝隋唐史资料[1-7]》,香港中华科技(国际)出版社1992年版,第4~49页。

③ 《新唐书·刑法志》,第1407页。

据，乃更加巩固，甚至独裁。”[①]因此《唐律》首列“十恶”，实际上是确定王朝的基本政体乃君主独裁的专制制度。其次所列之“八议”“议、请、减、赎”“官当、除名、免官、免所居官”等制度，则宣示在君主专制的政体之下，唐王朝乃是一个贵族、官僚的混合型社会，贵族特权被纳入了官僚体制之中，而官僚则带有较为浓厚的贵族色彩。同时，这些条目又都在宣示唐王朝的基本政治理念与意识形态乃儒家学说。因此，如果一定要用我们可以理解的现代法学的语言和概念来描述或界定《唐律·名例律》的性质的话，我们不妨说它既相当于刑法总则，又近似于一个“宪法性文件”。在讨论完《名例律》的性质以后，我们将对唐和高丽两朝刑律的《名例律》做一具体的比较。

一、唐律、高丽律共有的制度

1. 五刑：如果说世界上某些法律属于同一个法系，那么必有一些最基本、最典型的制度为这些法律所共有。在以《唐律》为母法的中华法系中，五刑就是这样一种最基本的制度。高丽律制定的历史背景有其独特之处，即在高丽统治集团模仿唐律制定自己的刑律时，唐王朝早已灭亡，唐律本身也已经成为一部“死”的法律，新兴的中原王朝宋又制定了唐律系统中的另一部法律——《宋刑统》，因而处于同一时代的高丽律就不能不受到宋代法制的影响。因此，我们看到高丽律关于“五刑”的规定实际上就是唐、宋制度的结合，既依照唐律规定了五刑及其赎铜数，又规定了折杖法。就折杖法而言，它和宋制还有一些微小的差别。有韩国学者认为高丽律从笞10～50规定的折杖数分别为7、7、8、9、10，而《宋刑统》规定的折杖数分别为7、7、8、8、10，就此而言，高丽律的规定更为合理。[②] 此说能否成立还当别论。因为《宋刑统》对笞刑折杖法的规定是将笞二十、一十划为一个等级，将笞四十、三十划为了另外一个等级，因此在笞刑的折杖法中只存在折杖7、8、10三个等级，而非7、7、8、8、10五个等级。另外，

---

① 高明士：《从律令制的演变看唐宋间的变革》，载《台大历史学报》第32期，http://www.eurasianhistory.com/data/articles/a/699.html。

② ［韩］韩容根：《高丽律》，第183页注11。

《宋刑统》、高丽律两法典在折杖法上还有三点明显的区别。首先,《宋刑统》对徒以上刑罚规定的折杖种类为“脊杖”,对杖、笞两种刑罚规定的折杖种类为“臀杖”,轻重之间有重大的不同;相反高丽律对五刑所折之杖的种类无此区分。其次,高丽律没有对加役流的折杖数作出规定,而《宋刑统》则明确规定了对加役流的折杖数。[①] 最后,《宋刑统》除对徒刑、杖刑、笞刑的折杖法作了规定以外,还明确规定在对犯罪人按折杖法执行之后,应将其释放,而高丽律则无“放”的规定。[②]

2. 十恶、官当、除名、免官:就现存史料来看,《唐律·名例律》中关于国家的一些基本制度及社会各阶层地位与特权的规定在高丽律中仅仅保留了这么几项,“八议”以及其他诸如“请、减、赎、荫”等一系列制度基本上被弃而不用。即使是被保留的这几项制度在高丽武臣执政以后也被删除。在这几项制度中,“十恶”主要是规定和保护君主专制权力以及其他基本的社会关系和社会伦理的,郑道传在其《宪典总序》中就说:

所谓十恶,曰谋反、谋大逆、谋叛、大不敬,所以中君臣之分也;曰恶逆、不孝、不睦,所以重亲亲之恩也;曰不道,所以重人命也;曰不义、内乱,所以重官民、师友之义、夫妇男女之别也。是十者,皆人道之大伦,苟有犯者,谓之大恶,而王法所必诛者也。[③]

至于官当、除名、免官三项,官当规定官员犯罪时的易刑之法,除名和免官则为两项附加刑。这几项制度的确立和成宗制法时的社会背景相契合。高丽光宗为了加强君主专制,曾经对高丽的贵族和勋臣势力进行了无情的打击,所谓“旧臣宿将,相次诛夷。骨肉亲姻,亦皆剪灭……及景宗践祚,旧臣之存者四十余人耳”。[④] 光宗去世以后,景宗继位,在他在位的6年间,一反光宗之政,所谓“放累岁无辜之狱。冤愤悉除。朝野称庆”。[⑤]

---

① 《宋刑统》的规定是“加役流,决脊杖二十,配役三年”。参见《宋刑统》,第4页。

② 当然,从法理上理解,在高丽对犯罪人按折杖法执行之后,也应将其释放,但在高丽律的法条中毕竟无此条款。

③ [高丽]郑道传:《三峰集》卷八《宪典总序》,载《韩国文集丛刊》[5],第437页。

④ 《高丽史·崔承老传》(下册),第81~82页。

⑤ 同上书,第82页。

但是他对前朝政策的反动却存在过度化的倾向,出现了“专任权豪,害及宗亲”①的局面。在这种背景下继位的成宗,在和贵族势力达成必要妥协的同时,②有意继承光宗旧制,加强君主集权,实行“华化”政策。从高丽律《名例律》对十恶、除名、免官等几项制度的规定我们可以依稀看出其着意加强君主专制权的同时规制官僚权力的努力。

3. 老小及疾有犯、平赃及平功庸、化外人有犯:这是三项完全不同的制度。“老小及疾有犯”是对刑事责任能力的规定,即这三类人犯罪以后,可以根据法律规定的情况享有免除或减轻处罚的待遇,表明儒家学说对高丽社会已经产生了相当深刻的影响。“平赃及平功庸”是一项专门针对财产犯罪的技术性规定,之所以要有此条,是因为“各本条据赃、庸及赁数定刑者既多,自应有一定标准,以估定其价值”。③ “化外人有犯”则为“规定外国人之处罚特例”,④采取了现代法学所称的“属人主义”原则。由于高丽所处的特殊地理环境及其在当时国际秩序中的微妙地位,高丽同他国、他族的交往十分频繁,外族(国)人在其境内引起法律纠纷的情况时有发生,因此才采纳了唐律的这一制度。

二、唐律所有而高丽律所无的制度

《唐律·名例律》共 57 条,而高丽律《名例律》将复原和辑佚的律文相加也不过 12 条,也就是说《唐律·名例律》的大部分内容都没有被高丽律吸收。这些没有被吸收的内容大致可分为以下三类:

1. 关于社会某些阶层地位和法律特权的规定。主要包括如下律文:八议、八议者(议章)、官爵五品以上(请章)、七品以上之官(减章)、应议请减(赎章)、妇人有官品邑号、五品以上妾、兼有议请减、以理去官、无官犯罪、免所居官、除免官当叙法、以官当徒不尽、除免比徒、官户部曲官私奴婢有犯 15 条。这些律文除“官户部曲官私奴婢有犯”条是对贱民阶层

① 《高丽史·崔承老传》(下册),第 81 ~82 页。
② 在刑律中规定了官当之条当与此有一定的关系。
③ 戴炎辉:《唐律通论》,正中书局 1963 年版,第 323 页。
④ 《笺解》,第 479 页。

应适用法律所作的规定以外，其他律文均属于对贵族、官僚及其一定范围内亲属之法律特权的规定，薛允升就此评论说：

《唐律》职官犯罪，既有议、请、减、荫之章，又有除、免、当、赎之别。杖罪以下，俱以赎论，徒罪以上，俱以官当。唯犯加役等五流之类，除名、配流如法。其余均准收赎，并不实配，而又有六载及三载、期年听叙之法。其优礼臣下，可谓无微不至矣。①

高明士认为唐律的“十恶”制度实际上是“王权天命论”的法制化，我们也可以说议、请、减、赎、荫等一系列法律制度乃是贵族特权、官僚特权的法制化，是在隋唐这样一个皇权开始持续上升、贵族特权逐渐没落、官僚势力不断提高的特定时代背景下的产物，反映了这三种权力间相互妥协和制约的关系。高丽律除官当条以外，其他制度基本上都弃而不用，由于史料缺略，难知其故。不过，从社会结构来看，高丽是一个比较典型的贵族社会：在高丽初期，豪族势力十分强大，同样为豪族出身的太祖王建不得不尽力对他们进行拉拢和妥协才能勉强维持自己的统治。尽管光宗对这一势力进行了残酷的打击，可是到了成宗时期他们还是和原新罗“六头品”贵族势力合流，形成了一股强大的新兴贵族势力。② 从他们在国家和社会生活中所起的作用来看，其势力要比唐朝前期的门阀贵族强大得多，从而对高丽王权形成了有力的牵制。尽管高丽王朝采用了唐代的三省六部制这样一套官僚体制，但是贵族势力通过荫叙制以及对科举制的把持，使科举制度沦为了贵族维持其特权的一种排他性工具。③ 这样，贵族和官僚几乎就是一个铜钱的两面，可他们的强势和特权却基本没有体现为成文的法律，仅有官当这一易刑之法。之所以如此当是成宗在主持制定刑律之时，继承光宗压制贵族勋臣势力的政策，有意抬高专制王权、压制贵族权的结果。因而在规定了“十恶”制度的同时，却将“八议”等一系列优遇贵族和官僚的制度尽大限度地删减或取消了。

---

① (清)薛允升:《唐明律合编》,法律出版社 1999 年版,第 24 页。

② [韩]邊太燮:《韓國史通论》第三编第一章《門閥貴族社會의 형성》,三英社 1999 年版;[韩]李基白:《高丽中央官僚의 貴族적 性格—成宗대를 中心으로》(《東洋學》5 단국대학교 동양학연구소,1975 年版)。

③ 关于高丽科举制度和贵族社会的关系,参见[韩]李基白:《高丽貴族社會의 形成》(《한국사》4,第 184 页,국사편찬위원회,1974 年版)。

至于包括“官户部曲官私奴婢有犯”等条在内的各种关于贱民集团的法律规定在高丽律中少有反映，其主要原因应该是高丽社会贱民集团的地位之低、所占人口比例之大、对国家和社会影响之巨都远甚于唐，因此在高丽社会存在一套复杂、完善而又被严格遵守的奴婢律，而此奴婢律与唐律有根本性的不同。①

2. 相当于现代刑法典中关于犯罪和刑罚问题的总则性规定。主要有犯流应配、流配人在道会赦、犯死罪应侍家无期亲成丁、犯徒应役家无兼丁、工乐杂户及妇人犯流决杖、更犯、犯时未老疾、彼此俱罪之赃、以赃入罪、略和诱人赦后故蔽匿、会赦应改正征收、犯罪未发自首、犯罪共亡捕首、盗诈取人财物首露、同职犯公坐、公事失错自觉举、共犯罪造意为首、共犯罪本罪别、共犯罪有逃亡、二罪从重、同居相为隐21个律文。这些律文均为准确地定罪量刑与适用法律所必须，最能体现立法技术的成熟与发达程度。如果说“十恶”及“议、请、减、赎、荫”等一系列制度是为皇帝及特权阶层而制定的话，那么这些制度的适用对象则主要是一般平民，即律所谓的“凡人”。这些制度所设定的种种界限对于“凡人”免受法吏的肆刑滥罚是有非常积极意义的，是《唐律·名例律》中最有价值的部分，高丽律则不予重视。

3. 对法律概念和法律适用进行解释的一些规定：有本条别有制、断罪无正条、称乘舆车驾及制敕、称期亲祖父母、称反坐罪之、称监临主守、称加减、称道士女官8个律文。这些律文的性质和上述律文有相似之处，基本上属于技术性的规定，是法制发达的体现和产物。这两部分条文和唐律的其他有关律文一起构筑了唐律“罪刑法定”主义的特色，而在高丽律中则没有地位。

---

① 具体的讨论参见本书第五章第三节。

表 4－1 唐、高丽《名例律》条目对照表

<table>
<tr><th>唐律条目(总 57 条)</th><th>高丽律复原条目(总 5 条)</th><th>高丽律辑佚条目(总 7 条)</th></tr>
<tr><td>1. 笞刑五：笞一十。赎铜一斤。笞二十。赎铜二斤。笞三十。赎铜三斤。笞四十。赎铜四斤。笞五十。赎铜五斤。</td><td rowspan="5">五刑：1. 笞刑五。
○一十，折杖七，赎铜一斤；○二十，折杖七，赎铜二斤；○三十，折杖八，赎铜三斤；○四十，折杖九，赎铜四斤；○五十，折杖十，赎铜五斤。
2. 杖刑五。
○六十，折杖十三，赎铜六斤；○七十，折杖十五，赎铜七斤；○八十，折杖十七，赎铜八斤；○九十，折杖十八，赎铜九斤；○一百，折杖二十，赎铜十斤。
3. 徒刑五。
○一年，折杖十三，赎铜二十斤；○一年半，折杖十五，赎铜三十斤；○二年，折杖十七，赎铜四十斤；○二年半，折杖十八，赎铜五十斤；○三年，折杖二十，赎铜六十斤。
4. 流刑三：二千里，折杖十七，配役一年，赎铜八十斤；二千五百里，折杖十八，配役一年，赎铜九十斤；三千里，折杖二十，配役一年，赎铜一百斤。
5. 死刑二：绞，赎铜一百二十斤；斩[赎铜上同]。</td><td rowspan="5"></td></tr>
<tr><td>2. 杖刑五：杖六十。赎铜六斤。杖七十。赎铜七斤。杖八十。赎铜八斤。杖九十。赎铜九斤。杖一百。赎铜十斤。</td></tr>
<tr><td>3. 徒刑五：一年。赎铜二十斤。一年半。赎铜三十斤。二年。赎铜四十斤。二年半。赎铜五十斤。三年。赎铜六十斤。</td></tr>
<tr><td>4. 流刑三：二千里。赎铜八十斤。二千五百里。赎铜九十斤。三千里。赎铜一百斤。</td></tr>
<tr><td>5. 死刑二：绞、斩。赎铜一百二十斤。</td></tr>
<tr><td>6. 十恶。</td><td></td><td>十恶。</td></tr>
<tr><td>7. 八议。8. 八议者(议章)。9. 官爵五品以上(请章)。10. 七品以上之官(减章)。11. 应议请减(赎章)。12. 妇人有官品邑号。13. 五品以上妾。14. 兼有议请减。15. 以理去官。16. 无官犯罪。</td><td></td><td></td></tr>
<tr><td>17. 官当。</td><td></td><td>官当。</td></tr>
</table>

续表

唐律条目(总57条)	高丽律复原条目(总5条)	高丽律辑佚条目(总7条)
18. 除名。		除名。
19. 免官。		免官。
20. 免所居官。21. 除免官当叙法。22. 以官当徒不尽。23. 除免比徒。24. 犯流应配。25. 流配人在道会赦。26. 犯死罪应侍家无期亲成丁。27. 犯徒应役家无兼丁。28. 工乐杂户及妇人犯流决杖。29. 更犯。		
30. 老小及疾有犯。		老小及疾有犯。
31. 犯时未老疾。32. 彼此俱罪之赃。33. 以赃入罪。		
34. 平赃及平功庸。		平赃及平功庸。
35. 略和诱人赦后故蔽匿。		
36. 会赦应改正征收。37. 犯罪未发自首。38. 犯罪共亡捕首。39. 盗诈取人财物首露。40. 同职犯公坐。41. 公事失错自觉举。		
42. 共犯罪造意为首。43. 共犯罪本罪别。44. 共犯罪有逃亡。45. 二罪从重。46. 同居相为隐。47. 官户部曲官私奴婢有犯。		
48. 化外人相犯。		化外人有犯。
49. 本条别有制。50. 断罪无正条。51. 称乘舆车驾及制敕。52. 称期亲祖父母。53. 称反坐罪之。54. 称监临主守。55. 称年月及众谋。56. 称加减。57. 称道士女官。		

第二节 事 律

"唐律之第二篇《卫禁》(含律33条)、第三篇《职制》(含律59条)、第四篇《户婚》(含律46条)、第五篇《厩库》(含律28条)、第六篇《擅兴》(含律24条),此五篇(共含律190条)主要规定违反各种行政制度的罚则,按传统法律分类法,属于《事律》部分。"[①]现就这五篇的内容和高丽律相应的部分做一比较分析。

一、卫禁律

《唐律·卫禁律》共33条,"包括'卫'和'禁'两个部分。按照律疏的说法,'卫者,言警卫之法;禁者,以关禁为名'"。[②]"'卫'主要指宫廷之警卫;所谓'禁',主要指关津之禁约。"[③]刘俊文将此33条分为两大类,共四组。第一大类即"警卫之法",共23条,又可分为两组:一是关于违犯宫廷禁制的处罚,[④]二是关于违犯宫廷警卫制度的处罚。[⑤]第二大类即"关津之禁约",共10条,大致也可分为两组:一是关于违犯关津禁制的处罚,[⑥]二是关于违犯边防戍卫制度的处罚。[⑦]

再看高丽律,成宗制律时《卫禁律》的4个律文究竟是什么,现已不能知晓,从辑佚的1条为"阑入宫殿门及上阁"条来看,当以保卫国王人身安全的"警卫之法"为主。但是从复原的内容来看,则有两个显著的特点:首

---

① 《笺解·序论》,第32页。

② 《笺解》,第535页。

③ 同上书,第537页。

④ 共16条:阑入庙社及山陵兆域门、阑入宫殿门及上合、阑入踰阈为限、宫殿门无籍冒名入、因事入宫辄宿、无着籍入宫殿、宫殿作罢不出、登高临宫中、应出宫殿辄留、阑入非御在所、奉敕夜开宫殿门、夜禁宫殿出入、向宫殿射、车驾行冲队仗、行宫营门、犯庙社禁苑罪名。

⑤ 共7条:宿卫冒名相代、宿卫人被奏劾不收仗、已配仗卫辄回改、宿卫上番不到、宿卫兵仗远身、宫内外行夜不觉犯法、冒名守卫。

⑥ 共7条:越州镇戍城垣、私度及越度关、不应度关而给过所、赍禁物私度关、关津留难、私度有他罪、人兵度关妄随度。

⑦ 共3条:越度缘边关塞、缘边城戍不觉奸人出入、烽侯不警。以上参见《笺解》,第537~538页。

先,在唐律中,就内容和性质而言,《卫禁律》的重要性仅次于《名例律》,而在复原后的高丽律中却恰恰相反,对于保护王权最为重要也最有实质意义的"警卫之法"被删除了,而"关津之禁约"也只留下了"越州镇戍等城垣"一条。其次,从形式上来看,这条复原后的律文和唐律原文相比显然有了大幅度的改动。从下面的对照表可以看出,该条系截取唐律相应律文前半段的部分内容,并合并了一条注文的半段而成。这是高丽律"吸收"唐律时的一种比较典型的做法。

表4-2 唐、高丽《卫禁律》条目对照表

唐律条目(总24条)	高丽律复原条目(总1条)	高丽律辑佚条目(总1条)
58. 阑入庙社及山陵兆域门。59. 阑入宫殿门及上阁。60. 阑入踰阈为限。61. 宫殿门无籍冒名入。62. 宿卫冒名相代。63. 因事入宫辄宿。64. 无着籍入宫殿。65. 宫殿作罢不出。66. 登高临宫中。		阑入宫殿门及上阁。
67. 宿卫人被奏劾不收仗。68. 应出宫殿辄留。69. 阑入非御在所。70. 已配仗卫辄回改。71. 奉敕夜开宫殿门。72. 夜禁宫殿出入。73. 向宫殿射。74. 车驾行冲队仗。75. 宿卫上番不到。76 宿卫兵仗远身。77. 行宫营门。78. 宫内外行夜不觉犯法。79. 犯庙社禁苑罪名。80. 冒名守卫。		
81. 越州镇戍城垣:诸越州、镇、戍城及武库垣,徒一年;县城,杖九十;越官府廨垣及坊市垣篱者,杖七十。侵坏者,亦如之。即州、镇、关、戍城及武库等门,应闭忘误不下键,若应开毁管键而开者,各杖八十;错下键及不由钥而开者,杖六十。余门,各减二等。若擅开闭者,各加越罪二等;即城主无故开闭者,与越罪同;未得开闭者,各减已开闭一等。	越县城,杖九十;州镇,徒一年;未越者,减一等;从沟渎出入与越同。	

二、职制律

所谓"职制律",如律疏所言主要是"言职司法制"之事的,共59条,刘俊文将其分为六类,分别为:有关官吏不敬行为之处罚、[①]有关官吏背礼行为之处罚、[②]有关官吏擅权行为之处罚、[③]有关官吏违纪行为之处罚、[④]有关官吏失职行为之处罚、[⑤]有关官吏贪赃行为之处罚。[⑥]《高丽史·刑法志》序言说高丽律《职制律》共有律文14条,是高丽律中所占比重最大的部分,约占1/5的比例,远远超过《职制律》在唐律中所占的比重,而实际上仅辑佚1条、复原5条。从辑佚条为"被制书施行有违"条这一事实来看,高丽前期职制律的规定应当集中在对官员不敬行为、违纪行为和失职行为的处罚上。这与名例律、卫禁律中辑佚律文所反映的倾向一致,即以加强王权、规制官员权力为旨归。但是这些律条在复原后的高丽律中基本完全消失,并为其他类别的律文所代替。从复原的5个律文来看,没有一条是针对官员不敬行为、擅权行为、违纪行为、失职行为的。相反,除"匿父母及夫丧"这一体现儒家孝道思想的律文以外,其他4条都集中在了对官员贪赃行为的处罚上。辑佚律文和复原律文的不同倾向与侧重明显可见,这就再次证实了我们的判断,即辑佚律文与复原律文应属于两个不同时代法典的律条。

就具体条文而言,高丽律"匿父母及夫丧"条系将《唐律》匿父母及夫丧条及《唐律·诈伪律》父母死诈言余丧条中的部分内容进行剪接、改写、调换及拼接而成。[⑦] 其中,就"闻父母丧若夫丧,忘哀作乐"的情况,《唐律》为"徒三年",高丽律改为"徒一年",降低了4等。

高丽律"枉法赃""不枉法赃"两条系将《唐律》监主受财枉法条的内

---

① 共8条:合和御药有误、造御膳有误、御幸舟船有误、乘舆服御物修整不如法、主司私借服御物、监当主食有犯、上书奏事犯讳、指斥乘舆及对捍制使。

② 共6条:大祀不预申期、大祀在散斋吊丧问疾、祭祀朝会等失错违仪、庙享有丧遣充执事、匿父母夫丧、府号官称犯父祖名。

③ 共6条:置官过限、制书官文书误辄改定、事直代判署、受制出使辄干他事、长官及使人有犯、律令式不便辄奏改行。

④ 共12条:刺史县令等私出界、在官应直不直、官人无故不上、之官限满不赴、官人从驾稽违、漏泄大事、私有玄象器物、增乘驿马、乘驿马枉道、乘驿马赍私物、用符节稽留不输、长吏辄立碑。

⑤ 共13条:贡举非其人、百官外膳犯食禁、稽缓制书官文书、被制书施行有违、受制忘误、上书奏事误、事应奏不奏、驿使稽程、驿使以书寄人、文书应遣驿不遣、驿使不依题署、公事应行稽留、奉使部送雇寄人。

⑥ 共14条:有所请求、受人财为请求、有事以财行求、监主受财枉法、事后受财、受所监临财物、因使受送遗、贷所监临财物、役使所监临、监临受供馈、率敛所监临财物、监临之官家人有犯、受旧官属士庶馈与、挟势乞索。以上参见《笺解》,第690~692页。

⑦ 两律相关的具体律文参见后附相关的条文对照表,除特殊情况外,后文对两律条文进行比较时一概如此处理,不再注明。

容拆分而成，所处的刑罚也完全相同，只是《唐律》该条并无“官当收赎”“除名”“免官”的规定，因为这些内容已作为通例写入了《名例律》中。例如，关于“除名”，《名例律》除名条云：“诸犯十恶、故杀人、反逆缘坐，狱成者，虽会赦，犹除名。即监临主守，于所监守内犯奸、盗、略人，若受财而枉法者，亦除名。”[①]这和高丽律枉法赃条中表达的意思完全一致。又如，关于“免官”，《唐律·名例律》免官条云：“诸犯奸、盗、略人及受财而不枉法；（注云：并谓断徒以上）祖父母、父母犯死罪，被囚禁，而作乐及婚娶者：免官。”[②]按照《职制律》本条的规定，不枉法断徒以上的标准正好是满四匹的时候徒一年，和高丽律不枉法赃条的规定完全一致。由此可知，经高丽武臣修订后的高丽律，在其《名例律》中应该没有官当、除名和免官这类通则性的规定，否则就没有必要在每个具体的条文中一一明示了。

不过因为立法技术上的原因，两律此条绞以下量刑的标准略有不同（参见表4－3）。因为高丽律采取的立法技术为列举式，而唐律采取的却是概括式，因此为了计量上的方便，高丽律量刑的单位多取整数，而唐律则无此必要，既有采用整数之例，也有采用整数加零头之时，多数的情况是两者混用。关于两律的这一不同在以后律文的比较中还时有出现。

表4－3　唐、高丽监主受财枉法量刑比较表

	杖100	徒1年	徒1.5年	徒2年	徒2.5年	徒3年	流2千里	流2.5千里	流3千里	绞
高丽	1尺	1匹	2匹	3匹	4匹	5匹	6匹	7匹	8匹	15匹
唐	1尺	1匹1尺	2匹1尺	3匹1尺	4匹1尺	5匹1尺	6匹1尺	7匹1尺	8匹1尺	15匹

高丽律“监临赃”条直接由《唐律》监主受财枉法条而来。在8匹以下，因立法技术上的原因，量刑的标准略有差别，8匹以上则完全相同。需要注意的是，在受所监临财物达到50匹时，《唐律》科处的刑罚为“流二千里”，而高丽律科处的刑罚为“流一千里”。但高丽律五刑条中并不存在

① 《笺解》，第194～195页。
② 同上书，第211～212页。

"流一千里"这样一个等级,其流刑的起始刑和《唐律》一样均为"流二千里",因此"流一千里"当为"流二千里"之误,因而和《唐律》的规定完全一致。

高丽律"因官挟势乞百姓财物"条云:"因官挟势乞百姓财物,一匹,笞二十;二匹,三十;三匹,四十;四匹,五十;五匹,杖六十;六匹,七十;七匹,八十;八匹,九十;十匹,一百;二十匹,徒一年;三十匹,一年半;四十匹,二年;五十匹,二年半;与人物者减一等。若亲故与者,勿论。"也是直接由《唐律》挟势乞索条而来,《唐律》该条云:"诸因官挟势及豪强之人乞索者,坐赃论减一等;将送者,为从坐。亲故相与者,勿论。"[①]又《唐律·杂律》坐赃致罪条云:"诸坐赃致罪者,一尺笞二十,一匹加一等;十匹徒一年,十匹加一等,罪止徒三年。与者,减五等。"[②]减一等正好接近高丽律该条所列举的科刑数。之所以说接近,是由于上文提到的立法技术上的原因,在一尺以上、不满二十匹的情况,唐律的科刑数为"二匹一尺,笞三十;……十匹一尺,杖一百",二十匹以后则完全相同。[③] 又《唐律·名例律》共犯罪造意为首条:"诸共犯罪者,以造意为首,随从者减一等。"[④]这样《唐律》挟势乞索条中"将送者,为从坐"的意思和高丽律因官挟势乞百姓财物条中"与人物者减一等"的意思完全一致。

通过以上分析,我们发现了这样一个现象:高丽律不少律文的内容与《唐律》相应律条内容的细微差异主要是因为采用了不同的立法技术。尽管两者各有优劣,但是从总体上看,高丽律所采用的列举式的立法技术不仅会使律条在形式上显得烦琐、臃肿,而且在内容上也欠周延。这种情况在以后有关条文的比较分析中还会出现。另外,与前一点相关联,高丽律的律文总是尽可能地少用诸如"加""减""准""以""罪止""从坐"等概括性的法律术语。通过后文对高丽律其他律条的分析我们还会看到,这是一种普遍性的现象,并不仅仅限于《职制律》。之所以如此,主要是因为高

---

① 《笺解》,第906页。

② 同上书,第1775页。

③ 辛虎雄认为高丽律此条不过是《唐律》挟势乞索条的具体化而已,则有所失察。参见氏著《高丽法制史研究》,第108页。

④ 《笺解》,第416页。

丽律的名例律以及其他各篇的通例性规定太少，从而使律文之间难以呼应，因而也就不得不在各个具体的条文中采用列举的方法了。

表4－4　唐、高丽《职制律》条目对照表

唐律条目(总59条)	高丽律复原条目(总5条)	高丽律辑佚条目(总1条)
91. 置官过限。92. 贡举非其人。93. 刺史县令私出界。94. 在官应直不直。95. 官人无故不上。96. 之官限满不赴。97. 官人从驾稽违。98. 大祀不预申期。99. 大祀在散斋吊丧问疾。100. 祭祀朝会失错违仪。101. 庙享有丧遣充执事。		
102. 合和御药有误。103. 造御膳有误。104. 御幸舟船有误。105. 乘舆服御物修整不如法。106. 私借服御物。107. 监当主食有犯。108. 百官外膳犯食禁。109. 漏泄大事。110. 私有玄象器物。		
111. 稽缓制书官文书。112. 被制书施行有违。113. 受制忘误。114. 制书官文书误辄改定。115. 上书奏事犯讳。116. 上书奏事误。117. 事应奏不奏。118. 事直代判署。119. 受制出使辄干他事。		被制书施行有违。
120. 匿父母夫丧：诸闻父母若夫之丧，匿不举哀者，流二千里；丧制未终，释服从吉，若忘哀作乐，徒三年；杂戏，徒一年；即遇乐而听及参预吉席者，各杖一百。 又第383条(诈伪律)为："诸父母死应解官，诈言余丧不解者，徒二年半。若诈称祖父母、父母及夫死以求假及有所避者，徒三年；伯叔父母、姑、兄姊，徒一年；余亲，减一等。若先死，诈称始死及患者，各减三等。"	闻父母丧若夫丧，忘哀作乐、杂戏，徒一年；释服从吉，徒三年；匿不举哀，流二千里；诈称祖父母、父母死以求暇及有所避，徒三年。	

续表

唐律条目(总59条)	高丽律复原条目(总5条)	高丽律辑佚条目(总1条)
121.府号官称犯父祖名。122.指斥乘舆及对捍制使。123.驿使稽程。124.驿使以书寄人。125.文书应遣驿不遣。126.驿使不依题署。127.增乘驿马。128.乘驿马枉道。129.乘驿马赍私物。		
130.长官及使人有犯。131.用符节稽留不输。132.公事应行稽留。133.奉使部送雇寄人。134.长吏辄立碑。135.有所请求。136.受人财为请求。137.有事以财行求。		
138.监主受财枉法:诸监临主司受财而枉法者,一尺杖一百,一匹加一等,十五匹绞;不枉法者,一尺杖九十,二匹加一等,三十匹加役流。无禄者,各减一等:枉法者二十匹绞,不枉法者四十匹加役流。	枉法赃:一尺,杖一百;一匹,徒一年;二匹,一年半;三匹,二年;四匹,二年半;五匹,三年;六匹,流二千里;七匹,二千五百里;八匹,三千里;十五匹,绞。有官品人犯者,官当收赎;一匹以上除名;无禄减一等,二十匹,绞。 不枉法赃:一尺,杖九十;二匹,一百;四匹,徒一年;六匹,一年半;八匹,二年;十匹,二年半;十二匹,三年;十四匹,流二千里;三十匹,加役流。有官品人犯者,令官当收赎;四匹以上免官;无禄者减一等;四十匹,加役流。	
139.事后受财。		

续表

唐律条目(总59条)	高丽律复原条目(总5条)	高丽律辑佚条目(总1条)
140. 受所监临财物:诸监临之官,受所监临财物者,一尺笞四十,一匹加一等;八匹徒一年,八匹加一等;五十匹流二千里。与者,减五等,罪止杖一百。乞取者,加一等;强乞取者,准枉法论。	监临赃:一尺,笞四十;一匹,五十;二匹,杖六十;三匹,七十;四匹,八十;五匹,九十;六匹,一百;八匹,徒一年;十六匹,一年半;二十四匹,二年;三十二匹,二年半;四十匹,三年;五十匹,流一千里。与者减五等,罪止杖一百。如监临官于部内乞取者,加一等;若以威力强乞取者,准枉法赃论。	
141. 因使受送遗。142. 贷所监临财物。143. 役使所监临。144. 监临受供馈。145. 率敛所监临财物。146. 监临之官家人有犯。147. 受旧官属士庶馈与。		
148. 挟势乞索:诸因官挟势及豪强之人乞索者,坐赃论减一等;将送者,为从坐。亲故相与者,勿论。	因官挟势乞百姓财物,一匹,笞二十;二匹,三十;三匹,四十;四匹,五十;五匹,杖六十;六匹,七十;七匹,八十;八匹,九十;十匹,一百;二十匹,徒一年;三十匹,一年半;四十匹,二年;五十匹,二年半;与人物考减一等。若亲故与者,勿论。	
149. 律令式不便辄奏改行。		

三、户婚律

所谓"户婚律",顾名思义就是关于户口和婚姻等问题的法律规定。《唐律·户婚律》共46条,刘俊文将它们归为六类:关于违犯户口管理行为之处罚、[1]关于违犯土地管理行为之处罚、[2]关于违犯赋役管理行为之处罚、[3]关于违犯继承管理行为之处罚、[4]关于违犯婚姻管理行为之处罚、[5]关于违犯家族礼法行为之处罚。[6] 这六类实际上又可以合并为两大类,前三类可以合并为第一大类,主要是对违犯户口、土地、赋役制度处罚的规定,律所规制的对象多为官吏,大致相当于"户律"的范围。后三类可合并为第二大类,主要是对违犯有关婚姻、家庭制度处罚的规定,律所规制的对象主要为"凡人",大致相当于"婚律"的范围。

按照《高丽史·刑法志》序言的说法,高丽律的《户婚律》共4条,实际辑佚1条,而复原则达14条之多,成为复原后高丽律各篇中律文最多的部分,和前面《职制律》的情况正好相反。这应该不是一个偶然的现象。先让我们对这15个律文进行一些具体的分析。

因为户婚律主要涉及社会最一般的法律问题,政治性不强,所以高丽律此篇中的辑佚和复原律文并不像前此之《名例律》《卫禁律》及《职制律》中的条文那样与《唐律》呈现出完全不同的倾向。就辑佚的律文而言,仅有一条,即同居卑幼私辄用财条,此条在复原部分也存在,只不过复原后的律文仅是《唐律》相应律文的后半段而已。以下我们将对复原部分的律文做一个整体分析。

首先,这14个律文在《户婚律》的六大类中均有分布。属于违犯户口管理行为处罚类的有"脱漏户口增减年状""里正不觉脱漏增减"共2条;属于违犯土地管理行为处罚类的有"盗耕公私田""妄认盗卖公私田""在官侵夺私田""盗耕人墓田"共4条;属于违犯赋役管理行为处罚类的有"枉征租税入己"1条;属于违犯继承管理行为处罚类的有"养异姓男"1

---

① 共7条:脱漏户口增减年状、里正不觉脱漏增减、州县不觉脱漏增减、里正官司妄脱漏增减、私入道、放部曲奴婢还压、相冒合户。

② 共8条:卖口分田、占田过限、盗耕种公私田、妄认盗卖公私田、在官侵夺私田、盗耕人墓田、部内田畴荒芜、里正授田课农桑违法。

③ 共4条:不言及妄言部内旱涝霜虫、应复除不给、差科赋役违法、输课税物违期。

④ 共3条:养子舍去、立嫡违法、养杂户男为子孙。

⑤ 共17条:许嫁女辄悔、为婚妄冒、有妻更娶、以妻为妾、同姓为婚、尝为袒免妻而嫁娶、夫丧守志而强嫁、娶逃亡妇女、监临娶所监临女、和娶人妻、妻无七出而出之、义绝离之、奴娶良人为妻、杂户官户与良人为婚、违律为婚恐喝娶、违律为婚离正、嫁娶违律。

⑥ 共7条:子孙别籍异财、居父母丧生子、同居卑幼私辄用财、居父母夫丧嫁娶、父母被囚禁嫁娶、居父母丧主婚、卑幼自娶妻。以上参见《笺解》,第913~914页。

条;属于违犯婚姻管理行为处罚类的有“妻擅去”“奴娶良人为妻”2 条;属于违犯家族礼法行为处罚类的有“父母被囚禁嫁娶”“应分财物不平”“子孙别籍异财”3 条。这种分布状况和前面各篇的情况显然不同。

其次,尽管复原后的 14 个律文在户婚律的六大类中均有分布,但仍略显不均,其中以违犯土地管理行为处罚类的律文最多,违犯家族礼法行为处罚类的律文次之,而这两类律条在《唐律·户婚律》中并不占多数。相反在《唐律·户婚律》中有 17 条、比重将近占 37% 的关于违犯婚姻管理行为处罚类的律条在复原后高丽律的户婚律中仅有 2 条,所占比例仅为 14%。

最后,在这 14 个律文中,除“养异姓男”“妻擅去”“奴娶良人为妻”和“父母被囚禁嫁娶”4 个律文以外,其他 10 个律文均和财产犯罪有关。唐律中的情况则否。这不由使我们想到,在复原后职制律的 5 个律文中也有 4 条是直接关乎财产犯罪的。

那么又有哪些唐律律文没有被高丽律吸收呢?通过下面的对照表我们看到:首先,那些以特定制度为前提,而这些制度又只存在于唐、不存在于高丽的律文被摒弃了,其中最典型的就是和均田制直接相关的“卖口分田”“里正授田课农桑违法”和“占田过限”等几个律文。其次,和高丽国情不合的律文。其中以“私入道”和“放部曲奴婢还压”等条为代表。再次,追究官员责任的律文。“州县不觉脱漏增减”“不言及妄言部内旱涝霜虫”“部内田畴荒芜”及“应复除不给”等律文属于此类。最后,在《唐律·户婚律》中占最大比重,多达 17 条的关于婚姻制度的律文,除其中两条的部分内容被采纳以外,其余几乎全被摒弃。

由此我们看到即使是在武人执政时期,高丽统治集团对唐律的吸收也是经过精心选择的。尽管户婚律是此部高丽律对唐律吸收最多的部分,但就实际情况而论,户婚制度却是两朝在制度上差异最大的部分之一。就婚姻制度而言,高丽实行的是同姓为婚之制,兄妹为婚、近亲为婚的现象极为普遍,而这却被唐人视为“内乱”。就田制而言,唐朝(至少在唐前期)实行的是均田制,而高丽实行的却是“田柴科”制,只授予为国家服务的人以田柴,且授予的仅为收租权,因而没有所谓“口分田”“永业田"的区别,因此相关的条文被摒弃也是合乎情理的。但即便如此,高丽统治集团还是从中摘取了不少律文为己所用。比如尽管两朝的田制大不相同,但高丽律户婚律中采用最多的却是该篇和某些特定制度无关、具有普遍适用性的一些律文,如"盗耕公私田""妄认盗卖公私田""在官侵夺私田""盗耕人墓田"4 个律文即是如此,它们指向的目标都是一个,即非法侵害土地所有权的行为。这当和武臣时期日益严重的土地兼并现象有关,决非高丽前期的现象,因为按照《高丽史・刑法志》序言的说法,高丽前期的户婚律总共才 4 条,不应该都用来作这方面的规定。

就具体的律文而言,高丽律"家长漏口及增减年壮(状)"条系截取唐律脱漏户口增减年状条后半段的一部分而来,只是表述上略有不同而已,如将唐律的"脱口"改为"漏口"、表述采取列举式等,但量刑完全一致。

高丽律"里正不觉漏脱增减"条系截取唐律里正不觉漏脱增减条前后各一段而来,但量刑的轻重略有不同,具体参见下表。

表 4-5 《唐律》、高丽律"里正不觉漏脱增减"条量刑比较表①

	单位	笞40	笞50	杖60	杖70	杖80	杖90	杖100	徒1年	徒1.5年	徒2年	徒2.5年	徒3年
高丽	口	1	4	7	10	13	16	20	30	40	50	60	
唐	口	1	4	7	10	13	16	19	29	39	49	59	69

从杖一百以上,两律的规定略有不同,此不同纯属前文所提到的技术原因所致。至于唐律该条罪止为徒 3 年,高丽律则无罪止的规定,只规定到"六十口,二年半",当是因为高丽律该条脱落了"七十口,三年"一句所致。高丽律此条又与前条律文形成了相互呼应的关系,它们处于同时代的一部律内应无疑问。

高丽律"子孙别籍异财"条系截取唐律子孙别籍异财条和居父母丧生子条的部分内容,并添加了《唐律・斗讼律》子孙违反教令条中的"供养有阙"一项而成。但就量刑而言,在祖父母、父母在而子孙别籍异财的情

① 摘自[韩]韓容根:《高丽律》과《唐律》의 비교[户婚 1]表,参见氏著《高丽律》,第 214 页。

况下比唐律轻一年，即统一适用了“供养有阙”的量刑标准。从此条我们可以看出，高丽律在制定或修改时是通察了整部唐律，颇下了一番取舍功夫的。

高丽律“养异姓男”条系截取唐律养子舍去条本条和疏议的部分内容并将原文顺序略加调整而成，量刑完全相同。

高丽律“应分财物不平”条系截取唐律同居卑幼私辄用财条的后半部分内容而来，从表 4 – 6 可知，在量刑上，在杖 70 以下，高丽律基本上要比唐律重一等，而在杖 70 以上，则重两等。

表 4 – 6 《唐律》、高丽律关于应分财物不平量刑比较表

	单位	笞10	笞20	笞30	笞40	笞50	杖60	杖70	杖80	杖90	杖100	徒1年	徒1.5年	徒2年
高丽	匹		2	3	4	5	6	7	8	10	20	30	40	50
唐	匹	2匹1尺	3匹1尺	4匹1尺	5匹1尺	6匹1尺	7匹1尺	10	20	30	40	50		

高丽律“盗耕公私田”条来自唐律的盗耕种公私田条，但将“盗耕种”改为了“盗耕”，另外“苗子归官、主”一句也被删除，这当为传写过程中脱落所致。因为“盗耕”比之“盗耕种”显然缺乏严密，而“苗子归官、主”则为当然之事。另外在量刑上，因为立法技术上的原因，在杖 100 以下略有差别，而在杖 100 以上，高丽律的规定显然较唐律为重。

表 4 – 7 《唐律》、高丽律关于盗耕公私田量刑比较表

	单位	笞30	笞40	笞50	杖60	杖70	杖80	杖90	杖100	徒1年	徒1.5年
高丽	亩	1	5	10	15	20	25	30	35	40	50
唐	亩	1亩以下	5亩有余	10亩有余	15亩有余	20亩有余	25亩有余	30亩有余	35亩有余	45亩有余	55亩有余

高丽律“妄认公私田并盗贸卖”条系由唐律妄认盗卖公私田条的正文结合疏议中的部分内容而成。在量刑上，因为立法技术上的原因，在杖 100 以下略有差别，但在杖 100 以上，高丽律的规定较唐律为重。

表 4－8 《唐律》、高丽律关于妄认盗卖公私田量刑比较表①

	单位	笞50	杖60	杖70	杖80	杖90	杖100	徒1年	徒1.5年	徒2年	徒2.5年
高丽	亩	1	5	10	15	20	25	30	35	40	50
唐	亩	1亩以下	5亩有余	10亩有余	15亩有余	20亩有余	25亩有余	35亩有余	45亩有余	55亩有余	

高丽律“在官侵夺私田”条完全由唐律在官侵夺私田条而来，由于立法技术的不同，在量刑上略有差异，②高丽律较唐律略重。

表 4－9 《唐律》、高丽律关于在官侵夺私田量刑比较表

	单位	杖60	杖70	杖80	杖90	杖100	徒1年	徒1.5年	徒2年	徒2.5年
高丽	亩	1	3	7	10	15	20	25	30	35
唐	亩	1亩以下	3亩有余	6亩有余	9亩有余	12亩有余	17亩有余	22亩有余	27亩有余	32亩有余

高丽律“盗葬他人田”条是通过改造唐律盗耕人墓田的内容而来，基本内容完全相同。

高丽律“枉征租税入已”条系截取唐律差科赋役违法条的部分内容而来，就流三千里以下的量刑而言，两律完全相同。但到加役流，唐为有禄者十五匹加役流；无禄者减一等，二十匹加役流。而高丽律却为“有禄者，三十匹加役流；无禄者，二十五匹加役流”。有禄者反轻，无禄者反重，与常理不合。怀疑“三十匹加役流”系“二十匹加役流”传写之误，如果真如此，则这一条高丽律较唐律反为轻。

高丽律“父母被囚禁嫁娶”条来源于唐律同条正文及疏议的一段。在量刑上，在父母犯死罪的情况下，唐律为徒一年半，而高丽律为徒一年，较唐律低一等；至于徒罪的情况，量刑完全相同。至于高丽律该条没有“流罪，减一等”的规定，疑为传写脱落所致。因为关于徒罪及死罪的情况均

① 参见［韩］韓容根：《高丽律》，第248页。
② 韓容根认为此条唐律和高丽律的量刑完全相同，有误。参见氏著《高丽律》，第198页。

有规定,不应单缺流罪一项。

高丽律“妻擅去”条系截取唐律义绝离之条的一段并借鉴《宋刑统》卷十四和娶人妻门注释中的“妾(擅去)各减一等”的法意[①]而成。但就妾擅去的情况,量刑较唐律低一等。这也是根据高丽具体国情所做的改动。《宣和奉使高丽图经》卷二十二《杂俗一》:“又富家,娶妻至三四人,小不相合,辄离去。”[②]文中所谓“娶妻至三四人”,综合各种史料,应理解一妻多妾之制。在一夫多妾且妾擅去的情况较为常见的情况下,将量刑程度降低理所当然。

高丽律“奴娶良女”条系截取唐律奴娶良人为妻条的一段并增加“诈称良人,二年”一节而成。此条唐律处罚的主体是为奴娶良妻的主人,而高丽律则无处罚主人的规定,且处罚的主体为奴。之所以如此是因为两朝的奴婢制度存在根本性的不同,在高丽绝无主为奴娶良妻的可能,而且作为奴隶主人的贵族的权势要远远超过唐代拥有奴隶的阶层。由于高丽身份制度的严酷,奴隶诈称良人的情况相信也要比唐代严重,因此才增加“诈称良人,(徒)二年”一节。由此条我们看到高丽在借鉴唐律时,在关键之处确实是处处以其本国“国情”为出发点的。

表4-10 唐、高丽《户婚律》条目对照表

唐律条目(总46条)	高丽律复原条目(总12条)	高丽律辑佚条目(总1条)
150. 脱漏户口增减年状:诸脱户者,家长徒三年;无课役者,减二等;女户,又减三等。(注云:谓一户俱不附贯。若不由家长,罪其所由。即见在役任者,虽脱户及计口多者,各从漏口法)脱口及增减年状,以免课役者,一口徒一年,二口加一等,罪止徒三年。其增减非免课役及漏无课役口者,四口为一口,罪止徒一年半;即不满四口,杖六十。	家长漏口及增减年壮(状),免课役者,一口徒一年,二口一年半,五口二年,七口二年半,九口三年,若增减非免课役,四口为一口,罪止徒一年半。	

① [韩]辛虎雄:《高丽法制史研究》,第120页。《宋刑统·户婚律》和娶人妻条注为:“周显德五年七月七日敕条:妻擅去者,徒三年;因而改嫁者,流三千里。妾各减一等……”(参见《宋刑统》,第253页)

② (宋)徐兢:《宣和奉使高丽图经》卷二十二,近泽书店1932年版,第111页。

续表

唐律条目(总46条)	高丽律复原条目(总12条)	高丽律辑佚条目(总1条)
151. 里正不觉脱漏增减:诸里正不觉脱漏增减者,一口笞四十,三口加一等;过杖一百,十口加一等,罪止徒三年。(注:不觉脱户者,听从漏口法。州县脱户亦准此)若知情者,各同家长法。	里正不觉漏脱增减、出入课役,一口笞四十,四口五十,七口杖六十,十口七十,十三口八十,十六口九十,二十口一百,三十口徒一年,四十口一年半,五十口二年,六十口二年半;若知情,同家长法科之。	
152. 州县不觉脱漏增减。153. 里正官司妄脱漏增减。154. 私入道。		
155. 子孙别籍异财:诸祖父母、父母在,而子孙别籍、异财者,徒三年。若祖父母、父母令别籍及以子孙妄继人后者,徒二年;子孙不坐。156. 居父母丧生子:"诸居父母丧,生子及兄弟别籍、异财者,徒一年。"(又《唐律·斗讼》子孙违反教令条:"诸子孙违犯教令及供养有阙者,徒二年。谓可从而违,堪供而阙者。须祖父母、父母告,乃坐。")	祖父母、父母在,子孙别籍、异财,供养有阙,徒二年;服内别籍,徒一年。	
157. 养子舍去:诸养子,所养父母无子而舍去者,徒二年。若自生子及本生无子,欲还者,听之。即养异姓男者,徒一年;与者,笞五十。其遗弃小儿年三岁以下,虽异姓,听收养,即从其姓。【疏】议曰:……养女者不坐。……失儿之家,量酬乳哺之直。	养异姓男,与者笞五十,养徒一年;无子而舍去者,二年;养女不坐;其遗弃小儿,三岁以下异姓听养。	
158. 立嫡违法。159. 养杂户男为子孙。160. 放部曲奴婢还压。161. 相冒合户。		
162. 同居卑幼私辄用财:诸同居卑幼,私辄用财者,十匹笞十,十匹加一等,罪止杖一百。即同居应分,不均平者,计所侵,坐赃论减三等。又"坐赃论"见《唐律》第389条(杂律"坐赃致罪条")为:"诸坐赃致罪者,一尺笞二十,一匹加一等;十匹徒一年,十匹加一等,罪止徒三年。……"	应分财物不平者:二匹,笞二十;三匹,三十;四匹,四十;五匹,五十;六匹,杖六十;七匹,七十;八匹,八十;十匹,九十;二十匹,一百;三十匹,徒一年;四十匹,一年半;五十匹,二年。	同居卑幼私辄用财。

续表

唐律条目(总46条)	高丽律复原条目(总12条)	高丽律辑佚条目(总1条)
163. 卖口分田。164. 占田过限。		
165. 盗耕种公私田:诸盗耕种公私田者,一亩以下笞三十,五亩加一等;过杖一百,十亩加一等,罪止徒一年半。荒田,减一等。强者,各加一等。苗子归官、主。	盗耕公私田:一亩,笞三十;五亩,四十;十亩,五十;十五亩,杖六十;二十亩,七十;二十五亩,八十;三十亩,九十;三十五亩,一百;四十亩,徒一年;五十亩,一年半;荒田,减一等;强,加一等。	
166. 妄认盗卖公私田:诸妄认公私田,若盗贸卖者,一亩以下笞五十,五亩加一等;过杖一百,十亩加一等,罪止徒二年。【疏】议曰:……妄认者,谓经理已得;若未得者,准妄认奴婢、财物之类未得法科之。……	妄认公私田并盗贸卖者:一亩,笞五十;五亩,杖六十;十亩,七十;十五亩,八十;二十亩,九十;二十五亩,一百;三十亩,徒一年;三十五亩,一年半;四十亩,二年;五十亩,二年半;妄认未得,准妄认财物未得论。	
167. 在官侵夺私田:诸在官侵夺私田者,一亩以下杖六十,三亩加一等;过杖一百,五亩加一等,罪止徒二年半。园圃,加一等。	在官侵夺私田,一亩,杖六十;三亩,七十;七亩,八十;十亩,九十;十五亩,一百;二十亩,徒一年;二十五亩,一年半;三十亩,二年;三十五亩,二年半;园圃加一等。	
168. 盗耕人墓田:诸盗耕人墓田,杖一百;伤坟者,徒一年。即盗葬他人田者,笞五十;墓田,加一等。仍令移葬。若不识盗葬者,告里正移埋,不告而移,笞三十。即无处移埋者,听于地主口分内埋之。	盗葬他人田,笞五十;墓田,杖六十;告里正移埋,不告而移,笞三十;盗耕人墓田,杖一百;伤坟者,徒一年。	
169. 不言及妄言部内旱涝霜虫。170. 部内田畴荒芜。171. 里正授田课农桑违法。172. 应复除不给。		

续表

唐律条目(总46条)	高丽律复原条目(总12条)	高丽律辑佚条目(总1条)
173. 差科赋役违法:诸差科赋役违法及不均平,杖六十。若非法而擅赋敛,及以法赋敛而擅加益,赃重入官者,计所擅坐赃论;入私者,以枉法论,至死者加役流。【疏】议曰:……"入私者,以枉法论",称"入私",不必入己,但不入官者,即为入私。官人有禄,枉法一尺杖一百,一匹加一等,十五匹绞;无禄者减一等,二十匹绞。……	枉征租税入己:一尺,杖一百;一匹,徒一年;二匹,一年半;三匹,二年;四匹,二年半;五匹,三年;六匹,流二千里;七匹,二千五百里;八匹,三千里;有禄者,三十匹加役流;无禄者,二十五匹加役流。	
174. 输课税物违期。175. 许嫁女辄悔。176. 为婚妄冒。177. 有妻更娶。178. 以妻为妾。179. 居父母夫丧嫁娶。		
180. 父母被囚禁嫁娶:诸祖父母、父母被囚禁而嫁娶者,死罪,徒一年半;流罪,减一等;徒罪,杖一百。注:祖父母、父母命者,勿论。【疏】议曰:……若娶妾及嫁为妾者,即准上文减三等。……	祖父母、父母被囚而嫁娶者:徒罪,杖一百;死罪,徒一年;祖父母、父母命者,勿论;妾减三等。	
181. 居父母丧主婚。182. 同姓为婚。183. 尝为袒免妻而嫁娶。184. 夫丧守志而强嫁。185. 娶逃亡妇女。186. 监临娶所监临女。187. 和娶人妻。188. 卑幼自娶妻。189. 妻无七出而出之。		
190. 义绝离之:诸犯义绝者离之,违者,徒一年。若夫妻不相安谐而和离者,不坐。即妻妾擅去者,徒二年;因而改嫁者,加二等。	妻擅去,徒二年;改嫁,流二千里。妾擅去,徒一年半;改嫁,二年半;娶者同罪,不知有夫不坐。	
191. 奴娶良人为妻:诸与奴娶良人女为妻者,徒一年半;女家,减一等。离之。其奴自娶者,亦如之。主知情者,杖一百;因而上籍为婢者,流三千里。	奴娶良女,主知情,杖一百;女家徒一年。奴自娶,一年半;诈称良人,二年。	
192. 杂户官户与良人为婚。193. 违律为婚恐喝娶。194. 违律为婚离正。195. 嫁娶违律。		

四、厩库律与擅兴律

（一）厩库律

所谓厩库律乃是规定违犯厩牧和仓库相关制度而因受何种处罚的规定。[①]《唐律·厩库律》共28条，《高丽史·刑法志》序言称其《厩库律》本有3条，而实际仅辑佚1条、复原1条。辑佚条为故杀官私马牛条，具体内容已不得而知。另一条为"故放畜产损食人田苗"条，该条显然来自唐律的放畜损食官私物条。不过高丽律故放畜产损食人田苗条已对唐律本条做了一定的修改。抛开形式不论，单就内容而言，首先，唐律该条的主体和客体非常明确，分别为"官私畜产"和"官私物"，而高丽律无此区别，仅为模糊而不加任何界定的"畜产"和"田苗"（和"官私物"相比，其适用范围已经大大缩窄了），如发生了"官畜损食官苗"的情况，则不知该如何处理。其次，对于赃轻的情况，[②]唐律规定为"笞三十"，而高丽律则忽略了这一情况，到时不知该如何处理。[③] 最后，就过失的情况，唐律规定为"失者，减二等"，并在律疏中解释说"谓非故放，因亡逸而损食者，减罪二等"。而高丽律则直接规定为"若因走失者，减二等"，显然是将律疏后段的内容代替了正文。但这种代替在立法技术上显然欠妥，因为唐律此条中的"失"是"过失""非故意"的意思，在该条中即所谓的"非故放"。而高丽律这样一改则使它变成了"走失"的意思，虽然可通，但显然是错误地理解了律文，并缩小了律条的适用范围。另外由于立法技术的差异，即使就"赃重"的情况，两者的处罚也略有不同，[④]可参见表4-11。

---

① 参见《笺解》，第1084页。

② 从《唐律·杂律》"坐赃致罪条"的规定来看，所谓"赃轻"应该是指"一尺"以下。

③ 韩容根认为在这种情况下，不予处罚（参见氏著《高丽律》，第256页）。这显然是从现代罪行法定主义的立场出发得出的结论，高丽的实际情况恐非如此，况且高丽尤其重视涉及财产的犯罪。

④ 辛虎雄认为高丽律此条和唐律坐赃致罪条的内容完全一致，显然有误。参见氏著《高丽法制史研究》，第140页。

表4－11 唐、高丽关于畜产损食人田苗之量刑比较表

	笞30	笞20	笞30	笞40	笞50	杖60	杖70	杖80	杖90	杖100	徒1年	徒1.5年	徒2年	徒2.5年	徒3年
高丽		1尺	1匹	2匹	3匹	4匹	5匹	6匹	7匹	8匹	10匹	20匹	30匹	40匹	50匹
唐	赃轻		1匹1尺	2匹1尺	3匹1尺	4匹1尺	5匹1尺	6匹1尺	7匹1尺	8匹1尺	10匹	20匹	30匹	40匹	50匹

表4－12 唐、高丽《厩库律》条目对照表

唐律条目(总28条)	高丽律复原条目(总1条)	高丽律辑佚条目(总1条)
196.牧畜产死失及课不充。197.验畜产不实。198.养疗羸病畜产不如法。199.乘官畜车私驮载。200.养饲大祀牺牲不如法。201.乘架官畜脊破领穿。202.官马不调习。		
203.故杀官私马牛:诸故杀官私马牛者,徒一年半。赃重及杀余畜产,若伤者,计减价,准盗论,各偿所减价;价不减者,笞三十。见血踠跌即为伤。若伤重五日内致死者,从杀罪。		故杀官私马牛。
204.官私畜毁食官私物。205.杀亲属马牛。206.犬伤杀畜产。207.畜产抵蹋啮人。208.监主借官奴畜产。		
209.放畜损食官私物:诸放官私畜产,损食官私物者,笞三十;赃重者,坐赃论。失者,减二等。各偿所损。若官畜损食官物者,坐而不偿。"坐赃论"见《唐律》第389条(杂律"坐赃致罪条")为:"诸坐赃致罪者,一尺笞二十,一匹加一等;十匹徒一年,十匹加一等,罪止徒三年。谓非监临主司,而因事受财者。与者,减五等。"	故放畜产损食人田苗者,一尺笞二十,一匹三十,二匹四十,三匹五十,四匹杖六十,五匹七十,六匹八十,七匹九十,八匹一百,十匹徒一年,二十匹一年半,三十匹二年,四十匹二年半,五十匹三年;若因走失者,减二等,并勒偿所损。	

续表

唐律条目(总 28 条)	高丽律复原条目(总 1 条)	高丽律辑佚条目(总 1 条)
210. 库藏失盗。211. 假借官物不还。212. 监主贷官物。213. 监主借官物。214. 损败仓库积聚物。215. 财物应入官私。216. 放散官物。		
217. 输官物诈匿巧伪。218. 僦运租税课物。219. 给受留难。220. 官物有印封擅开。221. 籴输课物。222. 出纳官物有违。223. 官物之例。		

(二)擅兴律

所谓擅兴律主要是关于违犯军事与工程兴造制度所应受处罚的规定。[①]《唐律·擅兴律》共 24 条,有 17 条属于"擅律",专言军戎之事;有 6 条属于"兴律",专言工程兴造之事。[②]《高丽史·刑法志》序言称其擅兴律本有 3 条,实际辑佚 1 条、复原 1 条。辑佚之条为擅发兵条,在复原的高丽律中已经消失。复原之条为"丁夫杂匠稽留"条,属于"兴律"。该条显然来自唐律的"丁防稽留"条,但又与唐律本条不同。首先,唐律本条实际分为前后两段,包含了对"丁夫杂匠稽留不赴"和"防人稽留"两种情况的处罚,而高丽律该条只取了前半段。其次,高丽律该条和唐律本条的量刑不同:高丽律该条的起始刑为"一日笞四十",直到徒一年。最后,其刑罚的递加是不规则的,从一日到二日为"一日加一等",从二日七日为"五日加一等",从七日到十九日为"三日加一等",而从十九日到二十三日,又是四日加一等。怀疑条文中的二日、二十三日为传写错误,实际上应该为"四日""二十二日"。但无论如何,其刑罚都要比唐律本条为重,因为唐律本条的起始刑为"一日笞三十",且"罪止杖一百",高丽律该条要比唐律本条重一等。

① 参见《笺解》,第 1161 页。
② 参见《笺解》,第 1160~1161 页。

表 4 – 13 唐、高丽《擅兴律》条目对照表

唐律条目(总 24 条)	高丽律复原条目(总 1 条)	高丽律辑佚条目(总 1 条)
224. 擅发兵。225. 擅给杂物。226. 应给发兵符不给。227. 拣点卫士征人不平。228. 征人冒名相代。229. 校阅违期。230. 乏军兴。231. 征人稽留。232. 征讨告贼消息。233. 主将守城弃去。234. 主将临阵先退。235. 私放征防人还。236. 征人巧诈避役。237. 镇戍有犯。238. 非公文出给戎仗。239. 遣番代违限。240. 兴造不言上待报。		擅发兵。
241. 非法兴造。242. 工作不如法。243. 私有禁兵器。244. 功力采取不任用。245. 丁夫差遣不平。		
246. 丁防稽留:诸被差充丁夫杂匠,而稽留不赴者,一日笞三十,三日加一等,罪止杖一百;将领主司加一等。防人稽留者,各加三等。即由将领者,将领者独坐。	被差充丁夫杂匠,稽留不赴,一日,笞四十;二日,五十;七日,杖六十;十日,七十;十三日,八十;十六日,九十;十九日,一百;二十三日,徒一年,将领主司各加一等。	
247. 私使丁夫杂匠。		

第三节 罪 律

"第七篇《贼盗》(含律 54 条)、第八篇《斗讼》(含律 60 条)、第九篇《诈伪》(含律 27)、第十篇《杂律》(含律 62 条)、第十一篇《捕亡》(含律 18 条),此五篇(共含律 221 条)。主要规定各种刑事犯罪的处罚,按传统法律分类法,属于《罪律》部分。"①现就这几个部分对高丽律和唐律做一

① 《笺解·序论》,第 32 页。

比较分析。

一、贼盗律

《唐律·贼盗律》总条数为54条,分为两部分:一为贼律,二为盗律。贼的本意为毁,于法专指倡乱、杀人等行为。[①] 贼律共22条。盗的本意为窃,于法专指取物、劫货等行为。[②] 盗律共32条。如刘俊文所言,该篇“主要是关于政治上和刑事上之违法犯罪,……相当于近世之刑法”。[③] 除一般的犯罪行为以外,该篇律条最主要的一个特点就是集中了大量关于“十恶”犯罪的规定,是《名例律》“十恶”条的具体化。

首先,《贼盗律》第一条为“谋反大逆”,就是“十恶”中名列前两位的“谋反”和“谋大逆”的具体化,其文云:

诸谋反及大逆者,皆斩;父子年十六以上皆绞,十五以下及母女、妻妾、祖孙、兄弟、姊妹若部曲、资财、田宅并没官,男夫年八一及笃疾、妇人年六十及废疾者并免;伯叔父、兄弟之子皆流三千里,不限籍之同异。[④]

【疏】议云:

人君者,与天地合德,与日月齐明,上祗宝命,下临率土。而有狡竖凶徒,谋危及宫阙。反则止据始谋,大逆者谓其行讫,故谋反及大逆者皆斩,父子年十六以上皆绞。言“皆”者,罪无首从。十五以下及母女、妻妾……若部曲、资财、田宅,并没官。……男夫年八十及笃疾,妇人年六十及废疾,并免缘坐。[⑤]

这和《名例律》中“谋反”和“谋大逆”条的内容相呼应,同后面“缘坐非同居”及“口陈欲反之言”两条相结合,可操作性强,法律界限分明。

接着为“谋叛”条,是对《名例律》“十恶”中“谋叛”的具体化,“谋杀制使府主等官”是“不义”三要内容的具体化。[⑥] 同理“谋杀期亲尊长”条、

---

① 《笺解》,第1235页。
② 同上。
③ 同上书,第1236页。
④ 同上书,第1237页。
⑤ 《笺解》,第1237~1238页。
⑥ “不义”的另外两种情况为:“杀见受业师”;“闻夫丧匿不举哀,若作乐,释服从吉及改嫁。”

“略卖期亲以下卑幼”是“恶逆”和“不睦”主要内容的具体化;“盗大祀神御物”和“盗御宝及乘舆服御物”条是“大不敬”主要内容的具体化;“杀一家三人支解人”条和“造畜蛊毒”条合起来正好是“不道”的全部内容。这样除“不孝”和“内乱”之外的“十恶”都在《贼盗律》中作出了具体的规定,并依此对有关犯罪行为进行处罚。

再看高丽律,《高丽史·刑法志》序言称其《贼盗律》本有6条,而实际辑佚3条、复原10条。辑佚之条一为“以物置人耳鼻孔窍中”条,属贼律;一为“强盗”条,二为“以私财奴婢贸易官物”条,均属盗律;因为和复原之条属不同时期的法典,且具体内容不明,可略而不论。

就高丽律的复原之条而言,与唐律的差别巨大。首先,在高丽律贼盗律的10个条文中,只有1条属于“贼律”,剩下的9个条文全部属于“盗律”。和唐律相比,高丽律贼律所占比重太小,且盗律的条文均为涉及具体财产犯罪的规定,再次彰显了高丽律重视财产犯罪的特点。

其次,在这10个条文中,有4条涉及“十恶”的内容,其中的3条均来自唐律的略卖期亲以下卑幼条,另外1条实际上就是唐律的谋杀期亲尊长条。就条文数而言,所占比重不可谓不大,但却仅涉及十恶中强调家族伦理的两恶——“恶逆”和“不睦”。对于强调君臣关系的“谋反”“谋大逆”“谋叛”则只字未提。通过前后各篇的比较分析,我们会看到,强调家族伦理、强调“孝”,而刻意回避君臣间的伦理关系,乃复原后高丽律的一大特色,这应该是对高丽中期崔氏武人政权时期特殊社会背景的反映。

最后,我们再次看到,一些较为抽象、真正体现立法技术的通例性规定再次被摒弃,就高丽律比较重视的盗律而言,比较典型的就有“共盗并赃论”“共谋强窃盗”“盗经断后三犯”“公取窃取皆为盗”等律条不见了踪影。

我们已经提到高丽律在吸收唐律时,多将疏议部分的文字移入正文。在唐律的窃盗条中,律疏中有关于“窃盗”的定义——“窃盗人财,谓潜形隐面而取”。但高丽律本条弃而不取。从这个意义上来讲,我们可以说高丽律是一部比较直观的、技术含量相对较低的律典。

就具体的条文而言,高丽律的“谋杀周亲尊长”条系截取唐律谋杀期亲尊长条大部分的内容，并将《唐律·名例律》的“诸称‘道士’‘女官’者，僧、尼同。若于其师，与伯叔父母同”[1]的内容融入其中而成。[2] 不过和唐律也有不同之处：唐律本条的规定为“诸谋杀期亲尊长、外祖父母、夫、夫之祖父母、父母者，皆斩”，而高丽律将“夫、夫之祖父母、父母者”改为“夫妇之父母”，反映了高丽家庭制度与唐代家庭制度的重大不同——高丽的妻族与本族在亲等上差距不大，妇女、女婿的地位要比唐代的妇女、女婿的地位高。由此我们再次看到高丽律对唐律的吸收与改造确实是时时在考虑其具体国情，绝非随意之作。

高丽律“斫伐他人墓茔内树木”条系截取唐律盗园陵内草木条疏议中的一段而来，不过其中的“二匹，九十”疑为“二匹，八十；三匹，九十”之误。就量刑而论，唐律有不得财笞五十，五十匹加役流的规定，高丽律则无。如非高丽律此条有脱文，则在最高刑上唐律较高丽律为重。

表4－14　唐、高丽关于斫伐他人墓茔内树木量刑比较表

	笞50	杖60	杖70	杖80	杖90	杖100	徒1年	徒1.5年	徒2年	徒2.5年	徒3年	流2千里	流2.5千里	流3千里	加役流
高丽		1尺	1匹		2匹	4匹	5匹	10匹	15匹	20匹	25匹	30匹	35匹	40匹	
唐	不得财	1尺	1匹1尺	2匹1尺	2匹1尺	4匹1尺	5匹1尺	10匹	15匹	20匹	25匹	30匹	35匹	40匹	50匹

高丽律“恐吓取人财物”条系截取唐律本条“诸恐喝取人财物者，准盗论加一等”的内容而来，是“准盗论加一等”的具体化，但因立法技术的不同而有微小的差异。应该注意的是，唐律本条到“三十五匹，流三千里”时就罪止了，因为按照《唐律·名例律》“称加减”条的规定：“加者，数满乃坐，又不得加至于死；本条加入死者，依本条。”[3]而高丽律本条为“满四十匹，首处死”。显然较唐律为重。问题的关键在于唐律本条中“虽不足畏忌，财主惧而自与，亦同”“展转传言而受财者，皆为从坐”“若为人所侵损，恐喝以求备偿，事有因缘之类者，非”“若财未入者，杖六十”“即缌麻

① 《笺解》，第527页。
② 由此可知高丽律名例律中无“称道士女官”条。
③ 《笺解》，第521页。

以上自相恐喝者,犯尊长,以凡人论;犯卑幼,各依本法”五项重要的补充、限定性规定,都不见了踪影,只剩下了面目模糊的主干部分,可以想见,这将给法官随意出入人罪留下巨大的“操作”空间。

高丽律“盗缌麻小功亲”条系截取唐律盗缌麻小功财物条的前半段而来,除表达略有差异外,量刑完全相同。高丽律的“卑幼将人盗己家财”条系截取唐律本条的前半段而来,除表达略有差异外,量刑也完全相同。

高丽律的“和卖子孙为奴婢”条、“和卖亲弟、侄、外孙为奴婢”条及“和卖堂弟、堂兄弟之子孙为奴婢”条系唐律略卖期亲以下卑幼条的具体化,只不过将之一分为三而已,在量刑上完全相同。

高丽律的“知盗诈之赃而故买”条系截取《唐律·贼盗律》知略和诱强窃盗受分条和《诈伪律》之诈欺官私财物条各一部分,并将《唐律》“坐赃论减一等”(或减二等)的概括性规定具体化而成。在量刑上,除因立法技术略有差异外,总的来看并无太大的差别。从此条也可以看出高丽律在借鉴和吸收唐律时确实对整部法典做了通盘的考察和分析。

表4-15 唐、高丽《贼盗律》条目对照表

唐律条目(总54条)	高丽律复原条目(总10条)	高丽律辑佚条目(总3条)
248. 谋反大逆。249. 缘坐非同居。250. 口陈欲反之言。251. 谋叛。252. 谋杀制使府主。		
253. 谋杀期亲尊长:诸谋杀期亲尊长、外祖父母、夫、夫之祖父母、父母者,皆斩。犯奸而奸人杀其夫,所奸妻妾虽不知情,与同罪。谋杀缌麻以上尊长者,流二千里;已伤者,绞;已杀者,皆斩。即尊长谋杀卑幼者,各依故杀罪减二等;已伤者,减一等;已杀者,依故杀法。	谋杀周亲尊长、外祖父母、夫妇之父母,虽未伤,斩;道士、女冠、僧尼谋杀师主,同叔伯父母。谋杀周亲卑幼,徒二年半;已伤,三年;已杀,流三千里;有所规求,谋杀加一等。谋杀大功尊长,流二千里;已伤,绞;已杀,斩。谋杀小功、缌麻尊长者,亦同。谋杀大功以下,缌麻以上卑幼,徒三年;已伤,流三千里;已杀,绞;有所规求,加一等。	

续表

唐律条目(总54条)	高丽律复原条目(总10条)	高丽律辑佚条目(总3条)
254. 部曲奴婢谋杀主。255. 谋杀故夫祖父母。256. 谋杀人。257. 劫囚。258. 有所规避执人质。259. 杀一家三人支解人。260. 亲属为人杀私和。		
261. 以物置人耳鼻孔窍中。		以物置人耳鼻孔窍中。
262. 造畜蛊毒。263. 以毒药药人。264. 憎恶造厌魅。265. 杀人移乡。266. 残害死尸。267. 穿地得死人。268. 造袄书袄言。269. 夜无故入人家。		
270. 盗大祀神御物。271. 盗御宝及乘舆服御物。272. 盗官文书印。273. 盗制书官文书。274. 盗符节门钥。275. 盗禁兵器。276. 盗毁天尊佛像。277. 发冢。		
278. 盗园陵内草木:诸盗园陵内草木者,徒二年半。若盗他人墓茔内树者,杖一百。【疏】议曰:……然园陵草木而合芟刈,而有盗者,徒二年半。若盗他人墓茔内树者,杖一百。若赃重者,准下条"以凡盗论加一等"。若其非盗,唯止斫伐者,准杂律:"毁伐树木稼穑,各准盗论。"园陵内,徒二年半;他人墓茔内树,杖一百。又《唐律·杂律》窃盗条云:诸窃盗,不得财笞五十;一尺杖六十,一匹加一等;五匹徒一年,五匹加一等,五十匹加役流。	斫伐他人墓茔内树木者:一尺,杖六十;一匹,七十;二匹,九十;四匹,一百;五匹,徒一年;十匹,一年半;十五匹,二年;二十匹,二年半;二十五匹,三年;三十匹,流二千里;三十五匹,二千五百里;四十匹,三千里;伐亲属墓内树者,亦同。	
279. 盗官私马牛而杀。280. 盗不计赃立罪名。		
281. 强盗。		强盗。

续表

唐律条目(总54条)	高丽律复原条目(总10条)	高丽律辑佚条目(总3条)
282.窃盗:诸窃盗,不得财笞五十;一尺杖六十,一匹加一等;五匹徒一年,五匹加一等,五十匹加役流。【疏】议曰:……盗而未得者,笞五十。得财一尺杖六十,一匹加一等,即是一匹一尺杖七十。以次而加至赃满五匹,不更论尺,即徒一年。每五匹加一等,四十匹流三千里,五十匹加役流。……	窃盗一匹,杖六十;二匹,八十;三匹,九十;四匹,一百;五匹,徒一年十匹,一年半;十五匹,二年;二十匹,二年半;二十五匹,三年;三十匹,流二千里;三十五匹,二千五百里;四十匹,三千里。同居卑幼将人盗己家财,以私辄用财物论,加二等。凡人减常盗一等,盗缌麻小功亲,减一等;大功亲,减二等;周亲,减三等。	
283.监临主守自盗。284.故烧人舍屋而盗。		
285.恐喝取人财物:诸恐喝取人财物者,准盗论加一等;虽不足畏忌,财主惧而自与,亦同。【疏】议曰:……计赃"准盗论加一等",谓一尺杖七十,一匹加一等,五匹徒一年半,五匹加一等,三十五匹流三千里。……若财未入者,杖六十。即缌麻以上自相恐喝者,犯尊长,以凡人论;犯卑幼,各依本法。……	恐吓取人财物者:一尺,杖七十;一匹,八十;二匹,九十;三匹,一百;四匹,徒一年;五匹,一年半;十匹,二年;十五匹,二年半;二十匹,三年;二十五匹,流二千里;三十匹,二千五百里;三十五匹,三千里;满四十匹,首处死。	
286.以他故殴人因而夺物。		
287.盗缌麻小功财物:诸盗缌麻、小功亲财物者,减凡人一等;大功,减二等;期亲,减三等。杀伤者,各依本杀伤论。	盗缌麻小功亲,减一等;大功亲,减二等;周亲,减三等。	
288.卑幼将人盗己家财:诸同居卑幼,将人盗己家财物者,以私辄用财物论加二等;他人,减常盗罪一等。若有杀伤者,各依本法。他人杀伤,纵卑幼不知情,仍从本杀伤法坐之。	同居卑幼将人盗己家财,以私辄用财物论,加二等。凡人减常盗一等。	

续表

唐律条目(总54条)	高丽律复原条目(总10条)	高丽律辑佚条目(总3条)
289. 因盗过失杀伤人。		
290. 以私财奴婢贸易官物。		以私财奴婢贸易官物。
291. 山野物已加功力辄取。292. 略人略卖人。293. 略和诱奴婢。		
294. 略卖期亲以下卑幼:诸略卖期亲以下卑幼为奴婢者,并同斗殴杀法;即和卖者,各减一等。其卖余亲者,各从凡人和略法。 而斗殴杀子、孙见《唐律》第329条:"诸詈祖父母、父母者,绞;殴者,斩;过失杀者,流三千里;伤者,徒三年。若子孙违犯教令,而祖父母、父母殴杀者,徒一年半;以刃杀者,徒二年;故杀者,各加一等。即嫡、继、慈、养杀者,又加一等。过失杀者,各勿论。" 而斗殴杀亲弟、侄、外孙见《唐律》第328条:"诸殴兄姊者,徒二年半;伤者,徒三年;……若殴杀弟妹及兄弟之子孙、曾、玄孙者,各依本服论。外孙者,徒三年;以刃及故杀者,流二千里。过失杀者,各勿论。"	和卖子孙为奴婢,徒一年;略卖,一年半;和而故卖者,加一等; 和卖亲弟、侄、外孙为奴婢,徒二年半;略卖,徒三年;未售,减一等;和而故卖者,加一等; 和卖堂弟、堂兄弟之子孙为奴婢,流二千里;略卖,流三千里;不售,减一等;知而故卖者,亦减一等,余亲同凡人。	
295. 知略和诱和同相卖而买。		

续表

唐律条目(总 54 条)	高丽律复原条目(总 10 条)	高丽律辑佚条目(总 3 条)
296. 知略和诱强窃盗受分:诸知略、和诱及强盗、窃盗而受分者,各计所受赃,准窃盗论减一等。知盗赃而故买者,坐赃论减一等;知而为藏者,又减一等。关于"坐赃"见《唐律》第 389 条(杂律)为:"诸坐赃致罪者,一尺笞二十,一匹加一等;十匹徒一年,十匹加一等,罪止徒三年。谓非监临主司,而因事受财者。与者,减五等。"又《唐律·诈伪》诈欺官私财物条(第 373 条):诸诈欺官私以取财物者,准盗论。知情而取者,坐赃论;知而买者,减一等;知而为藏者,减二等。	知盗诈之赃而故买者:一匹,笞二十;二匹,三十;四匹,五十;五匹,杖六十;六匹,徒一年;三十匹,一年半;四十匹,二年;五十匹,二年半;知而为藏者,减一等。	
297. 共盗并赃论。298. 共谋强窃盗。299. 盗经断后三犯。300. 公取窃取皆为盗。301. 部内人为盗及容止盗。		

二、斗讼律

《唐律·斗讼律》总条数为 60 条,疏议云:"斗讼律者,首论斗殴之科,次言告讼之事。"①从各条文的实际内容来看,大致可依此分为两部分:第一部分是关于"斗殴之科"的律条,可称为"斗律",共计 38 条;第二部分是关于"告讼之事"的律条,可称为"讼律",共计 22 条。

再看高丽律,《高丽史·刑法志》序言称其斗讼律共 7 条,实际辑佚 2 条、复原 16 条。辑佚的 2 条分别为"斗故杀人"条和"投匿名书告人罪"条,具体内容不明。就复原的 16 条而言,属于斗律的有 12 条,属于讼律的有 4 条。复原后的这部律典比从前的律典条文增加了近一倍,且增加

① 《笺解》,第 1463 页。

的主要是斗律的律条，当时高丽统治集团对普通刑事犯罪的重视程度由此可见一斑。

就高丽律（复原）斗讼律而言，有四大特点：其一，大部分律文都是关于家庭犯罪的规定，高丽律重视家族伦理的特点在此又一次得到了证实。其二，唐律中保护王权和官僚特权的律条基本上都被删除。其三，唐律中不少关涉部曲、奴婢的律条，如部曲奴婢良人相殴、主杀有罪奴婢、主殴部曲死、部曲奴婢过失杀伤主等条在高丽律中基本阙如。其四，唐律中涉及精微的法律技术和法律程序的条文也没有被吸收，这些条文包括：囚不得告举他事、犯以赦前事相告言、告人罪须明注年月、为人作辞牒加状及越诉等条。可见高丽律斗讼律的条文虽多，所涉及的范围却极为有限，除了集中关注家族范围内的一些犯罪行为以外，仅就斗讼领域内同五保内犯罪不纠一种行为和辜限一项制度作了规定。

就具体的律条而言，高丽律"辜限"条直接来自唐律保辜条，除在"以刃及汤火伤人"的情况下将唐律的保辜期间从30日增加到了40日以外，其他关于期间的规定完全相同。

高丽律"夫殴伤妻"条完全来自唐律的殴伤妻妾条，只不过将"减凡人二等"的抽象规定具体展开了而已。

高丽律"殴缌麻兄姊"条、"殴小功兄姊"条、"殴堂兄姊者"及"杀堂弟妹"条均系截取唐律殴缌麻兄姊条的一部分而来，量刑也基本相同。不同的有两点，且均集中在高丽律的"杀堂弟妹"条中。首先，唐律对殴杀从父弟妹（堂弟妹）的处罚为"流三千里"，高丽律为"流二千里"。其次，高丽律此条有"殴妻父母，准十恶不睦论"的规定，而唐律则无相应的内容。《唐律·名例律》十恶条云："八曰不睦。注：谓谋杀及卖缌麻以上亲，殴告夫及大功以上尊长、小功尊属。"疏议又云："小功尊属者，谓从祖父母、姑，从祖伯叔父母、姑，外祖父母，舅、姨之类。"[①]显然并不包括妻的父母在内。这反映了高丽与唐代家族制度的不同，高丽妻族的影响力显然较唐为大。

---

① 《笺解》，第63～64页。

高丽律“詈亲兄姊”条、“詈伯叔父母外祖父母”条、“杀弟、妹及兄弟之子孙与外孙”条均来自唐律的殴兄姊条，只是在量刑上略有不同而已，即高丽律在殴兄姊以及伯叔父母、姑、外祖父母致折伤的情况下均处以流二千里的刑罚，而唐律为流三千里。

高丽律“殴祖父母父母”条系截取唐律殴詈祖父母父母条的前半段而来，量刑也大致相同。但也有和唐律本条不同的地方，即高丽律此条有所谓的“过失詈”和“过失殴”，宋斗用、辛虎雄、韩容根等学者均认为“过失詈”和“过失殴”与常识不合，因而认为“过失詈”“过失殴”分别为“过失伤”“过失杀”之误。① 比照唐律本条，将“过失殴”理解为“过失杀”之误应该没有太大的问题；但是如果将“过失詈”解为“过失伤”，那么它和前面的“误伤”又是什么关系？因此我们认为不能排除高丽律中有“过失詈”这一规定的可能性。

高丽律“妻妾詈夫之祖父母、父母”条系截取唐律妻妾殴詈夫父母条的前半段而成，但在量刑上略有不同：高丽律对妻妾詈夫的祖父母、父母，处以徒二年的刑罚，而唐律则为徒三年，唐律较高丽律重二等。

高丽律“殴兄之妻及夫之弟妹”条系截取唐律殴兄妻夫弟妹条的前半段并将其具体化而成，在量刑上也完全一致。

高丽律“告周亲尊长”条、“告大功尊长”条、“告小功、缌麻尊长”条系截取唐律告期亲以下缌麻以上尊长条和告缌麻以上卑幼条的部分内容而来。在量刑上也完全一致，只是在诬告的情况下，高丽律一律为“诬告加所诬罪二等”，而唐律则区分情况，在诬告期亲尊长、外祖父母、夫、夫之祖父母的情况下为“加所诬罪三等”，在诬告小功、缌麻尊长的情况下为“各加所诬罪一等”。

高丽律“同五保内徒罪不纠”条系取唐律监临知犯法不举劾条的部分内容并略加改造而来。其中“徒罪不纠”的情况，高丽律为“杖六十”，唐律为“杖七十”，至于流罪不纠和死罪不纠的情况，量刑完全相同。

---

① 参见[韩]宋門用:《韓國法制史考》,第155~156页;辛虎雄:《高丽法制史研究》,第124页;韓容根:《高丽律》,第228页。

表 4-16　唐、高丽《斗讼律》条目对照表

唐律条目(总 60 条)	高丽律复原条目(总 16 条)	高丽律辑佚条目(总 2 条)
302. 斗殴伤人。303. 斗殴折齿毁耳鼻。304. 兵刃斫射人。305. 殴人折跌支体瞎目。		
306. 斗故杀人。		斗故杀人。
307. 保辜:诸保辜者,手足殴伤人限十日,以他物殴伤人者二十日,以刃及汤火伤人者三十日,折跌支体及破骨者五十日。限内死者,各依杀人论;其在限外及虽在限内,以他故死者,各依本殴伤法。	辜限:手足殴伤人者,限十日;以他物殴伤人者,限二十日;以刃及汤火殴伤人者,限四十日。折跌支体及碎骨,限五十日。[被伤日晚则当至限日之晚便满]	
308. 同谋不同谋殴伤人。309. 威力制缚人。310. 两相殴伤论如律。311. 宫内忿争。		
312. 殴制使府主。313. 佐职统属殴官长。314. 殴府主刺史县令祖父母。315. 殴皇家袒免以上亲。316. 流外官殴议贵。317. 九品以上殴议贵。318. 监临官司殴统属。319. 拒殴州县以上使。		
320. 部曲奴婢良人相殴。321. 主杀奴婢。322. 主殴部曲死。323. 部曲奴婢过失杀伤主。324. 殴缌麻小功亲部曲奴婢。		

续表

唐律条目(总60条)	高丽律复原条目(总16条)	高丽律辑佚条目(总2条)
325. 殴伤妻妾:诸殴伤妻者,减凡人二等;死者,以凡人论。殴妾折伤以上,减妻二等。若妻殴伤杀妾,与夫殴伤杀妻同。过失杀者,各勿论。(关于"凡人"之同类犯罪则规定在《唐律》第302~306条,内容如下:第302条为:"诸斗殴人者,笞四十;伤及以他物殴人者,杖六十;伤及拔发方寸以上,杖八十。若血从耳目出及内损吐血者,各加二等。"第303条为:"诸斗殴人,折齿,毁缺耳鼻,眇一目及折手足指,若破骨及汤火伤人者,徒一年;折二齿、二指以上及髡发者,徒一年半。"第304条为:"诸斗以兵刃斫射人,不著者,杖一百。若刃伤,及折人肋,眇其两目,堕人胎,徒二年。"第305条为:"诸斗殴折跌人支体及瞎其一目者,徒三年;辜内平复者,各减二等。即损二事以上,及因旧患令至笃疾,若断舌及毁败人阴阳者,流三千里。"第306条为:"诸斗殴杀人者,绞。以刃及故杀人者,斩。虽因斗,而用兵刃杀者,与故杀同。不因斗,故殴伤人者,加斗殴伤罪一等。虽因斗,但绝时而杀伤者,从故杀伤法。")	夫殴伤妻,他物伤,杖八十;折一齿以上,九十;二齿以上,一百;折筋以上,徒一年;折支以上,二年;二事以上,三年;至死,绞;故杀,斩;拔发以上,杖六十;过失杀,勿论。以妻殴妾同。	
326. 妻殴詈夫。		

续表

唐律条目(总60条)	高丽律复原条目(总16条)	高丽律辑佚条目(总2条)
327.殴缌麻兄姊:诸殴缌麻兄姊,杖一百。小功、大功,各递加一等。……若尊长殴卑幼折伤者,缌麻减凡人一等,小功、大功递减一等;死者,绞。即殴杀从父弟妹及从父兄弟之子孙者,流三千里;若以刃及故杀者,绞。【疏】议曰:……"即殴杀从父弟妹",谓堂弟妹;"及从父兄弟之子孙",谓堂侄及侄孙者:流三千里。若以刃杀及不因斗而故杀者,俱合绞刑。(另高丽律中"殴妻父母,准十恶不睦论",唐律中无对应之内容)	殴缌麻兄姊,杖一百;折一齿以上,徒一年半;二齿以上,二年;折筋以上,二年半;折支以上,流二千里;二事以上,流三千里;至死,绞;尊属又加一等,至死斩。 殴小功兄姊,徒一年;折齿以上,徒二年;折二齿以上,二年半;折筋以上,三年;二事以上,流三千里;至死,斩;尊属又加一等。 殴堂兄姊者,徒一年半;折齿以上,徒三年;折筋以上,流二千里;二事以上,绞。误伤者,减本伤罪二等。 杀堂弟妹、堂侄孙,流二千里;故杀,绞;殴妻父母,准十恶不睦论。	
328.殴兄姊:诸殴兄姊者,徒二年半;伤者,徒三年;折伤者,流三千里;刃伤及折支,若瞎其一目者,绞;死者,皆斩;詈者,杖一百。伯叔父母、姑、外祖父母,各加一等。即过失杀伤者,各减本杀伤罪二等。若殴杀弟妹及兄弟之子孙、曾、玄孙者,各依本服论。外孙者,徒三年;以刃及故杀者,流二千里。过失杀者,各勿论。	詈亲兄姊者,杖一百;殴,徒二年半;伤,三年;折伤,流二千里;折支,绞;至死,斩。过失伤各减本伤罪二等。 詈伯叔父母、外祖父母,徒一年;殴,三年;伤,流二千里;折伤,绞;至死,斩。过失伤,各减本伤罪二等。 杀弟、妹及兄弟之子孙与外孙,徒三年;故杀,流二千里;误杀、过失杀,勿论。	

续表

唐律条目(总60条)	高丽律复原条目(总16条)	高丽律辑佚条目(总2条)
329. 殴詈祖父母父母:诸詈祖父母、父母者,绞;殴者,斩;过失杀者,流三千里;伤者,徒三年。若子孙违犯教令,而祖父母、父母殴杀者,徒一年半;以刃杀者,徒二年;故杀者,各加一等。即嫡、继、慈、养杀者,又加一等。过失杀者,各勿论。	殴祖父母、父母,斩;告詈,绞;误伤、过失詈,徒三年;过失殴,流三千里。	
330. 妻妾殴詈夫父母:诸妻妾詈夫之祖父母、父母者,徒三年。殴者,绞;伤者,皆斩;过失杀者徒三年,伤者徒二年半。即殴子孙之妇,令废疾者,杖一百;笃疾者,加一等;死者,徒三年;故杀者,流二千里。妾,各减二等。过失杀者,各勿论。	妻妾詈夫之祖父母、父母,徒二年;殴,绞;伤,斩;过失伤,徒二年半;过失杀,三年。	
331. 妻妾殴詈故夫父母。		
332. 殴兄妻夫弟妹:诸殴兄之妻及殴夫之弟妹,各加凡人一等。若妾犯者,又加一等。	殴兄之妻及夫之弟妹手足,杖七十;拔发以上,九十;他物伤,徒一年;折一齿以上,一年半;二齿以上,二年;损筋以上,二年半;折支以上,流二千里;二事以上,流三千里;至死绞;不伤,笞五十;妾犯者加一等。	
333. 殴妻前夫子。334. 殴詈夫期亲尊长。335. 祖父母为人殴击。336. 斗殴误杀伤傍人。337. 部曲奴婢詈殴旧主338. 戏杀伤人。339. 过失杀伤人。		
340. 知谋反逆叛不告。341. 诬告谋反大逆。342. 诬告反坐。343. 告小事虚。344. 诬告人流罪以下引虚。		
345. 告祖父母父母。		

续表

唐律条目(总60条)	高丽律复原条目(总16条)	高丽律辑佚条目(总2条)
346. 告期亲尊长:诸告期亲尊长、外祖父母、夫、夫之祖父母,虽得实,徒二年;其告事重者,减所告罪一等;即诬告重者,加所诬罪三等。告大功尊长,各减一等;小功、缌麻,减二等;诬告重者,各加所诬罪一等。即非相容隐,被告者论如律。若告谋反、逆、叛者,各不坐。其相侵犯,自理诉者,听。 347. 告缌麻卑幼:诸告缌麻、小功卑幼,虽得实,杖八十;大功以上,递减一等。诬告重者,期亲,减所诬罪二等;大功,减一等;小功以下,以凡人论。即诬告子孙、外孙、子孙之妇妾及已之妾者,各勿论。(可见高丽律中相应条文系采摘唐律第346条和第347条中的部分内容并加以综合而来)	告周亲尊长、外祖父母、夫妇之祖父母,虽得实,徒二年;流罪,徒三年;死罪,流三千里;诬告加所诬罪二等。告周亲卑幼罪,杖六十。 告大功尊长,罪虽得实,徒一年半;流罪,二年半;死罪,三年;诬告,加所诬罪二等。 告小功、缌麻尊长,虽得实,徒一年;流罪,二年;死罪,二年半。	
348. 子孙违犯教令。349. 部曲奴婢告主。350. 诬告府主刺史县令。		
351. 投匿名书告人罪。		投匿名书告人罪。
352. 囚不得告举他事。353. 犯罪皆经所在官司首。354. 以赦前事相告言。355. 告人罪须明注年月。356. 为人作辞牒加状。357. 教令人告事虚。358. 邀车驾挝鼓诉事不实。359. 越诉。360. 强盗杀人不告主司。		
361. 监临知犯法不举劾:诸监临主司知所部有犯法,不举劾者,减罪人罪三等。纠弹之官,减二等。即同伍保内,在家有犯,知而不纠者,死罪,徒一年;流罪,杖一百;徒罪,杖七十。其家唯有妇女及男年十五以下者,皆勿论。	同五保内徒罪不纠,杖六十;流罪不纠,一百;死罪不纠,徒一年;徒以下罪不纠不坐。	

三、诈伪律

《唐律·诈伪律》有律文27条，“主要规定伪冒和诈骗两类刑事犯罪”。[①] 大致可归纳为三个方面：伪造与假冒罪、[②]诈欺罪、[③]伪证罪。[④]《高丽史·刑法志》序言称其诈伪律共2条，实际辑佚2条、复原2条。辑佚律文中有一条属于上述第一类、一条属于第二类；两条复原的律文，均属于上述第二类。属于第一类的关于伪造与假冒罪的规定多为侵犯皇权及行政权行使的犯罪行为，第三类的伪证罪则主要为与法律程序相关的犯罪，这两类犯罪行为始终不是复原后高丽律的规制重点，相反却是它有意忽视的对象。

就具体律文而言，高丽律“知人诈欺得物而从乞取”条系截取唐律诈欺官私财物条的一段而来。在量刑上，除在10匹以下的情况因立法技术上的原因略有差异外均同。应该注意的是，唐律规定“知而买者，减一等；知而为藏者，减二等”，而高丽律却为“知而买者减为藏者二等”，表述较为怪异，不知所云。两相对照，怀疑高丽律此条有脱字，即在传写过程中在“知而买者减”之后脱落了“一等知而”四字。[⑤]

高丽律“违方诈疗病”条直接来自唐律的医违方诈疗病条。在量刑上，在五匹以下因立法技术上的原因和唐律略有差异；从五匹到三十匹完全相同；到三十五匹，高丽律处以加役流，而唐律则分别为三十五匹、流二千五百里，四十匹、流三千里，五十匹、加役流。与此条情况类似的还有后文所论属于高丽律《杂律》的“用秤斗尺度出入官物不平入己”条，因此一概把它们看作传写之误是有问题的。

---

① 《笺解》，第1684页。

② 共14条，分别为：伪造御宝、伪写官文书印、伪写符节、伪宝印符节假人及出卖、诈为制书及增减、诈为官文书及增减、诈为官私文书及增减、诈为瑞应、盗宝印符节封用、诈假官假与人官、非正嫡诈承袭、诈称官捕人、诈自复除、诈疾病及故伤残。

③ 共9条，分别为：对制上书不以实、诈欺官私财物、妄认良人为奴婢部曲、诈除去死免官户奴婢、诈教诱人犯法、诈乘驿马、医违方诈疗病、父母死诈言余丧、诈陷人至死伤。

④ 共4条，分别为：. 诈病死伤检验不实、保任不如所任、证不言情及译人诈伪、诈冒官司。以上参见《笺解》，第1684～1685页。

⑤ 参见[韩]辛虎雄：《高丽法制史研究》，第137页。

表 4－17　唐、高丽《诈伪律》条目对照表

唐律条目(总 27 条)	高丽律复原条目(总 2 条)	高丽律辑佚条目(总 2 条)
362. 伪造御宝。363. 伪写官文书印。364. 伪写符节。365. 伪宝印符节假人及出卖。366. 盗宝印符节封用。367. 诈为制书。368. 对制上书不以实。369. 诈为官文书。370. 诈假官假与人官。371. 非正嫡诈承袭。372. 诈称官捕人。		诈为官私文书求财。
373. 诈欺官私财物:诸诈欺官私以取财物者,准盗论。……知情而取者,坐赃论;知而买者,减一等;知而为藏者,减二等。【疏】议曰:"知情而取者",谓知前人诈欺得物而乞取者,坐赃论,一尺笞二十,一匹加一等,十匹徒一年。……	知人诈欺得物而从乞取者:一尺,笞二十;一匹,三十;二匹,四十;三匹,五十;四匹,杖六十;五匹,七十;六匹,八十;七匹,九十;八匹,一百;十匹,徒一年;二十匹,一年半;三十匹,二年;四十匹,二年半;五十匹,三年;知而买者减为藏者二等。	
374. 诈为官私文书求财。		
375. 妄认良人为奴婢部曲:诸妄认良人为奴婢、部曲、妻妾、子孙者,以略人论减一等。妄认部曲者,又减一等。妄认奴婢及财物者,准盗论减一等。		妄认良人为奴婢部曲。
376. 诈除去死免官户奴婢。377. 诈为瑞应。378. 诈教诱人犯法。379. 诈乘驿马。380. 诈自复除。381. 诈疾病及故伤残。		

续表

唐律条目(总27条)	高丽律复原条目(总2条)	高丽律辑佚条目(总2条)
382. 医违方诈疗病:诸医违方诈疗病,而取财物者,以盗论。(所谓“以盗论”者见《唐律》第282条(贼盗律)为:“诸窃盗,不得财笞五十;一尺杖六十,一匹加一等;五匹徒一年,五匹加一等,五十匹加役流。”)	违方诈疗病,因取财物者:一尺,杖六十;一匹,七十;二匹,八十;三匹,九十;四匹,一百;五匹,徒一年;七匹,一年半;十五匹,二年;二十匹,二年半;二十五匹,三年;三十匹,二千里;三十五匹,加役流;不在收赎之例。	
383. 父母死诈言余丧。384. 诈病死伤检验不实。385. 诈陷人至死伤。386. 保任不如所任。387. 证不言情及译人诈伪。388. 主司承诈。		

四、杂律

所谓杂律“乃诸篇难以包容之各类杂犯罪之处罚,所谓拾诸篇之遗,补诸篇之缺,‘班杂不同’者也”。[①]《唐律·杂律》总条数为62条,刘俊文将其分为20类,此处不再详述。[②]《高丽史·刑法志》序言称其杂律共两条,实际辑佚1条、复原12条,主要集中于财产罪和奸非罪两大类。

就具体律条而言,高丽律“坐赃”条来自唐律的坐赃致罪条,就量刑而论,在笞20以上徒一年以下的情况,因立法技术上的原因略有差异,徒一年以上的情况则完全相同。[③]

高丽律“负债强牵财物”条直接来自唐律的负债强牵财物条,只是在量刑上,在笞20以上徒一年以下的情况,因立法技术而略有差异。

高丽律“博戏赌财物”条系截取唐律博戏赌财物条关于赃轻及赌饮食

① 《笺解》,第1772页。

② 参见《笺解》,第1772~1774页。

③ 辛虎雄认为高丽律与《唐律》这两条完全相同,高丽律只不过将《唐律》之律文具体化而已(参见氏著《高丽法制史研究》,第107页),则有所失察。如高丽律(复原)为一匹、笞三十,《唐律》则为一匹一尺、笞三十。

弓射习武艺的规定而成，量刑亦完全相同。

高丽律"奸父祖妾"条系将唐律的奸父祖妾条略加改写而成，量刑亦完全相同。

高丽律"部曲人及奴奸主"条系截取唐律奴奸良人条的一段，并删除了该段部曲人及奴奸期亲及缌麻以上亲之妻的情况而成，量刑亦完全一致。

高丽律"监主于监守内奸"条系截取唐律本条及疏议的部分内容而成，量刑亦完全相同。

高丽律"凡人奸尼女冠"条云："凡人奸尼、女冠：和，徒一年半；强，徒二年；尼、女冠与和，徒二年半；强，不坐。"从严格的意义上来说在唐律中找不到与之对应的条文。但是仔细分析，我们发现该条的前半段（凡人奸尼、女冠：和，徒一年半；强，徒二年）系根据《唐律·杂律》奸条的内容而来，其文云：

诸奸者，徒一年半；有夫者，徒二年。部曲、杂户、官户奸良人者，各加一等。即奸官私婢者，杖九十；奸他人部曲妻，杂户、官户妇女者，杖一百。强者，各加一等。折伤者，各加斗折伤罪一等。①

而后半段（尼、女冠与和，徒二年半；强，不坐）则来自《唐律》监主于监守内奸条的疏议部分，其文云：

【疏】议曰：监临主守之人，于所监守内奸良人，加凡奸一等……若奸无夫妇女，徒二年；奸有夫妇女，徒二年半。……若道士、女官，僧、尼同：奸者，各又加监临奸一等，即加凡奸罪二等……②

可见高丽律该条系根据唐律有关条文及其疏议的内容与原理，将唐律的有关内容重新糅合而成。辛虎雄认为高丽律该条系来自《唐律》监主于监守内奸条的疏议部分，③则稍有所失察。

高丽律"私作秤斗"条与"用秤斗尺度出入官物不平入己"条均系截取唐律私作斛斗秤度条的一部分而来，但在量刑上却略有区别。就高丽

① 《笺解》第1836页。
② 同上书，第1854页。
③ ［韩］辛虎雄：《高丽法制史研究》，第111页。

律“私作秤斗”条而言，首先，没有规定一尺以下的情况，唐律则规定在此情况下要处以笞50的刑罚；其次，因立法技术上的原因，在杖70到杖100之间，相应的匹数略有差异：高丽律为整数，唐律为此整数再加上一个零头（一尺）。

就高丽律的“用秤斗尺度出入官物不平入己”条而言，和唐律除有上述的差别以外，还有一点不同，即高丽律规定到三十五匹即处以加役流，而唐律则为五十匹加役流。辛虎雄认为此“三十五匹，加役流”系《高丽律·刑法志》的撰者在抄录律条过程中发生的误记，实际上应该是“三十五匹，流二千五百里；四十匹，流三千里；五十匹，加役流”。① 此说有一定的道理。但是无论如何从常理上说记错一两个字的情况在史料中常有发生，但记错一整句的情况则不多见。考虑到高丽律对财产犯罪的处罚常较唐律为重的情况，我们不能排除高丽律该条本来的规定就是如此的可能性。

高丽律“失火”条是在唐律非时烧田野条主要部分的基础上又添加了“烧官府私家舍宅的”整条内容而成，量刑也完全一致。

高丽律“毁制书及官文书”条云：

毁制书及官文书者，一尺杖六十，一匹七十，二匹八十，三匹九十，四匹一百，五匹徒一年，十匹一年半，十五匹二年，二十匹二年半，二十五匹三年，三十匹流二千里，三十五匹、二千五百里，四十匹、三千里；诈伪（为？）官文书有（及？）增减者同。亡失及误毁者减二等。

系在唐律弃毁亡失制书官文书条的前半段（诸弃毁制书及官文书者，准盗论；亡失及误毁者，各减二等）的基础上添加了“诈伪官文书有增减者同”一句而成。但应该注意三点：其一，“诈伪官文书有增减者同”一句，比照《唐律·诈伪律》诈为官文书条的规定：

诸诈为官文书及增减者，杖一百；准所规避，徒罪以上，各加本罪二等；未施行，各减一等。即主司自有所避，违式造立及增减文案，杖罪以下，杖一百；徒罪以上，各加所避罪一等；造立即坐。若增减以避稽者，杖

① ［韩］辛虎雄：《高丽法制史研究》，第133页。

八十。[1]

则“诈伪”应为“诈为”之误，“有增减者”应为“及增减者”之误，否则就会使人理解为即使诈为官文书，只要没有增减就不科罪，显然与理难通。其二，高丽律对诈为官文书及增减的处罚与唐律完全不同，唐律基本上区分为两种情况：如无所规避，则杖一百；如有所规避，则准所规避之罪予以加等处罚，而高丽律则是以“准盗论”的原则进行处罚。因此将高丽律此条看作唐律弃毁亡失制书官文书条与诈为官文书条合二为一的说法[2]是不太准确的。其三，对于毁制书及官文书的处罚，两律由于立法技术上的原因对五匹以下的处罚略有差异。同时，对此行为的最高量刑，唐律为“五十匹，加役流”，而高丽律为“四十匹、三千里”。如非高丽律有脱文，则较唐律轻一等。

高丽律“于他人田园辄将瓜果而去”条系取唐律食官私田园瓜果的大部分内容而成。与上条的情况相同，除因立法技术上的原因对五匹以下的处罚略有差异外，对于他人田园之瓜果辄将而去行为的处罚，唐律为“五十匹，加役流”，而高丽律为“四十匹、三千里”。如非高丽律有脱文，则较唐律轻一等。

表 4－18　唐、高丽《杂律》条目对照表

唐律条目(总 62 条)	高丽律复原条目(总 12 条)	高丽律辑佚条目(总 1 条)
389. 坐赃致罪：诸坐赃致罪者，一尺笞二十，一匹加一等；十匹徒一年，十匹加一等，罪止徒三年。谓非监临主司，而因事受财者。与者，减五等。【疏】议曰：……犯者，一尺笞二十，一匹加一等；十匹徒一年，十匹加一等，罪止徒三年……	坐赃：一尺，笞二十；一匹，三十；二匹，四十；三匹，五十；四匹，杖六十；五匹，七十；六匹，八十；七匹，九十；八匹，一百；十匹，徒一年；二十匹，一年半；三十匹，二年；四十匹，二年半；五十匹，三年；与者减五等。	

① 《笺解》，第 1708～1709 页。

② 辛虎雄和韓容根均持此说，分别参见《高丽法制史研究》第 140～141 页，《高丽律》第 256～257 页。

续表

唐律条目(总62条)	高丽律复原条目(总12条)	高丽律辑佚条目(总1条)
390.忌日作乐。391.私铸钱。392.人众中街巷走车马。393.向城官私宅射。394.施机枪作坑阱。395.医合药不如方。396.丁防官奴婢病不救疗。		
397.受寄物辄费用。398.负债违契不偿。		
399.负债强牵财物:诸负债不告官司,而强牵财物,过本契者,坐赃论。	负债不告官司,强牵财物过本者:一尺,笞二十;一匹,三十;二匹,四十;三匹,五十;四匹,杖六十;五匹,七十;六匹,八十;七匹,九十;八匹,一百;十匹,徒一年;二十匹,一年半;三十匹,二年;四十匹,二年半;五十匹,三年;仍勒依元契还主。	
400.以良人为奴婢质债。401.错认良人为奴婢部曲。		
402.博戏赌财物:诸博戏赌财物者,各杖一百。赃重者,各依已分,准盗论。输者,亦依已分为从坐。【疏】议曰:共为博戏,而赌财物,不满五匹以下,各杖一百。……弓射既习武艺,虽赌物,亦无罪名。……其停止主人,及出九,若和合者,各如之。赌饮食者,不坐。	以博戏赌钱物者,各杖一百,其停止主人及出凡(九)和合令戏者,亦杖一百;赌饮食弓射习武艺者,虽赌钱物,无罪。	
403.舍宅车服器物违令。404.侵巷街阡陌。405.占山野陂湖利。406.犯夜。407.征行身死不送还乡。408.应给传送剩取。409.不应入驿而入。		

续表

唐律条目(总62条)	高丽律复原条目(总12条)	高丽律辑佚条目(总1条)
410. 奸。411. 奸缌麻以上亲。412. 奸从祖姐母姑等。		
413. 奸父祖妾:诸奸父祖妾、伯叔母、姑、姊妹、子孙之妇、兄弟女者,绞。即奸父祖所幸婢,减二等。	奸父祖妾、伯叔母姑姊妹、子孙之妇、兄弟女:和,绞;奸父祖幸婢,减二等。	
414. 奴奸良人:诸奴奸良人者,徒二年半;强者,流;折伤者,绞。其部曲及奴,奸主及主之期亲,若期亲之妻者绞,妇女减一等;强者,斩。即奸主之缌麻以上亲及缌麻以上亲之妻者,流;强者,绞。	部曲人及奴奸主及主之周亲尊长:和,绞;强,斩;和者,妇女减一等;奸主缌麻以上亲,减一等。	
415. 和奸无妇女罪名。		
416. 监主于监守内奸:诸监临主守,于所监守内奸者,加奸罪一等。即居父母及夫丧,若道士、女官奸者,各又加一等。妇女以凡奸论。【疏】议曰:监临主守之人,于所监守内奸良人,加凡奸一等,……若奸无夫妇女,徒二年;奸有夫妇女,徒二年半。……若道士、女官,僧、尼同;奸者,各又加监临奸一等,即加凡奸罪二等,故云"各又加一等"。……	监临主守于监守内犯奸:和,徒二年;有夫,二年半;强,三年;和奸,妇女减一等。 凡人奸尼女冠:和,徒一年半;强,徒二年;尼、女冠与和,徒二年半;强,不坐。(《唐律》无类似条文。只是《唐律》第416条与此似有一定的关联)	
417. 校斛斗秤度不平。418. 器用绢布行滥短狭而卖。419. 市司评物价不平。		

续表

唐律条目(总62条)	高丽律复原条目(总12条)	高丽律辑佚条目(总1条)
420. 私作斛斗秤度:诸私作斛斗秤度不平,而在市执用者,笞五十;因有增减者,计所增减,准盗论。即用斛斗秤度出入官物而不平,令有增减者,坐赃论;入己者,以盗论。其在市用斛斗秤度虽平,而不经官司印者,笞四十。"准盗论"则见《唐律》第282条(贼盗律"窃盗条")为:"诸窃盗,不得财笞五十;一尺杖六十,一匹加一等;五匹徒一年,五匹加一等,五十匹加役流。""坐赃论"见《唐律》第389条(杂律"坐赃致罪条")为:"诸坐赃致罪者,一尺笞二十,一匹加一等;十匹徒一年,十匹加一等,罪止徒三年。谓非监临主司,而因事受财者。与者,减五等"	私作枰斗,在市执用,有增减者:一尺,杖六十;一匹,七十;二匹,八十;三匹,九十;四匹,一百;五匹,徒一年;十匹,一年半;十五匹,二年;二十匹,二年半;二十五匹,三年;三十匹,流二千里;三十五匹,二千五百里;四十匹,三千里。 用枰斗尺度出入官物不平入已者:一尺,杖六十;一匹,七十;二匹,八十;三匹,九十;四匹,一百;五匹,徒一年;十匹,一年半;十五匹,二年;二十匹,二年半;二十五匹,三年;三十匹,流二千里;三十五匹,加役流;有增减者,坐赃论。	
421. 卖买不和较固。422. 买奴婢牛马不立券。423. 在市人众中惊动扰乱。		
424. 失时不修堤防。425. 盗决堤防。426. 乘官船违限私载。427. 行船茹船不如法。		
428. 山陵兆域内失火。429. 库仓燃火。		

续表

唐律条目(总62条)	高丽律复原条目(总12条)	高丽律辑佚条目(总1条)
430. 失火及非时烧田野:诸失火及非时烧田野者,笞五十;延烧人舍宅及财物者,杖八十;赃重者,坐赃论减三等;杀伤人者,减斗杀伤二等。其行道燃火不灭,而致延烧者,各减一等。 432. 烧官府私家舍宅:诸故烧官府廨舍及私家舍宅,若财物者,徒三年;赃满五匹,流二千里;十匹,绞。杀伤人者,以故杀伤论。	诸失火者,二月一日已后十月三日已前烧野田者,笞五十;延烧人宅舍财物,杖八十;赃重者,坐赃论减三等;故烧官府、庙社及私家舍宅财物,无问屋舍大小、财物多寡,徒三年;赃满五匹,流二千里;十匹绞。杀伤人者,以故杀伤论。	
431. 官廨仓库失火。433. 见火起不告救。434. 水火损败征偿。		
435. 弃毁亡失神御物。436. 毁大祀丘坛。437. 弃毁亡失符节印。		
438. 弃毁亡失制书官文书:诸弃毁制书及官文书者,准盗论;亡失及误毁者,各减二等。其误毁失符、移、解牒者,杖六十。"准盗论"则见《唐律》第282条(贼盗律"窃盗条")为:"诸窃盗,不得财笞五十;一尺杖六十,一匹加一等;五匹徒一年,五匹加一等,五十匹加役流。" 又《唐律·诈伪》诈为官文书条:诸诈为官文书及增减者,杖一百;准所规避,徒罪以上,各加本罪二等;未施行,各减一等。即主司自有所避,违式造立及增减文案,杖罪以下,杖一百;徒罪以上,各加所避罪一等;造立即坐。若增减以避稽者,杖八十。	毁制书及官文书者,一尺杖六十,一匹七十,二匹八十,三匹九十,四匹一百,五匹徒一年,十匹一年半,十五匹二年,二十匹二年半,二十五匹三年,三十匹流二千里,三十五匹二千五百里,四十匹三千里;诈伪(为?)官文书有(及?)增减者,同亡失及误毁者减二等。	
439. 私发制书官文书。440. 主守亡失簿书。		

续表

唐律条目(总62条)	高丽律复原条目(总12条)	高丽律辑佚条目(总1条)
441. 私食官私田园瓜果:诸于官私田园,辄食瓜果之类,坐赃论;弃毁者,亦如之;即持去者,准盗论。主司给与者,加一等。强持去者,以盗论。主司即言者,不坐。非应食官酒食而食者,亦准此。	于他人田园辄将瓜果而去者:一尺,杖六十;一匹,七十;二匹,八十;三匹,九十;四匹,一百;五匹,徒一年;十匹,一年半;十五匹,二年;二十匹,二年半;二十五匹,三年;三十匹,流二千里;三十五匹,二千五百里;四十匹,三千里;强将去者,以盗论;辄食者,坐赃论。	
442. 弃毁器物稼穑。443. 毁人碑碣石兽。444. 停留请受军器。445. 毁亡官私器物。446. 亡失符印求访。447. 得宿藏物隐而不送。448. 得阑遗物不送官。449. 违令式。		
450. 不应得为。		不应得为。

五、捕亡律

《唐律·捕亡律》总数18条,"基本上是关于捕系与逃亡两个方面刑事犯罪之处罚规定",[①]其内容大致可分为妨害追捕罪、逃亡浮浪罪、失囚匿亡罪三类。[②]《高丽史·刑法志》序言称其捕亡律有8条,但实际仅复原1条,即"邻里被强盗,闻而不救,杖八十;告而不救,九十;官司不救,一百;窃盗减二等",属于第一类犯罪,系将唐律被强盗不救助条进行了一定的改造而成。但两律的量刑不同,高丽律较唐律的处罚均减一等(参见表4-19)。

① 《笺解》,第1950页。
② 同上书,第1950~1951页。

表 4-19 唐、高丽关于被强盗不救助行为处罚量刑比较表

	杖 80	杖 90	杖 100	徒 1 年
高丽	闻而不救	告而不救	官司不救	
唐		闻而不救	告而不救	官司不救

表 4-20 唐、高丽《捕亡律》条目对照表

唐律条目(总 18 条)	高丽律复原条目(总 1 条)
451. 捕罪人逗留不行。452. 罪人拒捕。453. 不言请辄捕。454. 道路行人不助捕。455. 捕罪人漏露其事。	
456. 被强盗不救助:诸邻里被强盗及杀人,告而不救助者,杖一百;闻而不救助者,减一等;力势不能赴救者,速告随近官司,若不告者,亦以不救助论。其官司不即救助者,徒一年。窃盗者,各减二等。	邻里被强盗,闻而不救,杖八十;告而不救,九十;官司不救,一百;窃盗减二等。
457. 从军征讨亡。458. 防人向防及在防亡。459. 流徒囚役限内亡。460. 宿卫人亡。461. 丁夫杂匠亡。462. 浮浪他所。463. 官户奴婢亡。464. 在官无故亡。465. 被囚禁拒捍走。466. 主守不觉失囚。467. 容止他界逃亡浮浪。468. 知情藏匿罪人。	

第四节　专　则

“第十二篇《断狱》(含律 34 条),主要规定司法审判制度及相关的罚则,所谓‘错综一部条流,以为决断之法’,是为专则部分。”①内容大致包括以下 4 项:有关监管之规定及罚例、有关审讯之规定及罚例、有关判决之规定及罚例、有关执行之规定及罚例。②《高丽史·刑法志》序言称其断狱律有 4 条,实际仅复原 1 条,此条系将唐律“立春后秋分前不决死刑”条及其疏议的内容略做改造而来,属于上文所说的第 4 项,即关于执行的规定。具体内容为:

① 《笺解·序论》,第 35 页。

② 参见《笺解》,第 2012~2013 页。

禁刑：国忌；十直［初一日、初八日、十四日、十五日、十八日、二十三日、二十四日、二十八日、二十九日、三十日］；俗节［元正、上元、寒食、上巳、端午、重九、冬至、八关、秋夕］；慎日［岁首、子午日、二月初一日］。

该条所列举的禁刑日大致相当于唐律"立春后秋分前不决死刑"条所说的禁杀日，略有不同而已。至于违反此条该如何处罚，则无具体的规定。此条、此篇之简单再次彰显了高丽律忽视法律程序的特点。

表4-21 唐、高丽《断狱律》条目对照表

唐律条目(总34条)	高丽律复原条目(总1条)
469. 囚应禁不禁。470. 与囚金刃等物。471. 雇倩人杀死囚。472. 主守导囚翻异。473. 不给囚衣食医药。474. 据众证定罪。475. 囚妄引人为徒侣。476. 讯囚察辞理。477. 拷囚不得过三度。478. 拷囚限满不首。479. 停囚待对牒至不遣。480. 依告状鞫狱。481. 违法移囚。482. 决罚不如法。483. 监临自以杖捶人。	
484. 断罪不具引律令格式。485. 辄自决断。486. 辄引制敕断罪。487. 官司出入人罪。488. 赦前断罪不当。489. 闻知恩赦故犯。490. 狱结竟取服辩。491. 缘坐放没不如法。492. 徒流送配稽留。493. 输追征物违限。494. 处决孕妇。495. 拷决孕妇。	
496. 立春后秋分前不决死刑：诸立春以后、秋分以前决死刑者，徒一年。其所犯虽不待时，若于断屠月及禁杀日而决者，各杖六十。待时而违者，加二等。【疏】议曰：依狱官令："从立春至秋分，不得奏决死刑。"违者，徒一年。若犯"恶逆"以上及奴婢、部曲杀主者，不拘此令。其大祭祀及致斋、朔望、上下弦、二十四气、雨未晴、夜未明、断屠月日及假日，并不得奏决死刑。其所犯虽不待时，"若于断屠月"，谓正月、五月、九月，"及禁杀日"，谓每月十直日，月一日、八日、十四日、十五日、十八日、二十三日、二十四日、二十八日、二十九日、三十日，虽不待时，于此月日，亦不得决死刑，违而决者，各杖六十。"待时而违者"，谓秋分以前、立春以后，正月、五月、九月及十直日，不得行刑，故违时日者，加二等，合杖八十。其正月、五月、九月有闰者，令文但云正月、五月、九月断屠，即有闰者各同正月，亦不得奏决死刑。	禁刑：国忌；十直［初一日、初八日、十四日、十五日、十八日、二十三日、二十四日、二十八日、二十九日、三十日］；俗节［元正、上元、寒食、上巳、端午、重九、冬至、八关、秋夕］；慎日［岁首、子午日、二月初一日］。

续表

唐律条目(总 34 条)	高丽律复原条目(总 1 条)
497. 死囚覆奏报决。498. 断罪应决配而收赎。499. 断罪应斩而绞。500. 领徒囚应役不役。501. 死囚首稽留不报。502. 疑罪。	

第五节　分析与结论

高丽律的条文如此之少,显然不足以调整必要的社会生活。成宗时期,在高丽王权和贵族集团达成妥协的基础上,"华化"政策初步确立了它在制度和文化层面上的合法性,[①]此时制定的高丽律,在相当大的程度上,其最主要的作用还在于宣示、示范的功能。即使是高丽中期的《高丽律》,对于它在司法实践中的实际作用也不可估计太高。在高丽王朝,制度的规定和具体适用之间往往存在较大的差距,一个典型的例子就是高丽王朝多次颁布的禁止同姓为婚的法律不能被认真执行的事实。[②]

高丽律与唐律的关系问题实际上就是本土法与外来法的关系问题,关于此高鸿钧认为:"无论本土法律还是外来法律,只要与该社会境况相适应,就是合理的和有生命力的法律;否则,其法律内容再好,也难以行之有效。……本土法律与外来法律中哪些具有生命力,能够存活下来,并不取决于立法者的意愿,更不取决于学者精英意识的理想设计,而最终取决于本土法律与外来法律的碰撞过程,取决于社会需要与其他社会要素的互动。"[③]这种说法有其一定的合理性。我们看到,唐律的一些制度和原则与高丽的基本社会状况是相背离的,因此它们就不能或不完全能够被引入高丽律之中;同样,半岛长久以来行用的固有法制也不易进入高丽律这种从中国移植而来的法律体系之中,只能在司法实践中被适用。

从整体来看,作为一部法典的高丽律,显示出立法者的主观愿望与客

① 参见本书第六章第一节之二《政治斗争与文化冲突》。
② 关于此问题,可参见朴延华、李英子:《高丽王室族内婚制及其变化》,载《东疆学刊》2003 年第 1 期。
③ 高鸿钧:《冲突与抉择:伊斯兰世界法律现代化》,载《比较法研究》2001 年第 4 期。

观现实之间存在较大的差距,比如高丽王室为了加强王权,在成宗制律之时,在高丽律中确立了王权至上的原则,而在客观上却不完全具备这样的条件,处处受到贵族权的制约,导致了法律条文与司法实践的不一致。以下我们将仅就高丽律对唐律所做的改动和变形与高丽社会和政治的关系问题做一简单分析。

一、律与社会

(一)刑罚轻重

一国的法制状况如何最能反映该国的社会和政治现实,复原后的高丽律同样如此。就高丽律与社会现实的关系而言,复原后的高丽律基于高丽固有的社会结构、文化传统对唐律多有改动。单就两律刑罚程度的轻重而论,大致有以下两种情形:

1. 高丽律重而唐律轻,具体表现在以下方面:

(1)高丽律应分财物不平条在量刑上,在杖七十以下的情况,基本上要比唐律重一等;在杖七十以上的情况,则重两等。

(2)高丽律盗耕公私田条在杖一百以上为四十亩徒一年,五十亩徒一年半;而唐律为四十五亩有余徒一年,五十五亩有余徒一年半。

(3)高丽律妄认公私田并盗贸卖条在杖一百以上为三十亩徒一年,三十五亩一年半,四十亩二年,五十亩二年半;而唐律为三十五亩有余徒一年,四十五亩有余一年半,五十五亩有余二年。

(4)高丽律在官侵夺私田条规定十亩杖九十,十五亩杖一百;二十亩,徒一年;二十五亩,一年半;三十亩,二年;三十五亩,二年半;而唐律则为九亩有余杖九十,十二亩有余杖一百;十七亩有余徒一年;二十二亩有余一年半;二十七亩有余二年;三十二亩有余二年半。

(5)高丽律丁夫杂匠稽留条量刑为从一日笞四十到二十三日徒一年,而唐律本条的起始刑为“一日笞三十”,并“罪止杖一百”,高丽律该条要比唐律本条重一等。

(6)高丽律恐吓取人财物条规定满四十匹,首处死,而唐律本条则规定“诸恐喝取人财物者,准盗论加一等”,《唐律·名例律》称加减条又规定:“加者,数满乃坐,又不得加至于死;本条加入死者,依本条。”[①]显然高丽律要较唐律为重。

(7)高丽律违方诈疗病条到三十五匹就要处以加役流,而唐律则分别为三十五匹、流二千五百里,四十匹、流三千里,五十匹、加役流。与该条情况类似的还有高丽律杂律的“用秤斗尺度出入官物不平入己”条,也规定到三十五匹即处以加役流,而唐律则为五十匹加役流。

2. 唐律重而高丽律轻,具体表现在以下方面:

(1)高丽律职制律匿父母及夫丧条“闻父母丧若夫丧,忘哀作乐”的情况为“徒一年”,而唐律为“徒三年”。

(2)高丽律子孙别籍异财条在祖父母、父母在子孙别籍异财一项上比唐律轻一年:高丽律为“徒二年”,而唐律为“徒三年”。

(3)高丽律父母被囚禁嫁娶条在父母犯死罪嫁娶的情况下处刑为“徒一年”,较唐律轻一等。

(4)高丽律妻擅去条中如妾擅去处以“徒一年半”的刑罚,较唐律轻一等。

(5)高丽律詈亲兄姊条在殴兄姊以及伯叔父母、姑、外祖父母致折伤的情况下均处以“流二千里”的刑罚,唐律为“流三千里”。

(6)高丽律杀堂弟妹条在殴杀从父弟妹的情况下处以“流二千里”的刑罚,唐律为“流三千里”。

(7)高丽律妻妾詈夫之祖父母、父母条妻妾詈夫之祖父母、父母的情况处“徒二年”之刑罚,唐律为“徒三年”。

(8)高丽律同五保内徒罪不纠条在“徒罪不纠”的情况处以“杖六十”的刑罚,唐律为“杖七十”。

(9)高丽律邻里被强盗闻而不救条较唐律本条的处罚均减一等。

在量刑的轻重上,高丽律对唐律的“改造”具有一致性。首先,对关涉财产犯罪的处罚一般较唐律为重。这应该和高丽的固有风习——“寡恩

① 《笺解》,第521页。

好色,泛爱重财"①——有关。正因如此,在第五章第二节的分析中我们还会看到,在唐代有严格限制的财产刑——赎刑的适用在高丽也被普遍化了,而且还和罚金刑同时适用。高丽律重视财产犯罪的特色为以后的朝鲜王朝所继承,在朝鲜时代,犯财产罪之人都要被记录在被称为"赃案"的档案之中,并且要禁锢子孙,不得出仕。②

其次,高丽律对关涉婚姻家庭关系和社会互助的犯罪,处罚较唐律为轻。这主要是因为在婚姻家庭和社会互助的制度上高丽和唐的不同之处甚多。以婚姻制度而论,高丽实行同姓为婚、近亲结婚之制,以高丽王室的婚姻关系为例,太祖王建有 25 位王子、9 名公主,其中 6 对以子聘女成婚,景宗、成宗、穆宗、显宗、康宗、熙宗和高宗都是宗室王妃所生,③在唐代属于"十恶"中的"内乱"行为,而在高丽却是一种普遍的社会风尚。朝鲜前期的崔溥(1454—1504)云:"新罗之初,习俗鄙野,娶堂从之亲,恬不知耻。……高丽家法,非特堂从,虽姊妹,亦不避。如景宗之纳光宗女,显宗之纳成宗女,睿宗之纳宣宗女,则于己为堂从。光宗之大穆后,则大(太)祖之女。德宗之敬成后、文宗之仁平后,则显宗之女,皆其姊妹也。三纲不正,有夷狄之风。皆假外亲为姓,以之而示群下,以之而闻上国,以之而奉宗庙社稷之祀,可乎?当时群臣……自喜因循,不知其同流于禽兽而不辞也,岂不深可惜哉?……不别同姓,不分亲疏,弃礼乱正如高丽者,又何足责哉?"④朝鲜后期的李种徽(1731—1797)云:"高丽之兴,历五王六十五年,而成宗始有制作之意,显宗继之于仪文度数之间,颇遵华制。而至于所谓礼乐之本,则盖蔑如也。例如,婚姻男女之际,丧葬祭祀之间,人之大伦大节所系。而同姓之婚不避,朞功三年之丧,举世不行,此与夷狄何

① (宋)徐兢:《宣和奉使高丽图经》卷十九,第 99 页。

② 在朝鲜时代的史料中,这样的记载极多。如《朝鲜王朝实录·成宗实录》成宗十六年(1485)六月癸巳条:"司宪府大司宪李世佐等来启曰:'祖宗朝严赃吏之罪,有犯者一切录案、禁锢子孙。且《大典》所载明白,国家但当固守其法而已。'"

③ 参见朴延华、李英子:《高丽王室族内婚制及其变化》。

④ [朝鲜]崔溥:《锦南先生集》卷二《东国通鉴论》,民族文化推进会本。

异哉?"[①]洪汝河也说:"然高丽一代之制,闺门不正而夫妇之伦乖。"[②]显然,唐律所反映的那套关于婚姻关系的伦理观念和高丽的传统风习正好相反,唐律那些与婚姻制度相关的律条不能行用于高丽就是当然之事了。因此,高丽对关涉婚姻关系犯罪的处罚要较唐律为轻。再如,高丽男女之间的关系相对自由,家庭制度不严密。《宣和奉使高丽图经》卷十九民庶条在讲到高丽的婚姻家庭状况时说:"男女婚娶,轻合易离,不法典礼。"[③]同书卷二十二《杂俗一》中又云:"又富家,娶妻至三四人,小不相合,辄离去。"[④]《朝鲜王朝实录·世宗实录》世宗二年十一月辛未条载永乐十年(1412)司宪府启云:"然高丽之季,礼义之教不行,夫妇之道遂紊,卿士大夫或有妻娶妻者有之,或以妾为妻者有之,遂为今日妻妾相讼之端。"[⑤]正是基于这种社会现实,高丽律的"妻擅去"条才对妾擅去的处罚较唐律减轻了一等。

(二)法条变动

除处罚程度的不同外,就法条的一些实质性内容,高丽律对唐律也做了一些重大的改动,关于婚姻家庭制度和奴婢制度的律条就是其中改动较大的两个部分。这些改动无一不是基于高丽的具体社会情况而为。首先,在高丽,妇女的地位较高,妻子的地位和身份对家族的影响很大,《高丽史·孙抃传》对此有较为生动的反映:

(孙抃)寻授庆尚道按察副使。人有弟与姊相讼者,弟曰:"既为同产,何姊独得父母之财,弟无其分耶?"姊曰:"父临绝举家产付我……文契具存,胡可违也。"讼之积年未决……弟与姊闻而感悟,相对而泣,抃遂中

---

① [朝鲜]李种徽:《修山集》卷十三《高丽史志·礼志》,民族文化推进会本。

② [朝鲜]洪汝河:《木斋文集》卷十《礼志论》,民族文化推进会本。另外需要补充说明的是,同姓为婚、近亲结婚之制在朝鲜前期仍然盛行,只不过在形式上略有变通而已。在朝鲜世宗二十年十二月十五日,世宗就对臣下说:"不娶同姓,古之法也,而我国之风,虽同姓,籍贯异则娶之曰:'非同宗也。'至于宗室驸马,亦娶同姓,以为非我一姓也。然而中国人常曰:'惟尔朝鲜,不辨同姓。'且分封别邑,籍乡虽异,其初则未知也。曩者嘉礼之时,国家欲以政丞李原女子,纳以为嫔,后更议以为未可也,遂不纳。但臣僚之家,未革娶同姓之风耳。"《朝鲜王朝实录·世宗实录》二十年十二月乙丑条。

③ (宋)徐兢:《宣和奉使高丽图经》卷十九,第99页。

④ 同上书卷二十二,第111页。

⑤ 《朝鲜王朝实录·世宗实录》世宗二年十一月辛未条。

分家产与之。抃官累枢密院副使……以妻派联国庶,不得拜台省、政曹、学士、典诰。妻谓抃曰:“公因我系贱,不践儒林清要,敢请弃我,更娶世族。”抃笑曰:“为己之官路,弃三十年糟糠之妻,吾不忍为也,况有子乎?”遂不听。子世贞,亦不得赴举。①

可见,在高丽男、女对家族的遗产有相同的继承权,甚至女子还可以全得。在高丽,如果本人没有子嗣,既可以收养本族人为养子,又可以收养妻族人为养子,直到朝鲜前期还是如此。《朝鲜王朝实录·世宗实录》二十年正月丙午条:“护军宋勉无子,以其从侄宋盘为养子,勉妻申氏亦以其族赵雅女子为养子。”②这与中国的社会风习显然有重大不同。在高丽社会,如果妻子身份低微,不仅会累及家庭,而且还会影响到子孙后代,这种状况一直持续到朝鲜时期。在朝鲜世宗二十三年二月十三日,司宪府启:“广兴仓使李兴德娶姜筹贱妾子为妻,不可为东班,请罢之”。③ 结果为“从之”。④

同理,在高丽社会,外甥和女婿的地位很高,基本上接近于嫡系儿孙。《高丽史·崔忠献附崔怡传》:

(崔)怡(高丽崔氏武人政权的第二任首领——引者)无适子,嬖妓瑞莲房生二男万宗、万全。初,怡欲传兵柄于(金)若先(金若先为其女婿。而金若先之子即金敉——引者),恐二男为乱,皆送松广社剃发,并授禅师。……敉之召还也,将军刘鼎、指谕奇洪硕、闵景咸等联署状请怡以敉为后。⑤

因为自己的儿子为身份低下之“嬖妓”所生,地位和身份均存在严重“瑕疵”,高丽实际上的最高统治者崔怡竟打算将自己的女婿指定为继承人。后来金若先和其妻失和,其妻向崔怡进谗,金若先被杀。尽管如此,金敉被从流配地召回之后,众大将、心腹仍然联署请求“以敉为后”。这实际上反映的就是高丽社会“母贱则贱”这一严格的等级身份制度以及女

① 《高丽史·孙抃传》(下册),第253页。
② 《朝鲜王朝实录·世宗实录》二十年正月丙午条。
③ 《朝鲜王朝实录·世宗实录》二十三年二月庚辰条。
④ 同上。
⑤ 《高丽史·崔忠献附崔怡传》(下册),第809~810页。

婿、外甥地位甚高的社会现实。《朝鲜王朝实录·世宗实录》七年五月辛巳条:“上谓诸臣曰:‘壻(婿)为妻父母服,不合古制。更考礼经,不戾于古,得今之宜,参酌立法可也。’礼曹判书申商对曰:‘此服固宜改定,然婚礼,国家徇俗,不从礼典。昏礼正,则甥舅之服亦从此而定矣。’上曰:‘昏礼女往夫家。国俗安于旧习,亲迎人皆恶之。以此,太宗欲正昏礼而未果。且礼教久而后可变,今为妻父母服,姑改定制。’”①朝鲜世宗时期女婿为妻父母所服丧服之所以“不合古制”,应该就是指当时女婿的地位和儿子基本相同,所服之丧服等差不大的事实,所以才说和中国制度不合,但这却是来源于半岛长期以来实行的婚姻制度,是“国俗”。② 朝鲜世宗十八年四月二十日,司宪府曾论此“国俗”云:“然本国风俗,则女壻寄妻家,以成其身,举世皆然。或妻亲俱殁,而妻之姊妹,未有依归者,长养成婚,义同骨肉”。③

在高丽,一人犯罪,女婿常缘坐。直到朝鲜前期,依然如此。在中宗八年(1513)十月二十四日,国王下教,要求大臣们对“罪人之壻,缘坐当否”④这一问题进行讨论,宋轶等大臣上书说:“罪人女壻,《大明律》则不应缘坐矣。但我国待女壻亲切,非如中朝之例,故祖宗朝,多有定罪女壻之时。”⑤中宗三十八年三月乙卯,领议政尹殷辅等还上启说:“我国之俗,寄托妻家,受恩深重,故妻父母之服,于《大明律》缌麻之制,另加二十三日矣,至于用刑,则不可以此而加罪”。⑥

在高丽,女婿和其妻族可以相互用荫,《高丽史·选举制》对此所载甚

① 《朝鲜王朝实录·世宗实录》七年五月辛巳条。

② 之后,朝鲜王朝虽依中国之制“立法”,但是朝廷之内对此仍有争论,世宗十二年六月庚午条:

详定所启:“外祖父母、妻父母之服,皆不过小功,未便。请服一月。”上曰:“本国之俗,与中朝异,不行亲迎之礼,故或乳养于外家,或长于妻父母家,恩义甚笃。然而先王之制,不可以一时恩义,斟酌损益也。若曰丧事不可不护,则从一时之权,于正服之外,别为给暇,使治丧事可也。何可缘情,遽变古法乎?三代以来,制作法度,或损或益,但服丧之制,曾无损益。至唐,稍变其礼,先儒讥之,须从正礼,未可从权也。”汉城府尹高若海曰:“礼莫大于冠昏丧祭,以阴从阳,礼之常也。今既不行中朝亲迎之礼,而男往女家,甥视舅为己亲,舅视甥为己子。全承恩于妇家,而独于服制,欲从正礼,则是为舍本逐末。若令详定所,明冠昏丧祭之正礼,一依中朝之制,则已矣,如不改本国风俗,则从轻服丧,似不可也。”上曰:“此虽至当之论,然我国婚姻之礼,行之已久,不可遽议。婚姻之礼,既违先王之制,而又欲缘情加服,则是失礼之中,又失礼焉,未可以轻议也。”

《朝鲜王朝实录·世宗实录》十二年六月庚午条。

③ 《朝鲜王朝实录·世宗实录》十八年四月丙辰条。

④ 《朝鲜王朝实录·中宗实录》八年十月戊午条。

⑤ 同上。

⑥ 《朝鲜王朝实录·中宗实录》三十八年三月乙卯条。

详,不再多论。因此,在高丽外族、妻族的地位很高,《高丽史·刑法志》在名例条之后的公式条中首列三族——本族、外族、妻族。[①]《高丽史·选举志》事审官条载仁宗十二年判云:"宰枢内外乡、妻乡,祖曾、祖妻乡等五乡内,三乡兼差。上将军以下三品以上内外乡,祖曾、祖妻乡等,四乡内二乡兼差。四品以下参上以上,内外乡、祖妻乡等三乡内一乡差;参外员内外乡内一乡差。各以文武平均交差。"[②]三族的地位并无太大的差别。在高丽,为外祖父母所服丧服为齐衰,[③]而在唐则为小功。[④] 朝鲜王朝后期学者丁若庸看到"《高丽史·礼志》为外祖父母期、为舅大功、为姨在室大功、为舅妻小功、为外甥小功、为外甥女在室小功、为姨及外甥女适人缌、为堂舅缌"这种为外族所服丧服较高的事实,认为其原因在于"高丽立国,适与五代相值,所奉礼义,皆唐人之绪余,故外党之服,若是其隆重,厥咎在唐",而不是因为高丽本身"有重母之俗",[⑤]显然与历史事实不符。《朝鲜王朝实录·世宗实录》十七年九月己巳条载礼曹启云:"谨稽高丽士大夫户口式,只录四祖者,谓之四祖户口,其祖父母、曾祖父母、外祖父母、妻父母之四祖具录者,谓之八祖户口。今以八祖户口观之,父之内外乡、祖之外乡、曾祖之外乡、母之内外乡、妻之内外乡共八乡,最为切近,不可阙一。"[⑥]这是对高丽"有重母之俗"的又一证明。而对上述"高丽士大夫户口式",到朝鲜世宗十七年九月一日才有所改变,变成了"二品以上,八乡;六品以上,除妻乡,而以六乡为定;参外,除祖及曾祖外乡,以四乡为定;无职衣冠子弟,除父母外乡,而以二乡为定"。[⑦] 外族、妻族的地位有所降低。

同样,在高丽,外孙时常也要承担和直系子孙近似的义务,在之后的朝鲜王朝还是如此。朝鲜世宗十一年(1429)正月六日,忠清道监司就上

① 《高丽史·刑法志》(中册),第834~835页。

② 《高丽史·选举志》(中册),第652页。

③ 《高丽史·礼志》五服制度条:"斋衰周年,给暇三十日。正服为祖父母、为伯叔父及妻……外族正服为外祖父母。"(中册,第427页)。

④ 《唐律疏议·名例律·十恶·不睦》的律疏云:"小功尊属者,谓从祖父母、姑,从祖伯叔父母、姑,外祖父母,舅、姨之类。"参见《笺解》,第64页。

⑤ 以上引文均参见[朝鲜]丁若庸:《与犹堂全书·第三集礼集·丧礼禮四箋·丧期别·外亲》唐礼升母党之服条,民族文化推进会本。

⑥ 《朝鲜王朝实录·世宗实录》十七年九月己巳条。

⑦ 同上。

报说："各官乡吏或自求，或因乡吏数少，以外孙定役"。[1]

高丽社会的这种现实状况反映到律文中就是高丽律的谋杀周亲尊长条将唐律本条规定之"诸谋杀期亲尊长、外祖父母、夫、夫之祖父母、父母者，皆斩"中的"夫、夫之祖父母、父母者"改为了"夫妇之父母"；高丽律的"杀堂弟妹"条虽系截取唐律殴缌麻兄姊条的一部分而来，其中却增加了唐律所没有的"殴妻父母，准十恶不睦论"的规定；[2]将妻族和本族放到了同等重要的地位。

其次，关于奴婢制度的法律，高丽律和唐律多有不同。奴婢制度是高丽社会的一项根本性制度，《高丽史·刑法志》奴婢条序言就讲："夫东国之有奴婢，大有补于风教。所以严内外、等贵贱，礼义之行，靡不由此焉。"[3]在高丽律斗讼律中，唐律许多关于部曲、奴婢的律文，如部曲奴婢良人相殴、主杀有罪奴婢、主殴部曲死、部曲奴婢过失杀伤主等条基本阙如。原因就在于高丽本身有一套相对发达的奴婢律，适用的原则与唐律有根本性的不同。在唐代实行的是"一良永良""从良不从贱"的原则，而高丽实行的却是"一贱永贱""从贱不从良""父母一贱则贱"的原则。[4] 因此我们看到高丽律"奴娶良女"条虽系截取唐律奴娶良人为妻条的一段并增加"诈称良人，二年"一节而成，但两者的取旨却完全不同。唐律此条处罚的主体是为奴娶良妻的主人，而高丽律处罚的主体却是奴本人。之所以如此，是因为在高丽绝无主为奴娶良妻的可能，而且作为奴隶主人的贵族的势力也远非唐代拥有奴婢、部曲的阶层可以相比。由于高丽身份制度的严酷，奴婢诈称良人的情况相信也比唐代严重，因此在高丽律中才增加了"诈称良人，(徒)二年"一节。正因为高丽奴婢的地位过低、处境过惨，所以引起的反抗也更激烈。《高丽史·明宗世家》：

(明宗十八年五月)少监王元之婢壻私奴平亮，灭元之家。……平亮，

① 《朝鲜王朝实录·世宗实录》十一年正月癸丑条。

② 《唐律·名例律》十恶条云："八曰不睦。注：谓谋杀及卖缌麻以上亲，殴告夫及大功以上尊长、小功尊属。"疏议又云："小功尊属者，谓从祖父母、姑，从祖伯叔父母、姑，外祖父母，舅、姨之类。"(《笺解》，第63～64页)显然并不包括妻的父母在内。

③ 《高丽史·刑法志》(中册)，第876～877页。

④ 具体论述参见第六章第三节《从奴婢律看高丽法律移植的"后发劣势"及其与贵族集团的关系》。

平章事金永宽家奴也，居见州务农致富，赂遗权要，免贱为良，得散员同正。其妻乃元之家婢也，元之家贫，挈家往依焉。平亮厚慰劝还，于京密与妻兄仁茂、仁庇等要于路，杀元之夫妻及数儿。自幸其无主，可永得为良。……人皆痛愤。[1]

这一悲惨事件不就是由高丽奴婢制度过酷引起的吗？又《高丽史·崔忠献传》：

（神宗）元年，私童万积等六人樵北山，招集公私奴隶谋曰："国家自庚癸以来，朱紫多起于贱隶，将相宁有种乎！时来则可为也。……"诸奴皆然之……约曰："……官奴等诛锄于内，吾徒蜂起城中，先杀崔忠献等，仍各格杀其主，焚贱籍！使三韩无贱人，则公卿将相吾辈皆得为之矣。"[2]

即使反抗如此，奴婢的法律地位仍没有丝毫的改变，在复原后的高丽律中我们还是只见其重不见其轻。直到朝鲜时期，情况仍然没有大的变化。在世宗二十一年五月三日，知中枢院事权踶上疏云："我国奴婢之法，虽不通中国，然我国礼义之俗、廉耻之风，实由于此。"[3]这和高丽时期的说法一脉相通。世宗二十六年闰七月二十四日，针对日益严重的奴婢被其主人滥罚、滥杀的现象，世宗传旨刑曹：

本国奴婢之法，所以严上下之分，纲常由是而益因（固?）。故奴婢有罪而其主杀之，议者例皆扬其主而抑其奴，此诚良法美意也。然赏罚，人君之大柄……况奴婢虽贱，莫非天民也？以人臣而役天民，亦云足矣，其可擅行刑罚而滥杀无辜乎？人君之德，好生而已。坐见无辜之多死，恬然不禁，而乃曰扬其主可乎？予甚以为不可也。稽诸律文，奴婢殴家长条云："若奴婢有罪，其家长及家长之期亲若外祖父母，不告官而殴杀者，杖一百；无罪而杀者，杖六十，徒一年。当房人口，悉放从良。若违犯教令而依法决罚，邂逅致死及过失杀者，各勿论。"则其主擅杀奴婢者，一依律文施行可也。然本国奴婢，世世相传，名分甚严，与中国奴婢顿殊，其从良之法，势难举行。且奴婢有罪者，其主论罚之法，行之已久，未易遽革也。况

① 《高丽史·明宗世家》（上册），第413～414页。
② 《高丽史·崔忠献传》（下册），第794页。
③ 《朝鲜王朝实录·世宗实录》世宗二十一年五月庚戌条。

于私家隐密之处，有罪奴婢，其主安能一一按律论罪乎？其依法与否，考核甚难。然其滥杀无辜，而当房人口，因仍役使，是岂爱民恤刑之意哉？自今奴婢有罪无罪，不告官而欧(殴)杀者，一依旧例科断。如有炮烙劓耳黥面刖足及或用金刃弓矢，或用大木巨石，一应惨酷滥杀者，其当房人口，非自己奴婢，勿令属公。若期亲及外祖父母欧杀，而当房人口，系杀者之奴婢，则亦令属公。①

世宗作为一代英主，深知本国由来已久之奴婢法的弊病，所谓"坐见无辜之多死，恬然不禁，而乃曰扬其主可乎？予甚以为不可也"。况且，从太祖元年(1392)开始，朝鲜王朝就已全面适用《大明律》，②按照《大明律》的规定，不论奴婢有罪无罪，如家长及家长的亲属，不告官而殴杀，都要负一定的刑事责任，同时还要"当房人口，悉放从良"。可是，尽管世宗也承认在《大明律》已经成为朝鲜王朝最高法典的情况下，"则其主擅杀奴婢者，一依律文施行可也"，但仍以"本国奴婢，世世相传，名分甚严，与中国奴婢顿殊"为由，认为"其从良之法，势难举行"，结果是"自今奴婢有罪无罪，不告官而欧(殴)杀者，一依旧例科断"。只是在"如有炮烙劓耳黥面刖足及或用金刃弓矢，或用大木巨石，一应惨酷滥杀者"且"而当房人口，系杀者之奴婢"的情况下，规定"私奴婢"应转为"公奴婢"而已。"进步"可谓微不足道。尽管王朝早已更替，尽管旧的法典早已废除，新的法典早已引入，但是情况依然没有太大的改变。一种根深蒂固的社会结构改变之难由此可知，何况它还和巨大的既得利益紧紧纠缠在了一起。③

(三)立法技术与法典性质

法律乃人们行为的准则，是统治集团合法性的根据，是对社会总体状

① 《朝鲜王朝实录·世宗实录》世宗二十六年闰七月辛丑条。另《世宗实录》此条所引律文为《大明律》卷二十《刑律三·斗殴》奴婢殴家长条之内容，中间有阙文。原条文为："若奴婢有罪，其家长及家长之期亲若外祖父母，不告官司而殴杀者，杖一百；无罪而杀者，杖六十，徒一年。当房人口，悉放从良。若家长及家长之期亲，若外祖父母，殴雇工人，非折伤，勿论。至折伤以上，减凡人罪三等；因而致死者，杖一百，徒三年；故杀者，绞。若违犯教令，而依法决罚，邂逅致死及过失杀者，各勿论。"(参见怀效锋点校：《大明律》，法律出版社1999年版，第165页)

② 朝鲜太祖李成桂在其登上王位10天后，就下教云："前朝之季，律无定制，刑曹、巡军、街衢，各执所见，不得中。……自今京外刑决官，凡公私罪犯，必该大明律。"《朝鲜王朝实录·太祖实录》太祖元年七月丁未条。

③ 具体论述参见第六章第三节《从奴婢律看高丽法律移植的"后发劣势"及其与贵族集团的关系》。

态的反映,并能动地反作用于这些层面,起到重塑社会的作用,对统治集团的根本利益及社会整体的正常运转有重大的影响。因此,在高丽中期,尽管是文化素养不高的武人集团执政,但是他们对唐律的吸收也是经过精心选择的。上文已就法典内容的方面多有论列,下面我们将就法典技术的层面略做讨论。

首先,高丽律和唐律采用的立法技术不同,唐律采用的是概括式的立法技术,而高丽律采用的则是列举式。之所以如此,一个重要的原因就是高丽律极为简单,尤其缺乏总则和通例性的规定,不得不将内容详细展开。这样做的好处在于明了易懂,但是却导致了律条的臃肿烦琐以及内容的不周延。立法技术的不同是两律一些律条在量刑上出现差异的重要原因。

其次,高丽统治集团对唐律的"吸收"和"改造"采取了种种不同的手法,概括起来有以下几种:(1)基本照抄唐律的某一律文,但以列举式的立法技术来表达。(2)截取唐律某一律文的一部或几部分,在表述上略做改动。(3)分别截取律文和律疏的某些部分,将其混合、改造和加工。(4)截取唐律某几个律文的一部分并将它们融合为一。(5)在上述几种方法的基础上再添加一些反映其固有传统、文化和社会状况的内容。以上5种手法可统称为"改造法"。但更重要的却是"筛选法",即通过决定吸收哪些条文、摒弃哪些条文这种有倾向性、选择性的方式来决定整部法典的面貌和性质。如此种种都是高丽人在制律时对唐律做了通盘考察的结果,绝非率意而为。但是这样的改造也会带来不少问题,主要表现在两个方面:

1. 在对唐律进行"改造"的过程中,会因对唐律某些制度的误解而出现错误。如高丽律的故放畜产损食人田苗条将《唐律》放畜损食官私物条"失者,减二等"的规定改为"若因走失者,减二等"。显然误解了唐律律文的原意,缩小了律文的适用范围。

2. 通过"筛选法"法,唐律的绝大多数律文都被"过滤"掉了,整部高丽律的实际内容不到唐律正文的十几分之一,因此就不可能像唐律那样缜密周到,只能集中对某些问题作出规定,对其他问题则基本采取了忽略的态度，从而留下了大量的法律空白。比如在复原后的高丽律中，保护王权的条文基本阙如，而规制家族伦理和家族犯罪的条文所占的比重较大；规定官员责任和各种职务犯罪的律文极少，而规定财产犯罪的律文较多；规定程序问题的律文极少，而规定实体问题的律文较多。唐律的重点和核心内容在高丽律中被边缘化了，使唐律中大量的制度和规定在被移植的过程中发生了严重的“丢失”现象。出现这种现象的原因极为复杂，主观选择乃是主因之一。一种外来法律体系的移入关乎该移入国各阶层的重大厉害关系。作为“母法”的原生法往往是一种较高“文明”或社会环境的产物，当它被移植到一个发育程度相对较低的社会时，许多较为“开明”“先进”的内容与该国的社会现实必有一定的差距，而且还可能对该国的某些支配势力或特权阶层不利。由于客观形势所迫，这些支配势力或特权阶层又不能完全排斥这种外来的制度，于是便在移入的过程采取了故意甄别的策略，通过对律文的“筛选”与“改造”达到使外来法制中对己不利的内容尽量减少甚至消失于无形的目的。

通过对律文的“筛选”与“改造”，高丽律和唐律在性质上出现了重大的不同。高明士说：“礼乐律令是基于古典及旧有传统所完成的国家基本大法。”[①]对于“律”来说尤其如此，一经制定，就应遵守，不能随意改变，是所谓的“宪章”“恒典”。他在论述律令制和隋代的立国政策时还说隋代所建立的律令制度和此前最大的不同在于“藉律令制度的厘正，而将皇帝为顶点之中央集权体制的重要性凌驾于儒家‘贵民说’之上，此在‘律’的十恶、八议规定以及‘令’的篇目顺序调整，所反映的政治理念，格外明显。所以律令制的发展，到隋代，可以说具有如下三项特质：1. 从制度上具体落实文化认同政策，2. 具体实现以皇帝为顶点的中央集权政策，3. 依法(= 律令)为治”。[②] 这一论断对于唐代的律令也是基本适用的。单就唐律本身而言，从其名例、事律各篇以及其后罪律和专则的排列顺序来看，我们不难看出先皇帝、后国家、后人民这样的序列，不难看出皇权至上、官

---

① 高明士：《从律令制度论隋代的立国政策》，载《唐代文化研讨会论文集》，文史哲出版社 1991 年版，第 387 页。

② 同上书，第 389 页。

僚本位、人民附从这样的理念。律就是要优先保障专制皇权的绝对权力和地位,保障官僚机构的顺利运行,为此就要保障官僚、贵族的特殊利益,同时赋予他们相应的责任;之后执行的才是保障大多数人基本生存条件的公共职能,只有在这个方面,它才和现代的刑法类似。也就是说,唐律是唐王朝的根本大法。而高丽的整体社会状况和唐大不相同,因此高丽律对唐律律文进行了大规模的"筛选"与"改造"。在高丽近500年的统治期间,高丽律基本上维持在百条以内的规模,一部律内空白点极多,涉及国家根本制度的内容极少,多为就事论事的技术性条款。从这个角度来看,高丽律与现代刑法更为相似,国家根本法的性质非常模糊。

二、律与政治

就高丽律(复原)和政治现实的关系而论,《唐律·名例律》首列"十恶",次列"八议""议、请、减、赎""官当、除名、免官、免所居官"等制度,实际上是宣示唐王朝的基本政体乃君主独裁的专制政体,在此政体之下,唐王朝乃一个贵族、官僚的混合型社会,贵族特权被纳入官僚体制之中,而官僚则带有贵族的色彩。复原后的高丽律却有所不同,它只是截取、改造唐律的一小部分而成,多是一些纯粹的技术性条款。在这些为数不多的律文中,着意强调家族内部的伦理关系而刻意回避君臣间的伦理关系,着意打击普通的刑事犯罪而刻意回避政治性犯罪,因此在高丽律(复原)中卫禁律、职制律、擅兴律所占比重极小,贼盗律的条文也主要集中在盗律而忽视贼律;相反户婚律和杂律所占的比重极大。由此我们认为,复原后的高丽律反映的是高丽武人执政以后特殊的社会现实,这在第四章还有详细的讨论。以下我们仅就高丽律(复原)关于家庭制度的规定与当时现实政治的关系略做讨论。

高丽的家庭制度不严密,高丽律对涉及家庭关系的犯罪处罚多较唐律为轻。虽然如此,我们看到,高丽律又特别强调家庭内部的伦理关系,调整家庭关系的律条在律典中所占的比重不小。这种看似矛盾的现象反映的也是高丽武人执政时期的政治现实。在高丽武人执政的百余年间(1170~1270),尽管国王形同傀儡,可以随时被废、被杀,但是王室的法统地位毕竟还是维持了下来，武人集团在名义上还是国王的臣属。李奎报(1168～1241)在其《复次韵李侍郎见和》一诗中云："强土谁将觊剖芘，跨江弥岭立天戈，总开中令(晋阳公)乘时奋，图灭强胡用算多。……更卜花山延世统，必无榆塞听夷歌。奉尊主势崇藩卫，燕及居民保穴窠。盖代功名巍若此，有时欢乐舍将何。"[①]此诗虽为歌颂武人首领崔怡(爵号晋阳公——引者)而作，但是文中所谓"更卜花山延世统""奉尊主势崇藩卫"却是仍然尊奉王室法统地位的意思。他在《上晋阳公并序》中云："仆本无立锥之田。唯仰俸禄。……无处得炭。连致冻缩。方此之时。忽蒙惠送白粲白炭。……此亦稀有之荣观也。"并赋诗云"别作天开雨露恩，忽加珍赐到闲门。……一生祝寿凭谁证，无尽虚空有佛存。"[②]在《又谢晋阳公送白粲并序》中又云："某本穷薄人也，名为宰官，贫甚匹夫。……忽蒙令慈惠送白粲十斛，一家喜抃，同祝令寿万年。……"[③]所谓"别作天开雨露恩""同祝令寿万年"实际上又等于承认了崔氏一门等同于王室的地位。金坵(1211—1278)在其《上晋阳公》的诗中云："两世(指崔忠献、崔怡两世——引者)波澜定海东，泰山功后泰山功。茆分万户犹毫末，河润三韩亦掌中。"[④]也是对崔氏政权既有的等同于王室地位的承认。

这样，在现实政治中，名与实之间就出现了矛盾。为了解决这一矛盾，确立自己统治的合法性(或最大限度地排除自己统治的不法状态)，武人政权不得不对包括刑律在内的各种制度进行改作，删除那些强调王权至上、保卫王室安全以及防止臣下越权、擅权的条文，贬低君臣之间"忠"的关系。与此同时，又必须另有一套制度安排和伦理观念来支撑自己的统治，为此崔氏武人政权采取了以下两种策略：(1)王权政治的家族化。(2)对儒家"孝"观念的强调。

武人政权特别是从崔忠献开始持续了四世六十余年之崔氏一族的统治主要是通过父死子继、世代把持兵柄的方式实现的。在崔忠献执政时

① [高丽]李奎报：《东国李相国集·后集》卷八《古律诗五十七首》，载《韩国文集丛刊》[2]，景仁文化社1996年版(下同)，第218页。

② 同上书，第217～218页。

③ 同上书，第229页。

④ [高丽]金坵：《止浦集》卷一，载《韩国文集丛刊》[2]，第328页。

已是“举国臣子,知有忠献,而不知有君父。……(崔忠献)结纳搢绅,违道干誉。一时付势媚灶之徒,窥伺奔走,犹恐或后,无复有士君子之风”① 的情况。到了其子崔怡执政时,在高丽高宗十二年(1225),“百官诣怡第,上政簿。怡坐厅事受之,六品以下官再拜堂下,伏地不敢仰视。怡自此置政房于私第,选文士属之,号曰必阇赤,拟百官铨注书批目以进,王但下之而已”。② 关于崔怡设置政房一事,朝鲜王朝前期的成三问(1418～1456)云:“若夫政房一事,则高丽之时,晋阳公崔忠献③父子相继,四世专国,始置政房。视公府为私物,使乳臭子弟,称为政房承宣,援引党类,布列台阁,旬日除官,至于百余。”④设立“政房”是武人政权为了使王权政治家族化而采取的一个重大措施,之后,王国大臣的仕途与进退完全取决于崔氏一族之“私门”。在设立“政房”之后,崔怡又于高宗十四年(1227)设置了“书房”,史称“怡门客多当代名儒,分为三番,递宿书房”。⑤ 从此,王国的大臣近乎变成了崔氏一族的家臣。《高丽史・崔忠献附崔怡传》称崔怡“多拔寒士,以收人望”。⑥ 朝鲜后期学者姜再恒(1689～1756)云:“当时人士,甘其(崔怡)豢养,亦足羞也。”⑦洪汝河亦云:“一时英人杰士,无不煦妪于忠献父子之门,鲜能自拔者。名节隳隤,于是极矣。”⑧“政房”政治以及在“政房”设立之后武人政权采取的种种措施⑨实际上就等于将从前的王权政治降格为崔氏一族的家族政治。因此崔氏武人政权修改刑律时,在贬低君臣之间“忠”之关系的同时却着意强调家族内部“孝”的关系。⑩ 比如在《贼盗律》的10个条文中,有4条涉及“十恶”,且都属于强调家族伦理关系的“恶逆”和“不睦”两恶;而与强调君臣间“忠”之关系的

① [朝鲜]崔溥:《锦南先生集》卷二《东国通鉴论》以李奎报为右正言条,民族文化推进会本。

② 《高丽史・崔忠献附崔怡传》(下册),第804页。

③ 崔忠献的爵号为晋康公,晋阳公为其子崔怡的爵号,成三问此处有误。

④ [朝鲜]成三问:《成谨甫集》卷二《策》,民族文化推进会本。

⑤ 《高丽史・崔忠献附崔怡传》(下册),第804页。

⑥ 同上书,第802页。

⑦ [朝鲜]姜再恒:《立斋遗稿》卷十《东史评证》,民族文化推进会本。

⑧ [朝鲜]洪汝河:《木斋文集》卷十《义烈传》,民族文化推进会本。

⑨ 关于高丽武人执政时期的统治体制,可参见[韩]朴龍雲:《高丽時代史》第四章第二节之《武人政權의 支配機搆》,一志社1996年版,第429～446页。

⑩ 关于高丽律中对“孝”的强调,可参见[韩]李熙德:《高丽律과 孝行思想에 대하여》,载《歷史學報》1973年第58期。

“谋反”“谋大逆”和“谋叛”有关的条文基本上都被删除了。又如高丽律（复原）《斗讼律》的大部分律文均为涉及家庭犯罪的规定；在《户婚律》中调整家庭关系的律文也占到了 1/3 左右的比重，且其中的“子孙别籍异财”条实际上还综合了《唐律》子孙别籍异财、居父母丧生子和子孙违反教令三条的内容。崔氏武人政权之所以对刑律做这样的调整，就是希望通过这些律文来较好地调整崔氏家族内部以及崔氏一族和其家臣的关系，并以此来达到调整国家政权、维持自己统治的目的。

第五章　唐律、高丽律适用比较

第一节　两律适用机关的异同及其原因

两律适用的机关主要就是指唐、高丽两朝的司法机关，关于它们之间的关系，现在学界多认为高丽大理寺（典狱署）乃仿唐之大理寺而设，是高丽的最高审判机关；御史台（司宪府）乃仿唐御史台而设之总检察机关，刑部（刑曹）乃仿唐之刑部而设之司法行政机关。[①] 实际情况并非如此简单，而是呈现出名同实异、同中有异等复杂的样态。

一、名同实异

（一）大理寺

名同实异主要是指唐、高丽两朝大理寺和刑部两机关尽管名称相同，职掌却迥异的情况。在唐代，大理寺是中央核心的审判机关，长官大理卿“掌邦国折狱、详刑之事。……少卿为之贰。凡诸司百官所送犯徒刑已上，九品已上犯除、免、官当，庶人犯流、死已上者，详而

---

① 参见杨鸿烈：《中国法律对东亚诸国之影响》，法律出版社1999年版，第36～39页。

质之，以上刑部……若禁囚有推决未尽、留系未结者，五日一虑。若淹延久系，不被推诘；或其状可知，而推证未尽；或讼一人数事，及被讼人有数事，重事实而轻事未决者；咸虑而决之。凡中外官吏有犯，经断奏讫而犹称冤者，则审详其状”。[①]

在大理卿和少卿之下有大理正二人，大理丞六人，“大理正掌参议刑狱、详正科条之事。凡六丞断罪，有不当者，则以法正之。凡内外官及爵五品已上犯罪至弃市者，并监决。……丞掌分判寺事，凡有犯，皆据其本状以正刑名。徒已上，各呼囚与其家属，告以罪名，问其状款；不伏，则听其自理”。[②] 就大理丞而言，“每一丞断事，五丞同押，若有异见，则得各言其不同之致状也”。[③] 如同押之丞认为断案有误，还可以将案卷“批退”，要求重审，原断法官既可以坚持前判，也可以改判。[④]

同时还有大理司直 6 人，“掌承制出使推覆，若寺有疑狱，则参议之”。[⑤] 大理评事 12 人，均掌出使推按，受理府州疑狱，不出使时大理评事可以参议寺内疑狱。[⑥] 主簿则“掌印，省署抄目，勾检稽失。凡官吏之负犯并雪冤者，则据所由文牒而立簿焉”。[⑦] 还有狱丞 2 人，“掌率狱史，知囚徒”，[⑧]管理监狱。此外又有问事“一百四十八人，掌决罪人”，[⑨]掌管刑罚的执行。

正因为大理寺处于唐中央核心审判机关的位置，所以太宗对侍臣们说：“大理之职，人命所悬，当须妙选正人。”[⑩]徐有功在任司刑少卿（大理少卿）之后也对友人讲：“今身为大理，人命所悬，必不能顺旨诡辞以求苟免。”[⑪]

---

① （唐）李隆基撰、李林甫注：《唐六典》，中华书局 1992 年版，第 501～502 页。

② 同上书，第 502～503 页。

③ 同上书，第 503 页。

④ 关于此可参见《册府元龟》卷六百十六《刑法部·议谳第三》所载丘神鼎及李思顺被告谋反两案的处理过程，《宋本册府元龟》卷六百十六《刑法部·议谳第三》，中华书局 1989 年版（以后书名仅标《宋本》二字），第 1932～1933 页。

⑤ 《唐六典》，第 504 页。

⑥ 俞鹿年：《中国政治制度通史·隋唐卷》，人民出版社 1996 年版，第 313 页。

⑦ 《唐六典》，第 503 页。

⑧ 《新唐书·百官志》，第 1257 页。

⑨ 《旧唐书·职官制》，第 1884 页。

⑩ 《大唐新语》卷四，中华书局 1997 年版，第 54 页。

⑪ 《旧唐书·徐有功传》，第 2819 页。

高丽大理寺的职能则完全不同。《高丽史·百官志》:“典狱署:掌狱囚,国初始置典狱署。成宗十四年改为大理寺,有评事。文宗复改为典狱署,置令一人,秩正八品;丞二人,正九品;……吏属:文宗置史二人,记官三人。”①典狱署虽一度以大理寺为名,但就级别而言,长官只有区区正八品,在高丽的官阶系列中几乎处于最低的层次。同时典狱署的属吏只有史二人,记官三人,根本不可能承担起类似唐大理寺那样的审判职能。实际上《高丽史·百官志》中已经说得非常清楚,高丽大理寺的执掌乃是“掌狱囚”而已,相当于现在的监狱,决非一级审判机关。恭让王四年(1392)三月,宪司上疏云:“典狱,罪人所聚,厉气蒸染,疾病易生。死非其罪,甚可恤也。乞医官一员,六朔相递,全仕典狱……又令刑曹正佐郎一员,于月令内并下提牢官考察狱官、医员勤慢。”②可知典狱署确实是一“罪人所聚”对地方,刑部官员对之有检查、督促之责。

又《高丽史·郑国俭传》:

一日,国俭见一妇人盛饰,着袈裟,由峰路下。……贼邀而劫执,从婢皆散。国俭不能忍视,遣女壻内侍李维城,令同正崔谦率家童捕之获三人,囚大理,乃大将军李富甥侄及权势武官子侄也。请谒交午,法官欲不治。刑部员外郎赵闻识独抗议,讯鞫杖杀,时议快之。③

此案为一事实明白的普通刑事抢劫案件(《唐律》所称的“强盗”)。在唐代,如犯罪人在京师所犯的罪行已经达到了徒以上的程度,就要交大理寺审判,而本案的主审机关却是刑部,就是因为在高丽大理寺不过是一个监管的场所而已。朝鲜王朝对高丽王朝的制度继承甚多,在司法制度上同样如此。从朝鲜世祖时期开始陆续颁行的《经国大典》在其《吏典》中就规定典狱署为“从六品衙门”,④职掌为“掌狱囚”,⑤和高丽制度基本一致,而真正的司法审判机关是“掌奉教推鞫之事”的“从一品衙门”义禁

① 《高丽史·百官志》(中册),第684页。
② 《高丽史·刑法志》(中册),第874页。
③ 《高丽史·郑国俭传》(下册),第229页。
④ 《经国大典·吏典》,[韩]韩国法制研究院1993年版,第682页。
⑤ 同上。

府，和“掌详谳、词讼、奴隶之政”的“正二品衙门”刑曹。[1]

（二）刑部

唐代刑部有刑部、都官、比部和司门四司，专门负责司法事务的只有刑部司一司。刑部的长官为刑部尚书，“掌天下刑法及徒隶句覆、关禁之政令”。[2] 司法事务是其主要职掌之一，而非全部。《通典》卷二十三《职官五》刑部侍郎条称侍郎的职掌为：“掌律令，定刑名，案覆大理及诸州应奏之事。”[3]可以看作对整个刑部司法事务的概括。也就是说，刑部的司法职能大体可以概括为三项：其一为主持律令格式的制定与修改等立法工作，其二为主管具体的司法行政事务，其三为覆审。其中与法律适用关系最为紧密的就是覆审。一般的案件如经刑部覆审没有发现问题，徒刑案件就可以“覆下之”，流刑和死刑案件则上奏皇帝，交由中书门下覆理。刑部在覆审的过程中，如发现大理寺等司法机关所断之案有误，可以将案件驳回原审机关重审，也可以径行改判。[4] 在中晚唐时期，刑部还被赋予了另外一些和司法相关的职能：其一为替有关机关检索法条的职能，[5]其二为对经大理寺法官集体“详议”过的疑难案件进行“参覆”的职能。[6] 总之，刑部在唐代既是一个司法行政机关，同时还履行一定的审判职能（覆审），在各个司法机关之间起着联络、协调的作用，居于中枢的地位。

《高丽史·百官志》刑曹条：

掌法律、词讼、详谳之政……成宗十四年，改尚书刑部。文宗定判事一人，宰臣兼之，尚书一人，秩正三品，知部事一人，他官兼之，侍郎二人，正四品，郎中二人，正五品，员外郎二人，正六品。又别置律学博士一人，从八品，助教二人，从九品。[7]

---

① 以上引文均见《经国大典·吏典》，第632页。

② 《唐六典》卷六，第179页。

③ （唐）杜佑：《通典》，中华书局2003年版，第644页。

④ 《唐六典》卷十八关于大理丞执掌的注中就说：“刑部覆有异同者，下于寺，更详其情理以申，或改断焉。”第502～503页。《通典》卷一百六十九《刑法七》守正条所载“茂州童子张仲文忽自称天子”一案即是径行改断的一例，第4372～4373页。

⑤ 参见《通典》卷一百六十五《刑法三·刑制下》，第4244页。

⑥ 《旧唐书·武宗纪》，第604页。

⑦ 《高丽史·百官志》（中册），第664页。

高丽刑部只有一司,专掌司法司务,与唐代刑部的组成和职掌显然不同。此为制度上的规定,在实践的层面上是否如此,我们不妨分析一个具体的事例。《高丽史·显宗世家》:

(显宗二年二月)己巳,刑部奏:“刘彦卿世受国恩,不思报效,率先降敌,请流配妻子”。从之。[①]

又:(显宗二年七月)甲申,刑部奏:“郎中白行邻当南幸之际,留在京城,自称御史中丞,与李因礼、巨贞等召募徒奴为军,见敌不战而溃,请除名”。从之。[②]

又:(显宗二年)八月癸卯,刑部奏:“赵容谦、柳僧虔、李载、崔楫、崔成义、林卓当南幸之时,惊动行宫,请请除名支(流)配”。从之。[③]

所谓显宗“南幸”是指在显宗元年十一月,辽圣宗亲征高丽,迫使高丽王显宗仓惶南逃之事。次年正月,辽军攻入高丽首都开京,随即撤离;同年二月丁卯,显宗重还开京。[④] 因此上述史料反映的高丽朝廷对战争期间犯有各种罪过的官员进行秋后算账的事,均发生在二月丁卯以后。这在当时是高丽政治生活中的一件大事,被处理的官员一般都被处以了除名、流配这样的重刑。我们发现主持这些审判的均为刑部,而且在向国王上奏时,都非常明确地提出了应该对当事人处以何种刑罚的具体意见。显然,在高丽,刑部确实是一个审判机关,基本上相当于唐代的大理寺,和唐代刑部的职能相差甚远。朝鲜太祖李成桂在其即位教书中说:“前朝之季,律无定制,刑曹、巡军、街衢各执所见,刑不得中。自今刑曹,掌刑法、听讼、鞫诘,巡军掌巡绰、捕盗、禁乱。”[⑤]可见在高丽王朝掌刑法、听讼、鞫诘的主要是刑曹,尽管在高丽王朝后期巡军府和街衢所有时也在行使这方面的职能。在朝鲜世宗二十五年九月十日,刑曹启:“典狱囚女众生背夫,请依律处绞”。[⑥] 三日后,刑曹又启:“典狱囚队副金成富鬪杀人,请依

① 《高丽史·显宗世家》(上册),第89页。
② 同上书,第90页。
③ 同上书,第90页。
④ 同上书,第88~89页。
⑤ 《朝鲜王朝实录·太祖实录》太祖元年七月丁未条。
⑥ 《朝鲜王朝实录·世宗实录》世宗二十五年九月辛酉条。

律处绞。"[①]显然,在朝鲜前期,刑曹和典狱署的关系是:典狱署掌管羁押罪犯,刑曹则掌管对这些罪犯的审判。高丽时期的情况也应如此。正因为在司法制度上半岛王朝和中原王朝有如此重大的不同,朝鲜时期的人们已开始注意到这一问题,朝鲜中期的金安国(1478~1543)在给士子们出的试题中就问:"我东国自罗季,浸浸尚华风。暨高丽立,国规大抵仿拟中国。至我朝事皇明,凡制度文物,悉所依遵,而其间亦多有不同者。……中朝既设刑部,又设大理寺。我朝则只置刑曹,而无审刑官,抑何意欤?"[②]所谓"只置刑曹,而无审刑官"就是指在高丽和朝鲜王朝只有负责审判的刑曹,而没有负责覆审的机构的情形。而在唐朝担当覆审职能的机构是刑部、明朝则为大理寺。

二、同中有异

(一)御史台

同中有异主要是指唐、高丽两朝御史台、地方司法机构以及最高统治者在司法过程中的作用同中有异的情形。

先看御史台的情况。御史台既是唐中央的监察机关,也是一个重要的司法机关,御史台参与司法活动和其监察职能的行使密切相关。首先,御史在弹劾官员之前,为了弄清事实有权对有关人员进行拘捕和审讯,并可直接参与重大案件的联合会审,同时还有权监督中央和地方的司法工作。其次,如果御史台所推为"寻常之狱",就要受到正常司法程序的制约,即所谓"若寻常之狱,推讫,断于大理"[③]"又案事入法,多为大理所反"。[④] 但如果所推为"制狱",则不受正常司法程序的约束,可径行上奏皇帝,由皇帝本人裁断,即所谓"凡有制敕付台推者,则按其实状以奏"。[⑤]武则天统治时期之所以能够利用任职于御史台的酷吏制造了大量冤假错

① 《朝鲜王朝实录·世宗实录》世宗二十五年九月甲子条。

② [朝鲜]金安国:《慕斋先生集》卷十《国朝制度仿拟中国而损益不同》,民族文化推进会本。

③ 《唐六典》卷十三御史大夫中丞条,第379~380页。

④ 《通典》,第660页。

⑤ 《唐六典》卷十三御史大夫中丞条,第379~380页。

案,和这一制度上的设计有重大关系。[①] 尽管御史台推案制狱弊端百出,但除尚书左右仆射及左右丞“御史纠不当者,兼得弹之”“劾御史举不当者”[②]的制度以外,几乎没有其他有效的制约手段。直到太和二年,中书门下还上奏请求:“御史台推事,纵有特宣,亦须正敕。应朝官犯罪,准《狱官令》,先奏后推。格式具存,合共遵守。”[③]如御史台所推制狱已成,即使皇帝下令改判,也可以坚持己见,不受诏命,[④]此为唐代权力制衡机制的又一表现。

在御史台直接担当司法事务的是三院御史,其中以侍御史最为重要。《唐六典》卷十三侍御史条:“侍御史四人,从六品下;侍御史掌纠举百僚,推鞫狱讼。其职有六:一曰奏弹,二曰三司,三曰西推,四曰东推,五曰赃赎,六曰理匦。凡有制敕付台推者,则按其实状以奏;若寻常之狱,推讫,断于大理。”[⑤]殿中侍御史也有一定的司法权,在中晚唐时期与侍御史组成四推,主推制狱。[⑥] 而监察御史的司法权仅次于侍御史,其中最重要的有三项:其一为对刑部、大理寺等机关司法事务的监察,[⑦]其二为“巡按郡县,纠视刑狱”,其三为监督刑罚执行的权力。同大理寺的运作理念相似,在御史台,上下级官员之间也不存在绝对的服从与被服从关系。在案件的处理上,三院御史均有较大的独立性。直到晚唐时期,情况都是如此。[⑧]

高丽御史台同样既是一个监察机关,也履行一定的司法职能。《高丽

---

① 《唐律·诈伪律》对制上书不以实条云:“诸对制及奏事、上书,诈不以实者,徒二年;非密而妄言有密者,加一等。若别制下问、案、推,报上不以实者,徒一年;……”疏议解释“若别制下问、案、推”云:“‘若别制下问’,谓不缘曹司,特奉制敕,遣使就问。……案者,谓风闻官人有罪,未有告言之状,而奉制案问。推者,谓事发遣推,已有告言之者。”(第1705~1706页)可见即使根据制度的规定,皇帝也可随时随地启动或介入司法程序,不必经过有关的司法机关。

② 分别见《通典》卷二十二《职官》,第597页;《新唐书》卷四十八《百官志一》,第1185页。

③ 《唐会要》卷六十二《御史台下·推事》,第1082页。

④ 关于御史台不受皇帝诏命的问题,可参考胡沧泽:《唐代御史制度研究》第三章第一节《御史台和皇帝的关系》《唐代监察制度对皇帝的制约》,载《福建师范大学学报》(哲学社会科学版)2000年第3期。

⑤ 《唐六典》卷十三,第379~380页。

⑥ 《唐会要》卷六十二《御史台下·推事》,载元和八年九日御史中丞薛存诚上奏云:“……台中旧例及兴元元年十月四日御史大夫崔纵重奏:取侍御史、殿中侍御史各二人,共成四推,犹以东西推为名。又各分京城诸司,及道州府,为东西之限。只日则台院受事,双日则殿院受事。……”,第1081页。

⑦ 《唐会要》卷六十《御史台上·监察御史》:“旧例:……则六察御史递相移改。今请令监察从上第一人察吏部、礼部,第二人察兵部、工部,第三人察户部、刑部……”,第1055~1056页。《通典》卷二十六《职官六·御史台》监察御史条:“分为左右巡,纠察违失。……将晦,即巡刑部、大理、东西徒坊、金吾及县狱。”第675页。此执掌在开元初,改由殿中侍御史掌管。

⑧ 《册府元龟》卷五百十五《宪官部·刚正第二》载侍御史王华审理李凝吉被诬下毒一案可为明证,《宋本》第1321页。

史·百官志》:"司宪府掌论执时政、矫正风俗、纠察弹劾之任。国初称司宪台,成宗十四年改御史台,有大夫、中丞、侍御史、殿中侍御史、监察御史。"①就制度上的规定而言,高丽御史台的职能和唐已有重大不同:高丽御史台的首要职能是"论执时政、矫正风俗",其次才是"(掌)纠察弹劾之任",而唐代御史台的职掌却是:"掌邦国刑宪、典章之政令,以肃正朝列。"②并不具有高丽御史台"论执时政、矫正风俗"的职能。高丽御史台"论执时政"的职能主要通过对两种权力的行使体现出来。

首先,御史同谏官一起享有"署经权",③国王对官员的任命最后都必须由御史和谏官签署方能生效,台谏官们可以签署,也可以拒绝。《高丽史·尹贤传》:"(尹贤)卖狱受布百五十匹。事觉,宪司劾其罪。时批目下已二日,贤与宦官谋寝其劾,收批入内,抹持平李孙宝名,改注贤,不用印。台官不署告身,贤昏夜乞哀,又托权豪宦寺促署之。"④在朝鲜世宗八年(1426)正月,左司谏许诚等上疏,要求"自一品至九品,皆令署经台省,以励人心,以正士风",⑤世宗则说:"高丽之季,文武官职牒,台省署经时,以暧昧之事,沮滞不出,诚为未便。"⑥当是认识到御史台"署经权"对王权的牵制作用,所以才不同意扩大其行使这一职权的范围。朝鲜成宗元年(1470)二月癸亥条载司谏院大司谏金寿宁等上疏云:"告身署经之法,盖古者封还制麻之遗意,所以砺风俗、重名节,不可废也。高丽自侍中以下,皆关门下府署经,乃许赴衙。其为法太重。国朝因旧制而酌损之,自五品以下,悉令署经,行之已久。"⑦显然在朝鲜王朝,对御史台署经权的限制一直沿用不变。

其次,御史台享有"驳执权",可以直接驳回国王的决定。《高丽史·明宗世家》:"(明宗八年三月)辛亥,虑囚,宥诸道察访使械送赃吏三十五人。台监殿中侍御史晋光仁不能驳执,御史台劾奏,竟原之。"⑧

---

① 《高丽史·百官志》(中册),第666~667页。
② 《唐六典》卷十三,第378~379页。
③ 关于此,可参见[韩]朴龍雲:《高丽時代史》,第99~100页。
④ 《高丽史·尹贤传》(下册),第701页。
⑤ 《朝鲜王朝实录·世宗实录》八年正月辛酉条。
⑥ 同上。
⑦ 《朝鲜王朝实录·成宗实录》成宗元年二月癸亥条。
⑧ 《高丽史·明宗世家》(上册),第400页。

“署经权”和“驳执权”都是御史台的法定职权，如果相应的御史不履行这些职权就是不称职，就有被弹劾的危险。国王在御史们行使这两项职权时，既可以听从，也可以坚持己见，不予采纳，但是御史们可采用“退而待罪”，以进行罢工的方式迫使国王收回成命。《高丽史·仁宗世家》：“（仁宗十年）五月丙子，御史大夫任元浚等以贡院试题错误，上奏请追夺今年及第名牌改试，不报。元浚等退而待罪，台空凡七日。”①

高丽御史台“矫正风俗”的职能主要通过其司法职能的行使体现出来的。高丽御史台审理的案件主要集中在伦理犯罪和官员犯罪两个方面。《高丽史·刑法志》：“肃宗六年正月，注（主）簿李景泽妻金氏欲杀夫之继母，阴使婢置毒于食以进，母知之，以告御史台。金不服，御史台请更鞫问……景泽死狱中。”②又《高丽史·元宗世家》：“（元宗九年〔1268〕二月）丙午，将军周瑄通其叔父周永赉妻大氏，事觉，御史台执大氏鞫之，死于狱中，遂斩瑄。”③可见只要发生了事关伦理、风俗的案件，不仅有关当事人可直接前往御史台告诉，御史台也可以主动启动司法程序。在朝鲜王朝时期，有这样的旧例“旧例：本府（司宪府，相当于高丽时代的御史台——引者）风闻公事，如大臣不法、守令贪污虐民、妇女失行、人子不孝、疎薄正妻，一应关系纲常风俗等事，随所闻见，即加推劾。如其得情，启闻科罪”。④ 当是直承高丽制度而来。

《高丽史·崔冲附崔惟善传》：“侍御史卢旦奏事不称旨，王（文宗）怒谓左右曰：‘此非忠蹇之臣。’命曳出，脱公襕缚之。惟善奏：‘人臣有犯，当付宪司。’王意解。”⑤由此可证官员犯罪，要直接送交御史台而非刑部进行审理。相对于刑部，御史台的受案范围相对狭窄，这才是它和刑部的区别所在。在处理这两类案件时，高丽御史台具有逮捕、审判和执行等非常完整的司法权，并非仅仅是一个司法监察机构而已。《高丽史·肃宗世家》：“（肃宗元年四月）壬戌，……中书省奏：‘……囚系之中，必有非罪……乞

---

① 《高丽史·仁宗世家》（上册），第330页。
② 《高丽史·刑法志》（中册），第855页。
③ 《高丽史·元宗世家》（上册），第525页。
④ 《朝鲜王朝实录·睿宗实录》睿宗元年（1469）闰二月丙寅条。
⑤ 《高丽史·崔冲附崔惟善传》（下册），第120页。

令御史台、尚书刑部凡疑狱是非未定者,促令决正,使无冤滥。……'王纳之。"[①]在恭愍王五年十月,恭愍王上书给元朝皇帝:"小邦有监察司、典法司掌刑听讼,纠正非理。"[②]可见不论是高丽前期还是后期,在"掌刑听讼"方面,高丽人并不认为御史台和刑部有什么太大的差别,因此常将它们相提并论。

关于高丽御史台和刑部的分工,以下两条史料颇引人注意:

(恭愍王六年十二月)癸未教曰:"人命至重,绝不复续。闻狱官多不详刑,以致冤死。自今有枉刑者,都评议使司、御史台申闻纠理。"[③]

又:

(恭愍王二十年三月)庚子,王出报平厅视事,谓谏官曰:"……且宪府职掌弹纠,有诉误断者,宜令宪府听理。"[④]

可见,高丽御史台和刑部的不同之处还在于它是一个错案纠正机构。就这一点而言,反而有些类似唐代的刑部。尽管这两条史料反映的均为高丽末期之事,但是从高丽王朝的各项制度及各机构的职能具有相当大的延续性这一特点来看,在高丽的前中期,两机构间的关系也应如此。

(二)地方司法机构

在唐前期,地方官府分为州(边远地区为都督或都护府)、县两级,采取司法、行政合一的体制,地方最高行政长官同时就是最高司法长官,州刺史(都督或都护)和县令要兼理地方司法,躬亲狱讼。因为这种体制上的设计,唐的州(都督或都护府)、县都没有专门的司法机构,而是在既有的行政序列中设置了一些在地方长官之下负责司法工作的佐属,比如在都督之下有法曹参军事和户曹参军事,在刺史之下有司法参军事与司户参军事。户曹参军或司户参军事专门受理民事诉讼,而法曹参军或司法参军则专门受理刑事诉讼。同样,县一级也有司户佐、司户法佐等佐吏,

---

① 《高丽史·肃宗世家》(上册),第223页。
② 《高丽史·恭愍王世家》(上册),第773~775页。
③ 同上书,第778页。
④ 同上书,第839页。

司户佐协助县令处理民事案件,司法佐则协助处理刑事案件。如果当事人对地方的判决不服,可以通过法定的上诉程序上诉到中央司法机关。

总之,唐代地方司法的最大特点就是司法与行政合一的体制。在这一点上,高丽也概莫能免,《宣和奉使高丽图经》卷十六省监条记开城府的职掌云:"凡民庶婚田斗讼之事悉总之。"①然而由于高丽中央政权对地方的渗透缓慢,直到成宗二年(983),高丽朝廷才开始向地方派遣官员,此时距完成统一已有60年之久了。显宗九年,高丽朝廷又对地方制度进行了改革,形成了4都护、8牧、56知州郡事、28镇将、20县令的格局,形成了高丽一朝"外官制"的基本框架。② 即便如此,此时派遣有外官的郡县也只占全国郡县数的1/3左右。③ 同时,这些外官的官署与职员构成也极为简单。《高丽史·舆服志》外官衙从条:"显宗九年正月,定大小各官、守、令衙从。大都护府牧官:使六、副使五、判官四、司录·法曹各三,医·文师各二。中都护府:使、副使、判官、法曹、医文师、衙从[同大都护府]。防御镇使、知州府郡事官:使五、副使四、判官·法曹各三;县令、镇将三,副将、尉二。"④因此,在地方官府司法权限的大小以及地方官府对司法事务介入的程度上,高丽和唐也有较大的不同。

《高丽史·刑法志》职制条:"(成宗)七年判:诸道转运使及外官,凡百姓告诉,不肯听理,皆令就决于京官。自今越告人及州县长吏不处决者,科罪。"⑤可见在高丽向地方派驻官员的初期,被派驻的地方官们还不能或不愿在地方直接开展"正常"的司法事务,所以朝廷才有了"诸道转运使及外官,凡百姓告诉,不肯听理,皆令就决于京官"这样的临时性措施,并规定"自今越告人及州县长吏不处决者,科罪",要求地方官员负起地方司法的责任。由此可以推知,在此之前,高丽地方的司法事务基本上为地方贵族所把持,《宣和奉使高丽图经》卷十九民长条:"民长之称,如

---

① (宋)徐兢:《宣和奉使高丽图经卷八》,第43页。

② [韩]朴龍雲:《高丽時代史》,第119~120页。

③ [韩]李树健:《朝鲜初期地方行政史研究》,第21页;转引自[韩]林容漢:《고려후기 수령의 사법권 및行刑範圍의 확대와 그 성격》,载《고려시대의 형법과 형정(한국사론 33)》,국사편찬위원회2002年版,第254页。

④ 《高丽史·舆服志》(中册),第587~588页。

⑤ 《高丽史·刑法志》(中册),第841页。

乡兵、保伍之长也，即民中选富足者为之。其聚落大事，则赴官府；小事，则属之。故随所在细民颇尊事焉。”①其时为宣和四年（高丽睿宗17年，1122），文中所谓“民长”就是指高丽的地方贵族“乡吏”。在宣和年间仍然是“其聚落大事，则赴官府；小事，则属之。故随所在细民颇尊事焉”的状况，而此时距成宗时期又已达百余年之久，成宗时期乡吏集团在地方上的势力可想而知。

在高丽，州郡以下的行政单位为县，《高丽史·百官志》：“诸县：文宗定令一人，七品以上；尉一人，八品。睿宗三年（1108），诸小县置监务。高宗四十三年（1256），罢诸县尉。”②官员的设置极为简单，仅有1～2人。结合辛禑十四年（1388）九月典法司上疏中所披露的即使是守令也只能“合于笞者，依律直行”的事实，我们认为高丽县一级官府没有直接审理案件的权力。如果在县一级发生诉讼，县的做法是提出初步意见，然后将案件移送到郡。正因为如此，大量的法律事务才都集中到了郡一级，所以郡的法曹、掌书记就不得不整天忙于处理这些事务，这应该就是李奎报发出“簿书狱讼，来相侵佚”感叹的原因。③

关于高丽地方各级司法机关及地方司法机关与中央司法机关之间对案件的管辖关系，高丽与唐也有重大的不同，《高丽史·刑法志》载辛禑十四年九月典法司的一道上疏云：

今后京外官司若有刑戮者，须令通报于司，按律行移，然后施行之，毋得擅行，但外官守令则罪之。合于笞者，依律直行；杖者，报观察使，受命而施行；大辟则除将军临战外，具罪状报都观察使，使转告于司，司按律可杀而后报都评议使，使具闻于上，上察而命司依律行移而后施行之；则人无枉死者矣。……今后田民事一依前判，各还都官、版图。至于推征杂

① （宋）徐兢：《宣和奉使高丽图经》，第101页。
② 《高丽史·百官志》（中册），第701页。
③ 李奎报任全州司录兼掌书记（他在《朗山县监仓后有作》中就说：“可愧昔年闲放客，参军掌记又监仓。”（[高丽]李奎报：《东国李相国集·全集》卷九，载《韩国文集丛刊》[1]，景仁文化社1996年版，第387页），却要经常处理大量的法律事务，他在《南行月日记》一文中就提到：“出补全州幕府……而簿书狱讼，来相侵轶，只得一联一句。”[高丽]李奎报：《东国李相国集·全集》卷二十三《南行月日记》，载《韩国文集丛刊》[1]，第529页。

务,亦付主掌。开城府司则专修所职,判付都评议使,拟议施行。①

此虽为高丽末期之事,但是对我们认识高丽各级司法机关之间对案件的管辖关系还是非常有参考价值的。按照这条史料的说法,州(郡)、县一级长官只能直断最轻的笞罪,犯罪程度达到杖刑的就要上报观察使,得到批准之后才能施行。而死刑案件则需先报都观察使,由都观察使转报刑部,刑部按律定罪后报都评议使,然后由都评议使上奏国王。开城府由于地位特殊,上级机关直接为都评议使而非刑部。至于土地和奴婢案件则分别由版图和都官两司主管。

由此我们可以看到高丽司法制度和唐的另外两个重大差别:首先,高丽州、县两级官府的司法权限较唐为小。其次,高丽存在都评议使司这一在地位上仅次于国王的贵族合议机构,所有的重大案件最后都必须交到都评议使司,然后再通过它上达国王,"君臣同议断决"。②

(三)君主

两朝最高统治者在司法上的作用颇为不同。《唐律·断狱律》辄引制敕断罪条:

诸制敕断罪,临时处分,不为永格者,不得引为后比。若辄引,致罪有出入者,以故失论。【疏】议曰:事有时宜,故人主权断制敕,量情处分。不为永格者,不得引为后比。若有辄引,致罪有出入者,"以故失论",谓故引有出入,各得下条故出入之罪;其失引者,亦准下条失出入罪论。③

这一律文道出了唐代皇权与法律权威之间最基本的关系。首先,唐律承认皇帝有超越法律的特权,可以不顾现行法律的规定做出裁断,即所谓"人主权断制敕,量情处分"。其次,皇帝的"权断"仅具有个案的意义,没有普遍适用的效力,也就是说皇帝的"权断"并非是对相关法律条文的否定,而只是一种临时性的变通。除非这种临时性的变通具

① 《高丽史·刑法志》(中册),第849~850页。其实在十一年前之辛禑三年(1377)二月,尽管元朝已经灭亡,当时之高丽王辛禑还是下令"令中外决狱一遵《至正条格》"。

② 《高丽史·刑法志》(中册),第847页。

③ 《笺解》,第2067~2068页。

有普遍适用的价值，且经过了法定程序被编成了“永格”，否则引用皇帝的“权断”判案就是一种犯罪行为。[①] 从理想的层面来看，这不失为一种良性的制度安排，既可以维持法律的稳定与权威，又可以使律文具有一定的灵活性。然而这种制度安排一落到现实的层面，就情形大变。从整个唐代的历史进程来看，尽管上述良性的互动并非没有，[②]却非常少见，更多的则是两者的矛盾与冲突，法律的权威经常会遭到皇帝“权断”的破坏。《贞观政要》卷八《论刑法第三十一》载魏征论当时的法律适用状况云：

夫刑赏之本，在乎劝善而惩恶，帝王之所以与天下为画一，不以贵贱亲疏而轻重者也。今之刑赏，未必尽然。或屈伸在乎好恶，或轻重由乎喜怒；遇喜则矜其情于法中，逢怒则求其罪于事外；所好则钻皮出其毛羽，所恶则洗垢求其瘢痕。[③]

可见即使在太宗能主动抑制君权、为政开明，大力倡导“恤刑”“慎罚”政策的时期，律文已常常不能被遵守。导致这种状况出现的原因主要就是皇帝权断权的行使，即魏征所说的“以人臣之颇僻，犹莫能申其欺罔，况人君之高下，将何以措其手足乎？”从现存史料来看，在绝大多数情况下，权断实际上就是法外滥刑。《大唐新语》卷四载有一案：

飞骑因番请见……言（权）善才等伐陵柏，大不敬。高宗悲泣不自胜，命杀之。大理丞狄仁杰断善才罪止免官。高宗大怒，命促刑。仁杰曰：“法是陛下法，臣仅守之。奈何以数株小柏而杀大臣，请不奉诏。”高宗涕泣曰：“……知卿好法官，善才等终须死。”仁杰固谏，……高宗曰：“善才情不可容，法虽不死，朕之恨深矣。须法外杀之”。[④]

---

① 《唐律·断狱律》官司出入人罪条规定：“诸官司入人罪者，若入全罪，以全罪论；从轻入重，以所剩论；刑名易者：从笞入杖、从徒入流亦以所剩论，从笞杖入徒流、从徒流入死罪亦以全罪论。其出罪者，各如之。即断罪失于入者，各减三等；失于出者，各减五等。……”（《笺解》，第2069～2072页）处罚相当严厉。

② 《旧唐书·刑法志》所载太宗因同州人房强因弟谋反当坐，命百僚详议改律一事可为一证。第2136页。

③ 《贞观政要》卷八《论刑法第三十一》，岳麓书社2001年版，第262页。

④ 《大唐新语》，第56～57页。

对于这一高度敏感的案件，狄仁杰完全是依法而断，[①]高宗对此也心知肚明，但还是坚持要处权善才以死刑（史料中所谓"知卿好法官，善才等终须死"是也），并口不择言地承认之所以要这样做是因为"朕之恨深矣，须法外杀之"。这句话可谓一语道破千余年来皇帝权断的秘密，即他们的权断主要是出于个人的好恶，而非出于司法公正的考虑。在此前的秦怀恪坐赃一案中，[②]高宗既强调"法者，国之权衡，时之准绳也"，又说"以刑政之典，须越常宪"，让人无所适从。这种矛盾乃专制社会必然存在的现象，没有有效的解决之道。在传统专制社会，再完备的制度对于皇帝来说都是一种软约束，效果如何主要取决于他本人的自觉。

在高丽王朝，国王同样是最高司法权的所有者，刑部在定罪量刑之后都要上呈国王，等待裁决。与唐不同的是，在体制上，国王最高司法权的行使会受到强有力的制约。首先，御史台享有"驳执权"，可以驳回国王的决定。其次，就重大案件，国王需与宰枢"同议断决"。《高丽史·文宗世家》："（文宗三十六年[1082]八月）戊午，御文德殿断死刑，命门下侍郎文正、左仆射李靖恭参详。"[③]又"（睿宗五年）八月辛巳，刑部奏内外重刑，王御宣政殿南廊与宰枢议断"。[④] 显然国王对死刑案件的最终覆审是和宰枢共同行使的。因此，宪府在辛禑六年六月的上疏中就说："凡大辟必三覆奏，君臣同议断决者，乃先王之成宪。"[⑤]尽管此时已为高丽末期，但所反映的却是高丽长久以来的传统。这种现象为唐代所无。关于此，我们不妨

---

① 《唐律·贼盗律》盗园陵内草木条："诸盗园陵内草木者，徒二年半。若盗他人墓茔内树者，杖一百。"（《笺解》，第1369页）又《唐律·名例律》免官条："诸犯奸、盗、略人及受财而不枉法；（注：并谓断徒以上）若犯流、徒，狱成逃走；祖父母、父母犯死罪，被囚禁，而作乐及婚娶者：免官。"（《笺解》，第211～212页）时任大理丞的狄仁杰裁断权善才罪止免官，显然是根据上述两条律文，认定权善才伐陵柏的行为属于律文所说的盗伐园陵内草木的情况，所以可处以徒二年半的刑罚，并附以免官的附加刑。因当时权善才为左威卫大将军《新唐书·狄仁杰传》载："左威卫大将军权善才、右监门中郎将范怀义坐误斧昭陵柏，罪当免，高宗诏诛之。仁杰奏不应死……帝意解，遂免死。"（第4207～4208页），左威卫大将军为正三品之职，同时享有议、请、减的特权，可减刑一等，这样所剩之刑为徒两年，而正三品之官正好可以当徒两年，因此权善才仅被科以免官。可见狄仁杰作为一深谙法律之人，在处理这一敏感案件时是严格按照律文的规定裁断的。

② 《宋本册府元龟》卷一百五十二《帝王部·明罚》："咸亨二年（671），婺州司马秦怀恪坐赃，特令朝堂斩之，仍集百寮及朝集使，宣敕谓之曰：'……秦怀恪法司抵罪，但合处流。朕以刑政之典，须越常宪。岂不知哀敬折狱，情恤哀矜。但以杀止恶，义在惩肃。又以刑人于市，与众弃之。故对公等，加其显戮。但法者，国之权衡，时之准绳也。权衡所以定轻重，准绳所以正曲直也。罪恶难容者，虽小必刑。情状可原者，虽大必宥。此乃彝典，非故滥诛。公等诸人，当识朕意，足为殷鉴，各宜勉之。'"第281页。

③ 《高丽史·文宗世家》（上册），第198页。

④ 《高丽史·睿宗世家》（上册），第267页。

⑤ 《高丽史·刑法志》（中册），第847页。

分析一个发生在高丽前期的具体案例。《高丽史·黄周亮传》：

威鸡州女真仇屯、高刀化二人，与其都领将军开老争财，乘其醉欧(殴)杀之。事下辅臣议，侍中徐讷等六人议曰："女真虽是异类，然既归化，名载版籍，与编氓同，固当遵率邦宪。今殴杀其长，罪不可原，请论如法"。周亮(时任参知政事——引者)等十一人议曰："……且律文云：'诸化外人同类自相犯者，各依本俗法。'况其邻里老长已依本俗法出犯人二家财物输开老家，以赎其罪，何更论断？"王从周亮等议。①

此案的案情非常简单，唯一的特殊之处就是犯罪主体为"归化"的女真人。案件上报国王后，国王照例不能独断，而是要和宰枢商议决定，即史料中所谓的"事下辅臣议""辅臣"指的就是宰枢成员。根据《高丽史·百官志》的记载，在文宗时，宰枢成员的定额为25人，在靖宗时当少于此数。此案共有17人参与讨论，从黄周亮和徐讷等人的职衔来看，基本上可以断定这17人就是当时在京的宰枢成员。就对此案的具体处理而言，徐讷等人的意见才是正确的。《唐律·名例律》化外人相犯条：

诸化外人，同类自相犯者，各依本俗法；异类相犯者，以法律论。【疏】议曰："化外人"，谓蕃夷之国，别立君长者，各有风俗，制法不同。其有同类自相犯者，须问本国之制，依其俗法断之。异类相犯者，若高丽之与百济相犯之类，皆以国家法律，论定刑名。②

根据律疏的解释可知，此条仅适用于"蕃夷之国，别立君长者"的情况。而威鸡州女真人仇屯、高刀化及都领将军开老等人均已归化为高丽人，当然要适用高丽之律，而宰枢中的多数之人竟然持相反的意见，国王对此只能同意。

尽管高丽国王作为最高主权者，像唐朝的皇帝一样享有权断权，可以不顾刑部和宰枢的意见，独自做出裁断。③ 但是，国王的这种做法时常会遭到宰枢们的强烈反对。首先，他们享有"驳奏"或"不署告身"的法定职

① 《高丽史·黄周亮传》(下册)，第126页。

② 《笺解》，第478页。

③ 《高丽史·文宗世家》(上册)："(文宗九年)十一月乙丑，幸东池，检校卫尉少卿崔成节无故入至帐殿前，王惊，命下狱。法司奏：'阑入御所者斩。'王曰：'虽律有正条，以此加刑，是为苛政。又文笔有用，可原之。'门下省驳奏，不纳。"，第158～159页。

权。《高丽史·庾应圭传》载其父庾弼"毅宗朝累官至门下侍郎平章事修文殿大学士判吏部事。王尝拜宦官郑諴为祗候,弼论执不署告身,王再三谕之,竟不从。故终弼之身諴不得拜。"[①]同时他们还会以"归第不出"等方式表示抗议,迫使国王让步。《高丽史·睿宗世家》:

(睿宗五年五月)辛亥,御乾德殿视朝。宰相崔弘嗣、金景庸与台谏上疏论尹瓘、吴延宠等败军之罪,王不听便入内。……竟不允。宰相谏官皆归第不出,省中一空……弘嗣等累旬不出,王遣近臣敦谕起之,谏官亦出视事,时人讥之。[②]

所谓"时人"应该就是朝中的官僚贵族,从他们的态度来看,他们显然认为宰相、谏官以"归第不出"的方式对抗国王是正常的,只有这样才合乎当时的政治理念和政治惯例。所以当宰相、谏官们在国王的再三"敦谕"下出来视事时,才会受到讥讽。在高丽,宰相、台谏官们"罢工"的事件时有发生,成为高丽政治的一大特色。

三、原因分析

(一)权力格局与制度变动的关系

高丽一朝对唐代官制的简化和改动是其吸收和借鉴唐制的常态,完全照搬的情况几乎没有。关于高丽一代的官制,《高丽史·百官志》序云:

高丽太祖开国之初,参用新罗、泰封之制,设官分职,以谐庶务。然其官号或杂方言,盖草创未暇革也。二年立三省、六尚书、九寺、六卫,略仿唐制。成宗大兴制作,定内外之官:内有省、部、台、院、寺、司、馆、局;外有牧、府、州、县。官有常守,位有定员,于是一代之制始大备。文宗、睿宗虽少加增损,大抵皆袭成宗之旧,子孙有所遵守。自忠烈改官制,凡拟上国者,悉改之。……于是六部徒为虚设,百司涣散无统,而政事不复修举矣。[③]

① 《高丽史·庾应圭传》(下册),第9页。
② 《高丽史·睿宗世家》(上册),第265页。
③ 《高丽史·百官志》(中册),第656页。

从形式上看，成宗以后的官制就是唐代的三省六部制，实际上却并非如此简单。以尚书省六部的设置而论，唐的六部各有 4 司，而高丽六部一般只有 1～3 个司，基本没有完全具备 4 个司的情况。比如刑部，在忠烈王三十四年以前只有刑部司一司。再以礼部为例，《高丽史·百官志》礼曹条："掌礼仪、祭享、朝会、交聘、学校、科举之政。……其属有祠曹。成宗十四年，改礼官为尚书礼部，仍改祠曹为尚书祠部。显宗二年，罢祠部。"[①]一直以来该部只有 1～2 个司。其他方面的不同之处更多，李种徽在其所著《高丽史志·百官志》中就举出了不少这样的例子，比如"唐朝学士、弘文、集贤，分隶中书、门下省。而丽制，则宝文阁及崇文、弘文、集贤殿，皆自为一官而无所统属。至于政堂、门下常侍、谏议大夫、给事中、起居注、左右补阙，则不别设司而皆隶门下府，此又异于唐制矣"。[②]

随着对外来制度理解和运用的日渐成熟，高丽对唐制的改造和本国国情也愈加契合，于是就出现了和唐制更为重要的不同。这些变化基本上是从文宗时期开始的。在这一时期，高丽朝廷在六部尚书之上均设"判事"一人，由一名宰相兼任，在侍郎之上设"知部事"一人，由他官兼任。形成了宰相分管六部，然后于都兵马使合议的制度。而宰相一般均由高门贵族担任。如文宗朝的宰相李子渊就出身高门庆源李氏，他的四个儿子"皆宰相"；其孙李资谦、资谅、资义、资仁、资德，其曾孙李奕、李预，其玄孙李公寿等均曾任宰相。[③] 被称为"累代儒宗""海东孔子"的靖宗朝宰相崔冲，其子孙"登宰辅者数十人"。[④] 他的曾孙崔溱亦官至门下侍郎平章事，史称"（李）资谦及文公美、柳仁着（均出身高门，是高丽朝著名的宰相——引者）皆其女壻，门阀之盛一时无比"。[⑤] 而新罗王族金兴光一族，"在丽朝，八代相继为平章事，故名其居平章洞。圭组相承，世数三韩名族，指无先屈"。[⑥] 这些世代出任宰相的家族就是高丽所谓的"累世宰相"

① 《高丽史·百官志》（中册），第 565 页。
② ［朝鲜］李种徽：《修山集》卷十三《高丽史志·百官志》，民族文化推进会本。
③ 参见《高丽史·李子渊传》（下册），第 122 页。
④ 《高丽史·崔冲传》（下册），第 119 页。
⑤ 《高丽史·崔思諏传》（下册），第 137 页。
⑥ ［朝鲜］金尚宪：《清阴先生集》卷二十九《赠领议政行吏曹参判金公神道碑铭（并序）》，民族文化推进会本。

或“累代功臣宰相之宗”。在忠烈王三十四年十一月,忠宣王将他们正式确定为“新罗王孙金珲一家亦为顺敬太后叔伯之宗、彦阳金氏一宗、定安任太后一宗、庆源李太后、安山金太后、铁原崔氏、海州崔氏、孔岩许氏、平康蔡氏、清州李氏、唐城洪氏、黄骊闵氏、横川赵氏、坡平尹氏、平壤赵氏”15 个家族。①

靖宗五年,崔冲“与内史侍郎王宠之等奏:‘及第李申锡不录氏族,不宜登朝。’……制曰:‘冲等所奏固是常典,然立贤无方,不宜执泥……’”②“不录氏族,不宜登朝”乃是高丽一朝的“常典”,朝廷的重要官职均为高门贵族所垄断。朝鲜前期的梁诚之(1415—1482)云:“中国自唐尧至大明,凡二十三代。东国自檀君至今日,才七代。此无他,我东方有大家世族,相与维持而夹辅之也。”③朝鲜中期的李恒福(1556—1518)说:“我国风俗与中国异,民生而贵贱有定分。贱者虽聪明特达,不得为士。贵者虽朴钝顽嚚,不屑为农工。其来尚矣。”④柳寿垣(1694—1755)亦云:“高丽之治,大抵崇尚唐制,而不知为政之本,故其弊流为门阀用人矣。”⑤因此,高丽政治是比较典型的贵族政治,贵族权对王权形成了有力的牵制。《高丽史·金周鼎传》云:“旧制:凡国家事,宰枢会议,承宣禀旨而行。”⑥辛禑六年宪府上疏说:“凡大辟必三覆奏,君臣同议断决者,乃先王之成宪。”⑦崔莹传也讲:“国家大事,必大臣合议然后行。”⑧对高丽王朝的这种政治现实,朝鲜王朝中期的沈光世(1577—1624)感叹道:“丽朝上下五百年,悍臣相继执国命。惩前毖后终莫改,无乃天定人难胜。”⑨而在唐代,即使是那些以守法耿介着称的大臣,对皇帝也只能说“陛下当即杀之,非臣所及。既付所司,臣不敢亏法”⑩“陛下当生杀之柄,欲加之罪,取决圣衷足矣。今付臣

---

① 《高丽史·忠宣王世家》(上册),第681 页。
② 《高丽史·崔冲传》(下册),第117 页。
③ [朝鲜]梁诚之:《讷斋集》卷四《请封功臣》,民族文化推进会本。
④ [朝鲜]李恒福:《白沙先生集》卷二《与崔正字(有海)书》,民族文化推进会本。
⑤ [朝鲜]柳寿垣:《迂书》卷一《论丽制》,民族文化推进会本。
⑥ 《高丽史·金周鼎传》(下册),第303 页。
⑦ 《高丽史·刑法志》(中册),第847 页。
⑧ 《高丽史·崔莹传》(下册),第482 页。
⑨ [朝鲜]沈光世:《休翁集》卷三《海东乐府并序·贵人死》,民族文化推进会本。
⑩ 就有人诈伪资荫一案,戴胄对太宗语。参见《旧唐书·戴胄传》,第2532 页。

推勘,臣但守法耳"[1]"法是陛下法,臣仅守之。……请不奉诏"[2]"生杀之柄,人主专之;条别轻重,有司当守"[3]这类无可奈何的话。相比之下,高丽国王的权断权可谓小矣,其最高司法权的行使受到的制约可谓大矣。[4] 因此洪汝河才说:"然高丽一代之制……君弱臣强,而君臣之道缺。三纲沦,九法斁,而礼之大本亡焉。"[5]这就是贵族政治和君主专制下之官僚政治的不同。

在唐代,御史台是皇帝的"耳目之司",是皇帝的爪牙。而在高丽,由于贵族政治的国情,御史台的一项主要职能却是"论执时政、矫正风俗",享有法定的署经权和驳执权,都是用来制约王权的。生活在朝鲜前期的人对此深有体会,朝鲜世宗就曾"宣旨义禁府曰:'前朝之季,凡流窜者,台谏遣吏卒拘于中路,更请其罪,此君弱臣强,有是弊法也。'"[6]因此高丽的御史台同两府宰枢一样也是一个制约王权的机构,主要为高门贵族所把持,对身份的要求甚至比宰枢还要严格。《高丽史·金汉忠传》称金汉忠"新罗大辅阏智之后。……汉忠少雄伟,力学登第。……睿宗初,拜尚书左仆射,判秘书省事。……迁判工部事,转枢密院使,以尚书左仆射致仕"。但是却因其妻为"文宗婢妾之女也","以故虽至达官,不得入台省"。[7] 武人执政时期的大将军郑邦佑,"起自电吏……以贱系拜台官,人皆笑之"。[8] 高丽御史台和两府宰枢在司法过程中所具有的强有力地位与影响力,反映了高丽贵族和国王在司法权上"共治"的现实,是贵族政治在司法上的体现。

就地方司法状况而言,唐代实行的是高度集权的体制,官府几为地方唯一的权力所有者,因此地方官员的司法权力大。高丽的情况则有所不同,由于地方贵族——"乡吏"阶层势力的强大以及担任本乡"事审官"的

---

① 就魏元忠、崔贞慎等被张易之遣人诬告一案,主审官马怀素对武则天语。参见《大唐新语》卷四,第59页。

② 狄仁杰对高宗语,参见《大唐新语》,第56~57页。

③ 就武强县令裴景仙受赃一案,时任大理卿之李朝隐对玄宗语。参见《新唐书·李朝隐传》(下册),第4480页。

④ 在高丽,国王甚至不能私自接见大臣,《高丽史·白任至传》载其"尝以私事谒,王引入内殿,优礼以遣。旧制:大臣非国家大事不诣君门。台谏不劾任至,时议讥之"。第227页。

⑤ [朝鲜]洪汝河:《木斋文集》卷十《礼志论》,民族文化推进会本。

⑥ 《朝鲜王朝实录·世宗实录》卷八世宗二年四月癸亥条。

⑦ 以上引文均见《高丽史·金汉忠传》(下册),第134~135页。

⑧ 《高丽史·郑邦佑传》(下册),第229~230页。

在京贵族对地方事务的巨大影响力，地方官府的司法权相对较小，且常常不能正常行使，因此地方人民不得不通过种种非正规的途径将案件提交京官解决。这实际上是贵族制下中央和地方分权的反映。

在贵族政治的权力格局下，那套建构于绝对君主专制政体之上的唐代官制在被引入高丽之后就不能不变形——在制度的设计上，不是如唐代那样主要着力于官僚机构内部权力的平衡与制约，而是着力于王权与贵族权之间的平衡与制约——因此，两府、台谏、都兵马使①（都评议使司）这些横向的主要为贵族所掌控、用来制约王权的机构就相对发达，它们的权力都较唐代的相应机构（如有的话）为大，它们的职能都较唐代相应的机构为多，因此这些机构不仅不能被简化，而且还有日趋膨胀的趋势。以两府宰相为例，在靖宗时最少已达 17 人，文宗定制时为 25 人，到了高丽末期更是达到了五六十人。② 如两府的权力不大、职责不广、汲取财富的能力不强，安能承担得起如此高昂的费用，又安能有如此多的人对之趋之若鹜？而都兵马使这一最初为“制度外”的贵族合议机构，最后竟取代了正式的宰相机构“中书门下”，成为了一个总管国政全局的机构。③

相反，纵向的纯属行政序列的尚书省系统之各机构的权力就要比唐相应机构的权力小，职能也窄得多。行政力弱的特点，加上高丽“国小民贫”④的现实，就使尚书省系统的各机构不能汲取更多的财富来承担高昂的行政成本，从而也就不能维持一套复杂的行政体系。《宣和奉使高丽图经》卷二十一吏职条：“盖其国民贫俗俭，一袍之费动准白金一斤。”⑤同书卷三郡邑条：“治民惟牧守、都护，公廨数楹，令长则随所在舍于居民。国

① “都兵马使”是高丽前期一个主管国防与军事的贵族合议机构，后来演变为“都评议使司”。关于此的具体分析，参见[韩]朴龙云：《高丽时代史》，一志社 1996 年版，第 97 页。

② 《高丽史·选举志》（中册），第 634 页。

③ 《高丽史·百官志》诸司、都监各色条云：“都评议使司：国初称都兵马使。……忠烈王五年改都兵马使为都评议使司，凡有大事，使以上会议，故有合坐之名。事元以来，事多仓卒，佥议、密直每为合坐。恭愍王元年（1352），令五军录事管勾都评议使司案牍。辛昌时，都评议司六色掌改为吏、礼、户、刑、兵、工六房录事……”[《高丽史·百官志》（中册），第 690 ~ 691 页]都评议使司是一个唐代所无而为高丽所特有的机构。从忠烈王五年，它“从一个临时性的机关变成了一个常设机关，从一个议政机关变成了一个议政兼行政机关，不仅处理从前的军事事务，同时还处理田制、禄俸、刑狱、铨注、对外关系等，成为了一个总管国政全局的机构。由此，高丽后期的政治体制转变成了以都堂为中心的政治体制”。（[韩]朴龙云：《高丽时代史》，第 534 页）前期的“中书门下省的地位为都堂所取代”（《高丽时代史》，第 92 页）。

④ 高丽忠烈王语，见《高丽史·印侯传》（下册），第 684 页。

⑤ （宋）徐兢：《宣和奉使高丽图经》，第 108 页。

政租赋之外无健讼,在官者公田不足以资用,则亦仰给于富民云。"[①]即使是维持相对简单的机构尚需"仰给于富民",高丽纵向之行政序列的机构不能照搬唐代的体制可知。

朝鲜王朝后期的柳寿垣也看到了因高丽与唐王朝国情不同所导致的制度变形,他说:"丽朝以海外偏邦,不思国力之不逮,凡百制度,动皆模拟唐朝。冗官极多,名号徒盛,虽设台省部院卿监之属,只是空名而已。……不过模得华制影子,至若都评议司,自是谋国论政之地,而商议宰枢,至于七八十员之多,六部徒为虚设,百事涣散无统。"不过他并没有从社会结构和政治格局上找原因,而是认为唐朝制度在高丽变形的原因有二:一是由于高丽文化的不发达(所谓"偏邦陋俗"),而高丽王室"模拟"唐制之心又太切所致。因此他说:"季世凡主,窃窃然模拟,可成于一朝一夕之间者乎?"二是由于担当引进中国制度任务的归化中国士人既不谙高丽国情,本身的学识、素养又差,不知四民分工的原理所致。他在文中做了这样的设问:"或曰:'丽朝制作多出唐人,岂不知四民不可偏废,而立法之初,偏僻如此耶?'答曰:'所谓唐人,多是沿海穷秀才,避兵出来者也,岂有大段见识之理?'或曰:'然则丽朝何以宠待其人?'答曰:'比如穷裔遐陬之人,得见内地之客,便以为京华两班而贵之,何尝考论其胸中学识耶?所谓唐秀才,不过略记中国文物制度之糟粕,正如成均下典,听得文勾之流,而遭逢幸会,得参制作之际。渠安知四民一致,不可废一而为国也哉?'"[②]然而如我们以上分析的那样,尽管柳寿垣的分析并非全无道理,但却没有点到问题的根本。

(二)体制本身的逻辑

另外还有体制本身的原因。《唐六典》卷十八记大理卿执掌时云:"凡诸司百官所送犯徒刑已上,九品已上犯除、免、官当,庶人犯流、死已上者,详而质之,以上刑部,仍于中书门下详覆。"[③]在唐代,"大理寺——刑

① (宋)徐兢:《宣和奉使高丽图经》,第18页。
② 以上引文均见[朝鲜]柳寿垣:《迂书》卷一《论丽制》,民族文化推进会本。
③ 《唐六典》,第501~502页。

部”乃是先后紧密衔接的一套完整的司法程序——唐代中央的覆审程序。而高丽则将这套程序进行了压缩,仅保留了其中必不可少的初审环节,并将行使该项职能的机构命名为“刑部”。这应该就是高丽大理寺和刑部与唐相应机构职能完全不同的体制上的逻辑——尽管唐代的大理寺和刑部在职能和分工上有所不同,但毕竟处于同一程序的两端,从而就为高丽对它们进行简化和压缩提供了可能。《宣和奉使高丽图经》卷二十二治事条:“丽政尚简,讼牒略而不文。官府治事,坐不据桉,但登榻指呼而已。”[①]虽非直接指司法机构的设置而言,但“丽政尚简”的说法却与我们的分析一致。

然而这种简化和压缩的方法却不能完全适用于御史台、地方司法机关以及最高统治者,因为这三者并非如“大理寺——刑部”主要以司法事务为主,且处在同一程序的不同环节。相反,在唐代,以上三个机构的基本职能并非司法——御史台的基本职能为司监察、地方官府为司行政、皇帝为行使最高统治权——司法职能只是这些基本职能的附随职能。而这些基本职能是官僚体制内部不同于纯粹司法的职能,是不能被完全压缩和替代的,因此才导致了高丽与唐这三个机构在职能上同中有异情况的出现。也就是说,在高丽,这些机构之所以和唐的相应机构有“同”的一面,是由它们的这些基本职能所“带动”。

总之,就唐、高丽两律适用机关的关系而论,不论是名同实异,还是同中有异,虽有物质(国小民贫)和体制(丽政尚简)上的原因,但是最为重要的却在两朝社会结构和权力格局的不同上。在有唐一代,贵族制已经日趋没落,君主专制权力的加强已经成为一种不可避免的趋势,在这种情势之下,唐代政治制度的设计主要以官僚体制内部的平衡与制约为主,对皇权则几乎没有任何可以制约的力量或刚性的制度安排。尽管在太宗时期,也曾有主动限制君权的措施,但这完全是出于太宗本人的自觉,并无结构和体制上的保障。从高宗、武则天开始,君权便不断膨胀,《旧唐书·

---

① (宋)徐兢:《宣和奉使高丽图经》卷二十二,第114页。

刑法志》评论玄宗时的法制状况时就说“开元之际,刑政赏罚,断于宸极”。① 而在高丽,不论是在中央还是地方,都有强大的贵族势力存在,因此其制度设计的重点在于王权和贵族权之间的平衡与制约,而不在官僚体制内部的制约上,从而就不需要唐代那一套密如蛛网的机构设置,非更改不可。《宣和奉使高丽图经》卷八人物条就说:“时于国者,惟贵臣以族望相高……仰稽本朝官制,而以开元礼参之,然而名实不称,清浊混淆,徒为虚文耳。”②

第二节 两律刑罚适用的异同及其原因

高丽律和唐律在刑罚的适用上也有重大不同,概括起来有以下四种情况:唐的刑罚重而高丽轻、唐的刑罚适用标准严而高丽松、高丽对唐的刑罚进行了改造并和其固有的刑罚同时适用、高丽在实践中有一套广泛适用的耻辱刑系统。

一、唐的刑罚重而高丽轻

两律适用上的一个重大不同就是唐的刑罚重而高丽轻,如唐的徒刑多配流,如此则与流刑无异,③高丽则无徒配之法;不过表现最明显的还是在杖刑的适用上。杖刑在唐代的使用普遍而频繁,几乎所有的违法犯罪行为都可以被处以杖刑,连流刑和死刑都常被加杖。《唐六典》卷六刑部郎中员外郎条:

凡有犯罪者,皆从所发州、县推而断之;在京诸司,则徒以上送大理,

---

① 《旧唐书·刑法志》,第2141页。

② (宋)徐兢:《宣和奉使高丽图经》卷八,第43页。

③ 在贞观十六年唐朝廷就下令“徙死罪者实西州,其犯流徒则充戍,各以罪轻重为年限。”(《通鉴》卷一百九十六,贞观十六年正月辛未条,第6175页。)但关于徒刑配流在朝廷多有争论,《册府元龟》卷六百十六《刑法部·议谳第三》:“严郢为京兆尹兼御史中丞,时御史台奏:‘……当自徒已下结竟者,并徙置边州。’郢驳奏曰:‘臣伏以徙置边州者,流之异名。流罪者有三等,一例移配,或恐未当。……其徒罪条目至多,或斗殴争竞,小有伤损,或夫妻离异,不犯义绝,……如此之类,不可悉数。令一切徙边,与十恶、造伪同等,即轻重悬殊。……计天下每月徒配,必不啻五六千人。……伏请下删定使详覆,然后施行’从之。”《明本》,中华书局1982年版,第7405~7406页。

杖以下当司断之；若金吾纠获，亦送大理。注云："犯罪者，徒已上县断定，送州覆审讫，徒罪及流应决杖、若应赎者，即决配、征赎。……"①

如此，则几乎所有的官司都可以不受监督地处人以杖刑。甚至还有于私第决人者，《册府元龟》卷六十五《帝王部·发号令第四》：

(太和)七年三月辛巳，御史台奏切(劾?)王傅、王堪男祯国忌日于私第科决作人臀杖六十。诏曰："准令：国忌禁饮酒举乐。科罚人吏，都无明文。但以不合厘务，故不得决断刑狱。起今纵有此类，台府不得举奏。其王祯宜释放。"②

此于私第决人之事本身竟为合法，御史台所论也不过是因王傅等人杖人的时期不合适而已。因此，在唐代多有"鞭笞僚吏，将以示威"者，③不行杖罚竟成了为政宽仁的表现。④ 虽然唐朝廷多次下令对杖刑的适用进行规范⑤，但收效甚微。非但如此，杖刑的加重与滥用还有不断合法化的趋势：首先，杖刑所用的工具在不断加重，有台杖、常杖、重杖之分。《册府元龟》卷五百十六《宪官部·振举》："(太和五年)九月八日，御史台奏：'……有罪犯须科决等，或有罪犯稍重者，皆是愚人，常态不可一一奏闻，便欲随事科绳。又缘台杖稍细，以细杖而止大罪，必恐凶狡不惩。自今以后，如有情故难容，不足上尘圣听者，许臣等据所犯判决杖下数，勒送京兆府，用常行杖科决讫报。……'从之。"⑥在唐代"决重杖"更是常有之事。其次，行刑的部位越来越趋向要害部位，有臀杖与脊杖之别。再次，在决臀杖、脊杖等普通杖刑之时，又有等差之别，每种杖刑至少又可以分

---

① 《唐六典》，第189页。

② 《明本》卷六十五《帝王部·发号令第四》，第724页。

③ 此语见《旧唐书·杜景俭传》，第2911页。《宋本册府元龟》卷六百八十《牧守部·静理》所载陆象先的事迹可为反证，其文云："(陆象先)在官务以宽仁为大政，司马韦抱真言曰：'望明公稍行杖罚，以立威名。……'象先曰：'为政者理则可矣，何必严刑树威。损人益己，恐非仁恕之道。'……尝有小吏犯罪，但示语而遣之。录事白曰：'此例当合与杖。'象先曰：'人情相去不远，此岂不解吾言？若必须行杖，即当自汝为始。'……前后为刺史，其政如一，吏咸怀思之"。(第2332页)又《旧唐书·奚陟传》："……元翰曲附延龄，劾治府史。府史到者，虽无过犯，皆笞决以立威，时论喧然。"(第4022页)

④ 《旧唐书·韩思复传》："韩思复……初为汴州司户参军，为政宽恕，不行杖罚。"(第3148页)又《旧唐书·徐有功传》："徐有功……为政宽仁，不行杖罚。"(第2817~2818页)

⑤ 《唐会要》卷四十一《杂记》："(开元)四年正月六日敕：'除长官以外，因公事责决，罚不过十下。其使及专执当者，不得过二十。'……干元元年二月五日敕节文：'州县佐官以下，笞杖不得过十下；以上，须取长官处分'。……(大中)七年四月六日敕：'法司断罪，每脊杖一下，折法杖十下；臀杖一下，折笞杖五下。则吏无逾制，法守常规。'"第746~747页。

⑥ 《宋本》卷五百十六《宪官部·振举》，第1326页。

为三等。[1] 最后,还由杖刑衍生出了“杖杀”,[2]成为唐代法制生活的一大特点。《册府元龟》卷六百十二《刑法部·定律令第四》载有天宝四载的一道诏书,其中提到:

且本置杖罪,是代肉刑,将以矜人,非重为法。今官吏决罚,或有生情,因兹致毙,深可哀愍。其犯杖罪,情非巨蠹者,量事亦令效力,宜令所司作载,限,仍立条例处分。[3]

然而效果甚微。天宝六载正月,玄宗大赦天下,下令削除绞、斩两种死刑,实际的情况却是“上慕好生之名,故令应绞、斩者皆重杖流岭南,其实有司率杖杀之”。[4] 这种情况一直持续到了中晚唐时期,在干元二年(759年)六月十四日,刑部还上奏说:“今准敕,除削绞、死,唯有四刑。……又应决重杖之人,令式先无分析。京城知是蠹害,决者多死。外州见流岭南,决不至死。决有两种,法开二门”。[5] “决有两种,法开二门”的事实表明,在中晚唐时期的司法实践中,普通的“决杖”已经分化出两种功能,其中之一就是把杖刑作为死刑的替代刑使用。

高丽的情况则不同。在整个高丽前、中期,并没有出现如唐代那样严重的杖刑滥用现象,杖刑确为一种轻刑。《宣和奉使高丽图经》卷十六囹圄条:“凡决杖,以一大木横缚二手于上,使之着地,而后鞭之。笞杖极轻,自百至十,随其轻重而加损。”[6]《鸡林类事》云:“有犯不去巾,但褫袍带,笞杖颇轻,投束荆使自择,以牌记其杖数。……其犯恶逆及骂父母乃斩,余止杖肋,亦不甚楚,有降或不免。”[7]高丽杖刑之轻已是时人共识。

二、唐的刑罚适用标准严而高丽松

在赎刑的适用上,唐的适用标准严而高丽松,这是两律适用的又一不同。关于唐代的赎刑,刘俊文总结说:

---

① 参见《全唐文》卷六百五十一载元稹《论浙西观察使封杖决杀县令事》,上海古籍出版社1990年版,第2931页。

② 关于唐代的杖杀可参考贾俊侠的《唐德宗建中三年以前的杖杀略述》一文,载《唐都学刊》2004年第3期。

③ 《宋本》,第1900页。

④ 《通鉴》卷第二百十五天宝六载春正月丁亥条,第6876页。

⑤ 《唐会要》卷三十九《议刑轻重》,第711页。

⑥ (宋)徐兢:《宣和奉使高丽图经》卷十六,第81~82页。

⑦ (宋)孙穆:《鸡林类事》,载杨渭生等编:《十至十四世纪中韩关系史料汇编》(上),学苑出版社1999年版,第25页。

唐之赎刑，不是汉、梁有过的普遍赎刑，而是秦及魏晋南北朝、隋历代所实行之有限制赎刑，且限制较历代尤严：首先，是赎者之限制。唐律规定合赎之人，主要有三类，一为享有准赎特权之人，包括全部流内官及七品以上官爵之妾在内，此可谓之特权赎；二为不具备一定责任能力之人，包括七十岁以上之老人、十五岁以下之孩童及废疾以上病患者在内，此可谓之责任赎；三为犯有某些法定征赎罪名之人，包括犯过失杀伤人罪及犯疑罪之人在内，此可谓之法定赎。除上述三类，概不合赎。其次，是罪刑之限制，唐律规定死罪一般不准赎，必犯流罪以下始听赎；同时在流罪中又规定五流不准赎。最后是程序之限制。唐律规定，凡有官爵之人，犯罪需赎者应先以官当，即以官抵刑，只有在罪轻不尽其官之情况下才准留官收赎。……可见唐之赎刑，其使用范围相当狭窄。①

换言之，在唐代，赎刑乃是一种特权，是一种优遇，其适用是有严格限制的。《全唐文》卷六百七十二载有白居易的两道判词：

其一："得甲去妻后，妻犯罪，请用子荫赎罪，甲怒不许。"〔判〕："二姓好合，义有时绝；三年生育，恩不可遗。……赎罪宁辞子荫？……"②

其二："得丁氏有邑号，犯罪当赎，请同封爵之例，所司不许，辞云：邑号不因夫、子而致。"〔判〕："……丁氏恩降闺门，罪罹邦宪，宠非他致，既因表以勋贤，咎虽自贻，亦可免于刑戮，若不从其宽典，则何贵于虚封？……宜听辑矣之辞，难夺赎兮之请。"③

两案的焦点都在赎刑的适用上，判由部分一概不许用赎，判词部分则从法理和人情的角度出发，竭力论证可以用赎，在法理上完全符合唐律的规定。④

---

① 《笺解》，第55页。

② 《全唐文》卷六百七十二，第3038页。

③ 同上书，第3042～3043页。

④ 对此我们不妨做一具体的分析。就其第一道判词中的案件而言，《唐律·名例律》以理去官条云："……其妇人犯夫及义绝者，得以子荫。虽出，亦同。【疏】议曰：妇人犯夫，及与夫家义绝，并夫在被出，并得以子荫者，为'母子无绝道'故也。……"（《笺解》，第162～164页）如子有七品以上官，结合《唐律·名例律》减章条的规定，母亲当然可以用子荫赎罪。

就其第二道判词中的案件而言，《唐律·名例律》妇人有官品及邑号条云："诸妇人有官品及邑号犯罪者，各依其品，从议、请、减、赎、当、免之律，不得荫亲属。若不因夫、子，别加邑号者，同封爵之例。【疏】议曰：别加邑号者，犯罪一与男子封爵同：除名者，爵亦除；免官以下，并从议、请、减、赎之例，留官收赎。"（《笺解》，第152页）丁氏之有邑号，非因夫、子而得，根据律文的规定当然应该"同封爵之例"，"留官收赎"，所以白居易才在判词中说"宜听辑矣之辞，难夺赎兮之请"。

这两道判词虽为拟判，[1]但是反映的却是直到中晚唐时期，赎刑的适用仍然相当严格的现实。

高丽的情况则有所不同。《宣和奉使高丽图经》卷十六图圄条："……亦有枷杻之法，然淹廷不决，有至阅时经岁，唯赎金可免。"[2]"赎金"即为赎刑，比之唐代，高丽赎刑适用的范围显然较宽。《高丽史·刑法志》恤刑条："肃宗十年判：'进士虽无荫，凡轻罪赎铜。'"[3]以国王判文的形式对律文进行了修改，赋予了进士以"赎刑"的特权。在高丽历代的赦文中多会涉及赎刑，并且呈现出两大特点：第一在这些赦文中赎铜、征瓦常常并用，合称"征赎"，使用"收赎"这一标准的赎刑表达方式的情况绝无仅有。第二征赎刑的使用极为普遍，这是唐代所不曾有的现象。在唐代赦文中，关于赎刑代表性的表述为"不在官当、赎铜之限"，是一种限制性的表述，而且出现的频率很低，这与制度上的规定相符。在高丽则相反，"赎铜、征瓦"基本上是对公徒、私杖以下等各种"杂轻罪"的代用刑。《高丽史·献宗世家》："（献宗元年〔1095〕秋七月）戊戌，诏曰：'……凡诸冤狱悉令宽宥，内外赎铜小罪皆许免除。'"[4]《高丽史·肃宗世家》："（睿宗十一年三月）辛卯，……制曰：'……上京留守百官于驾出后，凡有征、赎等杂轻罪，咸赦除之……'"[5]因此，对公徒、私杖以下之罪，高丽的赎刑为普遍之赎刑，而对公徒、私杖以上之罪，高丽的赎刑为限制之赎刑。实际上，在高丽的大部分历史时期，在司法实践中，赎刑和罚金刑已无太大的分别，赎即是罚，罚即是赎，都以惩罚为目的，而无优惠之意味，因此史料中才常常"赎、罚""征、赎"并称。

三、高丽对唐的刑罚进行改造并和其固有刑罚同时适用

（一）赎刑之变及与罚金刑的并用

高丽律、唐律在适用上的一个明显不同就是高丽对唐的某些刑罚进

① 参见汪世荣：《中国古代判词研究》，中国政法大学出版社1997年版，第44页。
② （宋）徐兢：《宣和奉使高丽图经》卷十六，第81～82页。
③ 《高丽史·刑法志》（中册），第872页。
④ 《高丽史·献宗世家》（上册），第219页。
⑤ 《高丽史·肃宗世家》（上册），第282～283页。

行了一定程度的改造,并与其固有的刑罚同时适用。高丽赎刑比唐的适用标准松,这本身就是对唐制的改造。与此同时,赎刑还和其固有的罚金刑并用。罚金刑在高丽的使用极为频繁,孙穆在其《鸡林类事》中就提到:"(高丽)国法至严,追呼虽寸纸不至即罚,凡人诣官府,少亦费米数斗,民贫甚惮之。"[①]《宣和奉使高丽图经》卷二十妇人条:"臣闻三韩衣服之制,不闻染色,唯以花文为禁,故有御史稽察民服文罗花绫者,断罪罚物,民庶遵守,不敢慢令。"[②]罚金刑和刑律规定的其他刑种基本上是一种相互替代的关系。忠烈王三十四年,忠宣王复位,下教曰:"……往往守令贪污不法,至于民吏所犯,可决杖者,反征银物,以充其欲。"[③]虽然实刑和罚金是二者择一的关系,但是执法者显然更愿意断以罚金而不是科以实刑,就此而言,罚金和赎刑已无本质的区别。

(二)流刑之变及与"归乡刑"和"充常户刑"的并用

在唐代,流刑的适用常不按照律文的规定执行,而是有不断加重的趋势。首先,从高宗时期开始就出现了流刑加杖的做法,到了玄宗时期,就成了一种较为普遍的司法实践,不少人就因为加杖而死在了前往流配地的途中。同时,就流配的里程而言,也要比刑律规定的里程为远。从太宗时期开始,唐朝廷就把流刑和戍守西北、开发岭南的政策相结合,使岭南和西北地区成为王朝最主要的流配地,而岭南地区距京师长安最近的桂州(今桂林市)距长安的距离也达三千七百零五里,[④]作为当时岭南主要流配地之一的驩州(今越南荣市),其距京城长安的距离达六千八百七十五里,[⑤]而位于海南岛最南端的振州(今海南三亚西北),其距京师长安的距离更是达到了八千六百零六里之遥![⑥]

在唐代,流刑的适用一般遵循两大原则,其一为"逐要"原则,在贞观

① (宋)孙穆:《鸡林类事》,载杨渭生等编:《十至十四世纪中韩关系史料汇编》(上),第25页。
② (宋)徐兢:《宣和奉使高丽图经》卷二十,第103页。
③ 《高丽史·刑法志》(中册),第844页。
④ (唐)李吉甫:《元和郡县图志》,中华书局1983年版,第917页。
⑤ 同上书,第961页。
⑥ 《通鉴》卷二百四十五,显庆二年八月丁卯条胡三省注,第6304页。

十四年正月二十三日，太宗下制：“流罪三等，不限以里数，量配边要之州”。[①] 其二为“远配”原则，[②]《宋刑统》卷三犯罪徒流门引唐《狱官令》云：“准《狱官令》：诸流人应配者，各依所配里数，无要重城镇之处，人逐要配之，唯得就远，不得就近。”[③]因而唐代绝大多数流刑实际执行的里程数都要远远超过法定的里数。

高丽由于国土面积狭小，从首都开京出发，无论向哪个方向，都很少有达到两千里以上的地方，[④]所以根据自己的国情，在实践中形成了另外一套规则，即根据距离的远近、环境的恶劣程度，将流刑划分为了流无人岛——流有人岛——流陆地三个等级。如靖宗元年七月下制：“先王忧服未阕，其犯斩罪者杖配无人岛，绞罪者杖配有人岛。”[⑤]二年八月下制：“……其犯斩、绞二罪者，除刑配无人岛。虽犯二罪，情有可矜者，配有人岛。”[⑥]实际上，如果将重刑犯流配到真正的无人岛，那他根本无法生存，与死刑无异。因此在史料中我们更经常看到的关于流配地的表述是“流远岛”“配流海岛”“流南裔”及“配流远州”等。这些用语的使用并非没有章法，而是形成了“流远岛”——“流海岛”（流近岛）——“流陆地之远州”三个等级，其中“流远岛”就是“流无人岛”，因为所谓的“无人岛”并非完全没有人类生存，而是人烟稀少、环境恶劣之意。“流海岛（流近岛）”就是“流有人岛”，是指距离陆地较近，环境稍微优越的岛屿。《高丽史·刑法志》：“年七十以上、父母无守护，其子犯罪应配岛者，存留孝养。”[⑦]《唐律·名例律》犯死罪应侍家无期亲成丁条云：“诸犯死罪非十恶，而祖父母、父母老疾应侍，家无期亲成丁者，上请。犯流罪者，权留养亲。”[⑧]两相比照，高丽“犯罪应配岛者存留孝养”的制度来自唐律“犯流罪者权留养亲”的规定无疑，可见高丽王朝已经把“配岛”当成流刑的代

---

① 《唐会要》卷四十一左降官及流人条，第734页。

② 参见刘俊文：《唐代法制研究》，文津出版社1999年版，第229页。

③ 《宋刑统》，第54页。

④ [韩]林奎孙：《高丽法研究·法学史研究》（第2集），1975年，第242页。

⑤ 《高丽史·靖宗世家》（上册），第124页。

⑥ 同上书，第126页。

⑦ 《高丽史·刑法志》（中册），第871页。

⑧ 《笺解》，第269页。

名词使用了。①

在高丽,同时还适用一套与流刑性质相近的固有刑罚——“归乡刑”和“充常户刑”。对这两种刑罚的性质及其适用,学界已多有讨论,但至今没有得出共识性的结论。②《高丽史·刑法志》:“官私奴婢招诱良人子卖买者,女人则初犯依律断之,再犯归乡;男人则初犯归乡,再犯充常户。”③同《志》:“凡公私奴婢,引诱逃亡,放卖他人者,一度归乡,再度充常户。”④主张“归乡刑”和“充常户刑”的适用对象为官僚、僧侣等特权阶层的浜中升、辛虎雄等对这两条史料是这样解释的:(1)“让官私奴婢招诱良人子并进行卖买的人,如果她是女人,初犯依律断之,再犯归乡;如果他是男人,则初犯归乡,再犯充常户。”(2)“凡是引诱公私奴婢逃亡,并将他们放卖他人者,一度归乡,再度充常户。”⑤蔡雄锡的解释为:(1)“招诱官私奴婢或良人子卖买者,女人则初犯依律断之,再犯归乡;男人则初犯归乡,再

① 关于“配岛”与流刑的关系,我们不妨看一个具体案例。《高丽史·毅宗世家》:“(毅宗三年十二月)甲子,检校少府少监高元仁盗所守官绢百八匹,罪当绞,以犯在赦前,杖脊,配远岛。”(《高丽史·毅宗世家》上册,第358页)对此案在上文《高丽律辑佚》一节中已经有所分析,《高丽史·刑法志》职制条云:“官吏临监自盗及临监内受财枉法者,徒杖勿论,收职田归乡。”[《高丽史·刑法志》(中册),第840页]《唐律·贼盗律》监临主守自盗条云:“诸监临主守自盗及盗所监临财物者,加凡盗二等,三十疋绞。”(《笺解》,第1387~1388页)高元仁所犯为监临主守盗所监临财物之罪,从结果来看,适用的显然是与《唐律·贼盗律》监临主守自盗条非常接近的一个条文,而《高丽史·刑法志》职制条中所载的相关内容是国王以教令对律文所做的敕改,且此敕改发生在毅宗三年十二月以后。此案中高元仁由于“犯在赦前”,实际被处以了减死配流的处罚(流三千里)。由此可见“配远岛”基本上相当于“流三千里”的刑罚。

② 关于现有研究成果的介绍,参见[韩]蔡雄锡:《高丽時代의歸鄕刑과常戶刑》注1,载《韓國史論9》서울大國史學科1983,第3~4页;辛虎雄:《高丽法制史研究》,第240~242页。

根据辛虎雄的总结,对于“归乡刑”和“充常户刑”的研究,目前学界大概有以下几种学说:首先,文炯万于1964年发表在韩国《歷史學报》第23期的《丽丽代『歸鄕』考》一文,认为“归乡刑”的适用对象为官人、僧人、镇人、奴婢等,执行的场所为受刑者的本贯。到了高丽后期归乡刑消失,其主要原因在于土地制度的变迁和地方社会的变化。其次,日本学者北村秀人在1976年发表于《朝鲜学报》第81期的《高丽時代歸鄕刑·充常戶刑について》一文中认为高丽时代有两种不同形态的归乡刑。第一种类型归乡刑的适用对象为官僚、僧侣等特权阶层,是一种代替“正刑”之闰刑,流配地为本贯;第二种类型归乡刑的适用对象为从官僚到奴婢的广大阶层,本身就是一种正刑,而非闰刑,其主要内容为将受刑人流配到贱民集团居住的行政区域“乡”;其中的充常户刑是让受刑人在“乡”登记户籍,使其成为该地区居民的一种刑罚。再次,日本学者浜中昇在其《高丽における 唐律の 繼受と 歸鄕刑·充常戶刑》一文中认为归乡刑的适用对象仅为官僚、僧侣、镇人等特权阶层,奴婢并不包含在内。归乡刑是流刑的一种,具有附加刑的性质。对于充常户刑,他认为这是一种永久性地剥夺受刑人包含被特赦之权在内的所有特权的刑罚,流配地和受刑人的本贯无关。韩国学者蔡雄锡的观点基本与此相同,不过他还认为到了高丽社会后期,归乡刑的性质发生了转化,与量移相近,而实质内容则与“放归田里”类似。最后,辛虎雄本人则认为归乡刑和充常户刑的适用对象为官僚、僧侣、镇人等特权阶层,奴婢不包含在内。“归乡刑—充常户刑—钑面充常户”是一逐渐加重的高丽独有的刑罚体系,其根本目的并不在于强制受刑者移动居住地或使其永久性地生活于所谓的“贱乡”,而在于剥夺其现有的资格和特权并永久性地将其排除在“再叙用”之列。

③ 《高丽史·刑法志》户婚条(中册),第853页。

④ 《高丽史·刑法志》奴婢条(中册),第877页。

⑤ [日]浜中昇:《高丽における 唐律の 繼受と 歸鄕刑·充常戶刑·歷史學研究》,1980年,第32页,转引自[韩]蔡雄锡:《高丽時代의歸鄕刑과常戶刑》,第16页;[韩]辛虎雄《高丽法制史研究》,第244页。

犯充常户。”(2)“凡引诱公私奴婢逃亡及放卖他人者,一度归乡,再度充常户。”①

以上解释显然存在问题。首先,这两条史料出现在《高丽史·刑法志》的不同条目,内容也不尽相同,全部出于某种同类错误的可能性较小。其次,这种解读完全不符合古汉语固有的语法规则和使用习惯。尽管《高丽史》是由朝鲜时代的文人集体编纂而成,但是他们的写作要和中国人遵循同样的规范。在20世纪以前,古汉语一直是朝鲜半岛历代王朝的法定书面语,朝鲜王朝文人士大夫们的古代汉语水平决不在当时的中国士人之下,不会犯如此低级的错误。况且,在《高丽史》中我们也找不出其他类似的实例来支持这样的解读。

我们认为“归乡刑”和“充常户刑”并非如一些学者所认为的那样是正刑之外的附加刑,其适用对象也并非仅仅局限于某些特权阶层,而是两种高丽特有的带有耻辱刑性质,与流刑相近②且适用对象为所有人的正刑,它们和高丽律中的三等流刑是选择和补充的关系。《高丽史·选举志》学校条云:

仁宗朝式目都监详定学式:……凡系杂路及工商乐名等贱事者、大小功亲犯嫁者、家道不正者、犯恶逆归乡者、贱乡部曲人等子孙及身犯私罪者,不许入学。……律、书、算及州县学生并以八品以上子及庶人为之。③

又《高丽史·显宗世家》:

(显宗七年二月)甲申,金训等父母、妻、姊妹、祖孙叔伯缘坐者皆放之,其子若同产兄弟归之本贯,常赦不原。④

“归之本贯”即‘归乡”的全称,“归乡”刑和“常赦不原”有密切的关联,和学校条中“恶逆归乡”的说法一致,显然被处以归乡刑的人所犯都是重罪。⑤《唐律·断狱律》闻知恩赦故犯条:“诸闻知有恩赦而故犯,及犯恶逆,若部曲、奴婢殴及谋杀若强奸主者,皆不得以赦原。即杀小功尊属、

---

① [韩]蔡雄锡:《高丽時代의歸鄉刑과常戶刑》,第17页。
② 韩国学者김난옥认为:“从广义上讲,归乡刑包括在流刑之中。”见氏著《고려후기의 流配刑》,第179页。
③ 《高丽史·选举志》(中册),第626页。
④ 《高丽史·显宗世家》(上册),第95页。
⑤ 这里所说的“重罪’主要是指按照刑律应被判处流刑和死刑的罪行,即徒以上罪。

从父兄姊及谋反大逆者,身虽会赦,犹流二千里。"[①]两相比较,可知"归乡"刑最少相当于流二千里的刑罚。[②]

"学式"将"犯恶逆归乡者"同各种贱役并列,说明"归乡"刑应该是一种耻辱刑,被处以归乡刑的人要被当作服贱役的人看待。《高丽史·刑法志》恤刑条:"文宗二年正月制:'犯罪配乡人,若有老亲,权留侍养;亲没还配。'"[③]"权留侍养"主要是为犯流罪之人而设,且高丽已有"犯罪应配岛者存留孝养"的制度,此处又出现了"配乡人权留侍养"的说法,说明高丽的"配乡"相当于流刑(配岛)。而"配乡"就是"归乡"刑。仁宗时金富轼在平定妙清之乱以后,对叛军人员进行了如下处置:"其勇悍抗拒者黥西京逆贼四字,流海岛;其次黥西京二字,分配乡部曲;其余分置诸州府郡县,妻子听任便,许为良人。"[④]"分配乡部曲"是"配乡"的完整说法,将犯罪人抑为贱民之义灼然可见。[⑤] 因此归乡刑要比流二千里的刑罚稍重。值此之故,《高丽史·刑法志》户婚条中才说:"官私奴婢招诱良人子卖买者,女人则初犯依律断之,再犯归乡;男人则初犯归乡,再犯充常户。"[⑥]所谓"依律科罪"就是指据律科以流二千里的刑罚。之所以下此断语是因为我们要考虑到"官私奴婢"主要是被用来役使的特性,如果官私奴婢被科以相当于流二千五百里和流三千里的"流有人岛"和"流无人岛"的刑罚,

① 《笺解》,第2085页。

② 可举一具体案例以证之。《高丽史·毅宗世家》:"(毅宗四年五年夏四月)戊辰,少府少监韩令臣尝为典解库判官,以私粗布潜换官布三十匹,收职田,放还田里。"[《高丽史·毅宗世家》(上册),第359~360页]韩令臣的行为属于贸易官物,从前文对高丽律的辑佚可知,在高丽前期的高丽律中有"以私财物奴婢贸易官物"的律文,但其具体内容已不得而知,不过其规定当与《唐律》类似的律文相去不远。《唐律·贼盗律》以私财物奴婢贸易官物条:"诸以私财物、奴婢、畜产之类,贸易官物者,计其等准盗论,计所利以盗论。"(《笺解》,第1414页)即使韩令臣贸易官物的行为没有剩利,也应该以"计其等准盗论"的原则处罚。又《高丽律·贼盗律》窃盗条:"窃盗一匹,杖六十;二匹,八十;三匹,九十;四匹,一百;五匹,徒一年十匹,一年半;十五匹,二年;二十匹,二年半;二十五匹,三年;三十匹,流二千里;三十五匹,二千五百里;四十匹,三千里。同居卑幼将人盗己家财,以私辄用财物论,加二等。凡人减常盗一等,盗缌麻小功亲,减一等;大功亲,减二等;周亲,减三等。"(参见前文《高丽律复原》一节)那么韩令臣应该被处以"流二千里"的刑罚,而实际上他被处以了"收职田,放还田里"的刑罚,这应该就是归乡刑,其实际效果应该和流二千里(在高丽就是在陆地上的流配)接近。但考虑到归乡刑具有耻辱刑的性质,因而要较流二千里的刑罚为重。

③ 《高丽史·刑法志》(中册),第871页。

④ 《高丽史·金富轼传》(下册),第179页。

⑤ 《旧唐书·阳城传》载阳城在道州刺史任上的事迹云:"道州土地产民多矮,每年常配乡户,竟以其男号为'矮奴'。城下车,禁以良为贱,又悯其编甿岁有离异之苦,乃抗疏论而免之,自是乃停其贡。民皆赖之,无不泣荷。"(《旧唐书·阳城传》,第5133~5134页)显然"乡户"是一种贱役,所以道州之民才被称为"矮奴",阳城才要"禁以良为贱"。高丽将犯罪人充作乡户的做法或许是受此启发也未可知,我们知道高丽人对唐代的故事是非常熟悉的。

⑥ 《高丽史·刑法志》(中册),第853页。

那么他们的使用价值无疑会大大降低，同时还会侵害官府和私奴主人的权利。① 在高丽这样一个国土面积狭小的王朝，对官私奴婢这些处于社会最底层的主要供人驱使的人群来说，普通的徒、流刑对他们来说几乎没有多少实质性的意义，对他们科以"归乡"刑，则既可不失其使用价值，又有耻辱刑的意义。另外，从之后朝鲜王朝的司法实践来看，对官私奴婢来说，确实有"居乡"与"在京"的区别，前者的地位显然较后者为低。《朝鲜王朝实录·世宗实录》三年六月己酉条："刑曹启吉贵生、宋贵等罪。命各杖八十，没为居乡官奴。"②

因"归乡"刑基本上相当于流二千里的刑罚，所以犯流三千里的人如被减刑，在很多情况下都会被减为"归乡"刑。《高丽史·恭让王世家》："（恭让王二年六月乙丑）翌日，又以久雨放京外二罪以下囚，外方付处者勿论轻重，并皆本乡从便。京城所放罪囚凡百五十余人。"③所谓"本乡从便"是高丽末期对归乡刑的一种说法，而"外方付处"指的就是流刑，一般多指流三千里之刑。④ 从"外方付处"减为"本乡从便"，就是将流三千里之刑减为"归乡"刑。

《高丽史·刑法志》职制条："官吏临监自盗及临监内受财枉法者，徒杖勿论，收职田归乡。僧人盗寺院米谷，归乡充编户。贸易官物者，除归乡，依律科罪。"⑤同条："因官挟势乞百姓财物，一匹，笞二十；二匹，三十；……与人物者减一等。若亲故与者，勿论。贸易官物，除归乡，依律科罪。"⑥可见在"归乡"与"依律科罪"之间是一种选择关系，这是因为它们分属于两个不同的刑罚体系的缘故。

"充常户"刑是在归乡刑基础上的加重处罚，是归乡刑的上位刑。

---

① 作为比较，《唐律·名例律》官户部曲官私奴婢有犯条就规定："诸官户、部曲、官私奴婢有犯，本条无正文者，各准良人。若犯流、徒者，加杖，免居作。"（《笺解》，第471～472页）并不真徒、真流。在朝鲜王朝，贱人一般也不真流、真徒，而是以收赎处理。《朝鲜王朝实录·成宗实录》成宗二年四月（丙午）条："兵曹启：'当番诸色军（色）〔士〕，私相代立者，以《大明律》宿卫人私自代替及替之者，各杖一百罪之，其价没官。而无赖之徒，犹不惩畏，潜受价物，冒名代立者多，因此宿卫虚疏。今后代立者，以其律罪之，良人边远充军士，公、私贱赎流三千里，以杜冒滥之弊。'从之。"

② 《朝鲜王朝实录·世宗实录》三年六月己酉条。

③ 《高丽史·恭让王世家》（上册），第881页。

④ 笔者待刊稿：《论高丽的流刑》。

⑤ 《高丽史·刑法志》（中册），第840页。

⑥ 同上书，第841页。

《高丽史·刑法志》:“肃宗八年判:‘诸驿吏立马不实者,降为常户。’”[①]又“文宗二十年七月制:‘诸官人归乡者,充常户;诸因畏惧致死者,以绞论;有乖于义,皆除之。’”[②]同卷“仁宗五年判:‘凡诸寺院僧奸女色,有无职勿论,依律处决,充常户。’”[③]文中所说的“常户”绝非一般的“编户齐民”,而是一种贱役,其地位甚至比一般的公私奴婢还低,因此当官员、僧侣、驿吏、公私奴婢等各色人等犯罪,被处以充常户刑后,才被认为是“有乖于义”的。

再让我们通过一个具体案例来看充常户刑的适用对象及其与流刑的关系。《高丽史·刑法志》:“明宗十五年八月,有南原郡人与郡吏有隙,至其家缚吏于柱,遂火其家而烧杀之。群臣议以斗杀论。制云:‘原其罪状,宜钑面充常户。’”[④]一些韩国学者将“原其罪状,宜钑面充常户”中的“原”字解释为“原谅”,从而把这句话解释为“原谅他的罪行,然后将其‘钑面充常户’”,[⑤]从而将充常户刑认定为附加刑而非正刑。这种解读是有问题的。从情理上讲,南原郡人犯有故意放火及故意杀害其长吏的重罪,如何可原?另外,如果将“原”字解释为“原谅”,那么它的宾语就是“罪状”无疑,但“罪状”如何可原?可原的只能是“罪行”。再从语法上来看,以“宜”字起头的后半句和前半句应为因果关系;但是如将前半句的“原”字解释为“原谅”,那么前后两个句子的关系应该是转折关系才对。其实该句“原”字的意思应该是“推究”“考究”之意,这种用法在古代汉语中非常常见,如《汉书·刘向传》有云:“原其所以然者,谗邪并进也”。[⑥]因此对“原其罪状,宜钑面充常户”的正确解释应该是“推究其罪状,应该对他处以钑面充常户之刑”。因此充常户刑是一种正刑,而非附加刑。

正因为南原郡人所犯为故意杀人的重罪,所以高丽群臣才议以斗杀论。《唐律·斗讼律》斗故杀人条:“诸斗殴杀人者,绞。以刃及故杀人

---

① 《高丽史·刑法志》(中册),第802页。
② 同上书,第871页。
③ 同上书,第852页。
④ 同上书,第855~856页。
⑤ [韩]蔡雄锡:《高丽時代의歸鄉刑과常戶刑》,第35~36页。
⑥ 《汉语大词典》(第一卷),第927页。

者，斩。虽因斗，而用兵刃杀者，与故杀同。"[①]按律文的规定应该对该南原郡人应处以斩刑，而国王制以钑面充常户，是古代君主议刑时减一等的惯例。因此"充常户刑"基本上相当于流三千里的刑罚，但再考虑到其耻辱刑的性质，又较流三千里之刑稍重。

四、高丽广泛适用一套唐律所无的耻辱刑

在刑罚适用的层面，高丽和唐的不同之处还在于在法典规定的"五刑"之外，广泛适用另外一系统之刑罚，这一系统包含多种刑罚手段，其中的大多数——枷杖、降号、髡发、潴宅、录入恣女案与游女籍、归乡刑和充常户刑——都具有耻辱刑的特征。

（一）枷杖

高丽有枷杖之法。此法在高丽前期已经开始使用，《高丽史·兵志》："（靖宗）十一年五月，揭榜云：'……令选军别监依前田丁连立……如有饰诈求免者，着枷立市，决杖七十七下，配岛。'"[②]其中的"决杖七十七"当为"决杖七十"之误。此"枷杖"法的重点在施行杖刑的空间和方式上，即将犯罪人置于大庭广众之下，给他佩带上一定的刑具，让他在公众场所停留一定的时间，同时加以杖罚。与其说它是一种身体刑，不如说是一种耻辱刑更为合适。

（二）降号

高丽还有"降号"之法。《高丽史·仁宗世家》："（仁宗七年）六月庚戌，中书门下奏曰：'忠州人刘挺弑父，其牧守及州吏不能教民，请皆下吏，仍降州为郡。'"[③]《高丽史·朴义传》："先是，密城人赵阡杀守应贼，降密城为归化部曲。义赂左右，白王曰：'密城大郡，贡赋甚伙，降为部曲，无镇

① 《笺解》，第1478页。
② 《高丽史·兵志》（中册），第778页。
③ 《高丽史·仁宗世家》（上册），第322页。

抚者恐其民流散。'乃置苏复别监。"[①]降号之法主要适用于反叛、弑逆一类的行为，如某地发生此类案件，则由朝廷下令降低该地（犯罪人的本贯）的级别以示惩戒，其实质仍是一种耻辱刑，有使整个乡里连带受罚的性质。与此类似的还有削官号、减官职等处罚手段。《高丽史·明宗世家》："（明宗十二年二月乙巳）管城县令洪彦侵渔百姓，淫荒无度，吏民杀彦所爱妓，又杀妓母及兄弟……又富城县令与县尉不相能，害及无辜，一县不堪苦，遂杀尉衙宰仆及婢，因闭令尉衙门，使不得出入。有司奏：'二县悖逆莫甚，请削官号，勿置令尉。'从之。"[②]

降号之法施行甚久，一直延续到朝鲜王朝。对于这一制度，朝鲜时代的争论颇多。在朝鲜前期的中宗十七年（1522）二月庚辰，郑光弼等议密阳降号未便事云："朴君孝之狱，今难更核，但密阳，乃岭南一大都会，南方如有事变，控制左右道形便之地，莫要于此。而降号为县，地界分割，残弊已甚，殆不能为邑，不可不为之虑。且降号已有年，足以明示惩恶之意。在先王朝，州郡革复，皆因一时之宜。今复密阳为府，择人以授之，责令苏复，允为便当。"[③]这还是就事论事。

到了朝鲜后期，南九万（1629～1711）在其《戊辰拟上札》中又论此法云："伏以外方州县有恶逆之人，则降其邑号，罢其守令。非但中国历代律令之所无，至于我朝《经国大典》、前后《续录》，皆无此文。考见《舆地胜览》沿革，则或因邑民有功而升号，有罪而革邑。此似是一时之特命，而非有一定之格例也。……及至先王朝癸卯年，刑官大臣又以为降号、罢守，本非法典所载，而施之于罪人胎生之地，尤涉不当，遂以居生邑施罪。然其时所禀，只在纲常罪人，而不及于逆贼。故顷于庚申年逆狱时，降号、罢守，皆施于胎生之邑云。事无依据，错出于一时之禀定。前后矛盾，莫或是正，诚可叹也。……然州府郡则皆降为县，而县则无可降，遂革其邑而属于旁邑，主县官吏待之如属司。故官属逃散，民人怨咨。数年之后，便成荒邑。此又不可不念者也。恶逆之变，古人所以处之者，以其见于经史

① 《高丽史·朴义传》（下册），第691页。
② 《高丽史·明宗世家》（上册），第407页。
③ 《朝鲜王朝实录·中宗实录》中宗十七年二月庚辰条。

言之。礼记邾娄定公之言曰：'坏其室，污其宫而潴焉。'盖君踰月而后举爵。降及后世，或有缺其城角，以示耻而已。至于降号、罢官，则非但古今法文之所无。前史故实、律家所录、祖宗遗事、先贤所论，皆以为不可，则恐非今日所当必遵之规也。……如或以为人伦大变，不可视以为恬常，无所警惩之道云尔，则虽不罪其守令，凡自县令以上之邑，皆使降号为县监；至于县监，则从礼穷于制之义，仍以置之，只令班次于诸县之下，则亦足以使本邑人知耻。此于方今例行之规，无甚径庭，而畏罪而掩蔽，引嫌而不申、罢官之烦、革邑之弊，庶几可息，岂不幸甚哉？"①

南九万认为降号之法为"中国历代律令之所无，至于我朝《经国大典》、前后《续录》，皆无此文"，这就涉及了降号之法赖以存立的根本性问题了。从成文法的角度来看，他的说法是没有问题的。但是，如上文所示，此法绝非如他所言"是一时之特命，而非有一定之格例"。他通过考证得出的这两个结论正好说明降号之法乃是半岛自高丽以来（甚至更久）长久行用的固有习惯法。只是到了朝鲜时期，特别是到了朝鲜王朝后期，社会情势已经发生了重大的变化——中央集权加强、地方贵族势力式微，所以降号之法才显得越来越不合时宜，引起了诸多的争议。但立法不易，废法更不易，对于一项行用达几百年历史之久的习惯法尤其如此，所以南九万的建议也只是一种改良而已，并不敢明确提议将其废止。

（三）潴宅

高丽还有潴宅之刑。根据《汉语大词典》的解释，"潴"有三意：一为水停聚处，二为使变为水停聚处，三为蓄积之意；没有潴宅一词。②《词源》的解释与《汉语大词典》略同。③《礼记·檀弓下》："邾娄定公之时，有弑其父者，有司以告。公瞿然失席，曰：'是寡人之罪也。'曰：'寡人尝学断斯狱矣：臣弑君，凡在官者杀无赦。子弑父，凡在宫者杀无赦。杀其人，坏其室，洿其宫而猪焉。'"王文锦注"猪"同"潴"，并解释"洿其宫而猪焉"

① [朝鲜]南九万：《药泉集》卷八《戊辰拟上札》，民族文化推进会本。
② 参见《汉语大辞典》（第6册），第200页。
③ 参见《词源》，第1030页。

为"把房基庭院挖成池子,灌上水"。[1] 这应该就是潴宅刑的本意,显然也是一种耻辱刑。虽然《礼记》中有潴宅的说法,但从秦汉以降,在中国历代各王朝并不见真正实行过,[2]而高丽却把它用到了现实之中。[3]《高丽史·辛吨传》:"宪府又请诛吨、流其亲党、籍产、潴宅。王曰:'法者,天下万世之公,予不得私挠,宜如所奏!'"[4]从恭愍王"法者,天下万世之公,予不得私挠"的话来看,潴宅无疑是一种正式的刑罚手段,因此宪府才会要求对某些重罪犯处以此刑。潴宅之刑直到朝鲜王朝时期还在适用,《朝鲜王朝实录·世宗实录》十七年三月壬午条:"平安道江东人前少监郭万兴,素称元恶,率其子琚骂欧(殴)县令,曾经大赦,命潴其宅,收夺告身,徙置闾延郡。又以邑吏环视不救,降江东为三登属县"。[5] 但是此刑同降号之法一样,在朝鲜时代引起的争论颇多。《朝鲜王朝实录·中宗实录》三十四年(1539)五月己卯条:"宪府启曰:'破家潴宅,律文所无,而今以赵万龄罪大恶极,命破家潴宅,律外之事,不可开端。一开其端,后弊无穷,请勿破家潴宅。'答曰:'律外之事,不可开端之言,至为当矣。但万龄之事,人伦大变,其与杀父者有异,而其罪恶则同也。杀父者,外方则降其所居邑号,而其邑乃通津,无可加降之号,故只破家潴宅矣。前日禁府堂上,会宾厅议启,而奉承传为之矣。若今时始行,宜谓之开端,此有前例,非开端之例也。'又传于政院曰:'破家潴宅,必有前例,令该司考启。'"[6]中宗三

---

① 王文锦:《礼记译解》,中华书局2001年版,第151页。

② 《唐律疏议·名例律》"彼此俱罪之赃"条律疏的问答中说:"谋反、大逆,罪极诛夷,污其室宅,除恶务本。"(参见《笺解》,第318页)所谓"污其室宅"指的应该就是《礼记》中讲的潴宅之刑,但在唐律中并无此种刑罚,在唐代的司法实践中也不见实行过。曹魏律规定死刑为三等:枭首、腰斩、弃市。此外,曹魏对于谋反大逆的罪犯,偶尔也用"枭潴"的方式,目的在于"严绝恶迹",但仅作为临时之法。不过此"枭潴"刑的具体执行方式不详,不知是否就是在枭首之后,进行潴宅。

③ 高丽宰相李仁任在高丽末期的政治斗争中失败,在恭让王初年曾被处以潴宅之刑,《高丽史·吴思忠传》:"恭让初,与舍人赵璞等上疏极论李穑、曹敏修之罪。又曰:'李仁任拥立辛禑之罪,亦殿下之所亲见也。请委诸宪司斩棺潴宅,以声其罪。'……命罢穑父子,废敏修为庶人。又与璞等上疏曰:'……宜令有司斩棺潴宅,籍没家产。……'于是潴仁任宅,流穑父子、崇仁、仑芬、达汉。"(《高丽史·吴思忠传》,下册,第631~632页)《朝鲜王朝实录·太祖实录》三年十月壬午条:"召司宪杂端曹致命填李仁任潴宅。"可见在高丽时代潴宅刑的实际执行应该就是如王文锦所说"把房基庭院挖成池子,灌上水。"是合乎《礼记》的本意的。因此在朝鲜太祖李成桂夺取政权以后,为了显示对以前政敌对宽容,才命人去"填李仁任潴宅"。挖池灌水有时所需的工程量极大,需要动员大量的人力,《朝鲜王朝实录·燕山君日记》十年六月丁亥条:"兵曹判书任士洪等启:'罪人家潴池事,命发京畿军人五千役之。畿内军数不过一千五百,请抄五部坊里军人开凿。'传曰:'发五部及畿内烟户军,速毕役。'"

④ 《高丽史·辛吨传》(下册),第863页。

⑤ 《朝鲜王朝实录·世宗实录》十七年三月壬午条。

⑥ 《朝鲜王朝实录·中宗实录》三十四年五月己卯条。

十四年六月乙亥条:"乙未(亥),刑曹启曰:'朴汉石之罪,已依律行移也,但其妻子定属、破家潴宅、降号等事,无定律,本曹未敢擅便,取禀。'传曰:'如此等事,前亦收议处之。其招政府郎官,收议以启也。'"[①]可见随着社会情势的变化、成文法律制度的发展,高丽时代以来行用的固有习惯法已经越来越不合时宜,甚至被认为是一种"律外之刑",而这种说法的言外之意就是要动摇它们在本朝存立的合法性。当然"律外之刑"的说法还间接地说明:在高丽时代,降号、潴宅等法在高丽时代也应是存在于高丽律之外的。

(四)髡发

对于特殊人物(主要为宗室和权臣)的犯罪,高丽还有髡发之刑。《高丽史·金敉传》:"有人谮(金)敉于(崔)怡,怡召责之曰:'汝集无赖徒,欲何为乎?'髡其首,流河东。"[②]髡发显然是一种附加刑,主刑为流刑。髡发有羞辱犯罪人的意思,原因非常明显:首先,被髡发之人最容易辨认,可使其"鹤立鸡群",在众人面前出丑。其次,高丽国制是将国王与宫人侍幸所生之子髡发为僧,根据高丽的"一贱永贱"之法,这些人虽被称为小君,但地位不高。将宗室成员、高官、贵族髡发,当有贬低其身份的含义在。

(五)恣女案与游女籍(附论高丽的档案制度)

《高丽史·刑法志》:"睿宗三年判:'有夫女淫,录恣女案,针工定属。'"[③]又《高丽史·李淳牧附李需传》:"(李需)仕至尚书礼部侍郎,妻亡服未阕,通妻侄之妇,妇谋害其夫,事觉并流海岛。又录其妇游女籍。……人皆丑之。"[④]录入"恣女案"或"游女籍"是对犯有奸淫罪的妇女处以的一种特殊附加刑。由此我们不难联想到美国作家霍桑的小说《红字》(The

① 《朝鲜王朝实录·中宗实录》三十四年六月乙亥条。
② 《高丽史·金敉传》(下册),第242页。
③ 《高丽史·刑法志》(中册),第853页。
④ 《高丽史·李淳牧附李需传》(下册),第250~251页。

Scarlet Letter),尽管犯奸淫罪的妇女在高丽并不需要像海丝特·白兰那样须终生佩戴一个红色的字母A,但在性质上,录入"恣女案"或"游女籍"无疑同样是一种耻辱刑。与此同时,它还是一种档案制度,不仅对当事人,而且对其子孙后代都会发生重大的影响。高丽时代的情况由于史料缺略,已经不得而知。但是在朝鲜王朝,"士大夫之妻,更适三夫者",①就要被录于《恣女案》,且其子孙的出仕都要受到严格的限制。《朝鲜王朝实录·世宗实录》世宗十八年六月甲子条:"议于政府曰:'今宪府上言:"……士大夫妻更适三夫者,宪府成案录名,以戒后来。"是议如何?'佥曰:"皆为允当……更适三夫者子孙,台省政曹外,勿论(令?)东西班叙用。淫行见着治罪者子孙,勿令东班叙用,以启(戒?)后来。"结果是世宗"从之"。② 后来颁布的《经国大典》肯定了这一做法,在成宗十九年(1488)闰正月:

司宪府掌令朴文孝来启曰:"……臣等谓孟鳞祖母更适三夫,录于恣女案,固不得为守令。……"传曰:"议诸领敦宁以上。"沈浍议:"守令,一邑民表,有痕咎者,不可授也,当从宪府所启。……"尹弼商议:"金孟鳞祖母之事,非他失行之比,失行之中,尤其甚者,台谏之驳宜矣。然已在法前,似不可失信。……"洪应议:"金孟鳞兄弟数三人,历扬内外,其来已久,皆法前所生,仍之为便。……"尹壕议:"金孟鳞事在《大典》颁降前,为守令无妨。……"从洪应议。召持平成世明,传曰:"孟鳞事在《大典》前,不可改也。柳自英换他司正。"世明启曰:"《大典》再嫁者之后,至曾孙方许守令等职。今孟鳞祖母更适三夫,其名必载恣女案矣。且近者十日之内,升叙者多至六七,渐不可长。请改正。"不听。③

金孟鳞虽然因为"事在法前"免予牵连,但是恣女案这一档案制度对家族的巨大影响显而易见。高丽时期也应如此。

严格的档案制度从来都和等级森严的身份制社会如影随形。高丽的

---

① 《朝鲜王朝实录·世宗实录》十八年六月癸丑条载司宪府大司宪李叔畤等条列时弊六条以进,其中的第五条就讲:"臣等谨按《续六典》内:'士大夫之妻,更适三夫者,录于《恣女案》,以戒后来。'……愿自今本府成案录名,以励风俗。"

② 《朝鲜王朝实录·世宗实录》世宗十八年六月甲子条。

③ 《朝鲜王朝实录·成宗实录》成宗十九年闰正月庚午条。

档案制度极为发达：首先表现在各色人等均有与之相应的档案系统；其次表现在档案的管理制度极为完善；最后表现为档案制度在社会实际生活中所起的作用巨大。所有这些都是唐代所不能比拟的。

在高丽，各色人等都有各自所属的档案系统，其中最重要的当属记录官员资历、政绩的“政案”。《高丽史·选举志》铨注条：“旧制：吏部掌文铨，兵部掌武选，第其年月，分其劳逸，摽其功过，论其才否，具载于书，谓之‘政案’。中书拟升黜以奏之，门下承制敕以行之。”[①]但是，政案的功用远不止此。《高丽史·荣仪传》：“（荣）仪以逆民之后限其职，王嘉祝厘之功，令有司据远近户籍政案注脚，改录施行。”[②]可见政案还有记录官员世系的作用，起到了与唐代《氏族志》相近的功能。

同时还有户籍、军籍、奴婢籍、罪籍（罪案）等。所有这些档案并非仅仅是备案待查之文案，而是有重大的现实作用，对每个人的身份、地位、仕宦甚至对其子孙的前途与福祉都有决定性的影响。《高丽史·金丘传》：“（金丘）自幼善属诗文……高宗朝擢第二人及第，知贡举金仁镜恨不置第一……补定远府司录，同县人黄阁宝挟憾，摘世累诉有司。权臣崔怡重其才，营救不得，改济州判官。”[③]所谓“世累”即记载在档案中的祖先有身份瑕疵或曾犯有某种过误的事实。崔怡作为当时实际的最高统治者，尽管重金丘之才，对此制度却毫无办法。高丽档案制度之重要、执行之严格可见一斑。如果最高统治者企图违反档案制度破格用人，必然要面对重重阻力，尤其难以通过由贵族控制的宰枢和台谏两关。《高丽史·文宗世家》：“（文宗九年八月）己亥，尚书吏部奏：‘检校将作少监庾恭义，大匡黔弼之曾孙，前有所犯，久滞散秩。曾降制旨：太祖配享功臣之后虽有罪犯，并须叙用。今恭义宜授肃州防御使。’门下省奏：‘恭义曾犯谄谀，名载罪籍，不可叙用。……请罢之。’制可。”[④]因此当为那些被冤屈的人平反以后，所要做的最重要的工作之一就是削去他们在档案中的不良记录。《高丽

① 《高丽史·选举志》（中册），第632页。
② 《高丽史·荣仪传》（下册），第671～672页。
③ 《高丽史·金丘传》（下册），第336页。
④ 《高丽史·文宗世家》（上册），第158页。

史·李永传》:“及李资谦杀韩安仁,(李永)以安仁妹壻坐流珍岛。……乃饮酒一斗,愤懑而卒……资谦败,永子请改葬……命吏部削罪案。”[①]出于同样的原因,高丽档案的保管十分严密,除因特殊原因被毁(如因战火被焚毁)之外,一般均能做到有案可查。《高丽史·金伦传》:“(金伦)后为监察侍丞,有甲乙二人争家口。……命吏检当时印簿所分,名数俱存。以诘甲,甲亦诎。其精详多类此。”[②]高丽的这套制度为其后的朝鲜王朝所继承,在朝鲜王朝有恣女案、罪案、政案、赃案、军案、贱案等各式各样的档案系统,对整个社会的运行起着重大作用。在朝鲜世宗十八年六月三日,司宪持平洪深启曰:“朴彧,曩为都节制使都事,台省以祖母瑕咎,署经告身,书曰:‘政曹外。’”[③]朴彧因为祖母的所谓“瑕咎”,在告身上被署以“政曹外”,以示区别。这显然要以严格的档案制度的存在为基础,具有羞辱当事人,使之感到耻辱的作用。

五、原因分析

(一)地理环境与相关政策

高丽律在刑罚适用上呈现出的“轻”“松”“变”“耻”四大特点实由多种因素所造成,无一不和高丽的具体国情有关。刑罚的适用以一定的空间和场所为必要条件,因此自然地理环境及与此相关的政治因素对唐律、高丽律在刑罚适用上的不同有一定的影响,表现最明显的就是流刑的适用。就流配的里程而言,唐王朝幅员辽阔,但其政治重心始终在以长安为中心的西北地区,在这一地区与唐王朝的兴衰相始终相继崛起了突厥、回鹘、吐蕃等强大的游牧民族政权,对唐王朝形成了巨大的威胁,因此从唐代初期开始,就实行了将平民小吏流往西北,充实边防的政策。而包括岭南、黔中在内的广大南方地区,经济文化比西北地区更为落后,把社会精

---

① 《高丽史·李永传》(下册),第166页。
② 《高丽史·金伦传》(下册),第402~403页。
③ 《朝鲜王朝实录·世宗实录》十八年六月戊戌条。

英流配至此，不仅可使他们在政治上无所作为，甚至老死南方，不得北返，[1]而且在客观上还可以起到传布文化、开发南疆的作月，因此在有唐一代对社会精英阶层实行的是犯罪流配岭南的政策。《全唐文》卷二十二载开元十三年正月《分遣蒋钦绪等往十道疏决囚徒宣慰百姓制》："……死罪宜降至配流；……殿中侍御史孙济往陇右道，赞善大夫张景幽往河西道……其岭南五府，碛西四镇，非流配、效力等见禁囚徒，各委节度使及本管都督府处分。"[2]由长安到碛西四镇、岭南、黔中，里程多不下几千乃至上万里，刑律规定的流刑等级不能被执行就在情理之中了。

高丽对流配里程的变更，首先是因为国土狭小的现实使然。高丽所在的朝鲜半岛近海多岛屿，尤其集中在西南沿海一带，这里正好是百济故地。高丽太祖王建在统一后三国的过程中，对后百济的斗争最为艰苦，数次惨败。因此，从开国之初，高丽统治集团就对原百济地区实行了有针对性的歧视政策。王建的《十训要》第八条就讲：

车岘以南、公州江外，山形地势并趋背逆，人心亦然。彼下州郡人参与朝廷、与王侯国戚婚姻，得秉国政，则或变乱国家，或嗛统合之怨，犯跸生乱。且其曾属官寺奴婢、津驿、杂尺，或投势移免，或附王侯宫院，奸巧言语，弄权乱政，以致灾变者，必有之矣。虽其良民，不宜使在位用事。[3]

甚至还有赐百济遗民以畜姓的说法。《泛虚亭集·附录·遗事》中就说："尚氏之先，出于木川。丽朝统合之后，以百济遗民屡有惊扰，赐畜姓以辱之。公(尚震 1493—1564)之先，得象为姓，后改以尚焉。"[4]在这种情况之下，故百济地区的众多岛屿理所当然地就成了高丽最主要的罪犯流配地，其中最有代表性的就是黑山岛，徐竞在《宣和奉使高丽图经》中写道："黑山在白山之东南……国中大罪得贷死者多流窜于此。"[5]

---

① 唐代岭南流人不得北返的事例很多，《全唐文》卷九百四十五载越王李贞之后李玄真《请归葬祖父于越王茔次状》中所言其家族被流配岭南后的遭遇，是较为典型的一例。第 4352 页。

② 《全唐文》卷二一二，第 110 页。

③ 《高丽史·太祖世家》，第 55 页。

④ [朝鲜]尚震：《泛虚亭集》卷八《遗事》，民族文化推进会版。

⑤ (宋)徐兢：《宣和奉使高丽图经》，第 194～195 页。

(二)权力格局与制度安排

隋唐时代一个鲜明的时代特点就是贵族制的日趋没落和君主专制权力的不断加强。表现在制度的安排上,首先就是皇帝权断权不受制约的行使。就杖刑而论,在唐代,皇帝命令杖人、甚至杖杀人的事例比比皆是。如武则天本人就经常“杖杀”人,中宗的长子,曾被高宗立为皇太孙的李重润在大足元年(701)被人诬陷和他的妹妹永泰郡主窃议张易之兄弟,被武则天下令杖杀。[①] 其次则是官僚机构和官员权力的不断膨胀,表现在制度的安排上就是,几乎所有官司都可以不受监督地处人以杖刑。对各级官员而言,尽管王朝在官僚体系内部设置了一套密如蛛网的权力制约机制,但是却不能改变这样一个现实:在唐代社会,官府和官员的权力过大,同时对官员权力的行使又没有来自官僚体系外部的制约。这样就为滥刑者们留下了制度上的漏洞。

唐代杖刑的滥用还和“责情”制度的存在有关,而责情多行杖法。尽管从天宝九载开始就对责情的杖数进行了削减,[②]但毫无效果可言。贞元六年(791)十二月庚午的《南郊赦文》就提到:“……近日州县官吏,专杀立威,杖或逾制。自今已后,有责情决罚致死者,宜令本道观察使具事由闻奏。”[③]顺宗继位赦文中也说:“天下官吏,应行鞭捶,本罪不致死者,假以责情,致令殒毙。”[④]宪宗元和二年(807)《南郊赦文》中亦云:“天下官吏,应行鞭棰,责情至死,切令察放。”[⑤]敬宗长庆四年三月的赦书中说:“天下诸州府县官吏,应行鞭捶,本罪不致死者,假以责情,致令殒毙。”[⑥]

所谓“责情”是指按照法律规定对某人本不应被处以某种刑罚,但考虑到种种实际情况而特处以此种刑罚的意思。但问题是,在唐代的律令中并没有对“责情”的具体实施做出明确的界定。在实践中,对它的解释

---

① 《旧唐书·懿德太子传》,第2835页。

② 《唐会要》卷四十一杂记条:“(天宝)九载十二月二十九日敕:‘责情状专知官,有二十减十下。’……至建中元年二月十五日敕:‘责情状,宜准格式处分。’”第746~747页。

③ 《全唐文》卷五十五,第255页。

④ 同上书,第261页。

⑤ 《全唐文》卷六十三,第292页。

⑥ 《全唐文》卷六十八《御丹凤楼大赦文》,第313页。

和决定权就完全操控在有关官员的手中,从而使它沦为了各级官员"专杀立威"的工具。尽管问题已经如此严重,这一制度本身仍然存而不废,其流弊一直延续到五代。《宋刑统》卷一五刑门引后周显德五年七月七日敕条:"州、县长官以下,因公事行责情杖,……因责情杖致死者,具事由闻奏。"①责情制度的久存不废,反映的也是官府权力过大、中央集权过甚的现实。因此,在唐代,皇帝、清官和酷吏三种人一直是杖刑最主要的滥用者。正因为唐代的权力格局如此、制度安排如此,尽管统治者在政策上不断标榜轻刑、恤刑,却于事无补。

高丽社会则不同。在地方,由于中央权力对地方的渗透缓慢、有限,地方权力多为在乡的中小贵族"乡吏"把持,势力强大,仅从其名号、服饰即可见一斑。《朝鲜王朝实录·世宗实录》二十年四月甲寅条:"高丽旧制,外方乡吏比朝官文武班,户长有大相、中尹、左尹之号,记官有兵正、狱正之号,都军有都令、别正、校尉之号,故都军至今称为将校。由是大官乡吏,例用犀带、象笏、玉璎、玉环,至本朝皆禁之。"②而这些乡吏基本上都是世袭的,李淑瑊在明成化十八年(1482)为朝鲜初期的梁诚之(1415—1482)所写的《南原梁氏族谱序》中就说:"高丽时,有曰能让,娶宗室左仆射王琳之女,任本府为兵部郎中,是乡职也。盖丽朝统三之初,特选州郡之望族,为吏于乡,世其官守云。能让生得谦……忠立生唐就,皆为本府户长。"③而在京的高级贵族常任地方事审官,对地方事务拥有巨大的影响力。《高丽史·选举志》:"忠肃王五年四月,罢州郡事审官,民甚悦之。然未几,权豪复自为之,害甚于前。五月下教曰:'事审官之设,本为宗主人民、甄别流品、均平赋役、表正风俗。今则不然,广占公田,多匿民户。若小有差役,例收禄转。则吏之上京者敢于私门决杖、征铜,还取禄转,擅作威福,有害于乡,无补于国……'"④在这种情况下,地方的司法权限小,且常不能正常行使。直到高丽晚期,还有明确的制度规定:州(郡)一级长官只

① 《宋刑统》,第2页。
② 《朝鲜王朝实录·世宗实录》二十年四月甲寅条。
③ [朝鲜]李淑瑊《讷斋集卷之六·附录·南原梁氏族谱序》,民族文化推进会本。
④ 《高丽史·选举志》(中册),第652页。

能直断笞罪,犯罪程度达到杖刑的就要上报观察使,得到批准以后才能施行。

在中央,以王权为中心的国家权力受到以贵族权为中心的传统权力的强力制约,因而在高丽前、中期,很难看到国王滥行杖罚的现象,杖杀大臣的情况更是绝无仅有。到了高丽后朝,杖刑滥用,尤其是国王滥行杖罚的现象才略有出现。原因在于元王朝对高丽深入而广泛的干涉,对高丽社会传统的权力结构及与此相应的政治伦理和制度安排造成了巨大的冲击。此时,高丽国王和贵族同是天子之臣,贵族和官僚们的权力主要并非来自国王,而是来自皇帝,因此他们对国王传统的效忠关系被弱化了,他们可以不听命于国王,而是更积极地试图直接和皇帝本人或元廷的权臣贵戚建立关系。这就造成了国王和大臣们之间关系的紧张。此时,高丽国王作为皇帝的驸马、蒙古公主的丈夫、正式受册封的国王和征东行省的右丞相,他既是皇帝家族的一员,[①]又是皇帝的代表,在某种意义上,地位反而有所提升,从而也就可以倚元廷的强势摆脱传统对他的束缚,不再像高丽前期的国王那样尊重贵族的特权。为了行使其政令、显示其权威,使大臣们听命于己,就更倾向于对他们进行肉体上的惩罚。而大臣们则常常采取越过国王直奔大都,控诉国王肆行不法的方式来维护自己的利益。高丽后期的这种现象折射出了一国的社会结构和权力格局对刑罚适用的巨大影响。

(三)社会结构与身份制度

社会结构及与此相伴随的身份制度对古代传统社会刑罚适用的影响极大。唐代赎刑适用之所以严格,是因为从性质上看,它是一种限制性赎刑,属于一种特权和优待措施,因而要有严格的身份限制。尽管唐代赎刑的适用对象有几类,但是最主要的却是各级官员。唐代处于贵族制日趋没落、官僚制日益巩固的过渡时期,从《唐律·名例律》为官员所设定的种

① 对此,沈光世就说:“丽朝自元宗事元,忠烈王遂尚主,结舅甥之好,几百余年。忠惠王以下,皆元外孙也,代有其国。”[朝鲜]沈光世:《休翁集》卷三《海东乐府并序·攻辽误》,民族文化推进会本。

种法律上的特权可以看出，在当时“官”就是一种身份，甚至具有了某种世袭的色彩。赎刑作为官员特权的一种，是因身份而取得的，反过来又具有确认身份的作用，因此其适用就不能不严格。

高丽王朝却是一个典型的有严格等级身份限制的贵族社会，高门贵族不仅世代占据着一些重要职位，而且还通过“荫叙”制度及在科举制上设置有利与己的条件，①使其势力得以世代相承，无世袭之名而有世袭之实。因此，在高丽，赎刑权也就不再具有确认身份的附加功能。值此之故，高丽赎刑的适用标准相对宽松，不仅可以适用于还没有取得官职的进士，同时也可以适用于犯“轻杂罪”的所有人。

在高丽与流刑同时适用的还有归乡刑和充常户刑这一独特的刑罚系统，这一系统之所以能够与正式的流刑同时并存、长期适用，主要是因为它具有普通流刑所无法包含的内容，即它有将犯罪人的身份降低的含义，是一种耻辱刑。而这又和高丽王朝特殊的立国背景和社会结构有关。高丽太祖王建本人是松岳出身的豪族，早年投身弓裔麾下，后来在其他豪族出身的将领支持下推翻了弓裔，登上了王位，但统治并不稳固，史载他对地方豪族势力“分遣单使，重币卑辞，以示惠和之意”、于是“附者昊众”。②在统一以后，地方的城主们仍然像从前那样维持着半独立状态。豪族出身的将军们不仅占有大量的财产和奴婢，而且拥有强大的私兵组织，王建只有在和他们妥协的过程中才能维持自己的统治。③

成宗元年六月，崔承老上书建议：“……太祖统合之后，欲置外官，盖因草创未遑。今窃见乡豪每假公务，侵暴百姓，民不堪命。请置外官，虽不得一时，尽遣先于十数州县并置一官，官各设两三员，以委抚字。”④之后，高丽王朝先后在地方实行了郡县制和“其人制”⑤等制度以加强统治。但是在全国的500多个县中，由中央派遣官吏进行直接统治的只有130

① 参见[韩]朴柳雲：《高丽時代 蔭叙制와 科擧制 研究》，一志社1990年版，第659~660页。

② 《高丽史·太祖世家》(上册)，第39页。

③ [韩]李基白：《韓國史新论》，一潮閣1996年版，第146页。

④ 《高丽史·选举志》(中册)，第636~637页。

⑤ 关于其人制，《高丽史·选举制》云：“其人：国初选乡吏子弟为质于京，且备顾问其乡之事，谓之其人。……忠肃王五年教：‘其人役使，甚于奴隶。不堪其苦，逋亡相继。所隶之司计日征直，州郡不胜其弊，多至流亡。以事审官及除役所荫户代之。全亡州郡，其除之。’”中册，第652~654页。

个,称为“主县”,其他不由中央直接统辖的“属县”达373个。[①] 从《高丽史·地理志》可以看到,有大量的县标明是“显宗九年(1018)来属”,另有一些县标明为“文宗十六年(1062)来属”。高丽王朝在这些地方实际设置县令、监务等官员进行统治的时期更晚,《高丽史·地理志》中“明宗二年(1172)置监务”“恭让王二年(1390)置监务”的记载最多,这已经分别到了高丽王朝的中期和末期了。[②] 仅从“监务”这一名称就可以看出高丽对地方的统治力度相当有限。崔瀣(1287—1340)在其《有元高丽国故重大匡佥议赞成事上护军判总部事致仕谥忠顺闵公墓志》中就提到“(闵忠儒)以门地选为王子始阳府学友。十九,调清道郡监务,实忠敬王癸亥,而皇元中统四年(1263)也。清道邑多大姓,而监务秩卑,俱与之元礼,素号难治。”[③]

正因如此,高丽统治集团在政权巩固以后,对地方势力就开始逐步实行打压、歧视的政策,尽量贬低他们的身份,削弱他们的势力。高丽朝廷将后三国时期地方割据势力所用的三重大匡、重大匡、大匡、正匡、大丞、佐丞、大相、元甫等名号和职位统统贬称为“乡职”,并在成宗二年,改革州府郡县的吏职,将以前地方势力以兵部、仓部命名的职务一律降格为司兵、司仓等职,同时还规定他们“非由科举,不得免役从仕”,即使有少数人有机会通过科举在京城任职,也要受到“其受京职者,限七品”的限制。乡吏之子还不能任伍、尉以上的武职,参加科举考试也有“乡吏则三丁一子许赴试”的限制,从而将他们降为主要在地方承担各种职役的“乡吏”阶层。[④] 高丽武臣政权时的状元赵文拔,因当时执政武臣最高首领崔忠献之子崔怡的请求才得以使其年逾六十的老父免除乡役,[⑤]高丽朝廷对地方歧视政策执行的严格程度可知。直到朝鲜前期,仍然没有太大的变化。《朝鲜王朝实录·世宗实录》载世宗二十六年正月二十七日世宗对黄

① 参见[韩]邊太燮:《韓國史通论》,三英社1999年版,第170页。

② 关于高丽王朝在地方设置监务官进行统治的年代,可参见[韩]朴云龙:《高丽時代史》所附图表,第132页。

③ [高丽]崔瀣:《拙藁千百》卷一,第7页。

④ 以上引文均见《高丽史·选举制》乡职条,中册,第653~655页。

⑤ 参见《高丽史·赵文拔传》(下册),第250页。

喜、申概、河演等语云："且贡生免乡之法，虽高丽奉翊、我朝通政，亦不许免乡。"[①]在二十八年正月二十五日，议政府启云："乡吏，文武科出身外，须三丁一子，乃许杂科及各司吏典，入属从仕。国家欲两界之阜盛，入居乡吏，姑从权典，不计丁数，并皆免乡，恩莫重焉。而乡吏者仅免乡役，置父母于边邑，托从仕，率皆来京，非徒有乖于免乡补军之意。离乡未久，恋本土之人，必将带妻子而来，永不归边，徒损乡吏，无益边备。……今后入居乡吏，姑停从仕，以实边郡。……"[②]结果为"从之"。[③] 可见直到世宗二十八年，朝鲜王朝仍然执行高丽以来诸多限制乡吏入仕的措施，只是在两界地区，为了充实边防而略有变通，而此变通很快就导致了乡吏"托从仕，率皆来京"的弊端，最后又不得不暂行停止。

另外，在刑罚的适用上，也对乡吏阶层不利。在朝鲜世宗十年（1428），左司谏金孝贞等上疏，引永乐十八年（1420）世宗的教旨论高丽时期对地方势力刑罚适用的情形云："高丽之俗……民有陵犯守令者，共斥逐之，至潴其宅而后已"，[④]要求"自今凡以卑陵尊、以下陵上、以幼陵长者，虽直不右而罪之。若在下者曲，则各依本律，加一等论断，其情状尤甚者，取旨痛惩，以成淳厚之俗，以遏陵僭之渐"。[⑤] 其中"陵犯守令"之"民"应该指的就是高丽的地方贵族势力——"乡吏"阶层，绝非一般的小民百姓。在朝鲜建国之初由赵浚等人编定的《经济六典》中就规定："外方乡吏，多方作弊，旁推典刑广示，其次科罪。"[⑥]但是在朝鲜时期，地方豪民"以部民陵犯守令"的事情仍时有发生，所以在世宗二十一年二月二十一日，议政府上启国王，要求"请自今陵辱监司守令，败坏纲常者，一依高丽故事，申明举行"。结果为"从之"。[⑦]

因此，在高丽居统治地位的是以出身开京及其周边近畿地区的豪族

---

① 《朝鲜王朝实录·世宗实录》世宗二十六年正月丁丑条。
② 《朝鲜王朝实录·世宗实录》世宗二十八年正月癸巳条。
③ 同上。
④ 《朝鲜王朝实录·世宗实录》世宗十年五月丁丑条。
⑤ 同上。
⑥ 参见《朝鲜王朝实录·世宗实录》世宗二十年三月戊戌条。
⑦ 以上引文均参见《朝鲜王朝实录·世宗实录》世宗二十一年二月庚午条。

和故新罗六头品贵族为主的在京贵族集团。[①] 在京还是在乡对他们的社会地位和切身利益有重要的影响。因此，在流刑的执行上就出现了一个高丽社会特有的现象：对官僚、贵族的流配不一定以距离的远近程度来显示惩罚的强度，只要将他们赶出京城就是一种最大的打击和侮辱。考诸史籍，我们常常可以看到一些犯有重罪的官僚贵族，他们实际的流配地距离京城很近，而且还是条件比较优越的都邑。[②] 出于同样的理由，在赦免这些人时，“量移——回京——不能回京”就成了三个截然不同的等级。典型的表述是肃宗三年时发布的一道赦书：“赦二罪以下，当斩绞者配岛，前配岛者出陆，出陆者归乡，归乡者上京，上京者通朝见，已朝见者叙用。”[③]在各种赦书中一般都有是否允许还京的内容，[④]那些不能回京的只能“量移田里”或“京外从便”。[⑤] 分析至此，我们就可以明白，归乡刑和充常户刑能够和普通流刑长期并存的主要原因在于高丽贵族社会的性质，在于严格的等级身份制度。

高丽耻辱刑的盛行、档案制度的发达更是和高丽社会严格的身份制度密切相关。在一个严格的身份制社会里，对个人的人身侮辱、对其身份的降低乃是一种莫大的惩罚，因为这种惩罚所涉及的并不仅仅是个体的尊严与苦痛，更涉及家族及子孙后代的地位与福祉，更有甚者，还会殃及出身的地域，高丽的“降号”刑即是如此。不论是对地方的降号，还是削官号、减官职，作为一种附加的刑罚手段，在唐代都是难以想象的。作为一个中央集权的专制国家，这样做只会导致中央对地方控制力的弱化以及

---

① 参见[韩]李基白：《韓國史新论》，第159页。

② 其中比较典型的例子就是高门贵族庆源李氏的本贯地仁州（庆源府）是高丽朝最重要的流配地之一。《高丽史·地理志》：“仁州……以皇妣仁睿太后李氏内乡升为庆源郡。仁宗时，以皇妣顺德王后李氏内乡改今名，为知州事。恭让王二年，升为庆源府。”[《高丽史·地理志》（中册），第258页]庆源府距京城的直线距离只为100里左右，肃宗时元信宫主及汉山侯昀兄弟二人、李资谦的妻子儿女、毅宗直长同正李龟、熙宗的太子王祉、恭让王时的宰相禹洪寿等都曾被流配于此。

③ 《高丽史·肃宗世家》（上册），第227~228页。

④ 可举以下两道赦书为例：(1)“（肃宗六年二月）壬子诏：‘逆臣李资义从坐者皆量移。’乙卯，又诏曰：‘逆党罪疑者已赦之矣，其侍御史王台绍、主簿全宠、判官李滋、卫尉少卿金义英妻李氏等许令还京。’”[《高丽史·肃宗世家》（上册），第232页](2)“（毅宗二十四年）冬十月庚戌，大赦。……召还金贻永、李绰升、郑叙等，皆复职田，以昼鸡流矢之事流窜者，皆令赴京。”[《高丽史·明宗世家》（上册），第388页]

⑤ 略举两例：(1)“（仁宗六年四月）己卯，诏崔惟迪缘坐子罪，实非自作，许量移田里。”[《高丽史·仁宗世家》（上册），第312页](2)“（恭让王二年十一月）壬辰，宥禹玄宝、李穑、权仲和、庆补、张夏，许京外从便。”[《高丽史·恭让王世家》（上册），第885页]

地方行政更加混乱。而在高丽时代，尽管降号、削官号、减官职等刑罚手段也会给地方政务带来一定的混乱，但是由于朝廷在地方设立的机构简单，地方事务多为地方贵族把持。与适用这些刑罚手段造成的困扰相比，高丽王朝更看重的是它们在打击地方势力上的作用，①这些刑罚手段的适用不过是朝廷所实行的歧视地方政策的一环而已。因此，在高丽时代常有将县降为部曲的事例，也有将部曲升格为县的情况，这实际上就等于将该地居民的身份压低或抬升了一个等级，对个人的影响显而易见。《高丽史·选举志》科目条："（靖宗）十一年四月判：'五逆、五贱、不忠、不孝、乡、部曲、乐工杂类子孙，勿许赴举。'"②同卷学校条载仁宗朝之"式目都监详定学式"："凡系杂路及工商乐名等贱事者、大小功亲犯嫁者、家道不正者、犯恶逆归乡者、贱乡部曲人等子孙及身犯私罪者，不许入学。"③据此，如县被降格为部曲，该县之人就不能入学和赴举，从而就失去了仕进的机会。因此，被降号地区的百姓就要想方设法使该地区的规格恢复到以前的状态。《朝鲜王朝实录·成宗实录》成宗十六年（1485）四月甲戌条："下书永安道观察使申浚曰：'道内咸兴郡，当逆贼李施爱作乱之时，同犯谋逆，恣行杀害……故例以吉州废府为郡，示戒后来。而同郡人民不计事体，徒欲复号，累次上言，陈诉不已。……然则惩恶戒后，不可不严，咸兴降号，不可轻改。……'"④又《高丽史·柳清臣传》：

柳清臣，初名庇，长兴府高伊部曲人，其先皆为部曲吏。国制：部曲吏虽有功，不得过五品。清臣幼开悟，有胆气，习蒙语，屡奉使于元，善应对。由是为忠烈宠任，补郎将。教曰："清臣随赵仁规尽力立功，虽其家世当限五品，且于其身许通三品。"又升高伊部曲为高兴县。⑤

可见在高丽严格的等级身份制下，个人和其乡里是一荣具荣、一损具

① 当然，在朝鲜时代，随着中央对地方的全面控制，因袭高丽制度而来的地方制度就逐渐显示出了它的弊病。朝鲜中期的成浑（1535—1598）在其所上《辛巳封事》中就说："臣又惟中国历代之制，以户口多少分为州县，故或户口不满其数，自州而降为县者有之。我国则不然，或以小县之地而为州，或以大州之地而为县，初无定制。差科之出，则率以州县官秩高下而征之。是以地少之民，不胜其苦。其为不公不平，莫甚于此。"参见［朝鲜］成浑：《牛溪先生集》卷二《辛巳封事》，民族文化推进会本。

② 《高丽史·选举志》（中册），第590页。

③ 同上书，第626页。

④ 《朝鲜王朝实录·成宗实录》成宗十六年四月甲戌条。

⑤ 《高丽史·柳清臣传》（下册），第719页。

损的关系。为了维持这种严格的等级身份制度,周密严格的档案制度就成为必须,以防止低等级身份的人混入较高的等级,使制度本身遭到破坏。唐虽也是一个身份制社会,但贵族制度已趋没落,身份制度也日渐松脱,因此在唐代尽管有众多优待官僚、贵族的法律制度,却没有类似高丽那样发达的耻辱刑;尽管有相对完备的档案制度,并对铨选发生较为重要的作用,却没有高丽那样众多的功能,也不如高丽那样细密而严格。

(四)文化传统与宗教信仰

文化传统和宗教信仰等因素对刑罚的适用也有重要的影响。高丽赎刑、罚金刑的同时广泛适用,就与高丽社会的传统和风习有关。《宣和奉使高丽图经》卷十九民庶条:"然其为人寡恩好色,泛爱重财。"①《宋史·高丽传》载高丽肃宗事迹云:"颙性贪吝,好夺商贾利。富室犯法,輙久縻责赎,虽微罪亦输银数斤。"②可为徐竞的说法添一佐证。这种现象和高丽律(复原)重视财产犯罪的倾向一致。既然风习如此,高丽对唐代适用严格的赎刑制度进行变通也就在情理之中了。③

又如轻刑是高丽长久以来的传统,孙穆在其《鸡林类事》中说:"夷性仁,至期多赦者。"④洪汝河云:"若高丽政刑,一切不论轻重,专以慈仁姑息为心。宽恶惠暴,纲纪不振,委靡颓堕,以迄于亡。……法官纵火之贼,枷于市三日以耻之,其政刑之不肃如此。"⑤《高丽史·刑法志》序言也提

---

① (宋)徐兢:《宣和奉使高丽图经》,第99页。

② 《宋史·高丽传》,中华书局1977年版,第14048页。

③ 当然,高丽赎刑的广泛适用和其佛教信仰也有相当大的关系。高丽的赎刑以"赎铜、征瓦"为主要形式,如果说赎铜可以弥补财政短缺,那么"征瓦"的意义则难以明了。不过,如果注意到瓦的建筑材料属性,对其用途我们就可以揣知一二了。在高丽一代,特别是高丽前、中期,除去大量创建佛教寺刹之外,国家并无重大的建设活动比如一直到高丽末期,不少重要的城市都没有城墙。就连高丽的王京开京,其建设也相对简单,《宣和奉使高丽图经》卷三国城条:"……无濠堑,不施女墙……万一有警,信知其不足守也"。(第14~15页)。高丽的历代国王都十分佞佛,在位期间热衷于建设各种裨补寺刹以祈福。要创建这些规模宏大的寺刹,就需要大量的建筑材料和金属,其中铜和瓦必不可少。比如在文宗二十一年,"兴王寺成,凡二千八百间,十二年而功毕"。[《高丽史·文宗世家》(上册),第176页]文宗三十二年,"兴王寺金塔成,以银为里、金为表,银四百二十七斤、金一百四十四斤"。[《高丽史·文宗世家》(上册),第191页]对如此浩大之工程,所需建筑材料数量之巨可以想见。另外,在高丽每年都要举行各种形式的与佛教有关的活动(可参见[韩]朴龍雲:《高丽時代史》,第346~351页),单就"饭僧"一项,每次少则几百人,多则10万人。在整个高丽前期,一般来说,每次"饭僧"的人数都在1万~3万,所需费用之广不需多论。在朝鲜太祖李成桂继位后的第三天,司宪府就上疏说:"前朝小有灾变,则不知恐惧修省,惟务事佛事神,糜费不可殚记"。(《朝鲜王朝实录·太祖实录》元年七月己亥条)从常理来看,高丽赎刑的广泛运用当和此有关。

④ (宋)孙穆:《鸡林类事》,第25页。

⑤ [朝鲜]洪汝河:《木斋文集》卷十《刑法志》,民族文化推进会本。

到高丽法制的一大弊端就是"缓刑数赦"。[①] 正因为这种传统,才使高丽的杖刑确为一种轻刑,从而给宋朝的使节们留下了深刻的印象,使他们不约而同地说出了高丽"笞杖极轻"[②]"笞杖颇轻"[③]这类的话。

而所谓"夷性仁""缓刑数赦"等说法实际上又是佛教信仰对高丽法制生活产生影响的重要表现。在新罗王朝,佛教已经确立了国教的地位,成为了所谓的"护国信仰"。[④] 到了高丽王朝,佛教更是达到了极盛期,举国佞佛成为高丽最重要的国情之一。李奎报为国王所撰之《典狱行空狱后般若道场文》云:

莲花宝座,如来为两足之尊。贝叶雄诠,般若极二空之旨。……惟刑是恤,窃思伯禹之泣辜。诸罚所加,恐有冶长之非罪。况盛夏敲蒸之节,岂生人楚毒之时。寻命有司,尽宽庶狱。冀托空门而乞援,永蠲肺石之受辞。兹敞熏筵,俾扬灵典。庶有加之悃愊,格无碍之照详。不惟图圄之空虚清净以理,抑亦国家之闲暇优游尔休。[⑤]

同卷之《典狱行空狱道场文》云:

佛为事时一现世,广演法音。后非民罔与守邦,贵行仁政。……惟刑之恤,切欲至于讼衰。兹下勑于有司,悉纵囚于非所。庶蒙梵荫,永不用于金科。……民趋淳厚之风,无干国禁。世致泰平之庆,永固邦基。[⑥]

可见高丽"惟刑是恤""贵行仁政"的政策多出于佛教信仰的考虑,即所谓"冀托空门而乞援,永蠲肺石之受辞""庶蒙梵荫,永不用于金科",从而希望达到"民趋淳厚之风,无干国禁。世致泰平之庆,永固邦基"的目的。正因如此才导致了所谓"夷性仁""缓刑数赦"等现象的出现。李奎报在其《故华藏寺住持王师定印大禅师追封静觉国师碑铭》中记高丽王师定印大禅师的事迹云:"是年(泰和四年,1204),进礼郡设禅会,请指南者,上命师赴焉。是会也,县令李中敏梦天人告曰:'净佛国土,何图圄不空

① 《高丽史·刑法志》(中册),第833页。
② (宋)徐兢:《宣和奉使高丽图经》卷十六,第81~82页。
③ (宋)孙穆:《鸡林类事》,第25页。
④ [韩]李基白:《韓國史新论》,第90页。
⑤ [高丽]李奎报:《东国李相国集·全集》卷第三十九,载《韩国文集丛刊》[2],景人文化社1996年版,第105页。
⑥ [高丽]李奎报:《东国李相国集·全集》卷第三十九,第106页。

耶？'及觉，遍体流汗，躬至狱门，罪无轻重，皆原之。闻者莫不惊叹。"①一个县令因为自身信仰的关系，在没有得到任何上级指令的情况下就可以"躬至狱门，罪无轻重，皆原之"，结果却是"闻者莫不惊叹"。这种情况只有在高丽这样的佛国才能出现。显然，所谓"性仁""缓刑数赦"、追求"狱空"决不仅仅是统治集团上层表现出来的一种特性，而已成为了一种弥漫于整个高丽社会的传统。

① [高丽]李奎报:《东国李相国集·全集》卷第三十五，载《韩国文集丛刊》[2]，景人文化社1996年版，第62页。

第六章　高丽与中国法制关系演进的大势

由前文的分析可知，在古代中国与朝鲜半岛法律文化交流的进程中，高丽时期是一个非常重要的历史时段。正是从高丽时期开始，半岛国家才开始逐步摒弃其固有法制，较大规模地移植中国法制。《高丽史·刑法志》序："高丽一代之制，大抵皆仿乎唐；至于刑法，亦采唐律，斟酌时宜而用之……总七十一条。删烦取简，行之一时，亦不可谓无据。然其弊也，禁网不张……于是有建议杂用元朝《议刑易览》《大明律》以行者，又有兼采《至正条格》言行事宜成书以进者。"①简略描述了高丽与中国法制关系演进的脉络，其间颇有模糊不清之处。高丽对中国法制的移植并非一帆风顺，而是经历了不少曲折，呈现出了较为明显的阶段性。本章将以"华化"与"土俗"②间的张力为线索，对这一演进的过程做一大致的勾勒。

---

① [朝鲜]郑麟趾：《高丽史·刑法志》(中册)，[韩]亚细亚文化社1993年版，第833页。

② 本书用"华化"来表示中国文化对朝鲜的影响方式，用"华制"来代表中国制度。朴秉濠使用了"中国化"一词，认为朝鲜初期有制度上的"中国化"运动，其含义和我们所说的"华化"相似，只是并未进一步论证而已。([韩]朴秉濠：《韩国法制史考——近世의 法과 社会》，法文社1974年版，第334页)本书用朝鲜人常讲的"土俗"一词来表示半岛的固有制度、传统、习惯等文化形态。

第一节 “土俗”主导期:从太祖到景宗

一、太祖时代以“土俗”为主的政策

在统一新罗(668~935)后期,地方豪族势力崛起,由甄宣和弓裔领导的两支武力分别建立了后百济和后高句丽政权。918年,豪族出身的后高句丽大将王建(918~943)在其他豪族出身将领的支持下发动政变,登上王位,建立了高丽王朝(918~1392)。由于豪族势力强大,王建的统治并不稳固。统一之后,豪族出身的将军们不仅占有大量的财产和奴婢,而且拥有强大的私兵组织,王建只有在和他们妥协的过程中才能维持自己的统治。① 大的豪族势力与和平归顺高丽的新罗贵族取代了从前骨品制下的旧贵族,形成了一种新的贵族势力——两班贵族。② 因此,高丽是一个比较典型的贵族社会,王权较为微弱。朝鲜王朝时期的史学家洪汝河(1621—1678)论云:“高丽太祖,政尚宽仁,委任大臣,礼遇踰制,在宥过失,是以权聚于重臣。而其终也,有权臣之患。本朝惩之,严立科条,损约重臣,尊其体面,夺其权柄,是以权移于下僚,而其弊也有朋党之祸,此亦驯致之势也。高丽自毅宗以后,武臣相继用事,一权臣除,一权臣生,前门拒虎,后门进狼,首尾百年,患祸莫测。及至忠烈外藉元朝兵力,歼戮巨魁,自是权归人主,王室稍安者百十年,而后乃亡。”③

贵族社会的基本特征之一就是贵族拥有大量的特权,这些特权被认为是先赋的,而支撑这些特权的制度及其相关理念往往是不成文的,是一些被认为天经地义的、由前代传袭而来的旧俗和传统,这就是史料中高丽人常说的“土风”“土俗”。由于它们基本上都是因袭新罗而来,是贵族阶层得以存立的制度性支撑及合法性依据,故而,在统一之后,高丽王权无力像中国的新立王朝那样创法立制,各种制度多袭新罗之旧。《高丽史·

① [韩]李基白:《韩国史新论》,一潮阁1996年版,第146页。
② 同上书,第159页。
③ [朝鲜]洪汝河:《木斋文集》卷三《应求言教书(己亥五月,呈政院因国恤还出给)》,民族文化推进会本。

百官志》:"高丽太祖开国之初,参用新罗、泰封之制,设官分职,以谐庶务。然其官号或杂方言,盖草创未暇革也。"①崔瀣(1287—1340)也说:"以逮神圣开国,三韩归一,衣冠典礼,寔袭新罗之旧。"②

太祖作为一个有为的开国之君,对这种现状当然不能满意,曾"欲置外官",③试图将统治力伸展到地方,与豪族争夺对地方的控制权。然而这种努力很快就归于失败。地方豪族仍然维持着半独立状态,④他们的机构直拟中央,称为"兵部""仓部"等;官号有三重大匡、重大匡、大匡、正匡、大丞、佐丞、大相、元甫等,这就是史料中所说高丽初期官号"或杂方言"的情形。⑤ 官制如此,法制也不例外。因此,这一时期是一个以固有法制为本位的时期,中国法制对半岛几乎没有什么影响。

二、光宗"华化"政策的推行及其挫折

第四代君主光宗(949 ~ 975)继位时,高丽王权已初步安定,他惩惠、定两朝豪族跋扈的局面,力图振作王权。但当时朝廷的一系列制度框架是"土俗"建立的,故而不能给他加强王权的努力提供较为充分的制度性资源和合法性支持。为了突破这种局面,光宗决意采取"华化"政策,试图借天子之威、中华之制来改革高丽固有的社会、政治结构。⑥ 为此,光宗频频向后周派遣使节,进行交涉。⑦ 光宗七年(956),"周遣将作监薛文遇来,加册王为开府仪同三司、检校大师,仍令百官衣冠从华制"。⑧ 以天子诏令的形式发动了高丽国内的"华化"运动。后周世宗还应光宗之请,派遣前大理评事双冀前来辅助光宗。⑨ 光宗九年五月,"始置科举,命翰林学

---

① 《高丽史·百官志》(中册),第656页。

② [高丽]崔瀣:《拙稿千百》卷二《东人之文序》,载《韩国文集丛刊》[3],景人文化社1996年版,第27页。

③ 《高丽史·选举志》载崔承老上书语(中册),第636 ~ 637页。

④ [韩]李基白:《韩国史新论》第146页。

⑤ 直到成宗二年,朝廷才将以前地方势力以兵部、仓部等命名的职务一律降格为司兵、司仓等职,并将三重大匡、重大匡、大匡、正匡、大丞、佐丞、大相、元甫等名号一律贬为"乡职"。具体史料可参考[朝鲜]郑麟趾:《高丽史·选举制》乡职条,中册,第653页。

⑥ 《高丽王朝的"华化"与"土俗"之争》,载《安徽史学》2008年第1期。

⑦ 高丽和后周相互派遣使节达次13之多。参见《论唐律文本传入高丽的途径》,载[韩]《亚洲研究》2008年创刊号,第143 ~ 145页。

⑧ 《高丽史·光宗世家》(上册),第61页。

⑨ 详说参见《高丽王朝的"华化"与"土俗"之争》,载《安徽史学》2008年第1期。

士双冀取进士”。① “华化”运动开始了在制度层面的突破。科举制的本质特征是“一切以程文为去留”，即以文取人，而不是以家世、阀阅取人，其针对贵族阶层的用意至为明显。而科举考试的内容乃是中国的经史，所以又含有以中国文化冲击本土文化的用意。可见，王权是企图通过科举取士，收罗一批足以替代或至少可以和既存之贵族势力相抗衡的以中国文化为信仰的支持王权的力量。

这些政策遭到了贵族集团的强烈反对。《高丽史·徐弼传》：“时光宗厚待投化汉人，择取臣僚第宅及女与之。一日，弼奏曰：‘臣居第稍宽，愿以献焉。’光宗问其故，对曰：‘今投化人择官而仕，择屋而处。世臣故家，反多失所。臣愚诚为子孙计，宰相居第，非其有也。及臣之存，请取之。臣以禄俸之余，更营小第，庶无后悔。’光宗怒，然卒感悟，不复夺臣僚第宅。”②鉴于此，光宗、双冀君臣便采取了渐进的改革路径，没有对半岛的固有制度（土俗）进行全面、深入的改革，而是先从学校和科举制度入手，其他制度则待新势力养成、新观念被逐渐接受以后再做考虑。因此，在这一时期，法制上的“华化”还来不及推动，仍以固有法为主。《高丽史·选举志》：“三国以前，未有科举之法……光宗用双冀言，以科举选士，自此文风始兴。大抵其法颇用唐制。……东方文物之盛，拟诸中华。”③所谓“拟诸中华”仅仅是就“文风始兴”而言，不过是夸张之词。除科举和学校制度是用唐制外，包括法制在内的其他各种制度仍以“土俗”为主。

如上文所言，光宗、双冀君臣的打算是待新势力渐次养成、新观念逐渐被接受之后，择机再推动包括法制在内的其他制度层面的“华化”。从高丽光宗七年双冀入高丽，光宗开始实行改革政策，到975年光宗去世，大约20年间，光宗、双冀君臣间的关系一直比较相得，除科举制度外，光

① 《高丽史·光宗世家》（上册），第61页。
② 《高丽史·徐弼传》（下册），第78页。
③ 《高丽史·选举志》（中册），第589页。

宗君臣当有一套包括制定律令在内的全面的制度改革方案,[①]否则崔承老在其《时务策》中所说之"华夏之制不可不遵,然四方习俗,各随土性,似难尽变。其礼乐诗书之教、君臣父子之道,宜法中华,以革卑陋。其余车马、衣服、制度可因土风,使奢俭得中,不必苟同"[②]的话就显得突兀而不可解。《高丽史·舆服志》也讲:"东国自三韩,仪章服饰循习土风。至新罗太宗王请袭唐仪,是后冠服之制稍拟中华。高丽太祖开国,事多草创,因用罗旧。光宗始定百官公服,于是尊卑上下,等威以明。"[③]因此有理由认为,光宗君臣改革高丽旧制绝非仅限于科举一端,只是由于激烈的政治冲突和贵族勋旧势力的反弹,包括法律在内的其他制度层面的"华化"被延缓了下来,没有来得及推动而已。

总之,光宗、双冀君臣发动的"华化"运动是希望通过一个较长的过渡期,是希望通过一个较长的过渡期,逐步达到移风易俗的目的。李齐贤就指出:"(光宗)有用文化俗之意,而(双)冀亦将顺以成其美。"[④]然而即使如此,也不能为贵族集团所容。光宗一死,景宗(975~981)继位,一反光宗之政,"焚积年谗毁之书,放累岁无辜之狱。冤愤悉除。朝野称庆。但以不谙政体,专任权豪,害及宗亲"。[⑤] "华化"政策遭到了重大挫折。

第二节 "华制""土俗"并立期:从成宗到元宗

一、王权、贵族集团间的妥协及对唐代法制的移植

鉴于光、景两朝因"华化"与"土俗"冲突引发的悲剧,成宗(981~

---

① 在此尤其值得注意的是双冀曾任后周"试大理评事"这一事实。黄约瑟已经指出:"大理寺评事是大理寺的最低职位,双冀要担任事务性工作……因为他需要凡事亲力亲为,加上周太祖和世宗(953~959在位)均注意整顿法令,他对当时法律和行政事务应有广泛甚至深入的了解。"他还说:"他肯定没有参加《大周刑统》的编纂,因为世宗下令审定法律作为该书的材料时,双冀已经到了高丽。"(见《黄约瑟隋唐史论文集》,中华书局1997年版,第142页)这或许可以为解答高丽一朝所制定的刑律为什么是参照了唐律,并使用了唐律体系这一问题提供一点启示。

② 《高丽史·崔承老传》(下册),第85页。

③ 《高丽史·崔承老传》(中册),第561页。

④ [高丽]李齐贤:《益斋乱稿》卷第九下《史赞·光王》,载《韩国文集丛刊》[2],景仁文化社1996年版,第592页。

⑤ 《高丽史·崔承老传》(下册),第81~82页。

997)在继位之初即下诏求言,寻求良策。崔承老应时而起,奏上28条《时务策》。其基本要旨是:君主要注意自己权力的界限,尊重贵族的特权,在“华化”与“土俗”的关系上,进行折中——贵族集团要承认王权引入中国制度的合法性,王权也要尊重贵族集团的既得利益。他的建议为成宗所接受。在此基础上,王权和贵族集团达成了妥协。贵族集团承认王权可以在一定的范围内(“礼乐诗书之教、君臣父子之道”)移植中国制度,以渐革高丽旧俗;但在“车马、衣服、制度”等层面,仍要以土俗为主,以保障贵族集团的既得利益。这样,贵族集团就在文化的总方向上承认了王权移植中国文化的优越性,王权可以较大规模地移植中国制度了。这就是为什么直到建国60余年后,高丽王朝才开始创法立制的原因所在。《高丽史·百官志》:“成宗大兴制作,定内外之官:内有省、部、台、院、寺、司、馆、局;外有牧、府、州、县。官有常守,位有定员,于是一代之制始大备。文宗、睿宗虽少加增损,大抵皆袭成宗之旧,子孙有所遵守。”①高丽律就是在这一时期在移植唐律的基础上制定的。故而,在成宗之后,史料中多有“依律断罪”“依律科罪”“律有正条”之语。

因为这一时期对中国法制的移植是在尊重贵族集团既得利益的基础上进行的,所以就不得不多方迁就“土俗”,对唐制加以改造和变形,将“不必苟同”的政策落到实处。举例而言,在司法制度上,唐代的御史台乃是皇帝的“耳目之司”,是皇帝的爪牙;在高丽,御史台的一项主要职能却是“论执时政”,享有法定的署经权和驳执权,这些权力都是用来制约王权的。这种差异在律典上表现得更为明显。高丽在移植唐律时,常常根据土俗(“时宜”)来矫正(“斟酌”)唐律,从而使之发生了严重的变形现象。②

尽管如此,贵族集团中的守旧势力仍不满意。只要一有机会,就试图削弱甚至否定“华化”政策的合法性。成宗十二年(993),对辽战争失败,被迫向辽称臣,贵族势力便乘机发难。《高丽史·徐熙传》:“前民官御事

---

① 《高丽史·百官志》(中册),第656页。

② 关于这一问题的具体论述,参见《高丽移植唐代法制之变形及其历史背景》一文的有关论述,载《上海交通大学学报》(哲学社会科学版)2008年第3期。

李知白奏曰：'圣祖创业垂统，洎于今日，无一忠臣遽欲以土地轻与敌国，可不痛哉！……且与其轻割土地弃之敌国，曷若复行先王燃灯、八关、仙郎等事，不为他方异法以保国家致大（太）平乎？……'成宗然之。时成宗乐慕华风，国人不喜，故知白及之。"[①]李知白直指唐制为异端，并要求回归传统，重新确立土俗在制度上的主导地位。国王也无如之何，只能含混了事。

在这种状况下，高丽法制便呈现出了"华制"与"土俗"并存的局面。在正式、显性的层面，"华制"似乎占有一定的优势，可是在日常和实践的层面，则是"土俗"在起重要的作用。显宗十六年（1025）四月，礼部奏："准《御史台格》：'两班员吏于朝门街衢公处以私礼拜伏者，随即纠罪。'谨按《礼记》'君子行礼，不求变俗。'又云：'修其教，不易其俗；齐其政，不易其宜。'非礼无以辨上下、长幼之序。如御史台新格，卑幼之于尊长，何以致敬？何以辨位？请于朝庙礼会班行，切禁私礼拜伏，外任便为宜。"[②]在"朝庙礼会班行"这些重大正规的场合，行用由中国移植而来之法，而在"外任"这些不太重要、非正规的场合，则行用高丽固有之法。这和朝廷推行的"华化"政策看似矛盾，却是当时文化融合初始阶段的一种常见现象。为此高丽人还找到了理论上的依据，此即《礼记》"君子行礼，不求变俗"和"修其教，不易其俗；齐其政，不易其宜"的文字。有意思的是，这种理论上的依据也是来自中国的经典。也就是说，高丽人是以来自中国文化的资源来证明维持本国固有文化的合理性。这就表明，包括法制在内的中国制度和文化已逐渐被高丽人承认具有"普适性"。可是，与此同时，他们又坚持在关键领域维持本国固有制度的"特殊性"。中国制度与其本国固有制度之间的张力就表现为名、实之间的分离。故而，王朝依据中国之法制定正式的法令《御史台格》在实践的层面就会为"土俗"所矫正，不得不做出变通。

总之，在移植中国法制之初，以"华"变"俗"还有相当大的难度，"华

① 《高丽史·徐熙传》（下册），第97页。
② 《高丽史·刑法志》（中册），第861页。

制”尽管具有合法性，但在合理性上还有相当大的缺陷，时常为“土俗”所修正，高丽法制呈现出了华、俗两制并行的格局。

二、文宗对宋代法制的移植及“华制”与“土俗”的磨合

成宗之后，以文宗和睿宗对“华化”政策的推动最为有力。文宗(1046～1083)是一代好文之英主，他对中国制度的渴望使其已不满足于成宗时引入的唐代法制，而是试图直接移植宋代法制，以“增损”成宗时引入的唐制。文宗元年六月，下令：“法律，刑罚之断例也；明则刑无枉滥，不明则罪失轻重。今所行律令，或多讹舛，良用轸怀。其令侍中崔冲集诸律官重加详校，务从允当”。[①] 折杖法就是在这次修律活动中被引入高丽律的。[②] 不过，这一时期对宋代法制的移植已更为稳健和审慎，充分考虑到了外来法制与本国固有法制之间的可融性。以折杖法而论，它之所以能被顺利引进，主要是因为它首先是一套减轻刑罚烈度的制度，正好和高丽的国情相符——轻刑是半岛长久以来的传统，[③]《宣和奉使高丽图经》卷十六图圄条：“笞杖极轻，自百至十，随其轻重而加损。”[④]——因此，折杖法的引进并没有引起太大的反弹。[⑤] 然而，作为执政阶层的贵族集团对移植宋制并不热心。文宗十二年(1058)八月，“王欲于耽罗及灵岩伐材造大船，将通于宋。内史门下省上言：‘……况我国文物礼乐兴行已久……其于中国实无所资。如非永绝契丹，不宜通使宋朝’”。[⑥] 文宗只好作罢。

文宗之后，宣宗、睿宗、仁宗等王因袭文宗逐步采用宋制的政策不变。[⑦] 高丽受宋文化的影响日深。林椿曾云：“仆观近古已来本朝制作之

① 《高丽史·文宗世家》(上册)，第143页。

② 《“华化”与“土俗”之争背景下高丽对宋代法制的移植》，载《华南农业大学学报》(社会科学版)2008年第3期。

③ 关于这一问题的具体讨论，参见《“华化”与“土俗”之争背景下高丽对宋代法制的移植》的有关讨论，载《华南农业大学学报》(社会科学版)2008年第3期。

④ (宋)徐竞：《宣和奉使高丽图经》卷十六，[日]近泽书店1932年版，第81～82页。

⑤ 参见《“华化”与“土俗”之争背景下高丽对宋代法制的移植》，载《华南农业大学学报》(社会科学版)2008年第3期。

⑥ 《高丽史·文宗世家》(上册)，第167页。

⑦ 具体的分析与论证，参见《“华化”与“土俗”之争背景下高丽对宋代法制的移植》，载《华南农业大学学报》(社会科学版)2008年第3期，本书不赘。

体。与皇宋相为甲乙。”[①]对宋代文化的引入，还导致苏轼诗文在高丽的流行，林椿所谓：“仆观近世，东坡之文大行于时，学者谁不伏膺呻吟，然徒翫其文而已。”[②]但此逐步采用宋制的政策仍时或会遭到贵族集团的挑战。睿宗元年（1106），“中外臣僚多言先朝用钱不便，七月诏曰：‘钱法，古昔帝王所以富国便民，……不意群臣托太祖遗训，禁用唐、丹狄风之说，以排使钱。……若文物法度，则舍中国何以哉？’”[③]贵族集团竟然将中国制度（唐风）和契丹制度（丹风）并列，主张一律禁止。肃宗（1095～1105）时，门下侍中邵台辅又提出：“国学养士，靡费不资，实为民弊。且中朝之法，难以行于我国，请罢之。”[④]不以中国之法为然。

不过，随着“华化”政策的深入推进，以“华制”改革“土俗”的工作也在逐步进行。成宗制律时完整地引入了唐律的“十恶”制度，其中有严惩近亲相奸的“内乱”一条，但在实践中，高丽实行的仍是同姓为婚、近亲结婚之制。所以李种徽云：“高丽之兴，历五王六十五年，而成宗始有制作之意，显宗继之于仪文度数之间，颇遵华制。而至于所谓礼乐之本，则盖蔑如也。如婚姻男女之际，丧葬祭祀之间，人之大伦大节所系。而同姓之婚不避，期功三年之丧，举世不行，此与夷狄何异哉？”[⑤]在时间又流逝了近百年之后，随着中国文化对半岛侵润的加深，高丽人的观念发生了一定的变化。文宗判断可以用中国之法来矫正本国的固有婚姻制度了。于是，在十二年五月，下令“嫁大功亲所产，禁仕路”。[⑥]第一次以律令的形式反对半岛长久以来实行的族内婚制。[⑦]显然，高丽王权对于“华化”与“土俗”之间的关系已不再满足于文本上的合法性和重大、显性场合的实践了，而是要进一步将“华制”推向日常的生活层面，而其所用的主要手段就是法律。

文宗三十五年六月，“吏部尚书崔奭等奏：‘前年进士鲁準，其父犯律

① [高丽]林椿《西河先生集》卷四《与皇甫若水书》，民族文化推进会本。
② [高丽]林椿《西河先生集》卷四《与眉叟论东坡文书》，民族文化推进会本。
③ 《高丽史·食货志》（中册），第737页。
④ 《高丽史·邵台辅传》（下册），第129页。
⑤ [朝鲜]李种徽：《修山集》卷十三《高丽史志·礼志》，民族文化推进会本。
⑥ 《高丽史·选举志》（中册），第641页。
⑦ 朴延华、李英子：《高丽王室族内婚制及其变化》，载《东疆学刊》2003年第1期。

娶大功亲所生，请禁锢终身。'王曰：'选举任用，不拘常局，可与诸进士并授官秩，以通朝籍。'宰相文正等曰：'家齐然后国治，隼父不能正婚，渎乱人伦，然方今崇尚儒术，用士是急，请降授阶职。'从之"。[①] 在高丽，宰相和六部尚书通常多由高门贵族担任，是贵族集团的代表，但在鲁隼一案中，主张以移植自中国的"律"严惩近亲结婚之人的是吏部尚书等高官，并得到了宰相文正等人的支持，可见这种意见代表了当时以贵族集团为主的上层精英阶层的主流认识，在文化趋向上实有非同寻常的意义，说明随着中国文化影响的深入，贵族集团本身的观念已发生了重大变化，不少人甚至是其中的主流对移植自中国的法制（特别是其中和自身的既得利益冲突不大的部分）已由排斥转为支持。

由于"土俗"的影响深厚，在实践中，对移植自中国的各种法律的推动并不顺利。宣宗二年（1085）四月判："同父异母姐妹，犯嫁所产仕路禁锢。"[②]这条法令相对于文宗十二年的法令显然又后退了一步。[③] 之后，在这一问题上屡有反复，但总的趋势是在不断推进之中。肃宗元年（1096）二月判："嫁小功亲所产依大功亲例，禁仕路。"[④]毅宗即位"始禁堂姑从姊妹、堂侄女兄、孙女相婚。"[⑤]"土俗"适用的余地有越来越窄之势。

然而，需要注意的是，固有法制虽然在法律文本上已日渐失去了合法性，但在日常实际生活的层面仍有广泛的影响，维持着相当大的合理性。以收养制度而论，文宗二十二年下令："凡人无后者，无兄弟之子，则收他人三岁前弃儿，养以为子，即从其姓。继后付籍，已有成法。其有子孙及兄弟之子而收养异姓者一禁"。[⑥] 在有同宗子孙的情况下，禁止收养异姓子孙。这一法令显然是直接移植中国之法而来，[⑦]与高丽妻子与丈夫有同等之收养权，可收养本族子弟的习俗不合。因此，在实践中并没有得到很

---

① [朝鲜]金宗端等撰：《高丽史节要》卷五，[韩]首尔大学奎章阁本。

② 《高丽史·选举志》（中册），第642页。

③ 朴延华、李英子：《高丽王室族内婚制及其变化》，载《东疆学刊》2003年第1期。

④ 《高丽史·选举志》（中册），第641页。

⑤ 《高丽史·刑法志》（中册），第852页。

⑥ 同上书，第853页。

⑦ 《唐律疏议·户婚律》养子舍去条："诸养子，所养父母无子而舍去者，徒二年。若自生子及本生无子，欲还者，听之。即养异姓男者，徒一年；与者，笞五十。其遗弃小儿年三岁以下，虽异姓，听收养，即从其姓。"刘俊文：《唐律疏议笺解》，中华书局1996年版，第941页。

好的执行，直到朝鲜前期还是如此。《朝鲜王朝实录·世宗实录》二十年(1438)正月丙午条："护军宋勉无子，以其从侄宋盘为养子，勉妻申氏亦以其族赵雅女子为养子。"①

"华制"的日渐强势与"土俗"仍盛的局面，使高丽法制出现了"华制"与"土俗"融混的现象。仁宗十八年(1140)判："无亲子祖父母忌，依宋制，给暇一日两宵。判：入流品以上者，妻父母服给暇三十日；其忌日，依外祖父母例，给暇一日两宵。"②这一法令就是中国宋代法制与高丽重视妻族、外家之固有法制的混合物。

第三节 "土俗"衰落与全盘"华化"政策的逐渐确立：从忠烈王到恭让王

一、元代法制影响的深入

1270年，高丽对蒙古屈服，法律体系开始逐渐受到了元朝法制的影响。元宗(1260～1274)在位时，对蒙古文化颇有抵触情绪，印公秀劝他"效元俗改形易服"，他回答："吾未忍一朝遽变祖宗之家风，我死之后，卿等自为之"。③ 在其子忠烈王(1275～1308)继位后，高丽制度的蒙古化、中国化进程大大加速。《高丽史·舆服志》："(忠烈王)四年(1278)二月，令境内皆服上国衣冠，开剃。"④与此同时，对其他固有制度与习俗的限制也日趋严格。如对同姓为婚的问题，忠烈王三十四年闰十一月，宪司便"请禁外家四寸通婚"。⑤

高丽为蒙元王朝的附属国，"土俗"对"华制"已失去了抗辩力。不

---

① 《朝鲜王朝实录·世宗实录》二十年正月丙午条。
② 《高丽史·刑法志》(中册)，第836页。
③ 《高丽史·忠烈王世家》(上册)，第566页。
④ 《高丽史·舆服志》(中册)，第566页。
⑤ 《高丽史·刑法志》(中册)，第852页。

过,由于有忽必烈“不改土风”的诏旨,①包括法律在内的本国既有制度并没有被废止,仍然在社会生活中起作用。忠肃王时期,忠宣、忠肃父子不和,沈王暠窥觎王位,高丽大臣柳清臣与吴潜等人上书元廷,“请立省本国,比内地”。元通事舍人王观上书辩驳此事时就提到:“本国去京师数千里之远,风土既殊,习俗亦异。刑罚、爵赏、婚姻、狱讼与中国不同。今以中国之法治之,必有捍格枝梧不胜之患。”②又《高丽史·申青传》:“忠肃薨,忠惠立,令权省洪彬囚青于理问所,命耆老、府院君权溥等疏青罪告行省曰:‘……今有内竖申青者,起自微贱,冒受官爵,擅权自恣,不畏朝廷之制、本国之法,鬻官卖狱,中外愤怨,望加责罚。……’”③王观讲高丽的刑罚、狱讼与中国不同,而权溥等人则将朝廷之制和本国之法并列,说明当时的高丽是本国法制和元朝法制并行的局面。

由于元王朝政治上的直接干预与强烈控制,高丽本国法制受到了元朝法制前所未有的冲击。李谷(1298—1351)《策问》篇云:“本国立法已久,重于变更。比来政出多门,人不奉法。或于用刑之际,绳之以元朝之法,则有司拱手而不敢言。或曰世皇有训,毋变国俗。或曰普天之下,莫非王土。今欲上不违条格,下不失旧章,使刑法归一而人不苟免,其要安在?”④在当时的高丽社会,元朝法制(“条格”)和高丽本国法制(“旧章”)间的冲突已相当严重,元朝法大有超越本国法的趋势。

在元王朝的直接控制下,高丽传统的权力结构及这种结构赖以存立的文化和伦理观念发生了剧烈的动摇,高丽人已逐渐将本国看成了整个蒙元帝国的一部分,形成了“天下一家”的观念。崔瀣在元统二年(1334)所作《送郑仲孚书状官序》云:“自臣附皇元以来,以舅甥之好,视同一家。……予语之曰:‘……矧今天下一姓,薄海内外。梯险航深,辐凑辇下。而奉邦君之命,参盛礼于明廷,士之庆幸,孰大于此?……’”⑤李

---

① 1260年,在蒙古做质子的高丽太子王倎回国继位,是为元宗,下令行用蒙古年号,以示臣服。三个月后(1260年8月),忽必烈又派使节来到高丽,颁诏三道,其中一道曰:“衣冠从本国之俗,皆不改易……”《高丽史·元宗世家》(上册),第510~511页。

② 《高丽史·柳清臣传》(下册),第720页。

③ 《高丽史·申青传》(下册),第699页。

④ [高丽]李谷:《稼亭集》卷一《策问》,载《韩国文集丛刊》[3],景人文化社1996年版,第106页。

⑤ [高丽]崔瀣:《拙藁千百》卷二《送郑仲孚书状官序》,第22页。

穑(1328—1396)《即事》诗回忆当年出使燕京之事云:“昔年游宦走京师,天下一家随所之。”①他在至正二十三年(1363)给李齐贤《益斋乱稿》所作的序中也说:“四海既一……无中华边远之异。”②文化上的畛域也渐趋泯灭。李齐贤在《更张治道》的策问中就云:“国家服事皇元,中外无虞。闾阎栉比,行路如织。……幸际休明,天下同文。家有程朱之书,人知性理之学。”③李穑也说:“幸遭同轨同文之代,适越走燕。如堂之庭,水舟山屩,露宿风飧,如在室中,不曰乐乎。”④

在这种历史背景下,高丽人对“华化”与“土俗”之间关系的看法也发生了改变。李谷在为前代名臣赵仁规的祠堂作记事时写到:“一六合,定群志;同文轨,变风俗。易曰:‘大哉干元,万物资始。’其惟皇元乎。……本国虽已归附,而制于权臣,寓都江华,述职不时,以致天兵压境。此亦国步安危之机,人心向背之际,俗习迁变之始,而三韩之再初也。”⑤对‘俗习迁变”给与了极高的评价,并将其作为赵仁规的主要功绩之一。

以上这些因素综合作用的结果就使元朝法制对高丽产生了强烈的影响,高丽“土俗”的合法性与合理性受到了前所未有的质疑,其中又以根深蒂固且和贵族集团既得利益密切相关的奴婢法制受到的冲击最大。中下层出身的高丽人曾数次推动元王朝对高丽的奴婢法制进行改革。高丽大臣金之淑曾对任征东行省平章的阔里吉思说:“世祖皇帝尝遣帖帖兀来监国,有赵石奇者诉良,帖帖兀欲用上国法,事闻世祖,诏从本国旧俗。此例具在,不可变更。”⑥这明显是针对阔里吉思在高丽掀起的改革奴婢法制运动而言的。《高丽史·忠烈王世家》:“是月(忠烈王二十六年十月),阔里吉思欲革本国奴婢之法,王上表曰:‘……省官初莅此邦,不察制法之意,必欲变更……又窃思惟既许祖风,无问是非而仍旧焉……伏望回揭日之

---

① [高丽]李穑:《牧隐稿·诗稿》卷十六《即事》,载《韩国文集丛刊》[4],景人文化社1996年版,第176页。

② [高丽]李穑:《益斋乱稿序》,李齐贤:《益斋乱稿》,载《韩国文集丛刊》[2],景人文化社1996年版,第497页。

③ 李齐贤《益斋乱稿》卷九下《策问》,载《韩国文集丛刊》[2],景人文化社1996年版,第600~601页。

④ 《牧隐文藁卷·文稿》卷八《送诜上人序》,载《韩国文集丛刊》[5],景人文化社1996年版,第65页。

⑤ [高丽]李谷:《稼亭文集》卷三《赵贞肃公祠堂记》,载《韩国文集丛刊》[3],景人文化社1996年版,第118页。

⑥ 《高丽史·金之淑传》(下册),第372页。

光明……消风土变更之叹。'"①阔里吉思的改革得到了高丽中下层人物的支持。史载"(高丽)中郎将朴洪以通事为阔里吉思腹心……随阔里吉思如元,谋变国俗,不遂而归。"②尽管由于高丽贵族集团的强烈抵制,以中国法制对高丽奴婢法制的改革还是以失败告终,但这些都反映了高丽"土俗"在合法性和合理性两个层面已难以维持的事实。

二、全盘"华化"政策的逐渐确立与中国法制的全面适用

恭愍王时期(1351~1374),随着元王朝的衰落,高丽开始逐渐摆脱元廷的控制,"恭愍王五年五月丁酉,罢征东行中书省理问所。……六月乙亥停至正年号"。并下教说:"洪惟我太祖创业,列圣相承,咸能继述衣冠礼乐,灿然可观。……复我祖宗之法,期与一国更始。"③所谓"复我祖宗之法"并不意味着全面复兴高丽的"土俗",其宣言的性质大于实质,故而影响也仅限于政治的层面,包括法制在内的中国制度对高丽的影响并没有受到太大的影响。恭愍王八年七月,宰枢所以为:"常时合坐着靴,坐高床六色……凡于文字以刻署着之,效元朝法也。"④可为一例。当时高丽社会涌出了一股复兴"土俗"的呼声,⑤但除衣服制度外,在制度与文化上并无太大的作为。

恭愍王被弑以后,辛禑即位,在辛禑二年(1376)六月,"书云观请依道诜《密记》:凡制度一循土俗,禁断异国之风"。⑥ 然而,元朝法制对高丽的影响并没有因此而有大的改变,甚至还有进一步加深的趋势。辛禑三年(1377)二月,"北元遣使来,行宣光年号"。⑦ 高丽朝廷下令"中外决狱,一

① 《高丽史·忠烈王世家》(上册),第648~649页。

② 同上。

③ 《高丽史·恭愍王世家》(上册),第821页。

④ 《高丽史·刑法志》(中册),第846页。

⑤ 恭愍王六年闰九月,司天少监于必兴上书:"《玉龙记》云:'我国始于白头,终于智异,其势水根木干之地,以黑为父母,以青为身。'若风俗顺土则昌,逆土则。风俗者,君臣、百姓衣服冠盖是也。今后文武百官黑衣青笠,僧服黑巾大冠,女服黑罗,以顺土风。"从之。十六年七月,教曰:"我国群臣,冠服既以土风所宜制定,俾有上下之辨,不可易也。近来轻改趋,便,尊卑混淆。今后诸君、宰枢、代言、判书、上大护军、判通礼门、三司左右尹、知通礼门,黑笠白玉顶子。……"九月,百官始着笠朝谒。(《高丽史·舆服制》,中册,第566页)

⑥ 《高丽史·辛禑传》(下册),第871页。

⑦ 《高丽史》卷八十六《表》1~2。

遵《至正条格》。"①元朝法律被正式纳入了高丽的国内法体系，成为王朝最重要的法典。这在半岛法制史上是前所未有之事，开全面适用中国法律的先河。

1388 年，明军收复东北，拟设铁岭卫，引起了高丽的不满，辛禑在重臣崔莹等人的怂恿下，决定先发制人，征伐辽东。高丽 10 万大军渡过鸭绿江，驻扎于江心的威化岛，恰逢暑雨连绵，士气低落，大将李成桂在众将的支持下回军兵谏，将崔莹流放。同年九月，典法司上疏："前元有天下，制以《条格》《通制》，布律中外，尚惧其烦而未究，复以中国俚语为律，而名之曰《议刑易览》，欲令天下之为吏者皆得而易晓也。然本朝俚语与中国不通，则尤难晓之，又无讲习者，故凡施刑者皆出妄意……今（之？）《大明律》考之《议刑易览》，斟酌古今，尤颇详尽，时王之制，尤当仿行。然与本朝律不合者有之，伏惟殿下命通中国与本朝文俚者斟酌更定，训导京外官吏，一笞一杖依律而施行之。若不按律而妄意轻重者，以其罪罪之。……今后京外官司若有刑戮者，须令通报于司，按律行移……合于笞者，依律直行……司按律可杀而后报都评议使，使具闻于上，上察而命司依律行移而后施行之；则人无枉死者矣"。② 尽管仍然强调"与本朝律不合者有之"，但重点却在"尤当仿行"上，并处处强调"按律行移""依律直行"。此"律"即中国之律，所谓"按律""依律"在相当大的程度上就意味着对本国固有法制的排斥。同年十月，宪司又上书："古之为国者，必先立纪纲……国无纪纲，令有所不行。法令不行，国非其国矣……愿自今判付法制，刊板施行，坚如金石，信如四时，敢有犯法触禁者，一委宪司治之"。③ 要求强化成文法令的作用，而此"法令"也主要是指《议刑易览》《大明律》等中国法令，多以不成文形态存在并发生作用的固有法制势必受到更大的影响。

在这种情况下，即使是从前那些难以行用于高丽的中国法制也开始逐渐被移植到高丽了。辛昌元年（1388）四月，都评议使司启："自立春至

---

① 《高丽史·刑法志》（中册），第 847 页。

② 同上书，第 849 ~ 850 页。

③ 同上。

立秋停死刑，在京五覆启，在外三覆启方许断罪。”①在成宗移植唐律300多年之后，唐代的死刑覆奏制度才被完整地移植到了高丽。1392年，李成桂推翻高丽王朝，建立朝鲜王朝，在即位教书中宣布：“自今京外刑决官，凡公私罪犯，必该《大明律》。”②采取了全盘接受明朝法制，并确认《大明律》为朝鲜王朝最高法典地位的激进措施，半岛王朝在移植中国法制的模式上实现了从大规模改造向全盘吸收的转变。

通过以上分析，我们看到，高丽对中国法制的移植走过了一个极为曲折的过程。这种曲折性的背后有着十分复杂的因素起作用，其中最主要的就是高丽王权与贵族利益的不一致。高丽是一个贵族社会，贵族对王权构成了强有力的制约，而“土俗”这类固有法制乃是贵族社会制度性支撑，而王权为了加强专制则试图引进中国的那套以君主专制制度为基本内容的制度，从而引发了“华化”与“土俗”之争。

高丽初期，贵族集团的势力强大，王权尚不稳固，所以在制度上以“土俗”为主。光宗时期，王权初步安定，发动了“华化”运动，但因贵族集团的强烈抵制而失败。成宗时，王权与贵族集团达成了妥协，在尊重贵族集团既得利益的基础上，王权才可以较大规模地移植中国制度，但不得不迁就“土俗”，对唐代制度进行改造和变形，高丽法制呈“华制”与“土俗”并存的局面，在正式、显性的层面，“华制”似乎占有一定的优势，但在日常生活的层面，主要是“土俗”起作用。文宗时期，随着中国文化影响的深入和高丽本身文治政治的发展，贵族集团本身的观念逐渐发生了重大变化，不少人对中国法制由排斥转而支持，用“华制”改革“土俗”的工作得以启动，出现了“华制”与“土俗”融混的现象。在蒙元王朝直接控制的时期，高丽蒙古化、中国化的趋势加快。高丽人已将本国看成了整个蒙元帝国的一部分，形成了“天下一家”的观念，“华化”与“土俗”的关系也随之发生了重大变化，高丽固有法制受到了元朝法制的重大冲击。到了高丽末期，全盘“华化”的政策终于确立，《至正条格》《大明律》成为了王朝的最高法典。

---

① 《高丽史·刑法志》(中册)，第851页。
② 《朝鲜王朝实录·太祖实录》元年七月丁未条。

第七章　高丽对唐律的移植与贵族集团、文化及意识形态的关系

第一节　贵族集团与高丽对唐律的移植

一、从奴婢法制看高丽法律移植的"后发劣势"及其与贵族集团的关系

杨小凯先生曾在北京做题为《后发劣势》的主题演讲,《甲申二零零四》一文将其主要观点概括为:"其一,发展中国家模仿发达国家的技术易而模仿发达国家制度难;其二,发展中国家总是倾向于模仿发达国家的技术而不是制度;其三,这种'路径依赖'可以使发展中国家获得短期内经济的快速增长,但同时也会强化了制度模仿的惰性,并从而给长期发展留下隐患,甚至使得长期发展变成不可能。由此他推导认为:后发国家不仅有后发优势,后发劣势也是国家发展基因中的隐含信息。"①尽管杨小凯的"后发劣势"理论针对的主要是现代发展中国家与发达国家特别是中国与发达国家之间的制度交流关系,但是对于我们考察古代国家之间相互

① 参见搜狐新闻转载《商务周刊》之《甲申二零零四》,载 http://news.sohu.com/20041222/n223607196.shtml。杨小凯:《后发劣势》,载 http://forum.tech.sina.com.cn/cgi-bin/viewone.cgi?gid=23&fid=290&itemid=13690。

学习与借鉴的关系也有很大的启发意义。尽管不能做简单的比拟，但是就高丽与中原王朝的关系而论，无论是在经济的发展还是在文化的繁荣，抑或是在主观认识及思维的开放程度等方面，它们之间确实存在一个先进和后进的问题。作为一个现代人，如果我们能穿越时光隧道回到过去的时代，我们会发现在它们之间也存在一种与我们现在相似的“发展中”与“已发达”的关系。

在现代社会纷繁复杂的各种关系中，杨小凯看到了发展中国家模仿发达国家技术易而模仿发达国家制度难，发展中国家总是倾向于模仿发达国家的技术而不是制度这一重要特点，并将“路径依赖”视为导致这种现象的重要原因之一。在古代东亚社会，由于技术的稀少及其对社会生活影响的微弱等原因，我们更多看到的却是包括朝鲜半岛各王朝在内的相对后进的国家积极主动地引进古代中国各种“先进”制度的景象。但是在此过程中仍然存在相当严重的后发劣势问题，高丽王朝对唐代法制的移植就是一个典型的事例。造成这种现象的原因显然不在于“路径依赖”，而是有更为深刻的背景，对此上文已有较为详细的讨论。

包括法律制度在内的一整套全新制度体系的引进，并非是在建一座沙上之塔，这种被引入的崭新制度必然要求与之相匹配的社会结构、权力规则、文化氛围和思维方式。如果这些东西不存在或不完全存在，它就会促使或带动这些因素的产生和发展。① 这种效果正是将其引入的那些势力所希望达到的，如高丽王室对“华化”政策的倡导与推动，对中国制度的积极引入就是如此。但是这种通过制度的引进以达到改变包括权力在内的各种资源配置规则的做法，必然会触动作为社会的支配势力、处于强势地位的既得利益集团的各种利益，因此招来他们的反抗也属必然。如果既得利益集团的力量过于强大，维护既得利益的决心又足够强烈，那么制度的引进就会遭受严重的挫折，即使勉强引入也会产生严重的扭曲与变形。这就是在高丽社会实际发生的情况。通过以上几章的实证性研究我

① 如梁治平就指出“观念也好，制度也好，都是塑造社会的能动要素”。参见氏著《“从身份到契约”：社会关系的革命——读梅因〈古代法〉随想》，载《读书》1986 年第 6 期；收入氏著《法辨》一书，中国政法大学出版社 2003 年版，第 44 页。

们对此已多有了解。现在让我们通过高丽贵族既得利益集团对奴婢制度的维护来体察他们的力量与决心,从而体会导致高丽王朝“后发劣势”的原因所在。

奴婢制度是高丽的一项根本性制度,尽管从总体上看高丽王朝的法律制度处于相对落后的状态,但是与之形成鲜明对照的是,高丽关于奴婢制度的法制却相对发达。高丽的奴婢律和唐律的规定有本质的不同,尽管在唐律中奴婢的地位也非常低下,所谓“奴婢贱人,律比畜产”,①但是唐律还是给包括奴婢在内的贱民阶层以一定的法律保障。《唐律》规定“官私奴婢有犯,本条无正文者,各准良人。”②同时,唐律中还有“关于奴婢在某些情况下,可以解除奴籍而被放免的若干规定”。③ 比如开元七年《户令》就规定:

凡反逆相坐,没其家为官奴婢(反逆家男女及奴婢没官,皆谓之官奴婢,男年十四以下者,配司农;十五已上者,以其年长,命远京邑,配岭南为城奴)。一免为番户,再免为杂户,三免为良人,皆因赦宥所及则免之(凡免,皆因恩言之,得降一等、二等、或直入良人.诸律令格式,有言官户者,是番户之总号,非谓别有一色)。年六十及废疾,虽赦令不该,并免为番户;七十则免为良人,任所居乐处,而编附之。④

唐王朝对放贱为良是持鼓励态度的,并规定了类似“放贱为良,给复三年”⑤这样的优惠政策。另外,“根据唐代官府文书和历史文献的记载,放还私属奴婢为良,官府是允许的。……奴婢已放为良,而又被压为贱者,或是部曲已放为良并已给放书,而又被压为贱者都要受到法律的处罚”。⑥《唐律·户婚律》放部曲奴婢还压条就规定:

诸放部曲为良,已给放书,而压为贱者,徒二年;若压为部曲及放奴婢为良,而压为贱者,各减一等;即压为部曲及放为部曲,而压为贱者,又各

① 《笺解》,第473页。
② 同上。
③ 李季平:《唐代奴婢制度》,上海人民出版社1986年版,第229页。
④ [日]仁井田陞:《唐令拾遗》,第169页。
⑤ 《笺解》,第355页。
⑥ 李季平:《唐代奴婢制度》,第235页。

减一等。各还正之。[1]

尽管唐律规定:“若养部曲及奴为子孙者,杖一百。各还正之。”但在注文中却说:“无主及主自养者,听从良。”[2]总之,唐律关于贱民的规定基本上可以概括为在严格维持等级身份制度的基础上实行“一良永良”“从良不从贱”的原则,尽可能地向对贱民有利的方向靠拢。而高丽实行的却是“一贱永贱”“从贱不从良”“父母一贱则贱”的原则,[3]只要一旦沦为贱民,其本人及其子子孙孙永远都不能脱离贱籍,即使本人被放良,效果也仅限于一代一人,其子女家人(包括放良之后所生的子女)仍为贱民。同时不论是父还是母,只要有一方为贱民,其本人及其子孙就永属贱籍。总之,高丽奴婢律关于贱民的规定是尽可能地向对贱民不利的方向靠拢。

由于奴婢制度直接关乎高丽贵族集团的重大利益,唐律关于贱民的主要制度与原则不能被高丽律吸收显属必然。现在所要讨论的是在这种既有的社会结构与权力构造下,高丽贵族集团作为社会最大的既得利益集团对其既得利益的维护。由于高丽奴婢制度的严酷及其对社会发展所起的严重阻碍作用,在高丽一朝曾经有四次比较大的改革奴婢制度的努力与尝试,但都因为贵族集团的反对而失败。

前两次改革的努力分别发生在太祖和光宗时期,《高丽史·崔承老传》载崔承老言论云:

本朝良贱之法,其来尚矣。我圣祖创业之初,其群臣除本有奴婢者外,其他本无者,或从军得俘,或货买奴之。圣祖尝欲放俘为良,而虑动功臣之意,许从便宜。至于六十余年,无有控诉者。逮至光宗,始令按验奴婢,辨其是非,于是功臣等莫不嗟怨而无谏者。大穆王后切谏不听,贱隶得志,凌轹尊贵,竞构虚伪,谋陷本主者不可胜纪。光宗自作祸胎,不克遏绝。至于末年,枉杀甚多,失德大矣。……愿圣上深鉴前事,勿使以贱凌

① 《笺解》,第949页。

② 《唐律·户婚律》养杂户男为子孙条,《笺解》,第946页。

③ 如《高丽史 刑法志》奴婢条:“靖宗五年立贱者随母之法。”中册,第878页。又《高丽史·忠烈王世家》载忠烈王二十六年十一月上述元中书省云:“照得本国旧例,自来驱良种类各别。若有良人嫁娶奴婢者,其所生儿女俱作奴婢。若有本主放许为良,所生儿女却还为贱。”上册,第649页。另外,关于高丽时代的奴婢制度可参阅以下几篇论文:(1)양영조《고려시대 천자수모법에 대한 검토》《청계사학》6 1989;(2)이재범.《고려 노비의 법제적 지위》,《국사관노총》17,1990;(3)성봉현《고려시대 노비법제 재검토·호서사학》19、20 합,1992。

贵，于奴主之分执中处之。大抵官贵者，识理鲜有非法。官卑者，苟非智足以饰非，安能以良作贱乎？惟宫院及公卿虽或有以威势作非者，而今政镜无私，安能肆乎？……唯当今判决务要详明，厥无后悔。前代所决不须追究，以启纷纭。①

以太祖这样的开国之君和光宗这样的有为之主最终都不能对奴婢制度有所动摇，而成宗最终也只好听从了代表贵族势力说话的崔承老的建议。

更令人惊异的是，即使在元王朝这一力量空前强大的世界统治者治下，高丽贵族集团仍然敢于为维护自己的既得利益挺身而出，在奴婢制度问题上和元王朝的代理人叫板，并终获成功。这里所说的就是时任征东行省平章的阔里吉思在高丽实行的奴婢制度改革。《高丽史·忠烈王世家》：

（忠烈王二十六年十月）是月，阔里吉思欲革本国奴婢之法，王上表曰："……伏念凡属我疆，实非他俗。若良若贱，有何憎爱之所？偏其慎其难，为此安危之攸系。昔我始祖垂诫于后嗣子孙云：凡此贱类，其种有别，慎勿使斯类从良。若许从良，后必通仕。渐求要职，谋乱国家。若违此诫，社稷危矣。由是小邦之法于其八世户籍不干贱类，然后乃得筮仕。凡为贱类，若父若母一贱则贱，纵其本主放许为良，于其所生子孙却还为贱。又其本主绝其继嗣，亦属同宗。所以然者，不欲使终良也。……况又若更此法，非徒如治乱丝，因失旧章，不得仅存遗绪。故于至元七年小邦去水就陆之时，先帝遣达鲁花赤以治之。于时因人告状，欲变此法。确论闻奏廷议明断，俾从国俗。众奸绝窥觊觎之意，得至于今兹者。省官初莅此邦，不察制法之意，必欲变更。……今奉圣旨良贱事宜更遣人受决。臣既承若彼之言而还，有如斯之旨。虽深惶惧，又窃思惟既许祖风，无问是非而仍旧焉。当贱类必论臧否以更新，应因毁说之纷纭。……伏望回揭日之光明……消风土变更之叹。"②

---

① 《高丽史·崔承老传》（下册），第88页。
② 《高丽史·忠烈王世家》（上册），第648～649页。

此事具体的过程可略而不论，但结果却是高丽贵族既得利益集团取得了完胜，忠烈王二十七年三月，“元以行省平章阔里吉思不能和辑人民，罢之。阔里吉思率官属还。中郎将朴洪以通事为阔里吉思腹心，借威市恩，多受贿赂，随阔里吉思如元，谋变国俗，不遂而归”。[①] 接着在忠烈王于二十八年春正月就“命田民辨正都监籍阔里吉思所断奴婢为良者，归之本主。”[②]同年十二月，忠烈王之子忠宣王又“欲依上国之制定军民，崔有渰驳之乃止”。[③] 高丽贵族既得利益集团势力之强大，维护既得利益决心之强烈，在此问题上之团结（尽管在内部政治斗争中是你死我活的关系）可见一斑。[④] 不仅如此，直到高丽末期，他们还时时刻刻试图继续扩大自己的利益，《高丽史·恭愍王世家》：

（恭愍王10年）五月甲戌，都佥议使司启曰：“年凶饿莩甚多，无以赈活。良人不能自食者，令富人食而役止其身人。有奴婢而不能养，令食之者，永以为奴婢”。王恶其认民为隶，焚其书。[⑤]

第四次则是高丽末期的恭愍王改革。恭愍王在位期间正值元明交替的混乱期，他本人颇想乘此时机有所作为，但是和其他有为的高丽君主一样，他很快发现了贵族势力的根深蒂固、盘根错节，周围竟无可用之人。高丽前期的君主们至少还有归化中国士人可用，这时连这样的人物都没有了，所以只好倚靠出身卑微的僧人辛旽。《高丽史·辛旽传》：

初，王在位久，宰相多不称志。尝以为世臣大族亲党根连，互为掩蔽。草野新进矫情饰行以钓名，及贵显，耻门地单寒，连姻大族，尽弃其初。儒生柔懦少刚，又称门生座主同年，党比徇情，三者皆不足用。思得离世独立之人，大用之以革因循之弊。及见旽，以为得道寡欲，且贱微无亲，比任

---

① 《高丽史·忠烈王世家》（上册），第652～654页。

② 同上书，第656页。

③ 同上书，第668页。

④ 《朝鲜王朝实录·宣祖实录》二十八年（1595）八月庚戌条载太学生郑鉴等上疏提及此事云：“我国奴主之法，其名甚严，其分甚截，上下秩然，不可移易，则父师之立规创制，为万世法者，岂偶然哉？……臣等窃尝闻之，礼莫大于分，分莫大于名。非名不着，非分不严。诚以名分既乱，则上下无以相维，而纪纲无以自立故也。昔胡元末，阔里吉思欲革本国奴婢之法，高丽忠烈王上奏表曰：昔我始祖云‘凡我贱类，其种有别，若许从良，后必通仕，谋乱国家。’具由闻启，廷议遂寝。丽朝忠肃王十二年，元朝欲革本国奴婢之法，本国政丞崔有渰诣中书请旧制，国人举手加额而泣曰：‘存我三韩者，崔侍中也。’以此观之，虽以忠烈王之昏主，崔有渰之庸相，亦知名分之不可乱，典章之不可改如此。”

⑤ 《高丽史·恭愍王世家》（上册），第787页。

以大事,则必径情,无所顾藉。遂拔于髡缁,授国政而不疑。请旽以屈行救世,旽阳不肯,以坚王意。王强之,旽曰:“尝闻王与大臣多信谗间,愿勿如是,可福利世间也。”王乃手写盟辞曰:“师救我,我救师,死生以之,无惑人言,佛天证明。”于是与议国政。①

于是在恭愍王十五年,

旽请置田民辨整都监,自为判事,榜谕中外曰:“比来纪纲大坏,贪墨成风。宗庙、学校、仓库、寺社禄转、军须田及国人世业田民,豪强之家夺占几尽。或已决仍执,或认民为隶。州县驿吏官奴百姓之逃役者悉皆漏隐,大置农庄。病民瘠国,感召水早(旱),厉疫不息。今设都监,俾之推整。京中限十五日,诸道四十日。其知非自改者,勿问过限,事觉者纠治,妄诉者反坐”。令出,权豪多以所夺田民还其主,中外忻然。旽间一日至都监,仁任、春富以下听决焉。旽外假公义,欲市恩于人,凡贱隶诉良者一皆良之,于是奴隶背主者蜂起曰:“圣人出矣”。②

贵族集团的反应则是“士人切齿”“识者寒心”。③ 结果是辛旽被杀,恭愍王被弑,改革无疾而终。

四次改革之所以均以失败告终,主要是由于高丽社会特殊的权力结构和利益格局使然,是由于贵族阶层作为最大的既得利益集团势力过于强大,且拒不让步所致。这也是导致高丽法制后发劣势的重要原因之一。

到了高丽王朝晚期,高丽传统的上层贵族势力在高丽末期——朝鲜初期连续不断的政治斗争中几乎被屠戮殆尽,④由于高丽法制缺陷的全面暴露,全面适用中国之律已经成为一种趋势。在辛禑三年(1377)二月,“令中外决狱,一遵《至正条格》”。⑤ 开全面适用一种外国法律的先声。辛禑十四年九月,典法司上疏说:

自古理天下国家者必先修其典……今之《大明律》考之《议刑易览》,

① 《高丽史·辛旽传》(下册),第856页。

② 同上书,第857~858页。

③ 同上书,第858页。

④ 朝鲜王朝中期的学者申钦就说:“林、廉之乱,世家大族尽赤而(高丽)国遂亡。”见[朝鲜]申钦:《象村稿》卷四十六《外稿第五·汇言五》,民族文化推进会本。

⑤ 《高丽史·刑法志》(中册),第847页。

斟酌古今,尤颇详尽,时王之制,尤当仿行。然与本朝律不合者有之,伏惟殿下命通中国与本朝文俚者斟酌更定,训导京外官吏,一笞一杖依律而施行之。①

尽管仍然强调"与本朝律不合者有之",但是重点却在"尤当仿行"上。4年之后,出身低微的西北军镇将领李成桂完成了"易姓革命",推翻了高丽王朝,建立了朝鲜王朝(1392~1905)。在这之后,中国的法制才被比较完整地被引入(移植)了朝鲜半岛。李成桂在其即位教书中明确宣布:

前朝之季,律无定制,刑曹、巡军、街衢,各执所见,刑不得中。……自今京外刑决官,凡公私罪犯,必该大明律。②

这道诏书是对前朝法制混乱局面的一个总结,在对问题做了清醒的判断以后采取了全盘接受明朝法制,并确认《大明律》为朝鲜王朝最高法典地位的激进措施,这在古代东亚文化交流史上是绝无仅有的。之后,朝鲜王朝君臣对"华化"政策的推行常行不替,在法制上尤其如此。崔溥在回答明朝绍兴府官员关于其本国"历代沿革、都邑、山川、人物、俗尚、祀典、丧制、户口、兵制、田赋、冠裳之制"的问题时,就颇为自豪地说:"俗尚则尚礼义,明五伦,重儒术。……刑制从《大明律》,丧制从朱子家礼,冠裳遵华制。"③

二、贵族集团与高丽法律制度的变迁

法律移植过程即是一个制度变迁的过程。诺思认为:制度是由正式制度与非正式约束组成的,其中正式制度是人们自觉地、有意识地创造出的一系列法规、政策和规则,法律就是其中之一;非正式约束即非正式制

① 《高丽史·刑法志》(中册),第849~850页。其实在十一年前之辛禑三年(1377)二月,尽管元朝已经灭亡,当时之高丽王辛禑还是下令"令中外决狱一遵《至正条格》"。

② 《朝鲜王朝实录·太祖实录》太祖元年七月丁未条。

之后《大明律》也是确确实实在朝鲜王朝实行了的,并非仅仅是一纸宣言。朝鲜王朝的开国功臣郑道传就说:"今我殿下仁覆如天,明断如神……又虑愚民无知触禁,爰命攸司,将《大明律》译以方言,使众李晓。凡所断决,皆用此律,所以上奉帝范,下重民命也。……今我殿下,德敦乎仁……其议刑断狱以辅其治者。一以《大明律》为据。"参见郑道传:《三峰集·朝鲜经国典·宪典总序》,第437~441页。

③ [朝鲜]崔溥:《锦南先生集》卷三《漂海录》戊甲年条。

度，是在历史演进过程中逐渐形成的、不依赖于人们主观意志的社会文化传统和行为规范（如习俗、宗教、意识形态、价值观念、伦理道德等）。① 高丽在移植唐律的过程中，正式制度与非正式约束的关系主要表现为“华制”与“土俗”的关系。所谓“华制”就是由中国移植而来的制度，而对半岛固有制度、传统、习俗等文化形态，高丽人常用“土风”“土俗”“本俗”“旧俗”等词语称呼。从制度变迁的理论来看，高丽的“土俗”主要就是一套非正式约束（当然，也有一部分正式制度），“华制”则是正式制度，因此“华制”与“土俗”的关系主要就是正式规则与非正式约束的关系。② 在高丽初期，光宗发动了“华化”运动，试图引进一些唐代制度，进行制度上的变革，引发了“华制”与“土俗”间的激烈冲突。③ 这种冲突首先和高丽王权与贵族集团间的复杂关系有关。

高丽太祖王建是在豪族势力的支持下统一后三国的，④高丽之前的新罗王朝是一个等级森严的贵族社会，高丽取代新罗后，传统的社会结构并未发生大的变化，近畿地区的豪族和新罗旧贵族结合，形成了一股新的贵族势力。⑤ 在贵族社会的形态下，王权低落，君主和贵族集团的关系趋于紧张。公元943年，太祖去世，其子惠宗继位，地位极不稳固，于公元945年在忧惧中去世，大将王规乘机发动叛乱，太祖的另一子王尧在地方实力派王式廉的支持下，平定了叛乱，登上了王位，是为定宗。定宗在位仅四年，之后光宗（950～975）继位。直到此时，高丽政权才基本稳固，于是光宗便开始了强化王权的努力，其所针对的目标主要就是贵族集团。自新罗以来，贵族的地位和特权便主要是由“土俗”支撑的，高丽王朝既然因袭了贵族制这一基本的社会结构，在文化与制度上当然也以土俗为主。《高

---

① 参见［美］道格拉斯·C. 诺思：《制度、制度变迁与经济绩效》，杭行译，上海三联书店、上海人民出版社2009年版，第4～5页及第77页。关于这一问题的概述，可参见王跃生：《文化、传统与经济制度变迁——非正式约束理论与俄罗斯实例检验》，载《北京大学学报》（哲学社会科学版）1997年第2期。

② 在本书中，我们还将用“华化”一词来表示中国文化对朝鲜的影响及半岛的制度与文化向中国文化逐步接近的过程。用朴秉濠使用了“中国化”一词，认为朝鲜初期有制度上的“中国化”运动，其含义和我们所说的“华化”相似，只是并未进一步论证而已。参见［韩］朴秉濠：《韩国法制史考——近世의法과社会》，法文社1974年版，第334页。

③ 关于这一问题的具体讨论，参见张春海：《高丽王朝的“华化”与“土俗”之争》，载《安徽史学》2006年第2期。

④ ［韩］李基白：《韓國史新论》，一潮閣1996年版，第146页。

⑤ 同上书，第159页。

丽史·百官志》:“高丽太祖开国之初,参用新罗、泰封之制,设官分职,以谐庶务。然其官号或杂方言,盖草创未暇革也。”①欲打击贵族势力,就必须从改革旧的制度与文化入手,以移风易俗。因此,光宗重用以双冀为首的归化中国士人,②推行“华化”政策,试图通过移植中国唐代制度这样一种制度变迁的路径来型塑社会,达到重新调整权力与利益格局的目的。

高丽王权之所以要引进唐代制度,是因为这一套制度是以君主的专制集权为依归的。③ 这样的制度变迁路径当然对贵族集团不利。贵族集团作为一个人数甚少而又有密切利益联系的既得利益集团,具有采取集体行动而为本集团争取利益的强大激励与实际能力,④对“华化”运动进行了强烈的抵制。为此,光宗实行了血腥的恐怖政策,对贵族势力进行了大规模的肃清。然而,在光宗去世之后,贵族势力卷土重来,对光宗政策的追随者大肆屠戮,导致了政局的动荡,社会的不稳。⑤ 这一血腥的历程表明在当时的社会结构、文化状态下,王权不能压服贵族集团,贵族集团也不能轻易取代王权,而王权与贵族集团长期激烈的对抗却可能会同时危及两者的利益,造成两败俱伤的结果。因此,成宗(981~997)甫一继位,即下诏求言,以求解决之道。贵族出身的崔承老上《时务策》:“华夏之制不可不遵,然四方习俗,各随土性,似难尽变。其礼乐诗书之教、君臣父子之道,宜法中华,以革卑陋。其余车马、衣服、制度可因土风,使奢俭得中,不必苟同。”⑥首先承认了王权引入中国制度主动推动制度变迁的合

① 《高丽史·百官志》(中册),第656页。

② 关于双冀的相关问题,可参见黄约瑟:《仕高丽朝的后周官人双冀》,载《黄约瑟隋唐史论文集》,中华书局1997年版。

③ 比如,《唐律疏议·名例律》十恶条关于谋反条的律疏云:“王者居宸极之至尊,奉上天之宝命,同二仪之覆载,作兆庶之父母。为子为臣,惟忠惟孝。”以法律的形式确立了皇帝居天地之至尊的地位。《唐律疏议·贼盗律》谋反大逆条的律疏云:“人君者,与天地合德,与日月齐明,上祇宝命,下临率土。”高明士即指出,此条“很具体指出王者是秉承天命而治天下,其权力来源,出自天命。足见先秦及秦汉以来的王权论,到唐而法制化。这是自古以来有关王权论的重大结论。此后千年间的天命王权,不但有理论,而且有法制依据,乃更加巩固,甚至独载”。参见高明士:《论唐律中的皇权》,载《中国古代社会研究:庆祝韩国盘先生八十华诞纪念论文集》,厦门大学出版社1998年版,第28页。

④ 关于此,参见[美]曼瑟尔·奥尔森:《集体行动的逻辑》,陈郁、郭宇峰、李崇新译,上海三联书店1995年版,第7~8页及第19~42页。

⑤ 诺思指出:“当正式规则的剧烈变化导致了其与现存非正式约束不相融合时,二者之间无法缓解的紧张将带来政治的长期不稳定。”[美]道格拉斯·C.诺思:《制度、制度变迁与经济绩效》,上海三联书店、上海人民出版社2009年版,第193页。

⑥ 以上引文均见《高丽史·崔承老传》(下册),第81~82页。

理性，然而其落脚点却是“各随土性”“似难尽变”，要求王权尊重贵族集团的既得利益，以渐变取代激变。

崔承老的建议被成宗接受，王权和贵族集团在此基础上达成了妥协。[①] 王权可以重新开始较大规模地引进和移植包括法律制度在内的唐代制度了。《高丽史·百官志》：“成宗大兴制作……于是一代之制始大备。”[②]但这次法律制度的移植已被预设了一个前提，即不能危及贵族集团具有根本重要性的既得利益。可是，贵族集团由“土俗”而获得合理性支撑的既得利益与在君主专制政体下形成的唐律中的不少制度是抵触的，统治集团必须在“华制”与“土俗”之间进行平衡与取舍，以“土俗”修改并补充唐律。至于如何补充与修改，就要看双方的博弈策略和实力了。结果便形成了唐律被大规模改造的格局，[③]发生了严重的变形现象。

值得注意的是，王权与贵族集体对于制度与规则的博弈虽然主要是为了争夺关键性的政治、社会与经济利益，可是表露出来的却是文化之争。这是因为那些以利益分配为核心的制度与规则特别是其中的非正式约束往往是历史与文化的产物。[④] 这些在特定文化背景下历史地形成的非正式约束主要是由在该社会具有更强谈判能力的集团所主导的，反映的主要是他们的既得利益。在半岛，历史最为悠久、实力最为强大的集团当然是贵族集团，而贵族集团最重要的既得利益就是固有的奴婢法制。在后世之朝鲜王朝的文宗元年（1451），议政府在上启中还说：“夫奴婢代主之劳，使之如手足，士家之盛衰，实由苍赤之有无，关系匪轻。”[⑤]因此，唐律中关于奴婢等贱民集团的律条绝大多都被删除，即使是所剩的寥寥几条，也被做了重大改动。

当然，我们也应该承认根基于文化传统的“土俗”是一个社会的深层

---

① 关于这一问题的详细讨论，参见张春海：《高丽王朝的“华化”与“土俗”之争》，载《安徽史学》2008 年第 1 期。

② 《高丽史·百官志》（中册），第 656 页。

③ 诺思就指出：“政治过程实际上鼓励的是那些对现有的有影响力的谈判集团有利的约束的发展”参见［美］道格拉斯·C. 诺思：《制度、制度变迁与经济绩效》，上海三联书店、上海人民出版社 2009 年版，第 113 页。

④ 诺思就指出：“非正式约束……是我们所谓文化传承的一部分。”［美］道格拉斯·C. 诺思：《制度、制度变迁与经济绩效》，上海三联书店、上海人民出版社 2009 年版，第 51 页。

⑤ 《朝鲜王朝实录·文宗实录》文宗元年五月丙辰条。

结构,除了界定与反映居于强势地位的既得利益集团利益的那部分规则、习俗之外,还有与之无直接关系的反映一般习俗与伦理的部分。如上文分析的那样,对于与强势集团之既得利益密切相关的部分,在制度变迁的过程中,是难以轻易触碰的,①而对与强势集团之根本既得利益无直接关系的部分,则可以通过制度移植的方式以较为激进的方式进行变革。高丽禁止同姓为婚的法律即是如此。早在成宗制律时,即较为完整地引入了唐律的"十恶"制度,其中就有严惩近亲相奸的"内乱"一条。不过,由于非正式约束的制约,实践中实行的仍是同姓为婚、近亲结婚的旧俗。②但高丽王权对此问题的态度却基本上前后一贯,从文宗时期开始,又颁布了多道反对族内婚制的法令。③ 比如在文宗十二年(1058)五月,下令"嫁大功亲所产,禁仕路",④在"华化"与"土俗"的关系上进一步将"华制"推向了日常生活的层面,使在这一问题上"土俗"适用的余地有越来越窄之势。

然而,强势集团为了维护自身的既得利益,常将"土俗"的这两部分混为一谈,以便将自身的既得利益伪装成大众的甚至是国家的最高利益,以混淆视听,赢得支持,夯实并拓宽这些原来为小集团服务之规则的合法性与合理性。比如,对于奴婢法制,贵族集体就采取了这样的策略,《高丽史·刑法志》奴婢条序云:"夫东国之有奴婢,大有补于风教。所以严内外、等贵贱,礼义之行,靡不由此焉。"⑤奴婢法制被描绘成了社会秩序、法制、伦理的基础与元规则,成为了社会的最根本利益所在。朝鲜时代的金堉(1580—1658)亦云:"且我国士族奴婢之法,诚天下之所无。然而上下有统,尊卑有定,国家之所以维持者,寔赖于此。"⑥奴婢法制又进一步被抬

① 奴婢法制即是如此,直到朝鲜王朝(1392~1910)时期,对此问题还是"官长视以不敢着手,朝廷看作不宜提说"。朝鲜正祖:《弘斋全书》卷三十三《奴婢贡革弊询问教》,民族文化推进会本。

② 后世学者李种徽即云:"高丽之兴,历五王六十五年,而成宗始有制作之意,显宗继之于仪文度数之间,颇遵华制。而至于所谓礼乐之本,则盖蔑如也。如婚姻男女之际,丧葬祭祀之间,人之大伦大节所系。而同姓之婚不避,期功三年之丧,举世不行,此与夷狄何异哉?"参见[朝鲜]李种徽:《修山集》卷十三《高丽史志·礼志》,民族文化推进会本。

③ 关于这一问题的具体讨论,参见朴延华、李英子的《高丽王室族内婚制及其变化》,载《东疆学刊》2003年第1期。

④ 《高丽史·选举志》(中册),第641页。

⑤ 《高丽史·刑法志》(中册),第876~877页。

⑥ [朝鲜]金堉:《潜谷先生遗稿》卷七《避嫌启》,民族文化推进会本。

升到了国家最高利益的层面。正因如此,“土俗”就日益庞杂化,对之进行变革就非常困难。①

第二节 文化、意识形态与高丽法制的变迁

前文已经提到,高丽的“土俗”主要是由非正式约束组成的,而高丽王权试图引进的中国制度则是一套复杂的正式规则,因此,从某种程度上看,高丽王权推动的移植唐律的工作乃是一个试图以正式约束取代非正式约束的制度变迁过程。非正式约束是本国特定历史、文化的产物,具有文化上的特殊性,正式制度则是移植外国制度而来,具有文化上的普适性,两者常由不同文化做支撑,容易引发文化上的冲突,这是制度之争常常会导致文化之争的原因之一。因此,制度变迁不仅伴随着文化冲突,而且常常以解决文化冲突为先导。问题是制度本身即是文化的产物,是文化的一部分,制度变迁与文化转型常常紧紧地缠绕在一起,在社会转型的过程中呈现出一种复杂的互动关系。在制度变迁的初期,由于非正式约束是扎根于本国深层的历史与社会条件之中,具有深厚的文化认同与社会基础,而正式制度则不具备这样的条件,所以正式制度的系统性建立往往非常艰难,即使没有因为激烈的反抗而中途夭折,也会因为不断的妥协而在非正式约束的作用下消解或变形。唐律在被移植到高丽的过程中,大部分律条被删除,而剩余的律条则或多或少地都被进行了改造和变形的事实就是明显的事例。

即使正式制度已经确立,与之冲突的不少非正式约束仍然在实践中起着重要作用,在某些领域甚至还居于主导地位。这样一来,不仅制度与

---

① 诺思就指出制度变迁是一个正式制度变化与非正式约束变化的统一的和互动的过程,“其成败,则取决于非正式约束。”参见[美]道格拉斯·C. 诺思:《制度、制度变迁与经济绩效》,上海三联书店、上海人民出版社 2009 年版,第 65 页。因为“制度的变迁一般都是渐进的,而非不连续的……这些都是由于社会中非正式嵌入的结果。尽管正式约束可能由于政治或司法决定而在一夕之间发生变化,而嵌入在习惯、传统和行为准则中的非正式约束可能是刻意的政策难以改变的。这些文化约束不仅将过去与现在和未来连接起来,而且是我们解释历史变迁路径的关键之所在。”参见[美]道格拉斯·C. 诺思:《制度、制度变迁与经济绩效》,第 7 页。

文化的冲突没有完全解决,而且在持续的转型过程中又产生了制度供给不足和制度的变形问题。制度变迁反而使法律结构产生了无效率的状况,增加了法制的成本,[①]使作为正式制度之法律的权威日渐丧失。《高丽史·刑法志》序:"高丽一代之制,大抵皆仿乎唐;至于刑法,亦采唐律,斟酌时宜而用之……删烦取简,行之一时,亦不可谓无据。然其弊也,禁网不张……莫之禁制。及其季世,其弊极矣。"[②]"华制"与"土俗"的并存与冲突使高丽法制充满了不确定性,正式制度连提供基本规则以减少不确定性的基本功能都得不到较好的发挥了。[③]

在制度的变迁过程中,意识形态也发挥着重要作用。[④] 因为意识形态可以影响人们的选择,降低制度变迁过程中的交易成本。在高丽移植中国制度的过程中,王权和贵族集团都利用了观念与意识形态的因素,以使制度变迁的趋向与结果对己有利。高丽王权利用的是中国文化普适性的观念,试图以来自中国的观念与意识形态(特别是儒家的"用夏变夷"观念)来推动对唐代法制的移植。贵族集团也找到了应对之策,这就是强调本国文化的优越性,而此优越性又来源于由本土性决定的特殊性。因此,他们打出维护"土俗"的口号,用本土文化优越的意识形态与王权倡导的"华化"政策相制衡,从而达到减缓乃至消解"华化"的目的。《高丽史·徐熙传》:"前民官御事李知白奏曰:'圣祖创业垂统……曷若复行先王燃灯、八关、仙郎等事,不为他方异法以保国家致大(太)平乎?……'成宗然之。时成宗乐慕华风,国人不喜,故知白及之。"[⑤]李知白直指唐制为异端,完全否定了移植中国制度的合法性,其根据就是"燃灯、八关、仙郎"等本土信仰。又《高丽史·辛禑传》:"(辛禑二年六月)书云观请依道诜《密

---

① 诺思就指出:"制度未必或者说通常不会是为了实现社会效率而被创造出来的,相反,它们(起码是那些正式规则)之被创立,是为了服务于那些有制定新规则的谈判能力的人的利益的……谈判能力事实上还决定了长期经济变迁的方向。"参见[美]道格拉斯·C. 诺思:《制度、制度变迁与经济绩效》,杭行译,第22页。这虽然是对经济史而言,但对法制的变迁也有相当大的适用性。

② [朝鲜]郑麟趾:《高丽史·刑法志》(中册),[韩]亚细亚文化社1993年版,第833页。

③ 诺思指出制度的基本功能是"通过为人们提供日常生活的规则来减少不确定性……制度界定并限制了人们的选择集合……乃是一种人类在其中发生相互交往的框架。"[美]道格拉斯·C. 诺思:《制度、制度变迁与经济绩效》,第4~5页。

④ 诺思指出:"制度能从根本上改变个人的支付价格,这就使得思想、意识形态以及教条等时常在个人的选择中扮演重要角色。"[美]道格拉斯·C. 诺思:《制度、制度变迁与经济绩效》,杭行译,第30页。

⑤ 《高丽史·徐熙传》(下册),第97页。

记》:凡制度一循土俗,禁断异国之风。”①这样“华化”与“土俗”之争又表现为观念与意识形态之争。“土俗”优越之观念与意识形态的提出与确立使“土俗”这种主要由非正式约束组成的庞杂的规则体系在制度变迁的过程中起着重要的作用,有利于贵族集团利益的维持。② 丁学良总结奥尔森(Mancur Olson)的理论云:“任何一个国家,只要有足够长时间的政治稳定,就会出现特殊利益集团,而且,它们会变得越来越明白、成熟、有技巧。然后它们就会对这个国家最重要的公共政策,国家的经济发展、社会发展、政治机器,尤其是行政和法律,会越来越知道该怎样操纵,懂得在操纵时怎样找到好的理由。”③“土俗”优越的理论即是如此。

俗优越的观念对高丽制度变迁的过程与结果产生了重大影响。我们看到,高丽在移植唐律时,没有一条是原封照搬,而是处处立异,对唐律中那些与其固有文化存在重大差异的条款,贵族集团往往会以“土俗”为本位对之做出果断的修改。比如,《高丽律》的“谋杀周亲尊长条”将唐律本条规定之“诸谋杀期亲尊长、外祖父母、夫、夫之祖父母、父母者,皆斩”中的“夫、夫之祖父母、父母者”改为“夫妇之父母”。《高丽律》的“杀堂弟妹”条增加了唐律所没有的“殴妻父母,准十恶不睦论”的规定。④ 最终,《高丽律》只剩下了69条的微小规模。意识形态的分化,产生了过高的遵从成本,即使投入了大量的立法与执法成本,也难以使人相信这些法律是合理的,从而导致了法律相当程度上的无效化。移植而来的中国法律由于“土俗”的抵制得不到人们的信仰,不少条款几乎成为了悬浮在空中的法律。因此,《高丽史》的作者就感叹:“然其弊也,禁网不张……莫

① 《高丽史·辛禑传》(下册),第371页。

② 诺思指出:“对包含在非正式约束中的信息进行文化处理,在长期意味着:它在制度的演化方面起着重要的作用,从而成为路径依赖的根源。……文化特质具有顽强的生命力,并且大部分文化变迁是渐进的。”[美]道格拉斯·C.诺思:《制度、制度变迁与经济绩效》,上海三联书店、上海人民出版社2009年版,第62~63页。他还指出:“非正式约束来源于价值的文化传递……总体而言,它们对制度结构有着广泛的影响。”参见[美]道格拉斯·C.诺思:《制度、制度变迁与经济绩效》,上海三联书店、上海人民出版社2009年版,第190页。

③ 丁学良:《利益集团绑架国家政策》,链接:http://www.chinaelections.org/newsinfo.asp?newsid=136053。

④ 之所以做这样的修改,就是因为高丽实行男住女家的“率婿婚”制,(关于古代朝鲜半岛的“率婿婚”制,参见[韩]朴秉濠:《韩国法制史考——近世의法과社会》之第五章《家族法》的有关论述,法文社1974年版。)妻族的地位远较中国为高。因此,高丽在移植唐律时将唐律以夫系血亲为尊的原则改为夫妇双系血亲并重的原则。其他由于和“土俗”不合而对唐律律条所做的或大或小的修改与变形之处甚多,前文在对律条进行比较时都有揭示,限于篇幅的关系,就不再一一加以分析了。

之禁制。"①

当然,以曲折的文化之争、理念之争代替赤裸裸的利益之争也有其积极的一面,这就是有利于妥协的达成与游戏的继续,并使对规则的改变可以更加名正言顺。因此我们看到,成宗时期,高丽在移植唐律的过程中,那些以维护君主专制,保障与提升王权为主旨的律条大多都被删除了,可是却没有引发什么大的震动。因为博弈的双方找到了一个平台和标准,这就是理念与文化,从而便不会象光宗时期那样导致直接的流血冲突了。

总之,在制度变迁的过程中存在着被积淀于社会整体结构内部之文化与观念的制约问题。对制度变迁的推动需要与对传统文化的妥协与改造以及逐步构建新的意识形态结合在一起,这就是高丽王权之所以在屡遭抵制的情况下,仍在不断推动"华化"进程的原因所在。②

---

① [朝鲜]郑麟趾:《高丽史·刑法志》(中册),[韩]亚细亚文化社 1993 年版,第 833 页。

② 关于这一进程,参见张春海:《高丽王朝的"华化"与"土俗"之争》,载《安徽史学》2008 年第 1 期。

结　语

总结我们的研究,可以归纳为以下五点:

1. 通过辑佚和复原工作证明高丽律是存在的,然而比诸唐律,高丽律(复原)又有自己鲜明的特点。

2. 对两律的法条进行了详细的比较分析,发现高丽律自身存在一个发展变化的过程,大致经过了四个阶段,其中武人执政时期是高丽律发展的第三期,也就是复原后的高丽律发生作用的时期。

3. 两律适用的机关并非是一一对应的关系,有的名同实异,有的同中有异,呈现出比较复杂的样态。之所以会出现这种现象,除了物质和体制上的原因以外,更重要的则是由社会结构和权力格局所致。

4. 和唐律相比,高丽律的适用有四大特点:高丽律的适用轻而唐律重、高丽律的适用标准松而唐律严、高丽律的适用对唐律多变通且与本国的固有刑罚同时适用、高丽律的适用有一套律外的耻辱刑。此“轻”“松”“变”“耻”四大特点无一不和高丽的国情相联系,而“国情”既有文化和传统的因素,更有结构和制度上的原因,后者较前者更重要。

5. 从高丽自身特殊的社会结构、权力格局、文化传统及利益集团等几个方面对高丽法律移植的道路和特点进行了探讨,对高丽法律移植道路的特殊性进行了说明。

通过本项研究,我们可以得出如下结论:

1. 复原后的高丽律制定于高丽武人执政时期,通过对这些律文的分析我们看到,复原后的高丽律律文和高丽特有的社会和政治现实密切相关,并基于此对唐律做了大量的改动。

2. 高丽统治集团在"移植"唐制时主要使用了"筛选"和"改造"两种方法。通过对唐律的"筛选"与"改造",使高丽律和唐律在性质上出现了重大的不同。唐律是唐王朝的根本大法,而高丽律多为技术性法条,国家根本法的性质非常模糊。

3. 唐王朝设立的种种复杂的法律制度及制衡机制基本上都局限于官僚体系的内部,是权力内部的制约。高丽则有所不同,尽管其法律体系和司法制度相对简单,但是在王权、中央贵族、地方贵族之间却存在较强的制约关系。因此,两律适用的机关并不存在一一对应的关系,有的名同实异,有的同中有异,"国小民贫""丽政尚简"虽是导致这种状况的客观物质和体制上的原因,但是更为重要的原因却在于两朝社会结构和权力格局的不同上。由于高丽最基本的国情是贵族政治,所以在制度的设计上便着力于王权与贵族权之间的平衡与制约,而不是官僚机构内部权力的平衡与制约,因此在司法上就可以对唐"大理寺——刑部"这一套司法制衡机制进行简化和压缩,而对两府、御史台这些制约王权的机构则不能如此。

4. 通过对唐、高丽两朝法律适用情况的分析,我们看到两朝法律的适用和法典的规定之间存在较大的差距。在唐代,造成这种现象的有两大原因。首先,在法律权威之上有一个几乎不受任何制约的最高主权者——专制皇帝存在;其次,在唐代社会,官府和官员的权力过大,同时对官员权力的行使却没有来自官僚体系外部的制约。在高丽,其固有的社会结构、权力格局、传统与习俗等因素对法律的适用均有较大的影响,从而在法律适用上呈现出了和唐不同的面貌。

5. 在移植唐代法制的过程中,高丽走过了一条迂回曲折的道路。由高丽特殊的立国情势和文化传统所决定,高丽社会是一个有严格等级身份限制的贵族社会,贵族势力异常强大且对王权形成了有力的牵制。在这种社会结构与权力框架之下产生了不同的利益格局，进而引发权力斗争，其中最主要的就是以国王为代表的王权势力和以贵族为代表的既得利益集团之间的矛盾与冲突，而这些矛盾与冲突又常常以文化上的冲突——“华化”政策与维持“土俗”的冲突——表现出来，结果就是高丽在移植唐代法制的过程中对唐制进行了大规模改造与变形。

总之，高丽法制呈现出一种混合法的形态：在法典上是唐律的话语与体系，在法律的适用和司法机构的设置上却多是本国固有制度或由这些制度改头换面而成。由于在成宗制律之时，对政治的考虑远甚于对社会和法律本身的考虑，因而法条的内容多被政治权力之间平衡的考虑所左右，造成了移植法本身的不完善，而这种不完善之处必然要由固有法制来填补，所以在高丽的司法实践中，固有法的影响很大。从高丽王朝移植中国法制的过程我们可以看出，一个国家的总体社会状况决定了一种外来法制在该国的形态与面貌，决定了该种外来法制重塑社会功能作用发挥的大小。由于该种外来法制是一种相对“先进”的文化与社会环境的产物，必然与输入国的国情难以尽合，且会损害既得利益集团的利益，从而引发各种矛盾与冲突。基于此，在移植外来法制的过程中基本上都要根据本国国情对之进行一定程度的改造。与此同时，还会做出一些具体的“安排”以求得稳定与平衡。我们看到高丽王朝以成文的法律制度来宣示王权，确认高丽王朝自成宗以来实行的“华化”政策，同时又以非成文的固有法制的适用来维护贵族集团的利益，在相当大的程度上维持了本国的“土俗”。这不失为一种别具匠心的安排，反映了法律移植过程中面临的特殊困难。另外，我们还看到，和制度的移植相比，观念的移植显然更加困难，同时也远远落后于制度的移植，高丽王朝“华化”与“土俗”的争论反映的就是这种情况。高丽王朝在移植唐律过程中采用的种种改造手段和具体“安排”虽然是基于其具体国情不得不然，但这样做的结果往往会严重妨碍外来法制重塑社会功能作用的发挥，使外来法制的输入往往徒有其形，而失其神。

参考文献

一、史料(以书名的汉语拼音为序)[1]

1. 中国史料

(宋)王钦若等撰:《册府元龟》,中华书局1982年版。

(唐)张说、萧嵩等编:《大唐开元礼》,民族出版社2000年版。

郭成伟点校:《大元通制条格》,法律出版社2000年版。

(唐)刘肃撰:《大唐新语》,中华书局1997年版。

(唐)韩愈撰:《韩愈集》,岳麓书社2000年版。

(元)脱脱等撰:《金史》,中华书局1975年版。

(元)脱脱等撰:《辽史》,中华书局1974年版。

(唐)柳宗元撰:《柳河东全集》,中国书店1998年版。

(后晋)刘昫等撰:《旧唐书》,中华书局1975年版。

(宋)薛居正等撰:《旧五代史》,中华书局2000年版。

(清)董诰等编:《全唐文》,上海古籍出版社1990年版。

① 中之"朝"是指朝鲜民主主义共和国,"朝鲜"是指朝鲜王朝(1392~1905年),"高丽"是指高丽王朝(918~1392年),"韩"是指大韩民国。

吴钢主编:《全唐文补遗》,三秦出版社 1995~2000 年版。

(宋)谢深甫等纂修,戴建国点校:《庆元条法事类》,黑龙江人民出版社 2004 年版。

(宋)王钦若等撰:《宋本册府元龟》,中华书局 1989 年版。

(宋)宋绶、宋敏求编:《宋大诏令集》,中华书局 1997 年版。

(清)徐松辑:《宋会要辑稿》,中华书局 1957 年版。

(元)脱脱等撰:《宋史》,中华书局 1977 年版。

(宋)窦仪等撰,薛梅卿点校:《宋刑统》,法律出版社 1999 年版。

(汉)郑玄注、(唐)孔颖达正义:《"十三经注疏"黄侃经文句读》,上海古籍出版社 1990 年版。

(宋)苏轼撰:《苏东坡全集》,中国书店 1989 年版。

(唐)魏征、令狐德棻撰:《隋书》,中华书局 2000 年版。

(宋)李昉等撰:《太平广记》,中华书局 2006 年版。

(宋)李昉等撰:《太平御览》,中华书局 1960 年版。

周绍良主编:《唐代墓志汇编》,上海古籍出版社 1992 年版。

周绍良、赵超编:《唐代墓志汇编续集》,上海古籍出版社 2007 年版。

(宋)宋敏求编:《唐大诏令集》,学林出版社 1992 年版。

李希泌主编:《唐大诏令集补编》,上海古籍出版社 2003 年版。

(宋)王溥撰:《唐会要》,中华书局 1998 年版。

(唐)李隆基撰、李林甫注:《唐六典》,中华书局 1992 年版。

(唐)长孙无忌等撰、刘俊文点校:《唐律疏议》,法律出版社 1999 年版。

[日]仁井田升辑,栗劲等编译:《唐令拾遗》,长春出版社 1989 年版。

[日]仁井田升辑,池田温编集:《唐令拾遗补》,东京大学出版会 1997 年版。

上海古籍出版社编:《唐五代笔记小说大观》,上海古籍出版社 2000 年版。

(唐)杜佑撰:《通典》,中华书局 2003 年版。

(宋)郑樵撰:《通志》,中华书局 1995 年版。

天一阁博物馆编:《天一阁藏明钞本天圣令校证(附唐令复原研究)》,中华书局2006年版。

(元)马端临撰:《文献通考》,商务印书馆1936年版。

(宋)李昉等撰:《文苑英华》,中华书局1966年版。

(宋)王溥撰:《五代会要》,中华书局1998年版。

(宋)欧阳修、宋祁等撰:《新唐书》,中华书局1975年版。

(宋)欧阳修:《新五代史》,中华书局1997年版。

(宋)李焘撰:《续资治通鉴长编》,中华书局1979~1986年版。

(宋)徐竞撰:《宣和奉使高丽图经》,近泽书店1932年版。

(唐)李吉甫撰:《元和郡县图志》,中华书局1983年版。

(明)宋濂等撰:《元史》,中华书局2000年版。

陈高华等整理:《元典章》,中华书局、天津古籍出版社2011年版。

唐耕耦主编:《中国珍稀法律典籍集成甲编第三册敦煌法制文书》,科学出版社1994年版。

吴震主编:《中国珍稀法律典籍集成甲编第四册吐鲁番出土法律文献》,科学出版社1994年版。

(唐)吴竞撰:《贞观政要》,岳麓书社2001年版。

(宋)司马光编著、(元)胡三省音注:《资治通鉴》,中华书局1995年版。

韩国学中央研究院编:《至正条格(影印本)》,Humanist出版集团2007年版。

2. 韩国史料

[朝鲜]《朝鲜王朝实录》,汉城大学奎章阁本。

景仁文化社编辑部编:《朝鲜王朝法典集》(1~4),景仁文化社1972年版。

[韩]金龙善编:《高丽墓志铭集成》,翰林大学校出版部1993年版。

[朝鲜]郑麟趾等撰:《高丽史》,亚细亚文化社1990年版。

[朝鲜]金宗端等撰:《高丽史节要》,民族文化推进会1968年版。

[韩]《韩国文集丛刊》,景人文化社1996年版。

[朝鲜]徐居正等撰:《经国大典》,韩国法制研究院1993年版。

[朝]科学院古典研究室编:《李朝实录分类集》,科学出版社1961年版。

[高丽]金富轼撰:《三国史记》,吉林文史出版社2003年版。

[高丽]一然撰:《三国遗事》,吉林文史出版社2003年版。

朝鲜总督府编:《朝鲜金石总览》(上、下),亚细亚文化社1976年版。

李兰暎编:《韩国金石文追补》,亚细亚文化社1968年版。

二、论著(以著作者的汉语拼音为序)

(一)专著

1. 中国学者著作

白钢:《中国政治制度通史》(10卷本),人民出版社1996年版。

蔡枢衡:《中国刑法史》,广西人民出版社1983年版。

陈戍国:《中国礼制史·隋唐五代卷》,湖南教育出版社1998年版。

陈寅恪:《金明馆丛稿初编》,三联书店2001年版。

陈寅恪:《金明馆丛稿二编》,三联书店2001年版。

陈寅恪:《隋唐制度渊源略论稿》,三联书店2001年版。

陈寅恪:《唐代政治史述论稿》,三联书店2001年版。

陈玉龙、杨通方等:《汉文化论纲》,北京大学出版社1993年版。

陈仲安、王素:《汉唐职官制度研究》,中华书局1993年版。

陈志坚:《唐代州郡制度研究》,上海古籍出版社2005年版。

程树德:《九朝律考》,商务印书馆1955年版。

邓奕琦:《北朝法制研究》,中华书局2005年版。

邓正来:《中国法学向何处去》,商务印书馆2006年版。

傅璇琮:《唐五代文学编年史》,辽海出版社1998年版。

高鸿钧:《伊斯兰法:传统与现代化》(修订版),清华大学出版社2004年版。

高绍先:《中国刑法史精义》,法律出版社2001年版。

郭成伟:《中华法系精神》,中国政法大学出版社 2001 年版。

郭东旭:《宋代法制研究》,河北大学出版社 2000 年版。

郭锋:《唐史与敦煌文献论稿》,中国社会科学出版社 2002 年版。

韩国磐:《中国古代法制史研究》,人民出版社 1993 年版。

何勤华:《律学考》,商务印书馆 2004 年版。

胡宝华:《唐代监察制度研究》,商务印书馆 2005 年版。

胡沧泽:《唐代御史制度研究》,文津出版社 1993 年版。

胡戟:《二十世纪唐研究》,中国社会科学出版社 2002 年版。

黄惠贤、陈锋:《中国俸禄制度史》,武汉大学出版社 1996 年版。

黄清连主编:《台湾学者中国史研究论丛——制度与国家》,中国大百科全书出版社 2005 年版。

黄枝连:《天朝礼治体系研究》(中卷),中国人民大学出版社 1991 年版。

黄正建主编:《〈天圣令〉与唐宋制度研究》,中国社会科学出版社 2011 年版。

霍存福:《唐式辑佚》,社会科学文献出版社 2009 年版。

蒋非非、王小甫等:《中韩关系史》,社会科学文献出版社 1998 年版。

李季平:《唐代奴婢制度》,上海人民出版社 1986 年版。

梁治平:《法辨》,中国政法大学出版社 2003 年版。

梁治平:《法律的文化解释》,三联书店 1998 年版。

刘后滨:《唐代中书门下体制研究》,齐鲁书社 2004 年版。

刘俊文:《唐律疏议笺解》,中华书局 1996 年版。

刘俊文:《唐代法制研究》,台湾文津出版社 1999 年版。

刘俊文:《敦煌吐鲁番法制文书考释》,中华书局 1989 年版。

刘俊文、池田温:《中日文化交流大系法制卷》,浙江人民出版社 1996 年版。

刘俊文主编:《日本学者研究中国史选译》,中华书局 1993 年版。

倪正茂:《隋律研究》,法律出版社 1987 年版。

倪正茂:《隋代法制考》,社会科学文献出版社 2009 年版。

乔伟:《唐律研究》,山东人民出版社 1985 年版。

钱大群:《唐律与唐代吏治》,中国政法大学出版社 1994 年版。

钱大群:《唐律研究》,法律出版社 2000 年版。

钱大群:《唐律与唐代法律体系研究》,南京大学出版社 1996 年版。

钱大群:《唐律疏义新注》,南京师范大学出版社 2007 年版。

钱大群:《唐律与唐代法制考辨》,社会科学文献出版社 2009 年版。

秦晖:《传统十论》,复旦大学出版社 1995 年版。

瞿同祖:《瞿同祖法学论著集》,中国政法大学出版社 1998 年版。

任爽:《唐代礼制研究》,东北师范大学出版社 1999 年版。

任爽:《唐朝典章制度》,吉林文史出版社 2002 年版。

(清)沈家本:《历代刑法考》,中华书局 2006 年版。

天一阁博物馆、中国社会科学院歷史研究所天圣令整理课题组校证:《天一阁藏明钞本天圣令校证》,中华书局 2006 年版。

王立民:《唐律新探》,上海社会科学院出版社 2001 年版。

王素:《三省制略论》,齐鲁书社 1986 年版。

王文锦:《礼记译解》,中华书局 2001 年版。

王永兴:《唐勾检制研究》,上海古籍出版社 1991 年版。

汪世荣:《中国古代判词研究》,中国政法大学出版社 1997 年版。

吴廷璆主编:《日本史》,南开大学出版社 1994 年版。

武玉环:《辽制研究》,吉林文史出版社 2001 年版。

吴宗国主编:《盛唐政治制度研究》,上海辞书出版社 2003 年版。

吴宗国主编:《中国古代官僚政治制度研究》,北京大学出版社 2004 年版。

薛梅卿:《宋刑通研究》,法律出版社 1997 年版。

徐道邻:《唐律通论》,中华书局 1947 年版。

(清)薛允升:《唐明律合编》,法律出版社 1999 年版。

杨鸿烈:《中国法律对东亚诸国之影响》,中国政法大学出版社 1999 年版。

杨鸿烈:《中国法律思想史》,商务印书馆 1998 年版。

杨通方:《中韩古代关系史论》,中国社会科学出版社 1996 年版。

杨廷福:《唐律初探》,天津人民出版社 1982 年版。

杨一凡、尤韶华:《中国法制史考证》(甲、乙、丙编),中国社会科学出版社 2003 年版。

杨渭生:《宋丽关系史研究》,杭州大学出版社 1997 年版。

杨渭生:《十至十四世纪中韩关系史料汇编》(上、下),学苑出版社 1999 年版。

杨昭全:《中国——朝鲜 · 韩国文化交流史》,昆仑出版社 2004 年版。

严耕望:《唐史研究丛稿》,新亚研究所 1969 年版。

严耕望:《严耕望史学论文集》,联经事业出版公司 1991 年版。

俞容根等编著:《中国传统法学述论——基于国学的视角》,北京大学出版社 2005 年版。

(清)赵翼王树民校正:《二十二史杂记校正》(订补本),中华书局 2001 年版。

张博泉:《金史论稿》,吉林文史出版社 1992 年版。

张德美:《探索与抉择——晚清法律移植研究》,清华大学出版社 2003 年版。

张国刚:《隋唐五代史研究概要》,天津教育出版社 1996 年版。

张国刚:《唐代官制》,三秦出版社 1987 年版。

张晋藩:《中华法制文明的演进》,中国政法大学出版社 1999 年版。

张晋藩:《中国法制通史》(10 卷本),山西人民出版社 2000 年版。

张晋藩:《中国司法制度史》,人民法院出版社 2004 年版。

张晋藩:《中国法律的传统与近代转型》,法律出版社 2009 年版。

张晋藩:《社会转型与法律变革研究(古代部分)》,中国政法大学出版社 2011 年版。

张中秋编:《中国法律形象的一面》,法律出版社 2002 年版。

郑显文:《唐代律令制研究》,北京大学出版社 2004 年版。

曾代伟:《金律研究》,四川民族出版社 1995 年版。

周密:《中国刑法史纲》,北京大学出版社 1998 年版。

周密:《宋代刑法史》,法律出版社 2002 年版。
2. 韩国学者著作
白山学会编:《渤海・高丽史研究》,白山资料院 1996 年版。
边太燮:《高丽政治制度史研究》,一潮阁 1977 年版。
边太燮:《高丽史의 諸問題》,三英社 1986 年版。
边太燮:《韩国史通论》,三英社 1999 年版。
崔钟库:《韩国法思想史》,서울大出版部 1989 年版。
崔钟库:《韩国法学史》,博英社 1990 年版。
崔在锡:《韩国家族制度史研究》,一志社 2008 年版。
崔在锡:《韩国古代社会史研究》,一志社 1987 年版。
최규성:《高丽 太祖 王建 研究》,주류성2005 年版。
동북아역사재단、경북대학교 한중교류연구원编:《13 ~ 14 세기 고려——몽골관계 탐구》,동북아역사자단 2011 年版。
都贤喆:《高丽末 士大夫의 政治思想研究》,一潮阁 1999 年版。
韩容根:《高丽律》,서울서경문화사 1999 年版。
韩忠熙:《朝鲜初期 六曹와 统治体系》,启明大学校出版部 1998 年版。
洪承基:《高丽贵族社会와奴婢》,一潮阁 1983 年版。
洪承基编:《高丽武人政权研究》,서강대학교 출판북 1995 年版。
洪承基:《高丽社会史研究》,一潮阁 2001 年版。
洪承基:《高丽政治史研究》,一潮阁 2001 年版。
河炫纲:《韩国中世史研究》,一潮阁 1988 年版。
국사편찬위원회:《고려 전기의 사회와 대외관계》1995 年版。
국사편찬위원회[편]:《고려 왕조의 성립과 발전》,국사편찬위원회 1993 年版。
국사편찬위원회:《한국사》,1 ~ 53,국사편찬위원회1995 年版。
국립중앙발문관:《고려・조선의 대외교류》,통천문화사 2002 年版。
金成俊:《朝鲜中世法制史研究》,一潮阁 1985 年版。
金龙德:《朝鲜制度史研究》,一潮阁 1983 年版。

金柳善:《高丽荫叙制度史研究》,一潮阁 1991 年版。

金斗宪:《韩国家族制度研究》,서울大学校出版部 1989 年版。

金渭显:《韩中关系史论丛》,香港社会科学出版社 2004 年版。

金淇春:《朝鲜时代刑典》,三英社 1991 年版。

金庠基:《新编 高丽时代史》,서울大学校出版部 1985 年版。

金基德:《高丽时代 封爵制 研究》,청년사 1998 年版。

金在满:《契丹 · 高丽关系史研究》,国学资料院 1999 年版。

金善昱编:《古代 韩 · 日文化交流의 새로운认识:百济마을 南鄕村을中心으로》,忠南大学校百济研究所 1993 年版。

金哲埈:《韩国古代社会研究》,ソウル大学校出版部 1990 年版。

金翰奎:《古代中国的世界秩序研究》,一潮阁 1982 年版。

金翰奎:《古代东亚细亚幕府体制研究》,一潮阁 1997 年版。

金翰奎:《天下国家:전통시대 동아시아 세계질서》,소나무 2005 年版。

김택민:《중국고대형법》,아카넷 2002 年版。

李基白:《韩国史新论》,一潮阁 1996 年版。

李基白:《高丽兵制史研究》,一潮阁 1972 年版。

李基白:《高丽贵族社会의 形成》,一潮阁 1990 年版。

李基白:《高丽光宗研究》,一潮阁 1981 年版。

歷史学会编:《韩国亲族制度研究》,一潮阁 1992 年版。

李正圭:《韩国法制史》,国学资料院 1996 年版。

李佑成、姜万吉编:《韩国의 歷史认识:韩国史学史论选》(上、下),创作과 批评社 1976 年版。

李佑成:《韩国中世社会研究》,一潮阁 1991 年版。

李熙德:《高丽儒教政治思想의 研究:高丽时代 天文 · 五行说과 孝思想을中心으로》,一潮阁 1984 年版。

李丙焘:《高丽时代의 研究:特히 图谶思想의 发展을中心으로(改订版)》,亚细亚文化社 1980 年版。

李熙德:《高丽儒教政治思想의 研究:高丽时代 天文 · 五行说과 孝思想을 中心으로》,一潮阁 1984 年版。

李贞薰:《高丽前期　政治制度　研究》,혜안 2007 年版。

이정훈等:《고려시대의 형법과 형정》,국사편찬위원회2002 年版。

李鍾旭等:《韓國史上의 政治形態》,一潮閣 1997 年版。

李范稷:《韩国中世礼思想研究——五礼를中心으로》,一潮阁 1991 年版。

李树健:《韩国中世社会史研究》,一潮阁 1984 年版。

李光奎:《韓國家族의 史的研究》,一志社 1977 年版。

闵丙河:《高丽武臣政权研究》,成均馆大学校出版部 1990 年版。

朴秉濠:《韩国法制史考:近世의 法과 社会》,法文社 1974 年版。

朴秉濠:《韩国의 传统社会와 法》,서울大学校出版部 1985 年版。

朴龙云:《高丽时代史》,一志社 1996 年版。

朴龙云:《高丽時代蔭叙制와 科举制研究》,一志社 1990 年版。

朴龙云:《高丽时代 尚书省 研究》,景仁文化社 2000 年版。

朴龙云:《高丽时代 荫叙制와 科举制 研究》,一志社 1990 年版。

朴菖熙:《韓國史의 视角》,永言文化社 1984 年版。

朴恩卿:《高丽时代鄉村社会研究》,一潮阁 1996 年版。

朴赞洙:《高丽时代 教育制度史 研究》,景仁文化社 2001 年版。

박옥걸:《고려시대의귀화인연구》,국학자료원1996 年版。

平木实:《朝鲜后期奴婢制研究》,知识产业社 1982 年版。

全炯泽:《朝鲜后期奴婢制研究》,一潮阁 1989 年版。

沈义基:《韩国法制史讲义》,三英社 1997 年版。

宋斗用:《韩国法制史考》,进明文化出社 1992 年版。

申荣镐:《朝鲜前期相续法制:朝鲜王朝实録의 记事를 중심으로》,세창출판사 2002 年版。

田凤德:《朝鲜法制史研究:暗行御史研究其他》,서울大出版部 1968 年版。

田凤德:《李朝法制史》,渡部学、李丙洙译,北望社 1971 年版。

许兴植:《高丽科举制度史研究》,一潮阁 1977 年版。

许兴植:《高丽社会史研究》,亚细亚文化社 1981 年版。

许兴植:《韩国中世佛教史研究》,一潮阁 1994 年版。

徐钟泰:《高丽末 · 朝鲜初 土地制度史의 诸问题》,西江大学校人文科学研究所 1987 年版。

辛虎雄:《高丽法制史研究》,国学资料院 1995 年版。

延正悦:《韩国法制史(新订增补)》,学文社 1996 年版。

尹龙爀:《高丽对蒙抗争史研究》,一志社 1991 年版。

郑清杜:《新罗末高丽初 豪族研究》,一潮阁 1996 年版。

鄭淇雄:《佛教가韓國의法律文化에미친影響》,法文社 2007 年版。

정용숙:《고려시대의 后妃》,民音社 1992 年版。

郑光铉:《韩国家族法研究》,서울大学校出版部 1967 年版。

张东翼:《高丽后期外交史研究》,一潮阁 1994 年版。

朱甫暾等:《韩国社会发展史论》,一潮阁 1992 年版。

3. 日本学者著作

坂本太郎:《律令制度》,吉川弘文馆 1989 年版。

布目潮风:《布目潮风中国史论集》(上卷、下卷),汲古书院 2003、2004 年版。

布目潮风、栗原益男:《隋唐帝国》,讲谈社 1997 年版。

滨口重国:《唐王朝の贱人制度》,东洋史研究会 1966 年版。

朝尾直弘编:《日本の社会史》第 5 卷:《裁判と规范》,岩波书店 1987 年版。

朝鲜总督府编:《李朝の财产相続法》,国书刊行会 1983 年版。

朝鲜史研究会编:《朝鲜史研究会论文集》(第 1 ~ 10 集),龙溪书舍 1980 年版。

长谷山彰:《日本古代の法と裁判》,创文社 2004 年版。

池内宏:《满鲜史研究 · 中世》(第 2 册),座右宝刊行会 1937 年版。

池田温编:《中国礼法と日本律令制》,东方书店 1992 年版。

池田温编:《日中律令制の诸相》,东方书店 2002 年版。

池田温:《东アジアの文化交流史》,吉川弘文馆 2002 年版。

池田雄一:《中国古代の律令と社会》,汲古书院 2008 年版。

村井康彦:《律令制の虚実》,讲谈社 2005 年版。

村井章介:《8—17 世纪の东アジア地域における人・物・情报の交流:海域と港市の形成、民族・地域间の相互认识を中心に》(上、下),东京大学大学院人文社会系研究所 2004 年版。

大津透编:《日唐律令比较研究の新段阶》,山川出版社 2008 年版。

大津透编:《律令制研究入门》,名著刊行会 2011 年版。

岛田正郎:《アジア:历史と法》,启文社 1962 年版。

渡边英幸:《古代「中华」観念の形成》,岩波书店 2010 年版。

夫马进编:《中国东アジア外交交流史の研究》,京都大学学术出版会 2007 年版。

国学院大学日本文化研究所编:《日本律复原の研究》,国书刊行会 1984 年版。

广池千九郎:《东洋法制史研究》,创文社 1983 年版。

会田范治:《唐律及び养老律の名例律梗概》,有信堂 1964 年版。

井上光贞校注:《日本思想大系》3《律令》,岩波书店 1976 年版。

井上光贞等编:《东アジア世界における日本古代史讲座》第 6 卷《日本律令国家と东アジア》,学生社 1982 年版。

金子修一:《隋唐の国际秩序と东アジア》,名著刊行会 2001 年版。

今西龙:《朝鲜古史の研究》,国书刊行会 1970 年版。

花村美树等:《朝鲜社会法制史研究》,岩波书店 1937 年版。

荒野泰典、石井正敏等编:《律令国家と东アジア》,吉川弘文馆 2011 年版。

荒松雄等编:《岩波讲座世界历史》第 6 卷《东アジア世界の形成》,岩波书店 1971 年版。

高塩博:《日本律の基础的研究》,汲古书院 1987 年版。

堀敏一、池田温等编:《岩波讲座世界历史》第 5 卷《东アジア世界の形成Ⅱ》,岩波书店 1970 年版。

堀敏一:《中国と古代东アジア世界:中华的世界と诸民族》,岩波书店 1993 年版。

堀敏一:《律令制と东アジア世界》,汲古书院 1994 年版。

堀敏一:《东アジア世界の歴史》,讲谈社 2008 年版。

堀敏一:《隋唐帝国与东亚》,韩升译,云南人民出版社 2002 年版。

吉川真司、大隅清阳编:《律令国家》,东京堂出版 2002 年版。

吉田孝:《律令国家と古代の社会》,岩波书店 1983 年版。

江上波夫编:《遣唐使时代の日本と中国:日本・中国文化交流シンポジウム》,小学馆 1982 年版。

律令研究会编:《译注日本律令・律本文篇》(上、下),东京堂出版 1975 年版。

律令研究会编:《译注日本律令・首卷》,东京堂出版 1978 年版。

律令研究会编:《译注日本律令・唐律疏议译注篇》(1~4),东京堂出版 1979 年版。

砺波护、武田幸男:《世界の历史》6《隋唐帝国と古代朝鲜》,中央公论社 1997 年版。

利光三津夫:《律の研究》,明治书院 1961 年版。

利光三津夫:《律令制の研究》,庆応通信 1988 年版。

利光三津夫:《律令制とその周辺》,庆応义塾大学法学研究会 1967 年版。

铃木靖民:《古代对外关系史の研究》,吉川弘文馆 1985 年版。

泷川政次郎:《律令制度》,岩波书店 1933 年版。

泷川政次郎:《律令の研究》,刀江书院 1966 年版。

泷川政次郎:《中古の政治と法制》,研进社 1949 年版。

泷川政次郎:《中国法制史研究》,岩南堂书店 1979 年版。

泷川政次郎:《律令格式の研究》,角川书店 1967 年版。

泷川政次郎:《日本行刑史(增补版)》,青蛙房 1964 年版。

泷川政次郎:《日本法制史研究》,名著普及会 1982 年版。

泷川博士米寿记念会编:《律令制の诸问题:泷川政次郎博士米寿记念论集》,汲古书院 1984 年版。

弥永贞三先生还曆记念会编:《日本古代の社会と経済》,吉川弘文馆

1978年版。

田中卓:《律令制の诸问题》,国书刊行会1986年版。

梅原郁编:《前近代中国の刑罚》,京都大学人文科学研究所1996年版。

浅见伦太郎:《朝鲜法制史稿》,岩松堂1922年版。

旗田巍:《朝鲜中世社会史の研究》,法政大学出版局1972年版。

仁井田升:《中国法制史研究(补订版)》(1~4),东京大学出版会1980年版。

仁井田升、池田温:《唐令拾遗补》,东京大学出版会1997年版。

山内弘一:《朝鲜からみた华夷思想》,山川出版社2003年版。

矢木毅:《高丽官僚制度研究》,京都大学学术出版会2008年版。

桑原隲藏:《支那法制史论丛》,弘文堂书房1935年版。

石母田正:《日本古代国家论:官僚制と法の问题》(第1部),岩波书店1973年版。

唐代史研究会编:《律令制:中国朝鲜の法と国家》,汲古书院1986年版。

田中良之、川本芳昭编:《东アジア古代国家论:プロセス・モデル・アイデンティティ》,すいれん舎2006年版。

魏晋南北朝隋唐时代史の基本问题编集委员会编:《魏晋南北朝隋唐时代史の基本问题》,汲古书院1997年版。

末松保和:《高丽朝史と朝鲜朝史》,吉川弘文馆1996年版。

武光诚:《日本古代国家と律令制》,吉川弘文馆1984年版。

武光诚:《律令太政官制の研究(增订)》,吉川弘文馆2007年版。

武田幸男编:《朝鲜社会の史的展开と东アジア》,山川出版社1997年版。

有井智德:《高丽李朝史の研究》,国书刊行会1985年版。

榎本淳一:《唐王朝と古代日本》,吉川弘文馆2008年版。

西嶋定生:《中国古代国家と东アジア世界》,东京大学出版会1983年版。

西嶋定生:《古代东アジア世界と日本》,岩波书店2000年版。

原田一良:《高丽史研究论集》,新罗史研究会2006年版。

早川庄八:《律令国家》,小学馆1974年版。

曾我部静雄:《律令を中心とした日中关系史の研究》,吉川弘文馆1968年版。

曾我部静雄:《中国律令史の研究》,吉川弘文馆1971年版。

曾我部静雄:《日中律令论》,吉川弘文馆1995年版。

中田薰:《法制史论集》(1~4),岩波书店1926年版。

中村裕一:《唐令逸文の研究》,汲古书院2005年版。

中村裕一:《唐令の基础的研究》,汲古书院2012年版。

中谷英雄编:《隋律考索引(稿)》,中原社1959年版。

中枢院调查课编:《李朝法典考》,朝鲜总督府中枢院1936年版。

钟江宏之、鹤间和幸编著:《东アジア海をめぐる交流の歴史的展开》,东方书店2010年版。

周藤吉之:《高丽朝官僚制の研究:宋制との关连において》,法政大学出版局1980年版。

周藤吉之:《宋・高丽制度史研究》,汲古书院1992年版。

4. 中国台湾地区学者著作

戴炎辉:《唐律通论》,国立编译馆1964年版。

戴炎辉:《中国法制史》,三民书局1966年版。

戴炎辉:《唐律各论(增订版)》,成文出版社1988年版。

黄源盛主编:《唐律与传统法文化》,元照出版有限公司2011年版。

高明士主编:《唐律与国家社会研究》,五南图书出版股份有限公司1999年版。

高明士编:《唐律诸问题》,国立台湾大学出版中心2005年版。

高明士编:《唐代身分法制研究——以唐律名例为中心》,五南图书出版股份有限公司2003年版。

高明士编:《东亚文化圈的形成与发展——政治法制篇》,台湾大学历史学系2003年版。

高明士:《东亚古代的政治与教育》,台湾大学出版中心2004年版。

刘燕俪:《唐律中的夫妻关系》,五南图书出版股份有限公司2007年版。

赖亮郡:《唐宋律令法制考释:法令实施与制度变迁》,元照出版有限公司2010年版。

姜吉仲:《高丽与宋金外交经贸关系史论》,文津出版社2004年版。

潘维和:《唐律家族主义论》,嘉新水泥公司文化基金会1968年版。

王民信:《高丽史研究论文集》,国立台北大学出版中心2010年版。

(二)论文

1. 中国学者论文

艾永民:《唐朝立法监督制度初探》,载《苏州大学学报》(哲学社会科学版)1994年第4期。

陈宁英:《唐代律令中的贱民略论》,载《中南民族学院学报》(哲学社会科学版)1998年第3期。

陈仲安:《唐代的三司》,载《魏晋南北朝隋唐史料》1986年第8辑。

陈仲安:《律令格式》,载《魏晋南北朝隋唐史资料》1982年第4辑。

邓正来:《中国法学向何处去?——对苏力"本土资源论"的批判》,载《政法论坛》2005年第3期。

丁之方:《唐代的贬官制度》,载《史林》1990年第2期。

董念清:《从唐代的判集看唐代对法律的运用》,载《社科纵横》1996年第1期。

冯辉:《唐代司法制度述论》,载《史学集刊》1998年第1期。

冯卓慧:《从几件敦煌吐鲁番文书看唐代法律形式》,载《法学研究》1992年第3期。

高鸿钧:《冲突与抉择:伊斯兰世界法律现代化》,载《比较法研究》2001年第4期。

高明士:《从律令制的演变看唐宋间的变革》,载《台大历史学报》第32期。

高明士:《论武德到贞观律令制度的成立——唐朝立国政策研究之二》,载杨一凡主编:《中国法制史考证》(乙编第1卷),中国社会科学出版社2003年版。

高明士:《唐代教育法制与礼律的关系》,载《唐研究》(第4卷),北京大学出版社1998年版。

高明士:《从律令制度论隋代的立国政策》,载《唐代文化研讨会论文集》,文史哲出版社1991年版。

高绍先:《"唐律疏议"与中国古代法文化》,载《现代法学》1997年第2期。

巩富文:《唐代刑事审判机关及其管辖制度》,载《西北大学学报》1989年第4期。

巩富文:《唐代法官违法刑讯的责任制度》,载《西北大学学报》1989年第4期。

古永继:《唐代岭南地区的贬流之人》,载《学术研究》1998年第8期。

关志国:《试论辽金元三朝法律的特点》,载《史学集刊》2003年第2期。

郝黎:《唐代流刑新辨》,载《厦门大学学报》(哲学社会科学版)2004年第3期。

何勤华:《唐代律学的创新及其文化价值》,载《政治与法律》2000年第3期。

侯淑雯:《中国古代法官自由裁量制度的发展脉络》,载《法商研究》1999年第1期。

胡沧泽:《唐代御史台司法审判权的获得》,载《厦门大学学报》1989年第3期。

胡沧泽:《唐代监察制度对皇帝的制约》,载《福建师范大学学报》(哲学社会科学版)2000年第3期。

胡沧泽:《唐代监察体制的变革》,载《福建师范大学学报》(哲学社会科学版)2001年第3期。

胡纪平:《唐代封爵贵族的法律特权探析》,载《湖北社会科学》2002年第7期。

霍存福:《论〈唐律〉“义疏”的法律功能》,载《吉林大学社会科学学报》1987 年第 4 期。

霍存福:《唐故事惯例性论略》,载《吉林大学社会科学学报》1993 年第 6 期。

李青:《唐宋监察制度初探》,载《现代法学》2004 年第 6 期。

李毅:《论唐代流刑及其实际执行情况》,载《西安外国语学院学报》1999 年第 3 期。

李玉生:《关于唐代律令格式的性质问题》,载《金陵法律评论》2002 年第 4 期。

李治安:《唐代执法三司初探》,载《天津社会科学》1985 年第 3 期。

梁治平:《从身份到契约:社会关系的革命——读梅因〈古代法〉随想》,载《读书》1986 年第 6 期。

刘长江:《中晚唐检察体制与政局》,载《四川师范学院学报》2002 年第 3 期。

刘俊文:《唐律与礼的关系试析》,载《北京大学学报》1983 年第 5 期。

刘俊文:《唐律与礼的密切关系例述》,载《北京大学学报》1984 年第 5 期。

刘俊文:《唐律渊源辨》,载《历史研究》1985 年第 6 期。

刘俊文:《论唐后期法制的变化》,载《北京大学学报》1986 年第 2 期。

刘后滨:《唐代司法“三司”考析》,载《北京大学学报》1991 年第 2 期。

刘启贵:《我国唐朝流放制度初探》,载《青海社会科学》1998 年第 1 期。

吕希华:《隋的“开皇律”与开皇之治》,载《辽宁大学学报》1995 年第 4 期。

马长林:《唐律实施问题辩析》,载《学术月刊》1985 年第 5 期。

睦明泉:《试论唐代监察制度的特点》,载《燕山大学学报》(社会科学版)2002 年第 3 期。

朴延华、李英子:《高丽王室族内婚制及其变化》,载《东疆学刊》2003 年第 1 期。

祁德贵:《论唐代给事中的主要职掌》,载《中国史研究》1995 年第 1 期。

齐涛:《论唐代流刑制度》,载《人文杂志》1990 年第 3 期。

钱大群:《论唐律对官吏罪责追究的制度》,载《江苏社会科学》1992 年第 3 期。

钱大群:《唐律依法审判监督机制述论》,载《江苏社会科学》1995 年第 6 期。

钱大群:《唐律与封建吏治》,载《江海学刊》1985 年第 5 期。

乔伟:《中华法系的基本特点》,载《文史哲》1986 年第 2 期。

宋文波:《隋朝法制建设得失及其历史启迪》,载《湘江法苑》1999 年第 2 期。

唐鸿儒:《论"唐律"与吏治》,载《山西大学学报》(哲学社会科学版) 1992 年第 2 期。

童光政:《唐宋"四等官"审判制度初探》,载《法学研究》2001 年第 1 期。

王立民:《略论"唐律疏议"中"疏议"的作用》,载《西北政法学院学报》1987 年第 3 期。

王立民:《唐律实施问题探究》,载《法学》1990 年第 10 期。

王立民:《论唐律与制敕》,载《历史教学问题》1993 年第 2 期。

王立民:《唐后期对唐律的变革》,载《华东师范大学学报》1991 年第 1 期。

王立民:《论唐律的礼法关系》,载《浙江学刊》2002 年第 2 期。

王立民:《也论中华法系》,载《华东政法学院学报》2001 年第 5 期。

王光照:《隋"开皇律"及其毁与立》,载《学术月刊》1995 年第 5 期。

王国平:《唐初的"用刑宽简"和"恤刑慎杀"》,载《文史知识》1992 年第 3 期。

王宏治:《略述唐代的司法监督制度》,载《浙江学刊》2004 年第 5 期。

王宏治:《唐代的司法监督制度》,载《民族史研究》2003 年第 4 辑。

王宏志:《唐代司法中的"三司"》,载《北京大学学报》1988 年第 4 期。

王威宣:《唐太宗的法律思想》,载《文史哲》1985 年第 3 期。

徐道临:《唐律在中国法制史上及东亚诸国之价值》,载《图书月刊》1944 年第 2 期。

徐忠明:《略论唐朝法律与礼的关系》,载《中山大学学报》(社会科学版)1997 年增刊。

徐忠明:《中华法系研究的再思》,载《南京大学法律评论》1999 年春季号。

杨廷福:《"唐律"的社会经济基础及其阶级本质》,载《中国史研究》1979 年第 1 期。

阎守成:《唐代官吏的俸料钱》,载《晋阳学刊》1982 年第 2 期。

章莉:《韩国的法律文化初探》,载《东南大学学报》(哲学社会科学版)2000 年 9 月第 2 卷增刊。

张晋藩:《论礼》,载《社会科学战线》1998 年第 3 期。

张中秋、金眉:《试论唐朝司法审判的法律依据》,载《史林》1987 年第 4 期。

张艳云:《唐中后期罚俸制度初探》,载《中国史研究》1997 年第 2 期。

张艳云:《唐代量移制度考述》,载《中国史研究》2001 年第 4 期。

张艳云:《论唐中后期的宦官参预司法》,载《陕西师范大学学报》(哲学社会科学版)2001 年第 3 期。

张健彬:《唐代县级政权的司法权限》,载《山东大学学报》(哲学社会科学版)2002 年第 5 期。

张扬金、于兰华:《唐会审制度浅析》,载《江西社会科学》2002 年 5 月增刊。

张建国:《中国律令法体系概论》,载《北京大学学报》(哲学社会科学版)1998 年第 5 期。

张先昌:《"开皇律"的修订及其在中国法制史上的地位》,载《法学研究》2002 年第 4 期。

张梓太:《论"唐律"与唐初政治社会的协调性》,载《江海学刊》1991 年第 3 期。

张梓太:《论“唐律”篇章体例结构的完整性》,载《学海》1993 年第 2 期。

赵克尧:《贞观法制初探》,载《史学月刊》1981 年第 4 期。

周东平:《论唐代惩治官吏罪的特点》,载《厦门大学学报》1994 年第 1 期。

周东平:《律令格式与律令制度、律令国家》,载《法制与社会发展》2002 年第 2 期。

周宝砚:《唐王朝监察制度的运作及特点》,载《南京政治学院学报》2002 年第 5 期。

2. 韩国学者论文

邊太燮:《高丽朝의文班과武班》,载《史學研究》11,1961。

邊太燮:《高丽의貴族社會》,载《史學研究》13,1962。

邊太燮:《高丽의政治體制와權力搆造》,载《韓國學報》4,1976。

蔡雄锡:《高丽時代의歸鄉刑과常戶刑》,载《韓國史论》,1983。

蔡雄锡:《高丽時代의財産刑——贖刑、罰科金、賠償、籍沒》,载《高丽時代研究Ⅲ》,한국정신문화연구원,2001。

崔在锡:《家族制度》,载《한국사》5,1975。

崔在锡:《高丽朝의相续制와親族組織》,载《東方學誌》31,1982。

성봉현:《高丽時代奴婢法制再檢討》,载《호서사학》19,20 합,1992。

韓容根:《高丽時代의赦에관한研究》,载《慶熙史學》12 · 13 합,1986。

韓容根:《高丽의司法制度小考》,载《慶熙史學》11,1983。

韓容根:《〈高丽史 · 刑法志〉敍文및紀事性格分析》,载《韓國史學论叢》상,1992。

韓容根:《高丽律成立에관한일고찰》,载《國史館论叢》21,1991。

韓容根:《〈高丽史 · 刑法志〉大惡,殺傷條복변》,载《慶熙史學》20,1996。

韩荣国:《朝鲜中葉의奴婢结婚样态 – 1609 년의蔚山户籍에나타난事例를중심으로》,载《历史学报》75、76、77 合辑,1977、1978 年。

河炫纲:《高丽前期의王室婚姻에대하여》,载《梨大史苑》7,1968。

河炫纲:《高丽王朝의成立과豪族聯閤政策》,载《한국사》4,1974。

河炫纲:《豪族과王權》,载《한국사》4,1974。

河炫纲:《地方勢力과中央統治》,载《한국사》5,1975。

李基白:《集权的貴族政治의理念》,载《한국사》4,1974。

李基白:《高丽成宗代의政治的支配勢力》,载《한국사》4,1974。

李基白:《高丽貴族社會의形成》,载《한국사 4(고려) - 고려귀족사회의 성립》국사편찬위원회,1974。

李基白:《科舉制와支配勢力》,载《한국사》4,1974。

李基白:《貴族的政治機搆의成立》,载《한국사》5,1975。

李贞薰等:《고려시대의형법과형정(한국사론 33)》국사편찬위원회2002。

李成茂:《朝鲜初期奴婢의从母法과从父法》,载《历史学报》115,1987。

李荣熏:《古文书를통해본奴婢의经济的性格》,载《韩国学报》9,1987。

李成茂:《朝鲜时代奴婢의身分的地位》,载《韩国史学》9,1987。

李相佰:《贱者随母考——良贱交婚出生者의身分归属问题》,载《震檀学报》25、26、27 合辑,1964。

李载:《朝鲜前期의奴婢研究》,载《崇田大学校論文集》3,1971。

李树焕:《朝鲜后期书院奴婢身贡에대한研究》,载《民族文化论丛》10,1989。

李鎮太:《高丽宰府의成立——制度史的考察》,载《歷史學報》56,1972。

李熙德:《高丽律과孝行思想에대하여》,载《歷史學報》58,1973。

李熙權:《高丽의財産相續形態에관한일고제》,载《韓國史研究》41,1983。

이재범:《高丽奴婢의法制적地位》,载《國史館论叢》17,1990。

林奎孙:《高丽律令》,载《东国大论文集》13,1974。

林奎孙:《高丽法研究》,载《法史学研究》2,1975。

林奎孫:《高丽律》,载《아카데미论叢》,1975。

林英正:《奴婢問題》,载《한국사》8,국사위,1974。

朴秉濠:《朝鲜初期法制定과社会相——〈大明律〉의实用을중심으로》,载《国史馆论丛》80,1998。

卢明镐:《高丽의五服亲과亲族關繫法制》,载《韓國史研究》第33辑1981。

閔丙河:《地方制度에서본高丽社會의性格》,载《史學研究》13,1962。

閔丙河:《高丽法과그에나타난倫理觀》,载《大東文化研究》21,1987。

閔贤九:《高丽后期의權門世族》,载《한국사》8,1974。

金杜珍:《高丽光宗代의專制王權과豪族》,载《韓國學報》15,1979。

金基雄:《高丽光宗代文臣官僚层"后生谄贼"》,载《釜大史学》9,1985。

金毅圭:《高丽官人社會의性格에대한试考》,载《歷史學報》58,1973。

金银坡:《相續形態를中心으로본高丽時代의女子의地位》,载《全北史學》2,1978。

金银坡:《高丽時代法制上및社會通念上에서의女子의地位》,载《全北史學》3,1979。

金润坤:《高丽貴族社會의諸矛盾》,载《한국사》7,1973。

金容燮:《朝鲜后期에있어서身分制의动摇와农地占有》,载《史学研究》15,1963。

金容晚:《朝鲜时代私奴婢一研究》,载《峤南史学》4,1989。

金世润:《高丽后期의外居奴婢——所谓李太祖户籍을중심으로》,载《韩国学报》18,1980。金钟浚《正仓院所藏新罗帐籍에나타난奴婢》,载《历史学报》123,1989。

金相焕:《朝鲜后期公奴婢의身分变动》,载《庆北史学》12,1989。

김수태:《高丽初別籍異財재에관한法律의制定》,载《東亞研究》17,1989。

김난옥:《고려후기烽卒의신분》,载《한국사학보》13,2002。

김난옥:《高丽前期의流配刑》,载《韓國史研究》122,2003。

김난옥:《고려후기의流配刑》,载《國史館论叢》104,2004。

朴龍雲:《高丽家产官僚制说과貴族制说에대한檢討》,载《史叢》21、22

합,1977。

朴龍雲:《高丽의臺諫制度》,载《历史学报》52,1971。

朴龍雲:《臺諫制度의成立》,载《韓國史论叢》1,1976。

朴龍雲:《高丽의臺諫과宰枢文武两班》,载《诚信女大论文集》12,1979。

朴龍雲:《高丽時代臺諫機能의變遷》,载《史叢》17、18 합,1973。

朴秉濠:《韩国法制史考——近世의法과社会》,法文社 1974 年版。

朴昌熙:《高丽時代"官僚制"에대한고찰》,载《歷史學報》58,1973。

朴宰佑:《高丽時代의宰樞兼職制研究》,载《國史館论叢》92,2000。

朴文福:《朝鲜刑法의歷史》,载《成大论文集》5,1960。

박은경:《高丽時代歸鄕刑에대한재검토》,载《韓國史研究》79,1992。

文炯万:《丽代『归乡』考》,载《历史学报》23,1964。

文守弘:《朝鲜初期奴婢考——奴婢从父·从母法中心으로》,载《成均馆大学校大学院論文集》,1967。

辛虎雄:《『高丽史』刑法志의檢討》,载《素轩南都泳博士花甲紀念史學论叢》,1983。

辛虎雄:《高丽史刑法志의無編年·科條的記事에對한檢討》,载《關東大论文集》12,1984。

辛虎雄:《高丽史刑法志再论》,载《东国史学》19·20 합,1986。

辛虎雄:《高丽律에있어서官當收贖法의시행문제》,载《關大论文集》15,1987。

양영조:《高丽時代賤子随母法에대한檢討》,载《청계사학》6,1989。

林英正:《朝鲜初期公贱에대한研究——外居奴婢의成立을中心으로》,载《史学研究》23,1973。

尹熙勉:《高丽史刑法志小考》,载《东亚研究》6,1985。

全炯泽:《19 世纪初内寺奴婢의革罢》,载《韩国史論》4,1978。

全炯泽:《朝鲜后期의官奴婢》,载《历史学研究》9,1979。

全炯泽:《朝鲜后期内奴婢의土地所有》,载《历史教育》35,1984。

郑容淑:《高丽初期婚姻政策의추이와王室族内婚의성립》,载《韓國學

報》37,1984。

郑甲同:《高丽王朝의刑事制度研究》,载《學位论叢》14,1985。

郑肯植、赵志晚:《朝鲜前期〈大明律〉의受容과变容》,载《震檀学报》96,2003。

지승종:《朝鲜前期公奴婢制度의构造와变化》,载《韩国学报》32,1983。

3. 日本学者论文

奥村郁三:《日本古代律令の中国法継受の一側面——万叶集の1,2の用语を素材として》,载《关西大学法学论集》35(3~5),1985。

北村秀人:《高丽時代歸鄉刑・充常戶刑について》,载《朝鲜学报》81,1976。

浜中昇:《高丽における唐律の繼受と歸鄉刑・充常戶刑》,载《歷史學研究》483,1980。

浜口重国:《唐代の贱民法に关する雜说——附—隋の天下一统と君権の强化》,载《山梨大学学芸学部研究报告》12,1961。

长谷山彰:《日本律成立过程における继受法と固有法》,载《法学研究》64(1),1991。

川岛晃:《律にみえる「格」「式」について——日本古代法の継受・编纂に关する一考察》上,载《芸林》43(1),1994。

川岛晃:《律にみえる「格」「式」について——日本古代法の継受・编纂に关する一考察》下,载《芸林》43(2),1994。

池田温:《佐立治人 新罗文武王の遗诏について—「律令格式」の语の信凭性》,载《法制史研究》49,1999。

池田温:《隋唐律令与日本古代法律制度的关系》,载《武汉大学学报》1989年第3期。

川本芳昭:《汉唐间における「新」中华意识の形成——古代日本・朝鲜と中国との关连をめぐって》,载《九州岛岛岛大学东洋史论集》30,2002。

冈野诚:《日本における唐律研究——文献学的研究を中心として》,载《法律论丛》54(4),1982。

亀田敬二:《高丽の奴婢について》,载《青丘学丛》26、28,1936、1937。

今石二三雄:《高丽朝に于ける奴婢について》,载《桑原还历记念东洋史論丛》,1930。

井上秀雄:《新罗律令体制の成立》,载《日本史研究》139 · 140,1974。

吉田孝:《名例律继受の诸阶段》,载弥永贞三先生还暦记念会编:《日本古代の社会と経済》(上),吉川弘文馆 1978 版。

江畑武:《箕子朝鲜开国伝承の成立》,载《阪南论集:人文 · 自然科学编》18(4),1983。

江畑武:《箕子朝鲜开国伝承の展开—「汉书」·「魏略」·「魏志」を中心に》,载《阪南论集——人文 · 自然科学编》25(1—3),1989。

江畑武:《箕子朝鲜开国伝承の展开—「汉书」·「魏略」·「魏志」を中心に》,载《阪南论集——人文 · 自然科学编》25(1—3),1989。

井上智胜:《「蛮夷」たちの「中华」—近世期日本 · 朝鲜 · ベトナムの小中华意识と国家祭祀》,载《新しい歴史学のために》279,2011。

高桥庸一郎:《『檀君神话』成立时期の周辺》,载《阪南论集:人文 · 自然科学编》40(2),2005。

砺波护:《唐の律令体制と宇文融の括戸》,载《东方学报》41,1970。

内田吟风:《北周の律令格式に关する杂考》,载《东洋史研究》10(5),1949。

林纪昭:《新罗律令に关する二、三の问题》,载《法制史研究》17,1967。

李鎮汉:《高丽时代における宋商の往来と丽宋外交》,载《年报朝鲜学》12,2009。

李鎮汉:《高丽时代における宋人の来投と宋商の往来》,载《年报朝鲜学》13,2010。

木下毅:《日本法と外国法——法継受论 1》,载《北大法学论集》46(2),1995。

木下毅:《日本法と外国法——法継受论 2》,载《北大法学论集》46(4),1995。

旗田巍:《新羅の村落—正仓院にある新羅村落文书の研究》,载《历史学研究》226、227,1958、1959。

七野敏光:《隋开皇律令から武德律令へ—律令变迁过程の整理(1)》,载《法制史研究》39,1989。

清水裕子:《五代・宋・辽・金・元の唐律继受の系谱と明律编纂过程における唐律の影响——明律に见る唐律观とその史的意义》,载《史料批判研究》4,2000。

仁井田陞:《金代刑法考(上):金泰和律と唐律との比较》,载《东洋史研究》9(1),1944。

仁井田陞:《金代刑法考(下):金泰和律と唐律との比较》,载《东洋史研究》9(2),1944。

仁井田陞:《东アジア诸国の「固有法」と「继受法」》,载《思想》(463),1963。

仁井田陞:《唐宋の法と高丽律》,载《東方學》30,1965。

山内弘一:《朝鲜を以て天下に王たらしむ:学习院大学藏『箕子八条志』にみる在野老论知识人の梦》,载《东洋学报》84(3),2002。

山田智子:《我国の古代律令继受期における制裁概念:大宝律令の「罪」と唐律の「刑」とを轴にして》,载《法律学研究》32,2001。

水本浩典:《日本律の特色について——日唐律の量刑比较を中心として》,载《ヒストリア》(74),1977。

石尾芳久:《日唐律の比较研究》,载《关西大学法学论集》8(3),48~73,1958。

桑野栄治:《朝鲜时代の国家祭祀と儒教——王権の创造と演出》,载《アジア游学》50,2003。

桑野栄治:《李朝初期の祀典を通してみた檀君祭祀》,载《朝鲜学报》135,1990。

四方博:《李朝人口に关する身分阶级别的观察》,载《朝鲜经济の研究》3,1938。

森平雅彦:《事元期高丽における在来王朝体制の保全问题》,载《北东アジア研究》(1),2008。

森平雅彦:《元朝ケシク制度と高丽王家:高丽、元关系における秃鲁花の意义に关连して》,载《史学杂志》110(2),2001。

森平雅彦:《高丽王位下の基础的考察—大元ウルスの一分権势力としての高丽王家》,载《朝鲜史研究会论文集》36,1998。

森平雅彦:《驸马高丽国王の成立—元朝における高丽王の地位についての予备的考察》,载《东洋学报》79(4),1998。

武田幸男:《高丽初期の官阶:高丽王朝确立过程の一考察》,载《朝鲜学报》(41),1966。

武田幸男:《高丽时代の郷职》,载《东洋学报》47(2),1965。

武田幸男:《高丽・李朝时代の属県》,载《史学雑志》72(8),1963。

武田幸男:《高丽时代の「百姓」》,载《朝鲜学报》28,1963。

西村元佑:《律令制的古代国家体制の原理とその问题点》,载《龙谷大学仏教文化研究所纪要》17,1978。

野崎充彦:《檀君の位相——固有と外来の相克》,载《朝鲜史研究会论文集》(35),31－55,1997－10。

佐立治人:《新罗文武王の遗诏について:『律令格式』の语の信凭性》,载《京都学园法学》24,1997。

周藤吉之:《丽末鲜初に于ける农庄に就いて》,载《青丘学丛》17,1934。

周藤吉之:《鲜初に于ける奴婢の辨正と推刷について》,载《青丘学丛》22,1935。

周藤吉之:《高丽末期より朝鲜初期に至る奴婢の研究》,载《历史学研究》9之1、2、3、4,1939。

郑裕静:《韩国の高丽における刑律と刑罚思想》,载《青山社会科学纪要》40(2),2012。

郑东俊:《古代东アジアにおける律令の伝播と变容についての试论:高句丽・百済律令における所谓「泰始律令継受说」をめぐって》,载《史学杂志》120(1),2011。

滋贺秀三:《汉唐间の法典についての二三の考证》,载《东方学》17,1958。

滋贺秀三:《唐代における律の改正をめぐる一问题——利光三津夫・冈野诚両氏の论考に寄せて》,载《法制史研究》30,1980。

(三)论文集

包伟民:《史学文存》,上海古籍出版社2001年版。

北京大学中古史中心:《纪念陈寅恪先生诞辰百年学术论文集》,北京大学出版社1989年版。

邓广铭、漆侠等主编:《宋史研究论文集一九八七年年会编刊》,河北教育出版社1989年版。

东吴大学中国文学系:《唐代文化学术研讨会论文集》,东吴大学中文系2000年版。

韩延龙:《法律史论集》1-5,法律出版社1999~2003年版。

荣新江:《唐研究》1-11,北京大学出版社1995~2003年版。

笹山晴生先生还暦记念会编:《日本律令制论集》(上、下),吉川弘文馆1993年版。

杨通方:《韩国学论文集》1-11,黑龙江朝鲜民族出版社等1992~2003年版。

中国唐代学会编辑委员会:《唐代文化研讨会论文集》,文史哲出版社1991年版。

中国唐代学会编辑委员会:《唐代文化研讨会论文集》,第二—五届,文津出版社等1995~2001年版。

中国唐史研究会:《唐史研究会论文集》,陕西人民出版社1983年版。

台师大历史系、中国法制史学会、唐律研读会主编:《天圣令论集:新史料・新观点・新视角》,元照出版有限公司2011年版。

后　记

本书是在我博士学位论文的基础上略加修改而成，仅是笔者对高丽与唐代法制关系问题初步思考与探索的产物，浅显与不成熟之处甚多，还望读者见谅。不过，鉴于目前学界尚无相关成果问世，甚至对这一领域缺少最基本的了解，故先行出版，以填补相关空缺，并提供一些基本的参考。更为深入、具体的研究，笔者还在继续进行之中，希望以后能为读者奉上更好、更完善的作品。

本书得以完成，首先要感谢我的导师王小甫教授的悉心指导。在北京大学历史系学习的四年期间，先生不仅在专业训练方面对我进行了系统的指导，在其他许多方面——大到为人处事、学风学品，小到具体的电脑使用方法、网络知识——都使我受益良多。就本书而言，从论文的选题、篇章结构、写作方法，无不深透了先生的心血。文章从选题到最后的答辩阶段，曾数易其稿，做过多次大的改动，而每一稿先生都一一改过，从篇章结构、观点证据，到措辞用字、标点符号都不放过，在我的电脑和邮箱中保留了数份先生用红笔进行过仔细批改的论文稿件以及我和先生之间多次关于论文讨论的文字资料。这一切都将使我终身受益。

感谢北京大学法学院的蒲坚教授，先生在百忙之中为本书撰写了序言。先生对后辈的提携和鼓励将是我今后学习和研究的动力。（本书在2007年秋曾准备由法律出版社出版,应我之请,先生写下了这篇序言,并嘱咐出版以后,将书送他审阅。可是由于我深知书稿仍存在不少缺陷,所以和出版社联系,要求容我统改之后再行出版。可是之后忙于教学,并撰写一些为了通过考核必须写的论文,一直抽不出完整的时间,心平气和地做整体性修改,故而迁延到现在,实在让人感慨。)

感谢北京大学历史系的祝总斌教授、宋成有教授、荣新江教授、张希清教授、邓小南教授、李孝聪教授、张帆教授以及中国人民大学法学院的马小红教授、中央民族大学历史系的李鸿宾教授。诸位先生在我博士论文的写作及预答辩、答辩阶段都认真阅读了全文,并对我的论文提出了不少积极、有益的建议。就本书的出版,马小红教授还就体例、修改方法等问题提出了很多具体意见,不仅使我个人受益良多,也使本书增色不少。

感谢北京大学韩国学中心的杨通方教授,尽管先生已经不再从事教学工作,可是对后辈的成长仍然极为关心,呵护倍至。在燕南园先生的寓所里,我曾多次向先生求教韩国史学的治学方法。

感谢我的硕士导师——北京大学东方学系的沈定昌教授和韩振乾教授。在燕园的7年,两位先生对我的关心和鼓励,使我得以克服各种难关,最终完成了这篇论文。

感谢韩国高丽大学史学科的闵贤九教授。先生曾数次来北大讲学。在硕士研究生阶段,我有幸结识了先生并聆听了先生讲授的韩国古代史课程。先生还专门从韩国寄来了《高丽史》三册,为本论文的写作提供了最大的便利。

感谢韩国高丽大学史学科的朴龙云教授。先生曾两次来北大讲学。我有幸聆听了先生讲授的高丽制度史课程,先生还赠送了《高丽时代史》等书籍,使我能有机会了解韩国史学界关于高丽史研究的最新动态。

感谢北京外国语大学的苗春梅教授、韩国东国大学的朴永焕教授、韩国庆北大学的任大熙教授。在百忙之中,他们都为我查找并提供了不少宝贵的资料。

感谢日本京都大学文学研究科的夫马进教授。由于先生的邀请,我得以在京都大学访学一年。京都大学所藏图书资料丰富,利用起来方便、快捷，一些难得一见的日、韩资料就是在这里找到的。

感谢北京大学韩国学中心的王雪芹老师。她不仅为我论文的写作提供了许多资料上的方便，对我的学习和个人生活也给予了无微不至的关心。

感谢曾在北京大学对外汉语交流中心留学的卢喜善同学。在论文的写作过程中，卢小姐不辞辛苦，利用假期的时间，数次前往韩国国会图书馆为我查阅有关资料，订购有关的书籍，并以最快的速度寄来。卢小姐现已回国，继续从事有关中韩交流的工作。希望以后还能见面。

感谢北京大学外国语学院东方学系的郝群欢、金爱华师妹，以及在韩国首尔大学政治系学习的李辛同学，本书所用的一部分资料是她们在韩国国会图书馆、汉城大学图书馆等地分别查来的。

感谢我的同班同学周爱萍教授、在武汉大学历史系任教的焦堃博士，以及曾在日本京都大学留学的俞志杰同学、凌鹏同学，本书所使用的部分日文资料是他们在京都大学及日本各个网上书店查找并复印、购买寄来的。

感谢北京大学历史系我的师弟范恩实、柳俊炯、朱溢，师妹高丹丹、尤李，他们在本书的写作过程中无私地提供了各种帮助。

感谢在南京大学法学院留学的韩国留学生李智慧、王秀领等同学，以及在北京大学哲学系留学的申玄丞同学，他们利用假期，在韩国为我查找了相关的资料。

感谢我的同窗好友高柯立、夏洞奇、范恩石、张小稳、崔跃峰、李国芳等同学，平素和他们的交流、切磋，使我这个半路入行的史学学徒受益匪浅。

感谢本书的责任编辑汤子君同志，她为本书的编辑和出版付出了大量的劳动和汗水。

感谢南京大学法学院的周义安书记、李友根院长、吴英姿副院长等各位领导为本书出版提供的大力支持，感谢南京大学法学院的张仁善教授、金俭教授在教学、科研过程中给予的热心指点、良好建议和无私帮助。

感谢我的父母，你们将永远是我最坚强的后盾和精神寄托。父亲曾两次通读全文,指出了不少行文上的错误。感谢我的岳父岳母、在南京工作的老舅、舅妈及妻兄,在读书期间,没有他们对我在南京的家以及妻儿无微不至的关心,我是不会这么顺利地完成学业的。

感谢我的妻子张建琴。在求学期间,家里所有的重担以及抚养小孩的责任都由她一个人承担了下来。没有她的支持与理解,我的每一步都将非常艰难。

最后,更要感谢我的母校——北京大学。七年的燕园生活将是我永生难忘的一段岁月,你深邃、宏厚的人文精神和文化感召力将使我继续发奋图强、勇往直前,你将是我永远的精神家园。

张春海

2014 年 3 月 18 日于南京大学

图书在版编目(CIP)数据

唐律、高丽律比较研究:以法典及其适用为中心/张春海著.—北京:法律出版社,2016.3

ISBN 978-7-5118-9157-0

Ⅰ.①唐… Ⅱ.①张… Ⅲ.①唐律—研究②法律—研究—高丽(918~1392) Ⅳ.①D929.42②D931.209

中国版本图书馆CIP数据核字(2016)第031147号

唐律、高丽律比较研究
——以法典及其适用为中心

张春海 著

责任编辑 高 山 汤子君
装帧设计 贾丹丹

开本 720毫米×960毫米 1/16
印张 19.25 **字数** 269千
版本 2016年3月第1版
印次 2016年3月第1次印刷
出版 法律出版社
编辑统筹 学术·对外出版分社
总发行 中国法律图书有限公司
经销 新华书店
印刷 三河市龙大印装有限公司
责任印制 陶 松

法律出版社/北京市丰台区莲花池西里7号(100073)
电子邮件/info@lawpress.com.cn
销售热线/010-63939792/9779
网址/www.lawpress.com.cn
咨询电话/010-63939796

中国法律图书有限公司/北京市丰台区莲花池西里7号(100073)
全国各地中法图分、子公司电话:
第一法律书店/010-63939781/9782
西安分公司/029-85388843
重庆公司/023-65382816/2908
上海公司/021-62071010/1636
北京分公司/010-62534456
深圳公司/0755-83072995

书号:ISBN 978-7-5118-9157-0
定价:58.00元
(如有缺页或倒装,中国法律图书有限公司负责退换)